Bio-Restaurant Am Felsenkeller
79219 Staufen
Telefon 07633 | 6285

Gasthaus Blume
79112 Freiburg-Opfingen
Telefon 07664 | 6123889

Gasthof Engel
79263 Simonswald
Telefon 07684 | 271

Gasthaus Hirschen
79249 Merzhausen
Telefon 0761 | 402204

Gasthaus Hirschen
79379 Müllheim-Britzingen
Telefon 07631 | 5457

Gasthof Sonne
79346 Endingen-Amoltern
Telefon 07642 | 7242

Gasthaus-Pension Sonne
79244 Münstertal
Telefon 07636 | 319

Gasthaus zum Kreuz
79117 Freiburg-Kappel
Telefon 0761 | 620550

Jägerhaus
79271 St. Peter
Telefon 07660 | 94000

Hotel-Restaurant Kreuz-Post
79219 Staufen
Telefon 07633 | 95320

Landfrauencafé Goldene Krone
79274 St. Märgen
Telefon 07669 | 9393388

Landgasthof Rebstock
79331 Teningen-Bottingen
Telefon 07663 | 93500

Landgasthof zur Sonne
79424 Auggen
Telefon 07631 | 2448

Landhotel Reckenberg
79252 Stegen-Eschbach
Telefon 07661 | 9793300

Mondweide Café & Bistro
79410 Badenweiler-Sehringen
Telefon 07632 | 824445

Restaurant & Weinstube Holzöfele
79241 Ihringen
Telefon 07668 | 207

Schwarzwaldgasthof Schlossmühle
79286 Glottertal
Telefon 07684 | 1488

Schwarzwaldgasthaus zum goldenen Engel
79286 Glottertal
Telefon 07684 | 250

Winzerhaus Rebstock
79235 Vogtsburg-Oberbergen
Telefon 07662 | 933011

Wirtshaus zur Sonne
79286 Glottertal
Telefon 07684 | 242

Do schmeckts!

Kulinarische Reisen rund um Freiburg,
den Kaiserstuhl und im Markgräflerland

Herausgegeben von Corinna Brauer und Michael Müller

Michael Müller Verlag

Do schmeckts!
Kulinarische Reisen rund um Freiburg, den Kaiserstuhl und das Markgräflerland

Herausgeber
Corinna Brauer & Michael Müller

Projektregie
Corinna Brauer

Fotografie (sofern nicht anders vermerkt)
Emil Bezold
Daniel Schoenen (Foto Konrad Kunze)

Covergestaltung
Karl Serwotka

Layout & Bildbearbeitung
promedia designbüro, Erlangen

Karte
Joachim Bode

Rezeptentwicklung
Gastwirte der jeweiligen Gasthöfe

Rezeptbearbeitung
Martin Kintrup

Lektorat
Angela Nitsche

Recherche
Corinna Brauer, Hannah Flessner

Einleitungen Jahreszeiten
Bettina Forst

Wandertipps
Bettina Forst

Gasthof-Reportagen
Corinna Brauer
  Bio-Restaurant Am Felsenkeller, Staufen
  Gasthaus Blume, Opfingen
  Gasthof Engel, Simonswald
  Gasthaus Hirschen, Merzhausen
  Gasthof Sonne, Amoltern
  Gasthaus Sonne, Münstertal
  Gasthaus zum Kreuz, Kappel
  Hotel-Gasthof Kreuz-Post, Staufen
  Landfrauencafé Goldene Krone, St. Märgen
  Landgasthof zur Sonne, Auggen
  Mondweide Café & Bistro, Badenweiler-Sehringen
  Schwarzwaldgasthof Schlossmühle, Glottertal
  Restaurant & Weinstube Holzöfele, Ihringen
  Winzerhaus Rebstock, Vogtsburg-Oberbergen

Hannah Flessner
  Gasthaus Hirschen, Müllheim-Britzingen
  Jägerhaus, St. Peter
  Landgasthof Rebstock, Bottingen
  Landhotel Reckenberg, Stegen-Eschbach
  Schwarzwaldgasthof zum goldenen Engel, Glottertal
  Wirtshaus zur Sonne, Glottertal

Titelfotos
Mohn-Mousse mit marinierten Erdbeeren und Minzpesto, Hotel-Gasthof Kreuz-Post, Staufen (oben)
Gratinierter Ziegenfrischkäse auf Rote-Bete-Löwenzahn-Salat, Schwarzwaldgasthof zum goldenen Engel, Glottertal (unten)

Alle in diesem Buch enthaltenen Informationen und Rezepte wurden von den Herausgebern und dem Verlag sorgfältig erarbeitet und überprüft. Eine Haftung kann jedoch nicht übernommen werden.

Anregungen und Hinweise sind jederzeit willkommen:
info@michael-mueller-verlag.de oder
Michael Müller Verlag, Gerberei 19, 91054 Erlangen

ISBN: 978-3-89953-970-7

© Copyright Michael Müller Verlag GmbH, Erlangen 2016.
Alle Rechte vorbehalten. Alle Angaben ohne Gewähr.
Druck und Bindung: Stürtz GmbH, Würzburg

1. Auflage 2016

Besuchen Sie uns auch im Internet: www.gscheitgut.de oder www.michael-mueller-verlag.de

Do schmeckts!
Ein kleines Plädoyer für Regionalprodukte

Mit diesem Kochbuch wollen wir Ihnen Appetit machen auf das, was gerade vor Ihrer Haustür wächst. Wer anfängt, die Herkunft seines Essens zu hinterfragen, landet immer bei Regionalprodukten. Ja, auch Regionalität hat Grenzen und wir als Reisebuchverlag leben vom Verkauf unserer Bücher für alle Ecken der Welt und davon, über den Tellerrand zu schauen. Aber wir leben auch von den Landschaften, und die sind in unseren Breiten nun mal Kulturlandschaft, ob Streuobstwiesen, Magerrasen oder Weinberge. All das ist es wert, bewahrt zu bleiben, denn wenn die Bauern keinen Anreiz mehr haben, Kühe und Ziegen zu halten, die beispielsweise die felsigen Hänge beweiden, dann hat das Rückwirkungen auf das Landschaftsbild und damit auch auf den Tourismus, auf die Dorfstrukturen (Stichwort »schrumpfende Dörfer«) und das Einkommen in der Region.

Das Herz jeder Region sind die Gasthäuser. Sie sind der Treffpunkt für Einheimische und Touristen und wichtig für das Leben auf dem Land. Auch dieses Kulturgut muss erhalten bleiben und wird deshalb hier vorgestellt. In allen Gasthäusern aus diesem Buch wird mit Regionalprodukten gekocht – ohne künstliche Aromen und Geschmacksverstärker. Mehr als 150 feine Rezepte erwarten Sie, Klassiker der badischen Küche genauso wie eigene Kreationen der Küchenchefs. Viele der Rezepte gehen auf die traditionelle Küche Südbadens zurück – wir erzählen Ihnen die Hintergründe dazu. Ergänzt wird dieser kulinarische Reiseverführer durch jahreszeitliche Wandertipps und Hintergrundreportagen zu den typischen Spezialitäten Südbadens wie dem Hinterwälder Rind oder dem Schwarzwaldkäse. Ein Saisonkalender dient als Orientierungshilfe beim nachhaltigen Einkauf. Denn Hand aufs Herz, wer braucht schon Erdbeeren im Winter?

In der Fränkischen Schweiz hat der Michael Müller Verlag bereits mit 40 Gastronomen eine Regionalinitiative gestartet (»Gscheitgut – Franken isst besser«), aus der zwei Reisekochbücher entstanden sind. Da unser Verleger dem Breisgau freundschaftlich verbunden ist – unser Fotograf Emil Bezold aus Freiburg und Michael Müller drückten einst gemeinsam die Schulbank – reifte die Idee zu einem badischen Reisekochbuch. Zwei Jahre und zigfache lustvolle Testessen später präsentieren wir Ihnen hier das Ergebnis unserer Arbeit.

Wir wünschen Ihnen viel Spaß beim Ausprobieren! Und sollten Sie einmal keine Lust zum Kochen haben, unterstützen Sie einfach auf genussvolle Weise den Erhalt von Kulturgut und Kulturlandschaft. In den vorgestellten Gasthöfen können Sie sicher sein: »Do schmeckts!«.

Corinna Brauer & Michael Müller

Geleitwort

Regionalität und Nachhaltigkeit sind in aller Munde. Doch ihre Präsenz macht stutzig – was heißt überhaupt regional? Wo beginnt eine Region und wo hört sie auf? So spontan, wie man mit dem Begriff etwas Vernünftiges verbindet, so unbestimmt wird er auf der Suche nach seiner konkreten Definition.

Neuere Umfragen unter Konsumenten zeigen, dass »Regionalität« als Kaufmotiv »Bio« bereits abgelöst hat. Aber kaum jemand kann näher bestimmen, was für ihn regional übersetzt in Entfernung bedeutet. Sind 50 km Transport für die Lebensmittel akzeptabel oder gar 500 km? Die Maßstäbe sind subjektiv. Meist wird mit »regional« der Bauernmarkt in der Stadt oder der Hofladen in der Nähe verbunden. Hat man für sich die Entscheidung getroffen, dort einzukaufen, ist man leider noch nicht viel weiter. Denn nicht nur wo eingekauft wird, muss man hinterfragen, sondern auch wo die Lebensmittel hergestellt wurden, und ganz wichtig: Wo die Produktionsmittel für ein regionales Erzeugnis herkommen. Denn will man ein echtes regionales Produkt, dann genügt es nicht, wenn man nur sein Endstadium prüft, wo z. B. der Kopfsalat verpackt wurde. Man muss eigentlich die ganze Wertschöpfungskette betrachten und fordern, dass auch das Saatgut, die Energie und die fachliche Qualifikation aus der Region stammen.

Baden ist eine so fruchtbare Region, dass es nicht notwendig wäre, dass das Samenkorn für den Salatkopf aus Australien oder China stammt oder die Jungpflanze aus den Niederlanden hertransportiert wird. Und pflegt man den Ackerboden richtig, wäre auch der energieintensiv und synthetisch hergestellte Dünger aus russischen und osteuropäischen Fabriken nicht nötig. Was ist an einem Salatkopf regional, der gerade noch 6 Wochen in der Region heranwächst, bevor er dann geerntet und als regionales Produkt am Bauernstand verkauft wird, aber die ganzen Produktionsmittel aus allen Ecken der Erde kommen?

Bei solch genauer Betrachtung der wirtschaftlichen Hintergründe ist »Regionalität« im Moment mehr ein Wunschbild als Realität. Nichtsdestotrotz ist regionaler Konsum tatsächlich ein vernünftiges Thema, das in den kommenden Jahren schrittweise auf allen Stufen der Produktion und der Verarbeitung von Lebensmitteln realisiert werden muss. Denn Regionalität macht von ihrer sozio-ökonomischen Seite ganz objektiv Sinn, sie ist Garant der Versorgung und des Wohlstands im Kleinen. Überregionale Großstrukturen sind anfällig und bergen enorme versteckte Risiken für jedes Unternehmen sowie jeden Konsumenten.

Fast ebenso schwierig verhält es sich mit dem Begriff »Nachhaltigkeit«. Seine Aufspaltung in Ökonomie, Ökologie und Soziales ist eine absurde Erfindung. Denn Nachhaltigkeit ist eine ökonomische Einheit. Soziale und ökologische Leistungen der Unternehmen sind ökonomische Leistungen und kosten Geld. Werden die Leistungen nicht erbracht, weil sie niemand bezahlen will, kostet es später Geld, wenn entstandene Schäden an Natur und Gesellschaft bezahlt werden müssen. Ökologisches und soziales Fehlverhalten ist immer auch ökonomisches Fehlverhalten. Denn die Schäden und Verluste, die an der existenziellen Grundlage allen Lebens durch das Wirtschaften verursacht werden, werfen Kosten und Risiken auf.

Die ökonomische Rechnung, der wir heute folgen, zielt auf den Vermögensverlust bei den sozialen und natürlichen Ressourcen. Soll der Wohlstand dagegen nachhaltig und regional gesichert werden, müssen die ökologischen und sozialen Kosten der Wiederbeschaffung im Moment ihrer Entstehung eingerechnet und kalkuliert werden.

Schaffen wir es, die beiden Trendbegriffe Regionalität und Nachhaltigkeit mit echten Werten zu hinterlegen, dann sind wir auf einem guten Weg, den Wohlstand von morgen zu sichern. Diesem Ziel hat sich die Regionalwert AG Bürgeraktiengesellschaft in der Region Freiburg verschrieben. Das von Bürgern angelegte Kapital wird in lokal ansässigen Betrieben der Landwirtschaft, der Verarbeitung, der Gastronomie und der Vermarktung von Bio-Lebensmitteln investiert. Unternehmen werden neu gegründet oder von Nachfolgern übernommen. Jungen Unternehmerinnen und Unternehmern wird durch das Bürgerkapital eine Chance gegeben, ihre Fähigkeiten zu entfalten: Hier in diesem Buch porträtierten wir als Beispiele Katharina und Philipp Goetjes vom Breitenweger Hof in Eichstetten mit ihren einzigartigen Milchprodukten und Joel Siegel mit seinen hervorragend gepflegten Obstgärten und wohlschmeckenden Beeren und Kernobstsorten auf der Norsinger Gemarkung.

Die Region soll unternehmerisch lebendig und vielfältig bleiben, weil dies die beste Garantie für regionalen Wohlstand bedeutet. Sinnvolle Arbeit, gesunde Nahrungsmittel, wohlschmeckend zubereitete Speisen und eine vielfältige Kulturlandschaft sind die Vermögenswerte, die jenseits der betriebswirtschaftlichen Effektivität das Leben lebenswert machen. Die besondere Region um Freiburg mit den Höhen des Schwarzwalds und den fruchtbaren Niederungen am Oberrhein sorgsam und wirklich nachhaltig zu bewirtschaften, ist die beste Voraussetzung dafür, dass auch in Zukunft bei uns gut gekocht werden kann.

Christian Hiß
Vorstandsvorsitzender der Regionalwert AG
Bürgeraktiengesellschaft in der Region Freiburg
www.regionalwert-ag.de

Guet schmeckt's

Bi uns duets nit »riechen«, es schmeckt immer.

Egal, ob's us em Misschtlachloch oder us em Gülleloch duftet oder s Guetseli oder s Schleckli in de Gosche schmilzt und gaanz langsam de Lälli aabe lauft.

Das geht doch runter wie Öl, oder? So täte mir's nie im Lebe sage.
Öbbis wo schmeckt, z lobe heißt uf alemannisch: Goht so.
Oder: Cha me esse.

Die ganz Chürigi – also missmutige Knurrhähne – bruddle eifach: De Hunger triibs aabe. Dem g'hört d' Zunge gschabt, dem sempere Siech. Der hat glatt e Nachschlag us der Sautränke verdient.

E guete Appetit au.

Heinz Siebold

Inhalt

Do schmeckts!
Ein kleines Plädoyer für Regionalprodukte ... 3
Geleitwort ... 4

Frühling 12

Wirtshaus zur Sonne ... 14
Restaurant & Weinstube Holzöfele ... 16
Gasthaus Hirschen ... 18
Landhotel Reckenberg ... 20
Gasthaus zum Kreuz ... 22
Bärlauchsuppe mit gebratenem Forellenfilet ... 25
Wildkräuterrahmsuppe ... 26
Badische Schneckensuppe ... 27
Gratinierter Ziegenfrischkäse
   auf Rote-Bete-Löwenzahn-Salat ... 29
Endiviensalat nach Großmutters Art ... 30
Gebackener Bergkäse
   mit Holunder-Birnen-Ragout ... 31
Wildkräuter-Tiramisu ... 33
Lauwarmer Spargelsalat
   mit gebratenem Kalbsbries ... 34
Grüne Spargelmousse
   mit Radieschen-Vinaigrette ... 37
Gratinierte Hechtklößchen
   mit grünem Spargel ... 38
Linsenquiche mit Feta und Minze ... 40
Bandnudeln mit Spargelragout
   und Parmesan ... 43
Dinkelnudeln mit Gemüse
   und Röstzwiebeln ... 44
Kalbfleischmaultaschen ... 47
Geschmortes Rinderbäckchen
   mit Bergkräuter-Pesto-Kruste ... 48
Gasthausnamen im Südwesten ... 50

Gebratene Poulardenbrust mit Spargel
   im Pfannkuchen ... 53
Frikassee vom badischen Huhn ... 54
In Gutedel geschmorte Bio-Hühnerbrust
   mit Dinkel-Gemüse-Nudeln ... 57
Lammrücken mit Tomatenkruste,
   Balsamico-Jus und Kartoffelgratin ... 58
Rosa gebratener Lammrücken mit Spargel,
   Kratzete und Sauce hollandaise ... 60
**Weiße Stangen,
die die Welt veränderten** ... 62
Lammkoteletts mit Rösti
   und Knoblauchsauce ... 67
Geschmorte Lammschulter
   mit Bärlauchsauce und Grillgemüse ... 68
Saibling mit Limetten-Sellerie-Püree
   und Bärlauchnudeln ... 70
Joghurtmousse mit marinierten Erdbeeren
   und Sauerampfereis ... 72
Buttermilchmousse mit
   Erdbeer-Rhabarber-Grütze ... 75
Erdbeeren mit Sauerrahmgelee
   und Grießflammeri ... 76
Eierlikör-Parfait mit Erdbeeren ... 79
Karamellisierte Erdbeeren
   mit Mascarpone-Creme ... 80
Erdbeer-Rhabarber-Gratin ... 81
Rhabarber-Torteletts mit Honigbaiser ... 83
Rhabarberkuchen mit Baiser ... 84
Kompott und Creme vom Rhabarber ... 87
Gebackene Holunderblüten an Vanillesauce ... 88
Holunder-Sahne-Torte
   mit Buchweizenbiskuit ... 91
Holunderblütencreme ... 92
Löwenzahn-Mousse ... 93

Sommer — 96

Winzerhaus Rebstock ... 98
Mondweide Café & Bistro ... 100
Landfrauencafé Goldene Krone ... 102
Gasthaus Hirschen ... 104
Bio-Restaurant Am Felsenkeller ... 106
Markgräfler Gutedelschaumsüppchen ... 108
Geeiste Gurkensuppe mit Dill ... 109
Zweierlei-Paprikaschaum-Suppe ... 111
Erbsensuppe mit Blutwurst ... 112
Überbackene Pilzsuppe ... 113
**Die Hörner bleiben dran im Breisgau –
artgerechte Haltung für
hochwertigen Käse** ... 114
Dinkelbrot ... 118
Zucchinisalat mit Löwenzahn-Pesto
und Ziegenfrischkäse ... 119
Sommersalat mit
gebratenem Knoblauchfrischkäse ... 121
Badischer Kartoffelsalat ... 122
Ochsenmaulsalat ... 123
Carpaccio vom badischen Schäufele ... 125
Badischer Wurstsalat ... 126
Bibbeleskäs ... 127
Tafelspitzsülze mit bunter Vinaigrette ... 128
Pilzmaultaschen ... 130
Zucchini-Paprika-Quiche mit Bergkäse ... 133
Holzöfeles Kartoffelpizza mit Gemüse ... 134
Gemüserisotto ... 137
Veganes Grünkern-Kräuter-Risotto
mit Ratatouille ... 138
Gefüllte Tomaten mit
Blattspinat und Mozzarella ... 141
Grünkernküchle mit Basilikumsauce ... 142
Gefüllte Zucchini mit Tomatensauce ... 145
Saiblingsfilet mit Pfifferlingsrisotto
und Zuckerschoten ... 146
Forelle mit Lindenblütenbutter
und Giersch-Gnocchi ... 149
**Frische Fische
aus dem Südschwarzwald** ... 150
Gefüllte Hähnchenkeule
mit Basilikumnudeln ... 154
Perlhuhn-Pastete
mit Pfifferlingen und Salat ... 157
Perlhuhnbrust mit Rosmarin
auf sommerlichem Gemüse ... 158
Schwarzwälder Kirschenmichel ... 160
Johannisbeer-Ragout
mit Holunderblüteneis ... 163
Rosenblüten-Parfait auf Aprikosen-Ragout
und Rieslingsekt-Sabayon ... 164
Panna cotta mit Kirschgrütze ... 167
Schwarzer Kokosmilchreis
an Beeren-Potpourri ... 168
Karamellisierte Apfelpfannkuchen ... 169
Beerengrütze mit Vanilleparfait ... 171
Marinierte Kaiserstühler Himbeeren
mit hausgemachtem Eierlikör ... 172
Himbeerstreusel mit Vanilleparfait ... 175
Schwarzwälder Kirschtorte ... 176
Badischer Kirschplotzer mit Mandeleis ... 179
Weinbergpfirsich-Sorbet ... 180
Glottertäler Weingelee ... 181
Karamellisierter Blätterteig mit
marinierten Beeren und Sauerrahmeis ... 183
Mohn-Mousse mit marinierten Erdbeeren
und Minzpesto ... 184

Herbst — 188

Schwarzwaldgasthof Schlossmühle — 190
Landgasthof zur Sonne — 192
Landgasthof Rebstock — 194
Hotel-Gasthof Kreuz-Post — 196
Gasthaus Sonne — 198
Kartoffel-Meerrettich-Suppe — 200
Riebele-Suppe — 201
Rote-Bete-Suppe mit Meerrettich und schwarzen Johannisbeeren — 203
Flädlesuppe — 204
Herbstliche Blattsalate mit Pfifferlingen und geräucherter Entenbrust — 206
Herbstlicher Rucolasalat mit Walnüssen und Äpfeln — 209
Waldpilzterrine mit Kräutercreme — 210
Gratinierter Ziegenkäse mit glacierten Weintrauben — 213
Fleischküchle mit Apfel-Zwiebel-Relish — 214
Kürbiskuchen mit Zucchinigemüse — 217
Kürbis-Quiche mit Apfel und Borretsch — 218
Zwiebelkuchen — 221
Flammkuchen mit Speck, Bergkäse und Zwiebeln — 222
Schäufele im Brotteig — 225
Geschmorte Kalbsbäckchen mit Kartoffel-Endivien-Püree — 226
Rinderbraten in Spätburgundersauce mit Apfelrotkohl — 228
Das Hinterwälder Rind – ein uriges und bodenständiges Stück Heimat — 230
Geschmorte Beinscheiben vom Hinterwälder Rind — 235
Badisches Ochsenfleisch — 236
Rehkeule mit Trauben-Jus und Rahmwirsing — 238
Geschmortes Hirsch-Schäufele in Burgundersauce — 241
Damhirschmedaillons mit Zwiebelkruste und warmer Pfifferlingsterrine — 242
Geschmortes Kaninchen — 245
Fasanenkeule im Wirsingblatt — 246
Warmer Ofenschlupfer — 248
Birnenbienenstich — 251
Birnenstrudel mit Birnensorbet — 252
Nougat-Pofesen mit pochierten Birnen — 254
Karamellcreme mit Sahne — 255
Apfeltarte — 256
Tannenhonig-Parfait — 257
Krokantparfait mit Rotweinzwetschgen — 259
Weinbau in Baden — 260
Tonkabohnen-Crème-brûlée mit Mandelkuchen — 266
Rumzwetschgen mit Zimtparfait — 269
Maronenküchlein mit Maroneneis — 270

Winter	**274**
Gasthof Sonne	276
Jägerhaus	278
Schwarzwaldgasthof zum goldenen Engel	280
Gasthaus Blume	282
Gasthof Engel	284
Fruchtige Rotkohl-Cremesuppe	286
Schwarzwälder Speckpfannkuchen	287
Linsen-Kartoffel-Salat	288
Gerstenrahmsuppe	290
Karotten-Ingwer-Suppe	291
Badische Grünkernsuppe mit Markklößchen	293
»Barmherzige Suppe«	294
Schweinsbäckelscheiben mit Meerrettich und Linsensalat	297
Schwarzwurzeltörtchen mit Rehfilet und Pinienkern-Vinaigrette	298
Forellenmousse auf Rote-Bete-Tatar	300
Rote-Bete-Terrine mit Ziegenfrischkäse und Walnüssen	301
Hirschlebermousse mit Sunnewirbelesalat und Quittenmark	302
Bio-Schweinesteaks mit Senfsauce	304
Saure Leber	305
Schweinefilet in Backpflaumensauce	307
Kaiserstühler Baeckeoffe	308
Eingemachtes Kalbfleisch mit geröstetem Wintergemüse	310
Geschmorte Kalbshaxe mit glacierten Karotten	312
Badischer Sauerbraten	315
Wild – ganz natürlich »bio«	316
Dreierlei vom Reh mit Haselnuss-Gnocchi und Apfelsauce	321
Rehnüssle mit Wacholderrahmsauce und Pfifferlingen	322
Gefülltes Wildschweinfilet mit Majorankruste	325
Hirschrücken mit Wacholderkruste und Wirsingpäckchen	326
Gänsekeulen mit Semmelknödeln und Gewürzrotkraut	328
Apfeltörtchen mit Weinschaum	330
Mohnparfait auf Apfelscheiben	332
Lebkuchentiramisu	333
Bratäpfel mit Marzipan und Brombeeren	334
Apfelküchle im Bierteig	335
Kirschwasserbömble mit warmen Sauerkirschen	336
Von Wildpflaumen, Zwiebeläpfeln und Käuzen	338
Lebkuchenparfait mit Zwetgschenröster	342
Linzer Torte	345
Geeister Christstollen mit Gewürzorangen	346
Jahreszeitliche Tipps aus unseren Südschwarzwald-Wanderführern	348
Alemannisch von do un dert	350
Wo hocke mer hii?	350
Brägel sind nicht Brägele	351
Rezeptindex	352
Adressen der Gasthöfe	357
Dank an die Mitwirkenden	358

Zur leichten Orientierung haben wir die Rezepte nach unterschiedlichen Schwierigkeitsgraden eingeteilt:

🐾 = leicht | 🐾🐾 = mittel | 🐾🐾🐾 = schwer

Frühling

Gut drei Wochen früher als im übrigen Deutschland lässt der Frühling hier sein blaues Band wieder flattern, wie Eduard Mörike es in seinem bekannten Frühlingsgedicht beschreibt. Frühlingshungrige finden das erste Erwachen aus der Winterstarre am Kaiserstuhl, der vulkanischen Insel inmitten des Rheingrabens. Die Mandelblüte taucht die Hänge schon im März in ein Meer aus zartrosa Wolken.

Bärlauchteppich und Kirschblüten – Frühlingserwachen am Kaiserstuhl und im Südschwarzwald
(Foto links: Hannah Flessner, Foto Mitte: Lars Schnoor, Foto rechts: Emil Bezold).

Nach einem ersten Frühlingsspaziergang (siehe Wandertipp Seite 348) erwarten die Gasthöfe rund um den Kaiserstuhl die hungrigen Ausflügler mit bodenständigen Gerichten aus regionalen Produkten. Jetzt beginnt auch der Weinfrühling im Naturgarten Kaiserstuhl. Die Winzer öffnen ihre Keller und laden zu Verkostung und Weinfesten ein. Der Blüh- und Veranstaltungskalender des Naturgartens Kaiserstuhl (www.naturgarten-kaiserstuhl.de) hilft bei der Planung der Besuche.

Die Kirschblüte verwandelt den nördlichen Kaiserstuhl Anfang bis Mitte April in einen Traum in Weiß. Nur wenige Tage währt dieses Naturspektakel, das auf einer 23 Kilometer langen Wanderung mit allen Sinnen zu erleben ist. Dieser »Kirschbaumpfad« führt durch das Anbaugebiet der »Süßen Kracher« oder »Schwarzen Königin«, die als »Piemontkirsche« enormen Bekanntheitsgrad erreicht hat. In Königschaffhausen wird traditionell am letzten Maiwochenende das Kaiserstühler Kirschenfest gefeiert, bei dem die »Chriesewaie«, der Kirschkuchen, natürlich nicht fehlen darf. Von Königschaffhausen ist es nur ein Katzensprung nach Amoltern, einem ruhigen Winzerdorf. Im Dorfkern öffnet das Gasthaus Sonne seine Schlemmertüren. Eine jahreszeitlich bestimmte Küche vom Spargel bis hin zur Zwiebelwähe bestimmt die Karte, und als krönender Abschluss wird gerne ein Kirschbrand gereicht.

Mit eindeutig südlichem Flair zeigt sich das hügelige Markgräflerland im Dreiländereck zwischen Freiburg, Frankreich und der Schweiz. Hier offenbart sich ein grenzübergreifendes Lebensgefühl, dessen Wurzeln in der gemeinsamen alemannischen Geschichte, Kultur und Sprache zu finden sind. Ausflügler erleben hier hautnah den Frühlingsauftakt zwischen Weinbergen und Streuobstwiesen: prachtvoll blühende Obstbäume und Wiesen mit einem Blütenflor aus Narzissen, Schlüsselblumen, Löwenzahn, Gänseblümchen oder Buschwindröschen.

Im höher gelegenen Hügelland gedeiht ein üppig grüner Bärlauchteppich in den lichten Laubmischwäldern. Die zahlreichen Gasthöfe und Straußenwirtschaften schätzen die saisonalen Zutaten und haben Bärlauchsüppchen, Bärlauch-

Wandern entlang blühender Obstbäume ist ein Vergnügen (Foto: Emil Bezold).

pesto und Bärlauchbrot im Angebot. Ein paar Wochen später dominieren Spargelvariationen und leckere Erdbeernachtische die Speisekarten – natürlich alles aus heimischem Anbau. Die regionalen Schmankerl können am letzten Aprilfreitag in Begleitung guter Tropfen aus dem Markgräflerland auf dem Müllheimer Weinmarkt verkostet werden, dem ältesten Weinmarkt Badens. Eine große und sportliche Gutedel-Weinprobe findet zu Christi Himmelfahrt zwischen Staufen und Müllheim statt. An verschiedenen Stationen, die man auch per Rad erreicht, schenken rund 30 Winzer mehr als 100 Weine aus.

Kein Frühling ohne Ostern und die typischen Osterbräuche. Das Backen des Osterbrotes ist ein Brauch, der in vielen Familien zur Ende der Karwoche gehört. Das süße Hefebrot wird ursprünglich zum Zopf oder Kranz geflochten und steht für die Dreifaltigkeit von Vater, Sohn und Heiligem Geist. Ein ganz besonderer Brauch wird in St. Peter gepflegt, das Osterfeuertragen. Hierzu werden getrocknete Baumschwämme an einem Draht befestigt und am Ostersonntag am Osterfeuer vor der Kirche entzündet. Dann werden die glühenden Schwämme von der männlichen Jugend in alle Häuser und Höfe getragen. Die Hausfrau schneidet ein Stück vom glimmenden Baumschwamm ab und legt es in den Herd. Das bringt Glück und Segen für das Haus und Süßigkeiten und etwas Taschengeld für die Jungen.

Zu Ehren des Heiligen Trudpert zelebriert das Münstertal am letzten Sonntag im April eine Prozession. Eine Legende erzählt, dass Trudpert im 7. Jahrhundert als Missionar ins Münstertal kam. Ein Knecht soll ihn im Schlaf mit einer Axt erschlagen haben. Am Ort seines Martyriums entstand das Kloster St. Trudpert. In einer Prozession werden die Statue des Heiligen, das wertvolle Niello-Kreuz (ein Vortragekreuz aus dem 12. Jahrhundert) sowie ein prächtiger Reliquienschrein mit den sterblichen Überresten Trudperts von der Pfarrkirche über den Ölbergweg um das Kloster getragen. Der feierliche Zug wird von Kapellen-, Schützen- und Gesangsvereinen, Trachten- und Tanzgruppen sowie vom Reiterverein begleitet.

Wirtshaus zur Sonne
Glottertal

Die »Sonne« im Glottertal ist ein echter Familienbetrieb. Arndt und Gertrud Dilger betreiben gemeinsam mit Sohn Johannes und dessen Frau Emilie das gemütliche Gasthaus, das hier schon seit dem Jahr 1659 steht, seit 1722 befindet es sich in Familienbesitz. In unmittelbarer Nähe liegen der hauseigene Minigolfplatz, ein Spielplatz und das Glotterbad.

Badisches Spargelmenü
Bärlauchsuppe mit gebratenem Forellenfilet (Seite 25)
Rosa gebratener Lammrücken mit Spargel und Kratzete (Seite 60)
Buttermilchmousse mit Erdbeer-Rhabarber-Grütze (Seite 75)

Johannes und sein Vater erscheinen schon auf den ersten Blick wie das ideale Kochduo. Und genau das sind sie auch. Von seinen Weltreisen bringt der Sohn regelmäßig neue Anregungen mit, die er dann mit dem Senior ausprobiert. Vor allem die Desserts haben es dem jungen Koch angetan: Frisch gebackene Holunderblüten stehen im Frühjahr auf der Speisekarte, aber auch Dreierlei von der Erdbeere, darunter auch eine Erdbeer-Joghurt-Suppe.

Beide sind Küchenmeister und haben ihr Handwerk in renommierten Küchen gelernt. Eine gute Qualität und frische Lebensmittel aus der Region sind ihnen enorm wichtig. Dafür pflegen sie ein dichtes Netz an Zulieferern: Obst und Gemüse stammt von der Gärtnerei Herr aus Vörstetten, Wild liefert der Scharbachhof. Den Hauskäse beziehen die Dilgers vom »Schwendehof« in Lenzkirch, einer kleinen Käserei, die auch den Knoblauchfrischkäse liefert, der in einer Kräuterpanade gebraten und auf einem Salatbett serviert wird. Eine typische Eigenkreation des Hauses. Ein Großteil der Weine stammt von bekannten Winzern aus dem Glottertal.

Arndt Dilger und seine Frau haben sich im Ort kennen- und lieben gelernt. »Das Glottertal ist eine sehr gesellige Gegend.« Und darum veranstalten die Dilgers auch jedes Jahr einen Silvestertreff in ihrem Eiskeller, in dem bei einem kleinen Sektempfang am Vormittag auf das neue Jahr angestoßen wird. Ebenso beliebt ist die urige Schwarzwaldstube des Gasthauses, die mit ihren 40 Plätzen ein idealer Ort für Geselligkeit ist, den täglich der örtliche Stammtisch nutzt. »Da treffen sich die Glottertaler dann zum Frühschoppen.«

Sie sind ein ideales Kochduo: Arndt Dilger und sein Sohn Johannes.

Die »Sonne« im Glottertal mit lauschigem Garten (Foto: Hannah Flessner).

Restaurant & Weinstube Holzöfele

Ihringen

Das »Holzöfele« ist seit Langem eine nicht wegzudenkende gastronomische Institution im Winzerdorf Ihringen. Hier am Kaiserstuhl liegt ein Paradies für Weinliebhaber, denn einige der besten Weiß- und Spätburgunder Deutschlands stammen aus der sonnigen Ecke. 13 Winzer sorgen dafür, dass es auch so bleibt. Im »Holzöfele« ist ein junges Team am Werk und präsentiert mit viel Fantasie und Freude am Genuss eine abwechslungsreiche Speisekarte, denn in dem berühmten Weinort braucht es ständig neue Ideen, um zwischen all den Winzerstuben und Gasthäusern seinen Platz zu behaupten.

Fruchtig-frisches Frühlingsmenü

Endiviensalat nach Großmutters Art (Seite 30)
Saibling mit Limetten-Sellerie-Püree und Bärlauchnudeln (Seite 70)
Kompott und Creme vom Rhabarber (Seite 87)

Christine und Robert Franke führen den Betrieb seit 2012. Der Restaurantmeister zog der Liebe wegen nach Ihringen und kennt sich mit Weinen bestens aus. 200 Sorten stehen auf seiner Weinkarte und jede kennt der Hausherr persönlich. Besonders schätzt er die guten Tropfen vom Weingut Dr. Heger, das seit Jahrzehnten preisgekrönte Weiß- und Spätburgunder produziert.

In der Küche des »Holzöfele« wird regionalen Produkten immer der Vorrang gegeben, dafür sorgt Küchenchef Tobias Klomfass. Er ist oft in seiner Freizeit unterwegs, um seine Lieferanten zu besuchen oder neue zu finden. Alle kennt er persönlich. Sein Engagement kann er gut begründen: »Ich koche in einer Region, wo es tolle Regionalprodukte gibt und möchte dem Gast gute Produkte und eine ehrliche Küche servieren.« Sein Handwerk lernte der junge Koch hier im »Holzöfele« beim Seniorchef Peter Birmen vor 11 Jahren. Heute ist Tobias selbst verantwortlich für drei weitere Köche. Dass er nach der Ausbildung in Ihringen geblieben ist, war für ihn keine Frage. »Ich hab mich hier immer wohlgefühlt«, resümiert der engagierte Koch, denn »mir schaffe beinand. Wir sind ein gutes Team, hier weiß jeder, was er zu tun hat.«

Am liebsten bereitet er Schmorgerichte zu, und er weiß: »Damit es ein guter Braten wird, muss man sich mit dem Fleisch beschäftigen und eine ordentliche Sauce ziehen.«

Mitten in Ihringen behauptet das »Holzöfele« seinen Platz mit fantasievoller Regionalküche.

Übrigens haben auch Allergiker bei Tobias Klomfass gute Karten, denn bei ihm wird jede Sauce und jede Creme frisch zubereitet, »ohne Päckchen und Tütchen«.

So kann der engagierte Koch auch auf Sonderwünsche Rücksicht nehmen – für Veganer hat er eine Kartoffelpizza kreiert, die auch im Kochbuch zu finden ist. »Mein Job ist es, den Gast glücklich zu machen.« Das glaubt man dem sympathischen Koch aufs Wort. Ab und zu wirft er auch einen Blick in mediterrane Küchen und entwickelt Rezepte mit einer interessanten Exotik. Dann locken gebratener Seesaibling mit Rotweinschalotten, gegrillter Gurke und Kartoffel-Minz-Pürree oder Doradenfilets mit Artischocken-Tomaten-Ragout und Thymiankartoffeln in den sonnigen Ort am Kaiserstuhl.

Küchenchef Tobias Klomfass kocht »ohne Päckchen und Tütchen«.

Gasthaus Hirschen

Merzhausen

Freitagmittag in Merzhausen. Eine entspannte Geschäftigkeit liegt in der Luft. Gerade hat Marc Isaak noch den Nachschub an Spargel organisiert, den er für den Abend braucht. Es gab kurzfristige Lieferschwierigkeiten, aber nervös ist Marc Isaak trotzdem nicht. Improvisieren hat er gelernt. Kochen ist seine Leidenschaft. In der Küche laufen die letzten Vorbereitungen für den Abend. Der Teig für das selbstgebackene Brot wird in den Ofen geschoben, auf dem Herd köchelt eine Spargelsuppe, die herrlich aromatisch duftet. »Das Geheimnis ist, man darf die Schalen nur leicht köcheln lassen. Sobald sie richtig aufkochen, verlieren sie an Aroma und werden bitter«, weiß Marc Isaak. Gut, wenn einem das Kochen schon in die Wiege gelegt wurde.

Feines Frühlingsmenü mit mediterraner Note

Lauwarmer Spargelsalat mit gebratenem Kalbsbries (Seite 34)
Lammrücken mit Tomatenkruste, Balsamico-Jus und Kartoffelgratin (Seite 58)
Erdbeeren mit Sauerrahmgelee und Grießflammeri (Seite 76)

Begonnen hat alles mit einem alten Bauernhof. In seiner Kindheit waren hier ringsumher nur Wiesen, erinnert sich Marc Isaak. Das Leben spielte sich auf dem Hof ab. Eine Kuhglocke am Ausschank, der Schweinetrog im Garten und die alte Scheune erzählen noch von dieser Zeit. Mittlerweile hat sich Merzhausen zu einem Vorort von Freiburg entwickelt, der nahtlos an die Stadt anschließt, aber das hübsche Fachwerkhäuschen steht da wie vor 460 Jahren und gehört seit 1898 der Familie Isaak.

Der Familienname geht zurück auf das Eisacktal in Südtirol, aus dem die Vorfahren stammten. Dass Marc die Tradition des Gasthofes weiterführen wird, merkten die Eltern spätestens da, als der jugendliche Spross spontan einen Salat für 20 Personen zubereitete.

Marc Isaak lernte in der Sternegastronomie, kehrte aber nach kurzer Wander- und Studienzeit zurück, um den elterlichen Betrieb in vierter Generation zu übernehmen. Seit mittlerweile 12 Jahren steht der 44-Jährige hier im »Hirschen« am Herd. Ein junges Team von Köchen und Azubis unterstützt ihn. Seine Philosophie »Ich koche nur das, was mir selber schmeckt« bedeutet im Umkehrschluss: Alles was er kocht, schmeckt.

Mit viel Liebe zum Detail werden traditionelle Rezepte neu interpretiert und modern umgesetzt. Seine Gäste danken es ihm und fühlen sich in den zwei Gasträumen mit alter Holzvertäfelung und

Das hübsche Fachwerkhaus gehört seit 1898 der Familie Isaak.

Marc Isaak kocht nur das, »was mir selbst schmeckt« (Fotos: Hannah Flessner).

gemütlichem Kachelofen wohl. An der Wand hängen Bilder, mit denen ein hiesiger Künstler einst seine Rechnungen bezahlte. Für ein Dorf im Schatten von Freiburg geht im »Hirschen« eine erstaunliche Prominenz ein und aus, aber auch die Merzhausener wissen ihren Traditionsgasthof zu schätzen. Marc Isaak ist es wichtig, dass er in der Gaststube stets auch bekannte Gesichter aus dem Dorf sieht. Nach dem Geheimnis seines Erfolges gefragt, lächelt der sympathische Koch: »Meine Familie hat sich stets an die Situation angepasst und trotzdem ihre Werte bewahrt.«

Seit Marc Isaak vor 12 Jahren das Haus von seinem Vater übernommen hat, führt er es weiter, ohne die eigene Identität und Tradition aufzugeben. Wichtig war und ist hier die Verwendung regionaler Lebensmittel. Die Produkte, die in der Küche verarbeitet werden, sollen keine Weltreisen hinter sich haben, daher pflegt Marc Isaak ein dichtes Netzwerk an regionalen Zulieferern. Vor allem bei Fleisch legt er höchsten Wert auf Qualität: »Die Gäste wissen, dass es bei mir Top-Fleisch gibt.« Sein Partner für Fleisch und Wurst ist die Metzgerei Lehmann, die durch hauseigene Schlachtung und Herstellung Spitzenqualität regionaler Herkunft garantiert. Geflügel liefert der Elsässer Bruno Siebert aus bäuerlicher Aufzucht, Fisch stammt von der Forellenzucht Fath in Umkirch. Ein weiteres Steckenpferd des engagierten Gastronomen sind die Weine. In seinem Keller lagert eine schöne Sammlung an hervorragenden Tropfen und gerne berät er seine Gäste auch persönlich bei der Auswahl des passenden Weins.

Gemütliche Gaststube mit alter Holzvertäfelung (Foto: Hannah Flessner).

Landhotel Reckenberg

Stegen-Eschbach

Wer den Speisesaal des »Landhotels Reckenberg« von Gerhard Hug betritt, taucht ein in eine verführerische Atmosphäre. Sofort werden sämtliche Sinne angesprochen: Es riecht nach frischen Kräutern aus der Küche, im Hintergrund klingt klassische Musik und der Blick schweift über die unterschiedlichsten Liköre und Digestifs, die dekorativ auf einem langen Tisch platziert sind.

Raffiniertes Kräutermenü
Wildkräuter-Tiramisu (Seite 33)
Geschmortes Rinderbäckchen mit Bergkräuter-Pesto-Kruste (Seite 48)
Löwenzahn-Mousse (Seite 93)

Gerhard Hug ist hier in Reckenberg aufgewachsen, dies ist seine Heimat und das Landhotel sein Lebenswerk. Er hat es auf einem Familiengrundstück bauen lassen, das zum ältesten Hofgut am Ort gehört. Eine alte Hausinschrift über dem Kamin vom 18. April 1774 erinnert noch daran.

Gerhard Hug ist gelernter Koch, Hotelkaufmann und hat zudem Betriebswirtschaft studiert. Seit er denken kann, ist die Natur sein Thema, und schon früh beschäftigte er sich mit Kräutern aller Art. Seit 1975, also bereits seit 40 Jahren, betreibt er sein kleines, aber feines Kräuteridyll. Ob Rosenlikör oder Löwenzahnblütenwein, Bärlauch-Risotto oder Mousse au chocolat mit Minze, alles, was mit Kräutern, Knospen und Co. zu tun hat, wird von dem kreativen Koch frisch gesammelt und in der Küche und im Kessel verwendet.

»Mit Menschen ist es wie mit Likören: Je älter sie werden, desto wertvoller werden sie«, sagt er und präsentiert voller Stolz die aufwendig hergestellten Köstlichkeiten. Denn aufwendig sind die zart schimmernden Spirituosen durchaus: Für einen Rosenlikör sammelt Gerhard Hug um die 100 Rosen und erzielt damit gerade einmal zwei Liter.

Hugs hauseigener Kräutergarten bietet alles, was das Herz begehrt, und vielleicht noch mehr: Borretsch, Brennnessel, Dill, Majoran, Lorbeer, Rosmarin, Thymian, Salbei, aber auch Veilchen, Lavendel und Taglilien. Dazu besitzt Gerhard Hug ein umfangreiches Wissen über sämtliche Kräuter, und er teilt es auch gerne mit anderen. Einmal im Monat veranstaltet er einen Kräuterkochkurs, in dem die Teilnehmer in einer kleinen Gruppe zunächst eine Kräuterwanderung unternehmen, um anschließend mit den gesammelten Kräutern ein mehrgängiges Menü zu kochen.

Gerhard Hug lässt sich am liebsten von frischen Kräutern inspirieren und gibt sein Wissen auch in Kochkursen weiter.

Aber nicht nur bei den Kräutern legt der sympathische Küchenchef großen Wert auf gute Qualität, auch alles andere auf dem Teller muss frisch und von regionaler Herkunft sein, wie beispielsweise das Hinterwälder Rind aus St. Peter, das er direkt vom Bauern bezieht. Einen Hauch von Luxus erhält die Speisekarte, wenn Gerhard Hug zum Spargel mit Gänseblümchenvinaigrette einen Kamirie-Lachs aus dem Weißtannenrauch serviert oder eine dunkle Mousse au Chocolat mit Minze verfeinert.

Zum verführerischen Ensemble des Landhotels Reckenberg gehören auch die stilvollen Zimmer, die mit ihrem Blick auf den Feldberg zum Träumen einladen. Gerhard Hug sagt über sich: »Ich bin ein Genießer.« Deshalb kann und will er gehobenes Flair bieten für alle Gäste, die ganz besonders gern gut essen.

Von den Zimmern im Landhotel kann man bis zum Feldberg schauen.

Gasthaus zum Kreuz

Kappel

Badisch, regional und frisch geht es zu bei Michael Hug in Kappel. Hier sitzt der Gast an karierten Tischdecken zwischen viel Holz, an den Wänden erzählen alte Rechnungen von längst vergangenen Zeiten, und der Kachelofen macht Lust, auch im Winter wiederzukommen. Was 1755 ursprünglich als Rathaus gebaut wurde und später als »Gemeindestube mit Tavernenrecht« eingetragen wurde, beherbergt heute eine raffinierte Regionalküche und ein kleines Hotel mit 15 Zimmern.

Aromatisches Frühlingsmenü
Grüne Spargelmousse mit Radieschen-Vinaigrette (Seite 37)
Frikassee vom badischen Huhn (Seite 54)
Holunderblütencreme (Seite 92)

Seit 1898 kocht hier die Familie Hug, und das obwohl der Gasthof nicht an der Durchgangsstraße liegt, die zum Schauinsland hinaufführt. Man muss ihn schon finden, den Betrieb von Michael Hug, aber wer einmal hier war, der kommt gern wieder. 90 % Stammkundenanteil! Und das liegt nicht nur am gemütlichen Ambiente des kleinen Schwarzwaldgasthofs.

Michael Hug, der zunächst eine sportliche Karriere anstrebte, übernahm den Betrieb 1995 von seinen Eltern und lernte das Kochhandwerk von der Pike auf. Mit viel Liebe zum Detail serviert er traditionelle Gerichte auf raffinierte Weise. Während seiner Wanderschaft kochte er in Dubai und Melbourne, aber in seiner Küche hält er es lieber regional. Zu jedem seiner Lieferanten pflegt Michael Hug ein persönliches Verhältnis: Das Mehl stammt von der traditionsreichen Jenne-Mühle in Freiburg-Tiengen. Spargel und Salat liefern Bauern, »die ihre Felder nicht entlang der Autobahn haben«, schmunzelt Michael Hug. Die Forellen kommen aus Stegen, denn, so erklärt Michael Hug, »Herr Meyele hat das beste Wasser, das es gibt«. Das Hinterwälder Rind liefern Metzger Föhrenbacher aus Kirchzarten und Familie Rudiger aus St. Wilhelm (Oberried). Ihre sogenannten Feldbergrinder haben ein ganz besonders festes und kerniges Fleisch, denn sie sind den ganzen Tag auf der Bergweide auf über 1000 m (mehr dazu können Sie in unserer Reportage auf Seite 230 nachlesen).

100 Plätze haben in der Gaststube Platz, 30 Plätze sind es zusätzlich im oberen Raum. Doch trotz der vielen Sitzplätze merkt man dem Gast-

Wunderbar heimelig: die Schwarzwaldstube im Gasthaus zum Kreuz.

hof seine Größe nicht an. Michael Hug lässt sich auch von 130 Essen nicht aus der Ruhe bringen. Seine Entscheidung, den Familienbetrieb weiterzuführen, hat er nie bereut, auch wenn seine Arbeitstage lang sind. Am liebsten kocht er die Klassiker der badischen Küche, wie Sauerbraten oder Ochsenfleisch, aber auch Vegetarier kommen im »Kreuz« in Kappel auf ihre Kosten. Neben der regionalen Küche gibt es noch etwas, was die vielen Stammgäste schätzen: Küche und Service gehen hier Hand in Hand. Die Stimmung im Haus könnte nicht besser sein. Viele der Damen sind seit Jahrzehnten dabei, teilweise seit 40 Jahren mit Herz und echter Freundlichkeit, und sie kennen ihre Gäste ganz persönlich.

Michael Hug serviert traditionelle Gerichte auf raffinierte Weise.

WIRTSHAUS ZUR SONNE | GLOTTERTAL

Bärlauchsuppe mit gebratenem Forellenfilet

Frühlingszeit ist Bärlauchzeit, auch im »Wirtshaus zur Sonne« im Glottertal. Arndt Dilger und sein Sohn Johannes servieren dann gerne dieses leichte Süppchen. Die Forellen dafür stammen von der Forellenzucht Rösch im idyllischen Haigerachtal bei Gengenbach. Der Familienbetrieb liegt schon seit drei Generationen und über 100 Jahren zu Füßen der malerischen Michaelskapelle. Reinhard Rösch beliefert die »Sonne« wöchentlich mit lebenden Forellen, die bis zur Verwendung im Steinbecken des Wirtshauses schwimmen.

1. Den Bärlauch waschen und trockentupfen. Grobe Stiele entfernen, 2 Blätter in feine Streifen schneiden und beiseitelegen, die übrigen Blätter im Blitzhacker fein pürieren. 100 g Sahne steif schlagen und zugedeckt kühl stellen.

2. In einem Topf 1 EL Butter erhitzen, mit 2 EL Mehl bestäuben und hell anschwitzen. Mit dem Fond bzw. der Brühe ablöschen und zum Kochen bringen. Flüssige Sahne und pürierten Bärlauch hinzufügen, die Suppe noch einmal bis knapp unter den Siedepunkt erhitzen. Dann mit Salz, Pfeffer und Muskatnuss abschmecken und zugedeckt warmhalten.

3. Die Forellenfilets trockentupfen, etwas Zitronensaft aus der Zitrone darüberträufeln, mit Salz und Pfeffer würzen. Die Filets im restlichen Mehl wenden, überschüssiges Mehl vorsichtig abklopfen. Restliche Butter in einer Pfanne erhitzen. Die Filets zunächst auf der Hautseite bei mittlerer Hitze 2 Min. anbraten, dann vorsichtig wenden und 3 Min. fertig braten.

4. Die Filets vierteln und je 2 Stücke mit der Suppe auf vier tiefe Teller oder Suppenschalen verteilen. Je 1 Klecks geschlagene Sahne daraufsetzen, mit den Bärlauchstreifen bestreuen und servieren.

Küchengeheimnisse

»Bärlauch-Sammeln ist eines der schönsten Frühlingsvergnügen. Leider ähneln die Blätter ein wenig denen der giftigen Maiglöckchen, sodass Vorsicht geboten ist! Bärlauchblätter haben jedoch ein kräftiges Knoblaucharoma, das Maiglöckchen fehlt. Außerdem sind die Blätter breiter, fühlen sich sehr weich an und sind im jungen Zustand im Gegensatz zum Maiglöckchen nicht eingerollt, sodass eine Verwechslung kaum möglich ist. Eine leckere Alternative für den späten Frühling und Frühsommer, wenn der Bärlauch verschwunden ist, ist Sauerampfer.«

Zutaten

- 100 g **Bärlauch**
- 300 g **Sahne** (kalt)
- 50 g **Butter**
- 3 EL **Mehl**
- 300 ml **Geflügelfond** oder **Fleischbrühe**
- 2 **Forellenfilets** (ca. à 100 g, mit Haut)
- ½ **Zitrone**
- **Muskatnuss** (frisch gerieben)
- **Salz | Pfeffer**

Angaben für 4 Personen
Schwierigkeitsgrad

GASTHOF SONNE | AMOLTERN

Wildkräuterrahmsuppe

Lichte Wälder, schattige Täler, sonnige Weinterrassen und trockene Magerrasen: Mit seinen vielfältigen Strukturen ist der Kaiserstuhl die Heimat einer abwechslungsreichen Pflanzenwelt. Interessierte können die reichhaltige Flora mittlerweile auf geführten Wanderungen – etwa auf dem »Amolterer Kräuterpfad« – entdecken und aromatische und würzige Wildkräuter probieren. Oder man geht gleich in den Gasthof »Sonne« in Amoltern und lässt sich von Arno Sacherer dieses köstliche Süppchen aus allerlei frischem Grün kredenzen.

1. Die Brühe in einem Topf zum Kochen bringen. Sahne und Mehl glattrühren, in die Brühe rühren, und den Suppenfond zugedeckt bei schwacher Hitze etwa 15 Min. köcheln lassen.

2. Inzwischen die Kräuter verlesen, waschen und trockenschleudern. Grobe Stiele entfernen, die Blätter fein hacken. Erst Crème fraîche, dann die Kräuter in die Suppe rühren. Die Suppe mit Salz, Pfeffer und Muskatnuss abschmecken, auf 4 tiefe Teller verteilen und servieren.

Zutaten

- 1 l **Fleisch- oder Gemüsebrühe**
- 100 g **Sahne**
- 40 g **Weizenmehl**
- 40–50 g **Wildkräuter** (z. B. Bärlauch, junge Brennnesselspitzen, junger Giersch, Löwenzahn, Schafgarbe, Vogelmiere)
- 50 g **Crème fraîche**
- **Muskatnuss** (frisch gerieben)
- **Salz | Pfeffer**

Küchengeheimnisse

»Die empfindlichen Wildkräuter verlieren ihre grüne Farbe, ihr Aroma oder werden sogar bitter, wenn sie zu lange erhitzt werden. Geben Sie die Kräutermischung daher immer erst kurz vor dem Servieren in die Suppe. So wird das Kräutersüppchen garantiert zu einem herrlich frischen Frühlingsboten.«

Angaben für 4 Personen
Schwierigkeitsgrad

SCHWARZWALDGASTHOF SCHLOSSMÜHLE | GLOTTERTAL

Badische Schneckensuppe

Hier gehen elsässische und badische Küche wieder einmal Hand in Hand: Denn sowohl die Franzosen als auch ihre deutschen Nachbarn lieben den nussig-erdigen Geschmack der Weinbergschnecken. Egal, ob überbacken mit Kräuterbutter oder – wie im Restaurant des Hotels »Schlossmühle« im Glottertal – als cremige Suppe. Weil sie in Deutschland unter Naturschutz stehen, werden hierzulande nur gezüchtete Tiere verwendet.

Do-schmeckts-Tipp
Wer es etwas fettärmer mag, kann die Legierung auch mit saurer Sahne zubereiten. Ein kräuterfrisches Aroma erhält die Suppe, wenn Sie kurz vor dem Servieren noch 2 EL gehackten Kerbel unterrühren.

1 Zwiebel und Knoblauch schälen und fein würfeln. Gemüse waschen und putzen bzw. schälen und fein würfeln. Die Schnecken abtropfen lassen und grob hacken. Butter in einem Topf erhitzen, Gemüse und Schnecken darin andünsten. Mit Anisée und Weißwein ablöschen und etwas verkochen lassen. Dann die Brühe angießen und alles offen bei schwacher Hitze 5 Min. köcheln lassen.

2 Eigelbe und Schlagsahne verrühren. Die Suppe vom Herd nehmen. Wenn sie nicht mehr köchelt, die Eiersahne (Legierung) unterrühren zur leichteren Bindung. Nun nicht mehr kochen lassen, da das Ei sonst gerinnt. Die Suppe mit Salz und Pfeffer abschmecken und auf 4 tiefe Teller verteilen. Nach Belieben mit Schnittlauch bestreuen und servieren.

Zutaten

- ½ **Zwiebel**
- 3 **Knoblauchzehen**
- 100 g **Gemüse** (gemischt; z. B. Lauch, Fenchel, Karotten)
- 20 **Weinbergschnecken** (aus dem Glas)
- 1 EL **Butter**
- 2 cl **Anisée** (z. B. Pernod)
- ¼ l **Weißwein** (trocken; z. B. Glottertäler Grauburgunder oder Riesling)
- ½ l **Fleischbrühe**
- 2 **Eigelb**
- 100 g **Sahne** (geschlagen)
- **Salz | Pfeffer**

Angaben für 4 Personen
Schwierigkeitsgrad

SCHWARZWALDGASTHOF ZUM GOLDENEN ENGEL | GLOTTERTAL

Gratinierter Ziegenfrischkäse auf Rote-Bete-Löwenzahn-Salat

Der Gasthof »Zum goldenen Engel« im Glottertal setzt auf lokale Produkte mit nachvollziehbarer Herstellung. Den Käse für diese raffinierte Vorspeise bezieht er beispielsweise aus der Käserei »Monte Ziego« in Teningen. Diese produziert Ziegenkäse in höchster Bio-Qualität – und zum Teil preisgekrönt. Die Milch dafür kommt von mittlerweile 9 Ziegenhöfen, die idyllisch im Schwarzwald gelegen sind, unter anderem vom Gullerhof im Glottertal. Dass aus einem so hervorragenden Produkt mit echter Schwarzwälder Handschrift und der kulinarischen Fingerfertigkeit Michael Mannels ein wahrer Leckerbissen wird, verwundert dabei kaum noch.

1. Die Rote-Bete-Knollen waschen, in einem Topf knapp mit Wasser bedeckt aufkochen und zugedeckt bei schwacher Hitze 40 Min. garköcheln lassen. Rote Beten abgießen und abkühlen lassen.

2. Für das Dressing Balsamico und Zucker verrühren, das Walnussöl unterrühren, mit Salz und Pfeffer abschmecken. Rote-Bete-Knollen schälen und in Würfel schneiden, mit dem Dressing mischen und etwas durchziehen lassen.

3. Den Backofen auf 250° vorheizen. Die Kräuter waschen und trockentupfen. Blättchen bzw. Nadeln abzupfen und fein hacken. Kürbiskerne ebenfalls fein hacken. Honig, Kürbiskerne und Kräuter verrühren. Den Backofengrill dazuschalten. Den Käse auf ein mit Backpapier ausgelegtes Blech setzen, und die Honig-Kürbiskern-Kräuter-Mischung darauf verteilen. Im heißen Backofen auf der mittleren Schiene etwa 4 bis 5 Min. überbacken.

4. Inzwischen Löwenzahn und Rucola waschen, trockenschleudern, verlesen und grobe Stiele entfernen. Den Käse aus dem Ofen nehmen. Rote-Bete-Salat mithilfe von Dessertringen auf vier Tellern anrichten. Löwenzahn und Rucola rundherum drapieren. Den Ziegenkäse auf dem Rote-Bete-Salat anrichten und servieren.

Küchengeheimnisse

»Zum gratinierten Ziegenkäse schmeckt auch ein Wildkräutersalat hervorragend. Dafür eignen sich beispielsweise Borretschblätter und -blüten, junge Brennnesselblätter, Brunnenkresse, junge Gierschblätter, Gänseblümchen, Sauerampfer und Spitzwegerich.«

Zutaten

- 600 g Rote-Bete-Knollen
- 4 EL Aceto balsamico
- 2 TL Zucker
- 3 EL Walnussöl
- 1 Zweig Rosmarin
- 3 Zweige Thymian
- 50 g Kürbiskerne
- 2 EL Honig
- 4 Ziegenfrischkäsetaler (z. B. von »Monte Ziego« aus Teningen)
- 2 Bund Löwenzahn (gelb)
- 1 Handvoll Rucola
- Salz | Pfeffer

Angaben für 4 Personen
Schwierigkeitsgrad 🌿🌿

Endiviensalat nach Großmutters Art

Von Römern und Griechen einst als Heilpflanze verwendet, werden Endivien heute bevorzugt als Salat zubereitet. Die Pflanze bildet im Gegensatz zum Kopfsalat keine festen Köpfe aus. Vielmehr ordnen sich die Blätter rosettenartig um ein gelbes Herz in der Mitte und bekommen nach außen hin ein zusehends dunkleres Grün. Wegen ihrer herben Note eignen sich Endivien besonders gut für herzhafte Salatgerichte. Deswegen fügt Tobias Klomfass, Küchenchef im »Holzöfele«, dem Salat gerne eine Portion Schwarzwälder Speck hinzu, um den typischen Geschmack der Endivie zu unterstreichen.

Do-schmeckts-Tipp
Die Endivie enthält sehr viele Bitterstoffe. Um den Salat etwas milder zu machen, legt man die Blätter in lauwarmem Wasser ein und wechselt das Wasser sogar zwischendurch. So wird ein Großteil der Bitterstoffe ausgeschwemmt und der Salat ein leicht herber Genuss statt eine bittere Erfahrung.

1 Die äußeren Blätter der Endivie entfernen, den Rest zerpflücken. Die Endivienblätter in feine Streifen schneiden. Die Salatstreifen 8 bis 10 Min. in lauwarmem Wasser einlegen, dabei das Wasser zweimal wechseln.

2 Für das Dressing Essig, Senf und 4 EL Wasser verrühren. Das Öl nach und nach unterschlagen. Mit Salz, Pfeffer und Zucker abschmecken. Die Eier schälen und mit Speck und Toastbrot in kleine Würfel schneiden. Den Speck in einer Pfanne ohne Fett knusprig auslassen. Butter in einer weiteren Pfanne erhitzen, die Brotwürfel darin hellbraun anrösten.

3 Den Salat trockenschleudern. Das Dressing in einem Topf erwärmen, danach mit dem Salat mischen. Den Salat auf vier tiefe Teller verteilen. Speck, Croûtons und Ei darüberstreuen. Nach Belieben mit Tomaten, Radieschen und Kresse garnieren und servieren.

Zutaten

- 1 Endivie
- 1–2 EL Branntweinessig
- 1 TL Senf (mittelscharf)
- 4 EL Sonnenblumenöl
- 4 Eier (hartgekocht)
- 120 g Schwarzwälder Speck
- 6 Scheiben Toastbrot
- 1 EL Butter
- Salz | Pfeffer
- Zucker

Angaben für 4 Personen
Schwierigkeitsgrad

GASTHAUS BLUME | OPFINGEN

Gebackener Bergkäse mit Holunder-Birnen-Ragout

Früher pflanzte man Holunder auf jedem Bauernhof. Er galt als »Baum des Lebens und der Sippen«, ihm wurden magische, beschützende Kräfte für Menschen und Tiere zugesprochen. In der Heilkunde der Antike war der Holunder ebenso bekannt. Auch Kräuterkundige der Neuzeit wie Sebastian Kneipp oder Maria Treben schätzten den Holunder sehr. Doch nicht nur in der Medizin, auch in der Küche ist der Holunder nicht mehr wegzudenken. Vor allem in köstlichen Desserts, Getränken oder fruchtigen Beilagen kitzelt er den Gaumen, wie in diesem Rezept aus dem »Gasthaus Blume« in Opfingen am Tuniberg.

1 Für das Ragout die Birnen schälen, halbieren und das Kerngehäuse entfernen. In kleine Würfel schneiden und mit Zitronensaft beträufeln. Zucker mit 1 TL Wasser in einem Topf erhitzen und hellbraun karamellisieren lassen. Vanillemark und Gewürze dazugeben, mit dem Apfelsaft ablöschen, kurz köcheln lassen, bis sich der Zucker gelöst hat. Birnenwürfel und Holunderblütensirup dazugeben, einmal aufkochen und das Ragout abkühlen lassen.

2 Für den Käse zunächst die Panade zubereiten. Semmelbrösel und Nüsse auf einen Teller, Mehl auf einen zweiten Teller häufen. Auf einem dritten Teller das Ei verquirlen, salzen und pfeffern. Käse in fingerdicke Stücke schneiden, im Mehl wenden und überschüssiges Mehl abklopfen. Dann durch das Ei ziehen und in der Semmelbrösel-Nuss-Mischung wenden. Noch einmal durch das Ei ziehen und in den Semmelbröseln wenden.

3 Öl in einer Pfanne erhitzen, die Käsesticks darin goldbraun braten. Auf Küchenpapier abtropfen lassen und mit dem Holunder-Birnen-Ragout auf vier Tellern anrichten.

Zutaten für das Ragout

- 5 **Birnen** (z. B. Williams Christ)
- 5 EL **Zitronensaft**
- 2 EL **Zucker**
- 1 **Vanilleschote** (Mark)
- 2 **Gewürznelken**
- 1 **Lorbeerblatt**
- ½ TL **Senfkörner** (gelb)
- 350 ml **Apfelsaft** (naturtrüb)
- 1–2 EL **Holunderblütensirup** (Siehe Seite 89)

Für den gebackenen Käse

- 100 g **Semmelbrösel**
- 50 g **Haselnüsse** (gemahlen)
- 30 g **Weizenmehl**
- 1 **Ei**
- 500 g **Bergkäse** (z. B. »Belchenkäse« vom Glocknerhof im Münstertal)
- **Öl** (zum Braten)
- **Salz** | **Pfeffer**

Angaben für 4 Personen
Schwierigkeitsgrad

LANDHOTEL RECKENBERG | STEGEN-ESCHBACH

Wildkräuter-Tiramisu

Das »Landhotel Reckenberg« ist bekannt für seine fantasievollen Kreationen, in denen aromatische Wildkräuter die Hauptrolle übernehmen. Die Leidenschaft für eine kräuterfrische Küche wird von Chefkoch Gerhard Hug auch in diesem Rezept perfekt umgesetzt. Der süße Dessertklassiker Tiramisu wird hier in einer herzhaften Variante serviert, in der eine ausgewogene Mischung aus saisonalen Wildkräutern ganz neue Geschmackseindrücke hervorbringt. Wenn im »Landhotel Reckenberg« an jedem Freitagabend raffinierte Menüfolgen serviert werden, darf dieses Kräuter-Tiramisu auf keinen Fall fehlen.

1 Die Zwiebel schälen und in feine Würfel schneiden. Die Kräuter waschen und trockentupfen, die Blätter abzupfen und fein hacken. Öl in einer Pfanne erhitzen, die Zwiebelwürfel darin glasig dünsten. Die Kräuter hinzufügen und kurz mitdünsten. Mit dem Weißwein ablöschen und auf die Hälfte einkochen lassen. Mit Salz würzen, vom Herd nehmen und etwas abkühlen lassen.

2 Inzwischen die Gelatine 5 Min. in kaltem Wasser einweichen. Dann ausdrücken und im noch warmen Zwiebel-Kräuter-Sud auflösen. Den Sud abkühlen lassen. Die Sahne steif schlagen und kühlstellen.

3 Die Sahne unter die abgekühlte, aber noch nicht gelierte Masse heben. Die Masse etwa 5 cm hoch auf ein mit Frischhaltefolie ausgelegtes tiefes Tablett streichen. Das Tiramisu zugedeckt im Kühlschrank 2 bis 3 Std. ruhen lassen.

4 Das Brot fein reiben und mit dem Kakao mischen. Einen Dessertring in heißes Wasser tauchen und aus dem Tiramisu nacheinander vier Kreise ausstechen. Diese mit dem Brot-Kakao-Mix bestreuen und vorsichtig mithilfe einer Winkelpalette (oder eines Tortenhebers) auf vier Teller setzen. Die Dessertringe vorsichtig abziehen. Nach Belieben mit Kräutern garnieren und servieren. Dazu reichen wir verschiedene Brotsorten.

Zutaten

1 **Zwiebel**
100 g **Wildkräuter** (gemischt; z.B. Bärlauch, Giersch, Pimpinelle, Sauerampfer, Schafgarbe)
100 ml **Weißwein** (trocken; z.B. Müller-Thurgau)
3 Blatt **Gelatine** (weiß)
300 g **Sahne** (kalt)
3 Scheiben **Toastbrot**
1 TL **Kakaopulver**
1 EL **Öl** (zum Braten)
Salz

Angaben für 4 Personen
Schwierigkeitsgrad 🌿🌿🌿

Küchengeheimnisse

»Die Idee, ein herzhaftes Tiramisu mit allerlei Kräutern als Vorspeise anzubieten, hat mich schon lange fasziniert, doch ich musste etwas experimentieren, bis ich die richtige Mischung entwickelt hatte. Dabei kann die Auswahl der Kräuter ruhig etwas variieren, denn so erhält das Tiramisu immer wieder eine neue Note.«

GASTHAUS HIRSCHEN | MERZHAUSEN

Lauwarmer Spargelsalat mit gebratenem Kalbsbries

Für viele ist Kalbsbries ein Buch mit sieben Siegeln. Manche halten es für einen Teil des Gehirns, in Wirklichkeit handelt es sich um die Thymusdrüse aus der Brust des Kalbs. Diese bildet sich beim erwachsenen Tier zurück. Das Fleisch ist zart und aromatisch und daher bei Feinschmeckern sehr beliebt. Beim Metzger muss es jedoch vorbestellt werden, da es nicht lange gelagert werden kann. Küchenchef Marc Isaak vom »Gasthaus Hirschen« in Merzhausen serviert das Kalbsbries am liebsten auf zweierlei Art – als kurzgebratene Scheiben und in Panade knusprig braun ausgebacken. Dazu gibt es einen feinen Spargelsalat – ein echtes Frühlings-Highlight!

1 Die Zwiebel schälen, das Lorbeerblatt mit den Nelken auf der Zwiebel feststecken. Die gespickte Zwiebel und das Kalbsbries in einem Topf knapp mit kaltem Wasser bedecken. Erhitzen und zugedeckt etwa 30 Min. leicht siedend garen.

2 Den Spargel waschen und schälen (grünen Spargel nur im unteren Drittel schälen), die holzigen Enden abschneiden. In einem Topf 2 l Wasser mit Salz, Zucker und Butter aufkochen. Zunächst den grünen Spargel darin bei schwacher Hitze etwa 3 bis 4 Min. bissfest garen. Dann herausnehmen, kalt abschrecken und abtropfen lassen. Anschließend den weißen Spargel etwa 7 Min. bissfest garen. Ebenfalls herausnehmen, kalt abschrecken und abtropfen lassen. Beide Spargelsorten auf eine Servierplatte legen, mit Essig und Öl beträufeln und darin marinieren lassen.

3 2 Eier in etwa 10 bis 12 Min. hart kochen. Die Tomaten an Ober- und Unterseite kreuzweise einritzen und etwa 1 Min. in kochendem Wasser blanchieren, dann herausnehmen und kalt abschrecken. Die Haut mit einem Messer abziehen. Die Tomaten halbieren, entkernen und in feine Würfel schneiden. Die Eier abgießen und kalt abschrecken, dann schälen und in feine Würfel schneiden. Die Schalotten schälen und in feine Würfel schneiden. Schnittlauch waschen, trockentupfen und in feine Röllchen schneiden.

Zutaten

- ½ Zwiebel
- 2 Gewürznelken
- 1 Lorbeerblatt
- 500 g **Kalbsbries** (beim Metzger vorbestellen)
- 500 g grünen Spargel
- 500 g weißen Spargel
- 1 EL Butter
- 2 EL Sherry-Essig
- 6 EL Traubenkernöl
- 3 Eier (Gr. M)
- 2 Tomaten
- 3 Schalotten
- ½ Bund Schnittlauch
- 4 EL Weizenmehl
- 100 g Paniermehl
- Butterschmalz (zum Braten)
- Salz | Zucker

Angaben für 4 Personen
Schwierigkeitsgrad

Küchengeheimnisse

»Ein gutes Kalbsbries muss ganz frisch und elastisch beim Einkauf sein. Damit es nicht zu trocken oder gar schwammig schmeckt, sollten Sie das Kalbsbries auf keinen Fall sprudelnd kochen, sondern nur sanft garen. So wird das Fleisch ganz zart und zergeht Ihnen buchstäblich auf der Zunge.«

4 Das Kalbsbries aus dem Topf heben, in kaltem Wasser abschrecken und abtropfen lassen. Die Haut abziehen, eine Hälfte des Kalbsbries in Scheiben schneiden, die andere Hälfte in kleine Stücke zupfen. Das übrige Ei in einem tiefen Teller verquirlen. Mehl und Paniermehl auf zwei weitere Teller häufen. Die kleinen Kalbsbries-Stückchen erst im Mehl wenden, dann durch das verquirlte Ei ziehen und zum Schluss im Paniermehl wenden.

5 Butterschmalz in einer Pfanne erhitzen. Die Kalbsbries-Scheiben darin auf beiden Seiten anbraten und herausnehmen. Danach wieder reichlich Butterschmalz erhitzen. Jetzt die panierten Kalbsbries-Stückchen darin rundherum goldbraun ausbacken, dann auf Küchenpapier abtropfen lassen.

6 Auf vier Tellern die grünen und weißen Spargelstangen abwechselnd nebeneinander auf eine Tellerseite legen. Auf den Spargelstangen mittig in einem Streifen nebeneinander Schnittlauch, Tomaten, Eier und Schalotten verteilen. Das Kalbsbries neben dem Spargel anrichten. Dazu servieren wir in unserem Gasthaus noch Balsamico-Jus (siehe Seite 58) und Kartoffelrösti (siehe Seite 67).

Küchengeheimnisse

»Sie können die Mousse genauso gut mit weißem Spargel zubereiten. Den geschälten Spargel dafür in ca. 1 l kochendem Salzwasser mit einer Prise Zucker aufkochen, dann ca. 25 Min. bei schwacher Hitze ziehen lassen, bis er weich ist. Wie beschrieben weiter verarbeiten. Gerne serviere ich die Mousse auch auf besondere Art, z. B. in einem Paprika- oder Sauerrahmmantel (siehe Bild). Um in den Genuss dieser besonderen Anrichteweise zu kommen, sollten Sie aber bei uns im Gasthaus vorbeischauen.«

Grüne Spargelmousse mit Radieschen-Vinaigrette

Wenn am 24. Juni, dem Johannistag, mit der Bauernregel »Kirschen rot, Spargel tot« das offizielle Ende der Spargelzeit eingeläutet wird, dann ist das königliche Frühlingsgemüse in zahlreichen Variationen durch die Hände des Chefkochs Michael Hug gegangen. Als Besonderheit wird in seinem »Gasthaus zum Kreuz« eine Mousse aus grünem Spargel serviert. Während nach wie vor der weiße Stangenspargel die deutsche Küche dominiert, so ist auch die andere Variante – durch das Bad in der Sonne voller Pflanzenfarbstoff Chlorophyll – immer häufiger anzutreffen und macht die Spargelzeit noch abwechslungsreicher. Perfekt ergänzt wird die Spargelmousse durch eine erfrischende Vinaigrette aus Radieschen.

1. Den Spargel im unteren Drittel schälen, die Enden großzügig abschneiden. Den geschälten Spargel in ca. 1 l kochendem Salzwasser mit einer Prise Zucker etwa 6 Min. köcheln, bis er knapp gar ist. Spargel herausnehmen und in Eiswasser abkühlen lassen, dann herausheben und abtropfen lassen. Spargelfond ebenfalls abkühlen lassen.

2. Die Hälfte des Spargels für die Garnitur beiseitelegen, den übrigen Spargel klein schneiden und mit 100 ml Spargelfond fein pürieren. Schmand und 2 EL Sahne verrühren, das Spargelpüree unterheben. Mit Salz, Pfeffer und etwas Zitronensaft würzen.

3. Die Gelatine 5 Min. in kaltem Wasser einweichen. In einem Topf Vermouth erwärmen, die Gelatine ausdrücken und darin auflösen. Die Mischung rasch unter die Spargelcreme rühren. Diese abkühlen lassen.

4. Die restliche Sahne steif schlagen und unter die Spargelcreme heben. Die Mousse in eine Auflaufform füllen und zugedeckt etwa 2 Std. kühlstellen.

5. Für die Vinaigrette Radieschen putzen, waschen und in Streifen schneiden. Petersilie waschen, die Blätter abzupfen und fein hacken. Essig und Senf verrühren, nach und nach Oliven- und Limonenöl unterschlagen, mit Salz, Pfeffer und Zucker abschmecken. Radieschen und Petersilie dazugeben.

6. Für die Garnitur den beiseitegelegten Spargel quer halbieren. Die unteren Hälften schräg in dünne Scheiben schneiden. Diese mit der Hälfte der Vinaigrette mischen, auf vier Schälchen oder Gläser verteilen und auf vier Teller stellen. Die oberen Spargelstangen daneben anrichten und ebenfalls mit der Vinaigrette beträufeln. Nach Belieben mit gekochten Eiern, Salatblättern, halbierten Kirschtomaten und Kresse garnieren. Von der Mousse mit zwei Esslöffeln Nocken abstechen und danebensetzen, alles servieren.

Zutaten für die Mousse

- 1 kg **grüner Spargel**
- 150 g **Schmand**
- 150 g **Sahne** (kalt)
- 3 Blatt **Gelatine** (weiß)
- 2–3 cl **Vermouth** (trocken; z. B. Noilly Prat)
- **Pfeffer** (weiß)
- **Zitronensaft**
- **Salz** | **Zucker**

Für die Vinaigrette

- 6 **Radieschen**
- 1 Stiel **Petersilie**
- 4 EL **Weißweinessig**
- ½ vTL **Dijon-Senf**
- 6 EL **Olivenöl**
- 1 Spritzer **Limonenöl**
- **Salz** | **Pfeffer**
- **Zucker**

Angaben für 4 Personen
Schwierigkeitsgrad ❦ ❦ ❦

Gratinierte Hechtklößchen mit grünem Spargel

Der Hecht zählt seit jeher zu den geschätzten Fischen in der badischen Küche. Sein festes weißes Fleisch schmeckt äußerst delikat, neigt aber dazu, bei der Zubereitung trocken zu werden. Daher wird der Hecht besonders gerne zu Füllungen oder Farcen für Strudel und Teigtaschen, zu Frikadellen oder zu feinen Klößchen verarbeitet. Michael Mannel vom Gasthof »Zum goldenen Engel« im Glottertal serviert Letztere nicht als Suppeneinlage, sondern – gratiniert unter einer würzigen Estragonsauce – als edle Vorspeise.

Zutaten für Klößchen und Fond

- 1 **Karotte** (klein)
- 100 g **Knollensellerie**
- ½ **Fenchelknolle**
- ½ Stange **Lauch**
- 1 **Schalotte**
- 1 **Knoblauchzehe**
- 1 Stängel **Dill**
- 1 TL **Senfsamen** (gelb)
- 1 TL **Pfefferkörner** (schwarz)
- 1 **Lorbeerblatt**
- 2 **Gewürznelken**
- 100 ml **Weißwein** (trocken; z. B. Grauburgunder)
- 1 EL **Weißweinessig**
- 500 g **Hechtfilet** (ohne Haut und Gräten)
- 200 g **Sahne** (kalt)
- 1 **Ei** (Gr. M)
- **Salz | Pfeffer**

Für Sauce und Spargel

- 2 EL **Butter**
- 2 EL **Weizenmehl**
- 50 ml **Weißwein** (trocken, z. B. Grauburgunder)
- 100 g **Sahne**
- ½ **Zitrone** (Saft)
- 1 TL **Estragon** (gehackt)
- 8 cl **Vermouth** (z. B. Noilly Prat)
- 4 cl **Anisée** (z. B. Pernod)
- 1 **Eigelb**
- 1 kg **Spargel** (grün)
- **Salz**

1. Für den Fond Karotte, Sellerie, Fenchel, Lauch und Schalotte putzen und waschen bzw. schälen und in Scheiben bzw. Würfel schneiden. Knoblauch schälen und in feine Würfel schneiden. Den Dill waschen.

2. Das vorbereitete Gemüse, Dill und Gewürze in einem Topf mit 2 l kaltem Wasser, Weißwein und Essig zum Kochen bringen. Den Fond mit Salz würzen und zugedeckt bei schwacher Hitze 15 Min. köcheln lassen.

3. Den grünen Spargel waschen, nur im unteren Drittel schälen, und die holzigen Enden abschneiden. In einem Topf 2 l Salzwasser zum Kochen bringen. Die Spargelstangen darin bei mittlerer Hitze in etwa 8 Min. bissfest garen. Dann in ein Sieb abgießen, kalt (möglichst in Eiswasser) abschrecken und abtropfen lassen.

4. Das Hechtfilet in Würfel schneiden und zugedeckt 5 Min. ins Tiefkühlfach stellen. Dann mit der Sahne und dem Ei in der Küchenmaschine fein pürieren. Die Klößchenmasse mit Salz und Pfeffer würzen. Mit 2 Esslöffeln insgesamt 8 Nocken abstechen und in den Fond geben. Bei schwacher Hitze etwa 10 Min. garziehen lassen. Anschließend mit einem Schaumlöffel herausheben und abtropfen lassen. 150 ml von dem Fond abnehmen und für die Sauce beiseitestellen.

5. Den Backofen auf 250° vorheizen. Für die Sauce 1 EL Butter in einem Topf erhitzen und das Mehl darin hell anschwitzen. Nach und nach unter Rühren Weißwein und den beiseitegestellten Fond dazugießen und jeweils aufkochen. Die Sauce unter ständigem Rühren bei schwacher bis mittlerer Hitze etwa 6 Min. kochen lassen. Sahne, Zitronensaft, Estragon, Vermouth und Anisée unterrühren, mit Salz abschmecken. Zuletzt mit dem Stabmixer das Eigelb und die restliche Butter untermixen.

Angaben für 4 Personen
Schwierigkeitsgrad ●●●

6 Den Backofengrill dazuschalten. Die Spargelstangen mit den Spitzen nach außen sternförmig auf 4 tiefe Teller legen. Die Hechtklößchen mittig daraufsetzen, alles großzügig mit der Sauce übergießen. Die Klößchen portionsweise im heißen Backofen auf der mittleren Schiene jeweils etwa 6 Min. gratinieren, bis sie leicht gebräunt sind. Dann servieren.

Do-schmeckts-Tipp

Hecht schmeckt am besten außerhalb der Laichzeit von September bis Januar, in den Monaten Februar bis April wird er dagegen überhaupt nicht gefangen. Wenn Sie im Handel keinen Hecht bekommen, können Sie die Klößchen auch mit Zander-, Forellen- oder Saiblingsfilet zubereiten.

MONDWEIDE CAFÉ & BISTRO | BADENWEILER-SEHRINGEN

Linsenquiche mit Feta und Minze

Karl Müller-Bussdorf und Britta Klint sind viel in Frankreich unterwegs und haben von dort schon so einiges für die Einrichtung ihres Cafés »Mondweide« mitgebracht, beispielsweise alte Bistromöbel. Auch der Kamin, in dem zur Winterszeit ein gemütliches Feuer lodert, wurde nach ihren Vorgaben in Südfrankreich gefertigt. Eine ganz besondere Errungenschaft sind die kleinen Quicheförmchen mit einem Durchmesser von 14 cm. So erhält jeder Gast seine eigene kleine Quiche – zusammen mit einem Salat ergibt das eine vollwertige Mahlzeit. Kein Wunder also, dass die Küchlein als Spezialität der beiden frankophilen Wirtsleute gelten und in verschiedenen Varianten Platzhirsche auf der Karte der »Mondweide« sind. Eine besonders raffinierte Version – mit schwarzen Linsen und würzigem Feta – stellen uns die beiden hier vor.

Zutaten für den Teig

- 75 g **Butter** (kalt)
- 250 g **Dinkelmehl** (Type 630)
- 2 EL **Kräuter** (gehackt; z. B. Kerbel, Petersilie, Schnittlauch)
- 1 **Ei** (Gr. M)
- ½ TL **Salz**

Außerdem

- 200 g **Beluga-Linsen**
- 2 **Frühlingszwiebeln**
- 200 g **Paprikaschoten** (gelb und rot gemischt)
- ½ TL **Currypulver**
- 6 Blätter **Minze**
- 200 g **Crème fraîche**
- 2 **Eier** (Gr. M)
- 150 g **Feta** (Schafskäse)
- **Mehl** (für die Arbeitsfläche)
- **Öl** (für die Form)
- **Muskatnuss** (frisch gerieben)
- **Salz | Pfeffer**

1. Für den Teig die Butter in kleine Würfel schneiden. Mehl mit Butter, Kräutern, dem Ei und Salz und in eine Schüssel häufen. Alles mit den Knethaken des Handrührgeräts zu einem glatten Teig verkneten. Den Teig zunächst zu einer Kugel formen, dann zu einem dicken Fladen flachdrücken (bei der Verwendung von vier kleinen Formen den Teig vorher in vier Portionen teilen), in Frischhaltefolie schlagen und zugedeckt 30 Min. kühlstellen.

2. Für die Füllung Wasser in einem Topf zum Kochen bringen. Die Linsen hineingeben und offen bei schwacher Hitze 15 Min. garköcheln lassen. Frühlingszwiebeln putzen, waschen und in Ringe schneiden. Die Paprikaschoten längs halbieren, entkernen, waschen und in kleine Würfel schneiden. Die Minze waschen, trockentupfen und in Streifen schneiden. Die Linsen in ein Sieb abgießen und gut abtropfen lassen. Alle für die Füllung vorbereiteten Zutaten mischen und mit Salz und Pfeffer würzen.

3. Den Backofen auf 200° vorheizen. Für den Guss Crème fraîche und Eier verrühren. Mit Salz und Muskatnuss würzen. Eine Quicheform (28 cm Ø) mit etwas Öl bepinseln. Den Teig auf der bemehlten Arbeitsfläche auf einen Kreis von etwa 32 cm Ø ausrollen (alternativ kleine Quicheformen à ca. 14 cm Ø verwenden und 4 Kreise à 18 cm Ø ausrollen). Die Form (oder Formen) damit auslegen, dabei einen etwa 2 cm hohen Rand formen.

4. Zunächst die Linsenmischung, dann den Guss gleichmäßig auf dem Teig verteilen. Den Feta zerbröckeln und gleichmäßig auf die Oberfläche streuen. Die Quicheform (bzw. -formen) auf die mittlere Schiene des Backofens schieben, die Quiche darin 30 Min. backen, bis die Oberfläche goldbraun ist.

5. Die Quiche aus dem Ofen nehmen und kurz ruhen lassen. Vorsichtig aus der Form lösen, in Stücke schneiden (kleine Quiches im Ganzen servieren) und noch heiß oder lauwarm servieren. Dazu passt ein bunter Blattsalat.

Angaben für 4 Personen
Schwierigkeitsgrad

Küchengeheimnisse

»Wir backen unsere Quiches stets mit Dinkelteig. Dinkel hat ein leicht nussiges Aroma, was den Küchlein eine besondere Note gibt. Für Gäste mit Glutenunverträglichkeit bereiten wir die Quiches auf Wunsch auch gerne mit einem Teig aus Buchweizenmehl zu. Unser Mehl beziehen wir teilweise von der Jenne-Mühle in Tiengen. Diese traditionsreiche Getreidemühle wird schon seit 300 Jahren betrieben und hat einen gut sortierten Mühlenladen mit zahlreichen Spezialitäten rund ums Korn, auch ein Online-Shop ist vorhanden (www.jenne-muehle.de).«

Küchengeheimnisse

»Das Schöne an diesem Rezept ist, dass es überaus wandlungsfähig ist und man je nach Saison mit der Einlage freie Hand hat. So kann man statt Spargel auch frische Pilze wie Pfifferlinge, Champignons oder Steinpilze für das Ragout verwenden. Aber auch Muscheln, Meeresfrüchte und gebratener Fisch wie Forelle oder Saibling bis hin zu Streifen vom Schwarzwälder Schinken passen sehr gut zu diesem Nudelgericht. Als regionale Besonderheit empfehlen wir die gebratene Brust eines »Mischtkratzerle«. Darunter versteht man im Alemannischen ein junges Hähnchen, das um Pfingsten herum geschlachtet wird. Die eigenwillige Bezeichnung deutet darauf hin, dass dieses Hähnchen frei über den Hof laufen durfte, um überall – auch auf dem Misthaufen – nach Futter zu suchen. Unabhängig von der Jahreszeit ist ein schönes Glas trockener Weißburgunder oder ein gut gekühlter trockener Spätburgunder Weißherbst eine tolle Begleitung zu dieser badischen Pasta.«

Bandnudeln mit Spargelragout und Parmesan

Jeder Koch hat ein selbstentwickeltes Rezept, das ihm besonders Spaß macht. Peter Oberle, Chefkoch und Eigentümer des »Landgasthofs zur Sonne« in Auggen, hat uns verraten, dass dieses einfach gehaltene, aber doch sehr raffinierte Nudelgericht eine seiner bevorzugten Eigenkreationen ist. Zu einem saisonalen Highlight wird dieses Gericht, wenn im Frühling die Spargelzeit beginnt. Dann hat das »weiße Gold« in diesem Ragout seinen prominenten Auftritt.

1. Den Spargel gründlich waschen, dann schälen und die holzigen Enden wegschneiden. Die Zitrone heiß waschen, trockenreiben und halbieren. Spargelschalen und abgeschnittene Enden mit der Zitrone in ½ l leicht gesalzenem Wasser zum Kochen bringen und bei schwacher Hitze 10 Min. köcheln lassen.

2. Den Sud durch ein Sieb gießen und erneut aufkochen lassen. Den Spargel in etwa 5 cm lange Stücke schneiden, im kochenden Sud bei mittlerer Hitze etwa 3 bis 4 Min. garen. Dann mit einem Schaumlöffel herausnehmen und abtropfen lassen. Den Sud abkühlen lassen.

3. Die Karotte und die Zwiebel schälen und in kleine Würfel schneiden. Die Frühlingszwiebel putzen, waschen und in Ringe schneiden. Die Butter in einem Topf erhitzen, die Karotten- und Zwiebelwürfel darin andünsten. Das Mehl darüberstreuen und kurz anschwitzen. Mit dem Weißwein ablöschen und etwas einkochen lassen. Die Hälfte des Spargelfonds und die Sahne dazugießen, alles zum Kochen bringen und bei mittlerer Hitze 10 Min. einköcheln lassen, dabei kurz vor Schluss die Frühlingszwiebelringe dazugeben.

4. Inzwischen die Bandnudeln in einem Topf mit reichlich kochendem Salzwasser bissfest garen. Den Parmesan grob hobeln. Die Sauce durch ein Sieb gießen, dabei das Gemüse auffangen. Die Nudeln in ein Sieb abgießen und abtropfen lassen. Nudeln, Spargel und restliches Gemüse im Topf mischen. So viel von der Sauce dazugießen, dass die Nudeln gut davon bedeckt sind. Mit Salz und Pfeffer abschmecken, Kerbel und Schnittlauch unterrühren und alles auf vier tiefe Pastateller verteilen. Mit etwas Parmesan bestreuen, den restlichen Parmesan dazu reichen.

Zutaten

- 1 kg **weißer Spargel**
- 1 **Bio-Zitrone**
- 1 **Karotte**
- 1 **Zwiebel** (klein)
- 1 **Frühlingszwiebel**
- 100 g **Butter**
- 1 EL **Weizenmehl**
- ¼ l **Weißwein** (trocken; z. B. Gutedel)
- 250 g **Sahne**
- 300 g **Bandnudeln** (z. B. Tagliatelle)
- 150 g **Parmesan** (am Stück)
- 1 EL **Kerbel** oder **Petersilie** (gehackt)
- 1 EL **Schnittlauchröllchen**
- **Salz** | **Pfeffer**

Angaben für 4 Personen
Schwierigkeitsgrad

Dinkelnudeln mit Gemüse und Röstzwiebeln

Die Kombination von Nudeln und Kartoffeln mag auf den ersten Blick ungewöhnlich erscheinen, wird aber auch anderswo geliebt. So wird in Ligurien gerne die klassische »Pasta genovese« serviert: Nudeln, Kartoffeln und grüne Bohnen mit Pesto! Auch bei den »Älpermagronen« aus den Schweizer Alpen sind Nudeln und Kartoffeln die Basis – ergänzt durch reichlich Rahm und herzhaften Bergkäse. Arno Sacherer aus dem »Gasthof Sonne« in Amoltern hat eine Kaiserstühler Version der schmackhaften Kombination entwickelt: mit Eiernudeln aus Breisgauer Dinkelmehl, reichlich lokalem Gemüse und knusprigen Röstzwiebeln. Das schmeckt nicht nur Vegetariern hervorragend!

Do-schmeckts-Tipp

Für dieses Nudelgericht gibt es auch eine ganz einfache vegane Version. Bei der Nudelproduktion einfach 120 ml Wasser statt Ei verwenden. Die Zwiebeln in Olivenöl oder rein pflanzlicher Margarine statt Butter anrösten und den Parmesan weglassen oder durch eine vegane Streukäsealternative (z. B. Wilmersburger Bio-Pizzaschmelz aus dem Bio-Laden oder Reformhaus) ersetzen.

Zutaten für den Teig

- 150 g **Dinkelmehl** (Type 812 oder 1050)
- 150 g **Hartweizengrieß**
- 2 **Eier** (Gr. L)

Außerdem

- 800 g **Weißkohl** (oder Wirsing)
- 200 g **Spinat** (oder Mangold)
- 300 g **Kartoffeln** (festkochend)
- 2 **Zwiebeln**
- 3 **Knoblauchzehen**
- 100 g **Butter**
- 2 EL **Parmesan** (gerieben; wenn Sie auf tierisches Lab verzichten wollen: Montello aus dem Bio-Laden)
- 1–2 EL **Schnittlauch** (in Röllchen)
- **Salz** | **Pfeffer**

Angaben für 4 Personen
Schwierigkeitsgrad

1 Für den Nudelteig Mehl und Hartweizengrieß mit den Eiern und ½ TL Salz zu einem glatten, geschmeidigen Teig verkneten. Den Teig zu einer Kugel formen und mit einem Küchentuch zugedeckt bei Zimmertemperatur etwa 30 Min. ruhen lassen.

2 Vom Teig Stücke abnehmen, den Rest jeweils zugedeckt lassen, damit er nicht austrocknet. Teigstücke in der Nudelmaschine oder mit der Nudelrolle zu etwa 1,5 mm dünnen Platten ausrollen. Die Platten jeweils etwa 10 Min. antrocknen lassen. Dann mit einem Teigroller in etwa 8 cm lange und 1 cm breite Streifen schneiden. Die fertig geschnittenen Nudeln auf einem bemehlten Küchentuch ausbreiten. Den restlichen Teig genauso verarbeiten.

3 Den Kohl putzen und waschen. Grobe Stiele und Blattrippen entfernen, die Blätter in kleine Rauten oder Quadrate schneiden. Spinat bzw. Mangold waschen und trockenschleudern, grobe Stiele entfernen, die Blätter in Streifen schneiden. Kartoffeln schälen und in kleine Würfel schneiden.

4 In einem großen Topf 2 l Salzwasser zum Kochen bringen. Kohl und Kartoffeln darin offen bei schwacher bis mittlerer Hitze etwa 10 Min. köcheln lassen. Inzwischen Zwiebeln und Knoblauch schälen und in feine Würfel schneiden. Butter in einer Pfanne erhitzen und die Zwiebelwürfel darin bei mittlerer Hitze goldbraun anrösten. Den Knoblauch hinzufügen und kurz mitrösten.

5 Spinat bzw. Mangold und Dinkelnudeln zu Kohl und Kartoffeln in den Topf geben, erneut zum Kochen bringen und in 5 Min. fertiggaren. Dann in ein Sieb abgießen und abtropfen lassen. Nudeln und Gemüse auf vier Teller verteilen. Mit Pfeffer würzen und mit Parmesan bestreuen. Die Röstzwiebeln samt Butter darauf verteilen, alles mit Schnittlauch dekorieren und servieren.

Küchengeheimnisse

»Maultaschen werden gerne mit einem Salat serviert, häufig einem gemischten aus mehreren angemachten Salaten wie Möhren-, Bohnen- oder Krautsalat. Bei uns kommen sie mit Feldsalat (Sunnewirbele) auf den Tisch. Diesen beziehen wir ganz frisch geerntet vom »Bächlehof« im 8 km entfernten Ballrechten. Matthias Löffler und seine Frau Tanja betreiben dort auch einen Hofladen, auf dem sie ihre hervorragenden Produkte selbst vermarkten.«

GASTHAUS HIRSCHEN | MÜLLHEIM-BRITZINGEN

Kalbfleischmaultaschen

Die Herkunft der Maultaschen ist nicht endgültig geklärt, auch wenn das Schwäbische als Ursprungsregion bekannt ist. Im Volksmund hat sich dort der Name »Herrgottsbscheißerle« etabliert, denn den Mönchen aus dem Kloster von Maulbronn wurde unterstellt, dass sie das Fleisch in den Maultaschen vor dem lieben Gott verstecken wollten und so auch an den vielen Fastentagen schlemmen konnten. Diese Tradition hat sich bis in diese Tage gehalten: Bei vielen schwäbischen Familien gibt es am Gründonnerstag – also noch in der vorösterlichen Fastenzeit – Maultaschen mit Brühe. Im »Gasthaus Hirschen« kommt traditionell eine Füllung aus Kalbfleisch und frischen Kräutern in den Teig, hier verrät Martin Schumacher seine schmackhafte Variante des Klassikers.

1   Für die Maultaschen zunächst den Teig zubereiten. Dafür Mehl, Ei, 4 EL Milch, 1 EL Öl, Butter und ½ TL Salz in eine Schüssel geben. Die Zutaten zunächst mit den Quirlen des Handrührgeräts, dann mit den Händen zu einem geschmeidigen Teig verkneten, dafür gegebenenfalls noch etwas Milch hinzufügen. Den Teig zu einer Kugel formen, in Frischhaltefolie schlagen und bei Zimmertemperatur mindestens 1 Std. ruhen lassen.

2   Für die Füllung das Brötchen grob zerkleinern und in Wasser einweichen. Dann ausdrücken und mit Hackfleisch, Senf und Kräutern in eine Schüssel geben. Mit ca. 1 TL Salz, Pfeffer und etwas Muskatnuss würzen und kräftig durchmischen.

3   Den Teig auf der bemehlten Arbeitsfläche dünn, fast quadratisch ausrollen. Auf die untere Hälfte des Teigs in gleichmäßigem Abstand etwa 4 cm große Portionen der Füllung setzen und etwas flachdrücken. Die obere Teighälfte darüberklappen und ohne Luftblasen rund um die Füllung vorsichtig verschließen. Mit dem Teigroller Quadrate ausschneiden, die Teigränder gut zusammendrücken.

4   Für die Zwiebelschmelze die Zwiebel schälen und in kleine Würfel schneiden. Butter in einer Pfanne erhitzen, die Zwiebelwürfel darin bei mittlerer Hitze etwa 3 bis 4 Min. dünsten, bis sie leicht gebräunt sind.

5   In einem weiten Topf reichlich Salzwasser zum Kochen bringen. Die Maultaschen hineingleiten lassen, einmal aufwallen und je nach Größe bei schwacher Hitze 5 bis 10 Min. garziehen lassen.

6   Die Maultaschen mit einem Schaumlöffel herausheben, abtropfen lassen und auf vier Tellern anrichten. Die Schmelze darauf verteilen, nach Belieben noch mit Schnittlauchröllchen oder Petersilie bestreuen und servieren.

Zutaten für den Teig

500 g **Weizenmehl**
1 **Ei** (Gr. M)
4–6 EL **Milch** (oder Wasser)
1 EL **Öl**
½ EL **Butter**
Mehl (für die Arbeitsfläche)
Salz

Für die Füllung

1 **Brötchen** (weiß)
500 g **Hackfleisch** (vom Kalb)
1 TL **Dijon-Senf**
je 1 EL **Kerbel, Majoran** und **Rosmarin** (gehackt)
Muskatnuss (frisch gerieben)
Salz | Pfeffer (weiß)

Für die Schmelze

1 **Gemüsezwiebel**
50 g **Butter**

Angaben für 4 Personen
Schwierigkeitsgrad

Geschmortes Rinderbäckchen mit Bergkräuter-Pesto-Kruste

Wer ausgedehnte Spaziergänge mag und dabei gerne den herrlichen Geruch von Bergkräutern einatmet, den wird dieses Hauptgericht überzeugen. Hier wird die typische Handschrift des Chefkochs Gerhard Hug schmeckbar, wenn er aus einer Handvoll aromatisch duftender Bergkräuter eine Pesto-Kruste zaubert, die im wahrsten Sinne des Wortes die zarten Rinderbäckchen krönt. Wenn Sie von Kräutern nicht genug bekommen können, begleiten Sie Gerhard Hug doch einmal auf einen der Kräuterspaziergänge, die der erfahrene Küchenchef regelmäßig anbietet.

Zutaten für Fleisch und Sauce

- 100 g Schalotten
- 2 Knoblauchzehen
- 150 g Karotten
- 100 g Staudensellerie
- 1 Bund Thymian
- 1 Bund Petersilie
- 4 Rinderbäckchen (à ca. 300 g)
- 2 EL Weizenmehl
- 2 EL Butter
- 1 EL Tomatenmark
- ½ l Rotwein (trocken; z. B. Spätburgunder)
- 1 l Rinder- oder Gemüsebrühe
- 2 EL Öl (zum Braten)
- Salz | Pfeffer

Für die Pesto-Kruste

- 100 g Bergkäse (z. B. vom »Melcherhof« in Buchenbach)
- 100 g Haselnüsse (gemahlen)
- 200 ml Sonnenblumenöl
- Bergkräuter (gemischt, z. B. Giersch, Löwenzahn, Schafgarbe, Spitzwegerich)
- Salz

Angaben für 4 Personen
Schwierigkeitsgrad ❋❋❋

1. Schalotten, Knoblauch und Karotten schälen, den Sellerie waschen, alles in grobe Würfel schneiden. Thymian und Petersilie waschen und trockenschütteln. Die Rinderbäckchen von Fett und Sehnen befreien, mit Salz und Pfeffer würzen und mit 1 EL Mehl bestäuben.

2. Den Backofen auf 180° vorheizen. Öl in einem Bräter erhitzen. Die Rinderbäckchen darin rundherum anbraten und wieder herausnehmen. Das Öl abgießen und stattdessen die Butter im Bräter erhitzen. Zunächst die Schalotten darin anschwitzen, dann Karotten, Sellerie und Tomatenmark dazugeben und etwas anrösten. Das restliche Mehl darüberstreuen und kurz anschwitzen, mit dem Rotwein ablöschen. Kräuter und Knoblauch hinzufügen und die Brühe angießen. Die Rinderbäckchen wieder in den Bräter legen, diesen auf die mittlere Schiene des Backofens schieben, alles darin etwa 2 Std. schmoren, dabei das Fleisch gelegentlich wenden.

3. Inzwischen für das Pesto die Kräuter waschen, trockentupfen, die Blätter abzupfen, 100 g abwiegen und fein hacken. Den Käse entrinden und fein reiben. Kräuter, Nüsse, Käse, Öl und 1 gestrichenen TL Salz verrühren.

4. Den Bräter aus dem Ofen nehmen, den Backofen auf 200° Oberhitze einstellen. Das Fleisch aus dem Bräter nehmen und kurz ruhen lassen. Die Sauce durch ein Sieb passieren, dabei das Gemüse leicht ausdrücken. Die Sauce noch etwas einkochen lassen und nach Belieben mit etwas Speisestärke binden. Die Rinderbäckchen etwa ½ cm dick mit der Pesto-Masse bestreichen und auf dem mit Backpapier ausgelegten Rost auf der mittleren Schiene des heißen Backofens etwa 2 bis 3 Min. überbacken, bis die Kruste gut gebräunt ist.

5. Rinderbäckchen aus dem Ofen nehmen und mit der Sauce auf vier Tellern anrichten. Dazu servieren wir in unserem Restaurant gedämpftes und anschließend in Butter geschwenktes Gemüse (z. B. Karotten, Lauchzwiebeln, Kohlrabi) und Brennnesselspätzle (siehe Küchengeheimnisse).

Küchengeheimnisse

»Um den Kräutergenuss zu komplettieren, servieren wir die Rinderbäckchen gerne mit Brennnesselspätzle. Dafür 400 g Mehl, 4 Eier (Gr. M), 40 ml Wasser und 2 EL gehackte Brennnesselspitzen mit einem Kochlöffel so lange schlagen, bis der Teig Blasen wirft. Dann 20 Min. ruhen lassen. In einem weiten Topf reichlich Salzwasser zum Kochen bringen. Den Teig noch einmal durchrühren, dann portionsweise durch einen Spätzlehobel in das siedende Wasser drücken. Jeweils kurz aufkochen lassen, die Spätzle mit einer Schaumkelle herausnehmen, in kaltem Wasser abschrecken und gut abtropfen lassen. Vor dem Servieren die Spätzle in einer Pfanne mit Butter schwenken.«

Gasthausnamen im Südwesten

von Konrad Kunze

Was die Gasthausnamen angeht, ist der Südwesten eine der markantesten Regionen des deutschen Sprachgebiets. Hier häufen sich Namen, die andernorts nur vereinzelt auftreten. So findet sich etwa (Zur) Krone in Baden-Württemberg über 500-mal, mehr als in allen anderen Gebieten Deutschlands zusammen. (Zur) Sonne begegnet uns hier ca. 380-mal, in der Schweiz 190-mal. Auch Namen wie (Zum) Löwen, Adler, Lamm, Engel usw. häufen sich im Südwesten. Blättern Sie ruhig mal etwas in diesem Buch, Sie werden das sofort bei den erwähnten Gasthöfen bemerken. Anders im östlich benachbarten Bayern, dort bildet der Lech eine scharfe Grenze dieses Namentyps, nach Norden verebbt er allmählich zwischen Neckar und Main.

In vielen Gasthofnamen, die im Schwarzwald verbreitet sind, leben mittelalterliche Häusernamen weiter, wie hier zum Beispiel »Sonne«.

Der Grund für die Häufung solcher Gaststättennamen im Südwesten liegt darin, dass in ihnen mittelalterliche Häusernamen weiterleben, wie Haus zur Krone oder Haus zum blauen Hecht, die seit dem 13. Jh. besonders am Oberrhein in vielen Städten für jedes Haus üblich waren. Es handelt sich meist um »heraldische Namen«, das heißt sie beziehen sich auf Blumen, Tiere oder Gegenstände, die man auch ans Haus malen konnte.

Erst mit dem Aufkommen der Hausnummern kamen die Häusernamen außer Gebrauch. Sie blieben nur noch bei Apotheken und Gasthäusern übrig, ja wurden hier zur allgemeinen Regel. Von den Städten wanderten sie aufs Land, wo die Dorfgasthäuser, die früher keine Namen hatten, mit der Pflicht, ein Schild zu führen (Schildgerechtigkeit), seit Ende des 18. Jh. ebenfalls solche Namen annahmen. Um 1860 trugen im Schwarzwald 80 % aller Gaststätten heraldische Namen, über die Hälfte davon hießen Hirschen, Löwen, Adler, Ochsen und Sonne. Selbst heute machen heraldische Namen noch ca. 40 % aller Gasthausnamen im Schwarzwald aus.

Besonders deutlich wird die Vorliebe für den heraldischen Namentyp daran, dass für Gaststätten an alten Poststationen, die deutschlandweit Zur Post heißen, im Südwesten lieber der konkrete Name Rössle gewählt wurde (in der Schweiz ist Rössli der häufigste Gasthausname überhaupt).

Die Bezeichnung »Rebstock« ist vor allem in der Rheinebene und am Bodensee zu finden.

Einige Gasthausnamen stammen aus der Bibel, etwa der häufige Name Drei Könige, die ja auf ihrem langen Weg vom Orient nach Bethlehem oft Rast machen mussten; oder (Zum) Raben, im alemannischen Dialekt auch Rappen. Die eigneten sich als Gasthausname ganz besonders, weil Raben den Propheten Elija in der Einöde morgens und abends mit Brot und Fleisch bewirteten. Dass aber Adler, Engel, Löwen und Ochsen auf die Symbole der vier Evangelisten zurückgehen, wie öfter zu lesen ist, ist schon deshalb fraglich, weil das Symbol des Lukas der Stier ist, nicht der Ochse. Beim Ochsen liegt es näher, an Gasthäuser mit Metzgerei zu denken. (Zum) Stern(en) kann zwar im einen oder anderen Fall auf den Stern von Bethlehem zurückgehen, aber doch häufiger auf den sechszackigen Stern, den die Wirte als Zeichen für frisch gebrautes Bier aushängten.

Während im Südwesten die heraldischen Namen vorherrschen, finden sich in anderen Regionen des Landes vor allem Benennungen nach den Wirtsleuten (Gasthaus Müller, Lottes Stübchen), also »personalisierte« Namen, oder nach der Lage (Wirtshaus am Tor, Alte Mühle), also »lokalisierte« Namen, ferner Zusammensetzungen, in Bayern etwa oft mit -bräu oder -wirt (Löwenbräu oder Huberwirt), im mittleren Deutschland mit -schänke (Marktschänke), in Norddeutschland mit -krug (Deich-, Dorfkrug).

Im Einzelnen lassen sich auch innerhalb der südwestlichen Namenlandschaft regionale Vorlieben beobachten. So tritt etwa Kranz vor allem im Südschwarzwald und am Hochrhein auf. Der Name kann dadurch veranlasst sein, dass man einen Kranz zum Zeichen der Schankgerechtigkeit aushängte, ähnlich den Besen oder Sträußen bei den heutigen Besen- oder Straußenwirtschaften. Rebstock tritt vor allem in der Rheinebene und am Bodensee auf, wo das die geläufige Bezeichnung für den Weinstock ist. Torkel ist die in Tirol und am

Bodensee gängige Bezeichnung der Weinpresse, Salm(en) die alemannische Bezeichnung für den Lachs. Waldhorn, ein für die romantische Wandersehnsucht typischer Name aus dem 19. Jh., ist vor allem in Württemberg beliebt. In der Schweiz ist Kreuz, durch das Wappen der Schweiz veranlasst, der vierthäufigste Gasthausname. Er findet sich in der Tradition der heraldischen Namen auch häufig in Baden-Württemberg, aber fast nur in katholischen Regionen; in protestantischen Gebieten scheute man sich offensichtlich, das allerchristlichste Symbol für ein Wirtshaus zu benutzen.

»Hirschen« ist nur im südbadischen Raum verbreitet.

Auch in den sprachlichen Varianten der Namen erkennt man regionale Unterschiede. Die Karte zeigt, dass sich Hirschen nur ganz im Süden findet. Nördlich daran schließt Hirsch an, weiter nach Nordwesten hin wird Zum Hirsch häufiger und nach Nordosten hin Zum Hirschen. In (Zum) Hirschen hat sich die alte, sogenannte schwache Deklination des Wortes Hirsch gehalten (früher: der Hirsch, des Hirschen, dem Hirschen, den Hirschen; heute: der Hirsch, des Hirschs, dem Hirsch, den Hirsch). Ähnlich gibt es (Zum) Sternen nur in der Schweiz und in Baden, sonst heißt es (Zum) Stern. Die alte Deklination findet sich auch in (Zum) Bären, Schwanen, Storchen usw. Die schwache Dativ-Endung Zum Hirschen wurde dann auch in den Nominativ übertragen (der Hirschen), was sprachlich zu dem sympathischen Phänomen geführt hat, dass sich im Südwes-

ten der deutsche Wortschatz aufgespalten hat: der Bär ist ein Tier, der Bären ein Gasthaus, der Schwan ist ein Tier, der Schwanen ein Gasthaus, und so geht es das Tierreich weiter mit Rabe(n), Ochse(n), Löwe(n) etc.

Die Karte (sie wurde nach Telefonbucheinträgen ermittelt) zeigt auch, dass in der offiziellen Benennung der Gasthäuser die Präposition Zum nach Norden hin immer häufiger wird, während sie im Süden weitgehend fehlt. Das ist auch bei allen anderen Namen so; beispielsweise ist der häufigste traditionelle Gasthausname in Deutsch-

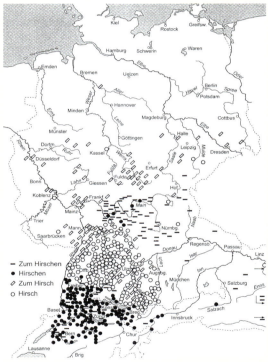

Die variantenreiche Verbreitung des Gasthofnamens »Zum Hirschen« (Karte: Konrad Kunze).

land, überall verbreitet wegen der beliebten Lage von Gaststätten an der Dorflinde, Zur Linde, im Südwesten heißt es aber meist nur Linde. Wie es zu diesem Unterschied kam, ist noch nicht geklärt. So gibt es in den Gasthäusern nicht nur zu essen und zu trinken, sondern auch noch Einiges weiterzuforschen.

JÄGERHAUS | ST. PETER

Gebratene Poulardenbrust mit Spargel im Pfannkuchen

»Ich will, dass meine Untertanen sonntags ihr Huhn im Topf haben!«, dieser vielzitierte Satz Heinrich des Vierten führte dazu, dass seit seiner Regierungszeit in Frankreich systematisch Geflügelzucht betrieben wurde, die bis heute eine große Bedeutung hat. Durch den regen Austausch über den Rhein finden Geflügelgerichte ihren Weg auch auf die Karte des Jägerhofs in St. Peter und sind dort sehr beliebt, stammen die Hähnchen doch aus elsässischer Bio-Hähnchenzucht. Dazu serviert Markus Schwormstädt Pfannkuchen und Spargel – ein echter Festschmaus!

Do-schmeckts-Tipp
Mit Poulardenbrust ist dieses Rezept ein feines Sonntagsessen. Wer es etwas einfacher – aber doch raffiniert – mag, bestreicht jeden Pfannkuchen zunächst dünn mit 1 TL Bärlauchpesto und belegt ihn mit 2 Scheiben Schwarzwälder Schinken, bevor der Spargel darin eingerollt wird. Dann alles mit reichlich gehacktem Bärlauch bestreuen und mit Sauce hollandaise (siehe Seite 60) servieren.

1   Für den Pfannkuchenteig Milch, Mehl und 1 Prise Salz verrühren, dann die Eier und zuletzt das Mineralwasser unterrühren, den Teig einige Minuten quellen lassen.

2   Den Backofen auf 160° vorheizen. Den Spargel schälen und die holzigen Enden abschneiden. Die Spargelstangen in einem Topf mit 2 l Wasser, 1 Prise Salz, dem Zucker und dem übrigen Esslöffel Butter aufkochen. Dann bei schwacher Hitze etwa 15 Min. bissfest ziehen lassen. Die Poulardenbrüste waschen, salzen und pfeffern. In einer ofenfesten Pfanne anbraten, bis sie leicht gebräunt sind. Dann im heißen Backofen etwa 20 Min. fertig garen.

3   Aus dem Pfannkuchenteig in etwas Butter nacheinander 4 Pfannkuchen backen. Im Backofen warm halten.

4   Spargel aus dem Sud heben, abtropfen lassen. Jeweils ein Viertel der Stangen in jeden Pfannkuchen einrollen. Poulardenbrüste in Scheiben schneiden und mit den Pfannkuchen anrichten. Dazu passt Sauce hollandaise.

Zutaten für den Spargel

1½ kg	**Spargel**
2 TL	**Zucker**
1 EL	**Butter**
	Salz

Für die Pfannkuchen

140 ml	**Milch**
80 g	**Weizenmehl**
8	**Eier** (Gr. M)
40 ml	**Mineralwasser** (mit Kohlensäure)
	Butter (zum Ausbacken)
	Salz

Für das Fleisch

4	**Poulardenbrüste** (à 200 g)
	Butterschmalz (zum Braten)
	**Salz	Pfeffer**

Angaben für 4 Personen
Schwierigkeitsgrad

GASTHAUS ZUM KREUZ | KAPPEL

Frikassee vom badischen Huhn

Im bedeutenden französischen Wörterbuch Le Grand Robert wird das Wort »fricassée« nicht nur als kleine Fleischstückchen in Sauce definiert, sondern auch als »mélange« unterschiedlicher Dinge. Gerade diese zweite Bedeutung lässt das bekannte Gericht besonders charmant erscheinen, lenkt sie doch das Augenmerk darauf, dass im »Gasthaus zum Kreuz« viele gute Produkte aus der Region zu einem vorzüglichen Gericht vereint werden: Gemüse aus regionalem Anbau, ein guter Schuss trockener Riesling und vor allem das badische Huhn aus Freilandhaltung, dessen Fleisch wegen der längeren Haltungsdauer besonders saftig ist. Wer könnte also dieser Melange widerstehen, die hier in einer würzigen Sauce serviert wird?

Do-schmeckts-Tipp
Im Frühling schmeckt das Frikassee auch mit Spargelspitzen. Gedämpfte und in Streifen geschnittene Zuckerschoten oder gebratene Pfifferlinge geben ihm zusätzlich eine besondere Note.

1 Am Vortag den Lauch putzen, längs halbieren, kleinschneiden, waschen und abtropfen lassen. Die Karotten schälen und zusammen mit dem Sellerie in Würfel schneiden. Die Zwiebel spicken, dafür zunächst schälen, dann zweimal tief einschneiden und die Lorbeerblätter in die Schnittöffnungen schieben. Die Nelken mit der spitzen Seite voran in die Zwiebel stechen.

2 Das Huhn unter fließendem, kaltem Wasser abspülen, in einen Topf geben und knapp mit kaltem Wasser bedecken. Die gespickte Zwiebel, das klein geschnittene Gemüse und die Pfefferkörner hinzufügen, salzen und langsam zum Kochen bringen. Offen bei schwacher Hitze etwa 1 Std. köcheln lassen, dabei den entstehenden Schaum abschöpfen. Dann vom Herd nehmen und das Huhn zugedeckt über Nacht im Fond abkühlen lassen.

3 Am nächsten Tag das Huhn aus dem Fond nehmen. Das Fleisch vom Knochen lösen und ohne Haut in kleine Würfel schneiden oder kleinzupfen. Den Fond durch ein Sieb gießen, 1 l Fond abmessen, den Rest anderweitig verwenden, z. B. als Hühnerkraftbrühe.

4 Butter in einem Topf erhitzen und das Mehl darin hell anschwitzen. Nach und nach den abgemessenen Fond und den Weißwein angießen, kräftig verrühren und jeweils etwas einkochen lassen. Die Sahne unterrühren, die Sauce mit Salz, Pfeffer, Zitronensaft und wenig Worcestersauce abschmecken. Das Fleisch in die Sauce geben, bei schwacher Hitze darin erwärmen und servieren. Dazu reichen wir in unserem Gasthof hausgemachte Knöpfle (siehe Küchengeheimnisse) Spätzle (siehe Küchengeheimnisse Seite 323) oder Butterreis.

Zutaten

½ Lauchstange
2 Karotten
½ Selleriestange
1 Zwiebel
2 Lorbeerblätter
4 Gewürznelken
1 Huhn (ca. 1,3–1,5 kg; Freiland)
½ TL Pfefferkörner (weiß)
4 EL Butter
4 EL Weizenmehl
200 ml Weißwein (trocken; z. B. Riesling)
200 g Sahne
Zitronensaft
Worcestersauce
Salz | Pfeffer (weiß)

Angaben für 4 Personen
Schwierigkeitsgrad

Küchengeheimnisse

»Hier ein Knöpfle-Rezept, mit dem man Brot vom Vortag verwerten kann: 200 g Weizenmehl, 200 g geriebenes Weißbrot, 5 Eier und etwas Salz verrühren und 10 Min. quellen lassen. In einem großen Topf leicht gesalzenes Wasser zum Kochen bringen. Den Teig durch ein Knöpflebrett ins Wasser schaben. Sobald die Knöpfle aufsteigen, noch 1 Min. ziehen lassen und mit einem Schaumlöffel herausheben und abtropfen lassen. Die Knöpfle danach in einer Pfanne mit zerlassener Butter und Semmelbrösel schwenken.«

Küchengeheimnisse

»Im Winter ersetze ich den Gutedel gern durch einen Spätburgunder, damit wird die Sauce kräftiger und wärmender für die kalte Jahreszeit. Nicht ersetzen sollten Sie allerdings den Wein durch billigen Saucenwein. Ein Coq au vin wird auch in Frankreichs Weinregionen mit dem jeweils besten Wein zubereitet, und es gilt die alte Regel, dass der Wein, der für die Zubereitung der Sauce verwendet wurde, auch als Begleiter auf den Tisch gehört – vielleicht einen Jahrgang älter und reifer.«

BIO-RESTAURANT AM FELSENKELLER | STAUFEN

In Gutedel geschmorte Bio-Hühnerbrust mit Dinkel-Gemüse-Nudeln

Als zertifizierter Bioland-Partner arbeitet man im »Restaurant Am Felsenkeller« nur mit bestem Geflügel, das den strengen Bioland-Kriterien gerecht wird. Ganz nach dem Bioland-Motto »Mast ohne Hast« werden nur langsam wachsende Hähnchen statt für schnellen Profit gezüchtete »Hochleistungsrassen« verwendet. Diesen Qualitätsunterschied schmeckt man beim Poulardenfleisch, das in diesem Hauptgericht verwendet wird. Konrad Ortlieb ließ sich dabei von einem Rezept der französischen Landhausküche inspirieren und präsentiert hier sein badisches Coq au vin, das sich übrigens gut vorbereiten lässt, wenn Sie Gäste erwarten, denn es schmeckt aufgewärmt am nächsten Tag fast noch besser.

1. Den Backofen auf 160° vorheizen. Die Poulardenbrüste unter fließendem kaltem Wasser abspülen und trockentupfen, mit Salz und Pfeffer würzen. Die Schalotten schälen und in feine Würfel schneiden.

2. Butterschmalz in einer großen Pfanne erhitzen, die Poulardenbrüste darin von beiden Seiten anbraten. Schalotten und Lorbeerblätter dazugeben und kurz in der Pfanne schwenken. Mit dem Wein ablöschen, mit etwas Mehlbutter binden. Im heißen Backofen auf der mittleren Schiene etwa 10 Min. schmoren.

3. Inzwischen für die Nudeln die Paprikaschoten längs halbieren, entkernen und mit den Zucchini waschen. Karotten schälen, alles in schmale Streifen schneiden. Tomaten waschen, halbieren und entkernen, dabei die Stielansätze entfernen. Die Tomatenhälften ebenfalls in Streifen schneiden.

4. Die Dinkelnudeln in einem Topf mit reichlich kochendem Salzwasser nach Packungsanweisung bissfest garen. Die Fleischpfanne aus dem Ofen nehmen und zugedeckt beiseitestellen. Inzwischen die Butter in einer weiteren großen Pfanne erhitzen, das Gemüse darin etwa 2 bis 3 Min. andünsten. Die Nudeln in ein Sieb abgießen und abtropfen lassen. Dann mit dem Gemüse mischen, mit Salz würzen und ebenfalls beiseitestellen.

5. Das Fleisch aus der Pfanne nehmen und mit Alufolie abdecken. Die Sahne in die Pfanne geben und bei starker Hitze etwa 3 Min. einkochen lassen. Dann die Sauce durch ein Sieb gießen, erneut aufkochen und vom Herd nehmen. Die eiskalte Butter unterschlagen, die Sauce mit Salz und Pfeffer abschmecken.

6. Die Nudeln auf vier Teller häufen. Die Poulardenbrüste quer halbieren und auf den Nudeln anrichten. Mit der Gutedel-Sauce beträufeln und servieren.

Do-schmeckts-Tipp

Für Mehlbutter Weizenmehl und kalte Butter zu gleichen Teilen verkneten, zu einer Rolle formen und bis zur Verwendung kühlstellen. Bei Bedarf portionsweise entnehmen und zum Binden in heiße Saucen einrühren.

Zutaten für Fleisch und Sauce

- 4 **Bio-Poulardenbrüste** (à ca. 200 g)
- 8 **Schalotten**
- **Butterschmalz** (zum Braten)
- 2 **Lorbeerblätter**
- ½ l **Gutedel** (trocken)
- etwas **Mehlbutter** (siehe Do-schmeckts-Tipp)
- 500 g **Sahne**
- 100 g **Butter** (eiskalt)
- **Salz | Pfeffer**

Für die Nudeln

- 2 **Paprikaschoten** (gelb oder rot)
- 2 **Zucchini**
- 2 **Karotten**
- 4 **Tomaten**
- 400 g **Dinkelnudeln**
- 2 EL **Butter** (zum Dünsten)
- **Salz**

Angaben für 4 Personen
Schwierigkeitsgrad

GASTHAUS HIRSCHEN | MERZHAUSEN

Lammrücken mit Tomatenkruste, Balsamico-Jus und Kartoffelgratin

Schafherden gehören fest zu unserem Bild von Schwarzwald, Breisgau und Kaiserstuhl. Neben der Schafzucht auf Höfen gibt es dort noch immer die Wanderschäferei, deren Ursprung auf das 14. Jahrhundert zurückgeht. Auf wechselnden Weiden laben sich die Schafe an würzigen Kräutern und betreiben ganz nebenbei Landschaftspflege, indem sie beispielsweise die wertvollen Magerrasen des Kaiserstuhls vor Verbuschung schützen. Auch das Lammfleisch im »Gasthaus Hirschen« in Merzhausen stammt aus dem Breisgau, nämlich von der Schafzucht Gutekunst aus Opfingen am Tuniberg. Küchenchef Marc Isaak und sein Team verpassen dem regionalen Fleisch eine mediterrane Note – das passt perfekt zum mildwürzigen Lammrücken!

Zutaten für das Gratin

1	**Knoblauchzehe**
½ TL	**Rosmarin** (gehackt)
½ TL	**Thymian** (gehackt)
600 g	**Kartoffeln** (festkochend)
200 g	**Sahne**
1 EL	**Parmesan** (gerieben)
	Butter (für die Form)
	Muskatnuss (frisch gerieben)
	Salz | **Pfeffer**

Für das Fleisch

1 Scheibe	**Toast**
30 g	**Mozzarella**
60 g	**Tomaten** (getrocknet)
50 g	**Butter** (weich)
1	**Knoblauchzehe**
1 TL	**Tomatenmark**
1	**Eigelb**
4	**Lammrückenfilets** (à ca. 200 g)
100 ml	**Aceto balsamico**
300 ml	**Kalbsfond** (aus dem Glas)
	Olivenöl (zum Braten)
	Zucker
	Salz | **Pfeffer**

1 Für das Gratin den Backofen auf 160° vorheizen. Eine Auflaufform mit Butter einfetten. Den Knoblauch schälen und in feine Würfel schneiden. Jeweils die Hälfte des Knoblauchs und der Kräuter in die Auflaufform geben, zusätzlich Salz, Pfeffer und Muskatnuss ausstreuen. Die Kartoffeln schälen und halbieren. Die Hälften in feine Scheiben schneiden, fächerförmig auseinanderschieben und in die Form legen. Die Sahne aufkochen und darübergießen. Erneut mit Knoblauch, Kräutern, Salz, Pfeffer und Muskatnuss würzen. Die Kartoffeln mit dem Parmesan bestreuen, das Gratin im heißen Backofen auf der mittleren Schiene etwa 40 Min. goldbraun backen.

2 Inzwischen für das Fleisch zunächst die Kruste zubereiten. Dafür den Toast rösten und in feine Würfel schneiden. Mozzarella und getrocknete Tomaten ebenfalls in feine Würfel schneiden. Die Butter in einer Rührschüssel cremig schlagen. Den Knoblauch schälen und dazupressen. Toast, Mozzarella, Tomaten und Tomatenmark untermischen. Die Masse mit Salz und Pfeffer abschmecken. Zuletzt das Eigelb unterrühren.

3 Olivenöl in einer Pfanne erhitzen. Die Lammrückenfilets mit Salz und Pfeffer würzen und auf beiden Seiten je etwa 2 Min. scharf anbraten. Die Filets aus der Pfanne nehmen und in Alufolie wickeln. Den Essig in der Pfanne bei mittlerer Hitze auf die Hälfte einkochen lassen. Den Kalbsfond dazugießen und noch einmal auf die Hälfte reduzieren. Den Balsamico-Jus mit Salz, Pfeffer und etwas Zucker abschmecken und zugedeckt warmhalten.

4 Das Gratin aus dem Ofen nehmen und zugedeckt warmhalten. Den Backofengrill einschalten. Das Fleisch auf ein mit Backpapier ausgelegtes Blech legen. Jeweils die obenliegende Seite der Filets etwa 1 cm dick mit der Buttermischung bestreichen. Unter dem Backofengrill etwa 2 bis 3 Min. überbacken, bis eine braune Kruste entstanden ist.

Angaben für 4 Personen
Schwierigkeitsgrad ❧❧❧

5   Das Fleisch aus dem Ofen nehmen und kurz ruhen lassen. Dann in jeweils 3 Stücke schneiden. Auf vier Tellern jeweils zur Hälfte einen Saucenspiegel verteilen und das Fleisch daraufsetzen. Das Kartoffelgratin daneben anrichten. In unserem Gasthaus servieren wir dazu noch ein mediterranes Zucchini-Tomaten-Gemüse (siehe Küchengeheimnisse).

Küchengeheimnisse

»Für das Zucchini-Tomaten-Gemüse 3 Tomaten an Ober- und Unterseite kreuzweise einritzen und etwa 1 Min. in kochendem Wasser blanchieren, dann herausnehmen und kalt abschrecken. Die Haut mit einem Messer abziehen. Tomaten halbieren, entkernen und in Spalten schneiden. 400 g kleine Zucchini längs halbieren, entkernen und in Stifte schneiden. 1 Schalotte schälen und in feine Würfel schneiden. 1 EL Olivenöl in einer Pfanne erhitzen, die Schalotten darin andünsten. Zucchini dazugeben und bissfest braten, die Tomaten 1 bis 2 Min. mitbraten. Zuletzt 2 TL gehackte Kräuter, z. B. Petersilie, Oregano, Rosmarin und Thymian, hinzufügen und kurz in der Pfanne schwenken. Mit Salz und Pfeffer abschmecken und servieren.«

WIRTSHAUS ZUR SONNE | GLOTTERTAL

Rosa gebratener Lammrücken mit Spargel, Kratzete und Sauce hollandaise

Während der Rest der Republik Kartoffeln bevorzugt, wird der Spargel im Badischen und im Schwarzwald am liebsten mit »Kratzete« serviert, dicken Pfannkuchen, die im Stile des Kaiserschmarrns bereits in der Pfanne zerrissen werden. Die Dilgers vom »Wirtshaus zur Sonne« im Glottertal servieren gerne diesen Klassiker – und dazu am liebsten einen Glottertäler Rivaner.

Zutaten für Spargel und Sauce

- 250 g **Butter**
- 1½ kg **Spargel**
- 3 **Eier** (Gr. M)
- 1 TL **Zucker**
- 100 ml **Weißwein** (trocken; z. B. Weißburgunder)
- **Zitronensaft**
- **Salz | Pfeffer**

Für die Kratzete

- 100 g **Mehl**
- 250 ml **Milch**
- 3 **Eier**
- 3 EL **Butterschmalz**

Für das Fleisch

- 800 g **Lammrücken** (ohne Knochen, küchenfertig)
- 1 EL **Butterschmalz**
- **Salz | Pfeffer**

Angaben für 4 Personen
Schwierigkeitsgrad

1 Für die Sauce hollandaise die Butter würfeln, in einen Topf geben und bei schwacher Hitze schmelzen. Dann bei nicht zu starker Hitze 10 Min. offen köcheln lassen, bis sich das Milcheiweiß abgesetzt hat und die Butter klar wird. Inzwischen den Spargel schälen und die holzigen Enden abschneiden. Die Eier trennen. Das Milcheiweiß der Butter mit einer Schaumkelle abschöpfen, die Butter zugedeckt beiseitestellen.

2 Den Backofen auf 80° vorheizen. Für die Kratzete in einer Schüssel Mehl, Milch und Eier mit 1 Prise Salz zu einem glatten Teig verrühren, einige Minuten quellen lassen, dann erneut durchrühren. Die von der Sauce hollandaise übrigen Eiweiße schaumig schlagen und unter den Teig heben.

3 Etwas Butterschmalz in einer großen Pfanne erhitzen. Den Teig portionsweise gleichmäßig in der Pfanne verteilen, sodass der Boden 0,5 bis 1 cm dick bedeckt ist. Bei mittlerer Hitze hellbraun ausbacken, dann vorsichtig wenden und die andere Seite ebenfalls hellbraun backen. Mit einer Gabel auseinanderpflücken. Die Kratzete auf einer Servierplatte im Backofen warm stellen. Den restlichen Teig auf die gleiche Weise zubereiten.

Küchengeheimnisse

»Den Lammrücken kann man nach Belieben auch mit einer Kräuterkruste zubereiten. Dafür 100 g Paniermehl mit 50 g weicher Butter, 3 EL Kräuterpesto und 2 TL Dijon-Senf mischen. Mit Salz und Pfeffer würzen. Das Fleisch in Schritt 4 nach dem Anbraten dick mit der Kräutermasse bestreichen. Wie beschrieben im Backofen rosa garen, nach ca. 8 Minuten den Grill dazuschalten und die Kruste circa 2–3 Minuten übergrillen. Wer seine »Kratzete« besonders luftig mag, schlägt die beiden Eiweiße (übrig von der Sauce hollandaise) zu steifem Schnee und hebt diesen unter den Teig. Mit 2 EL frischen gehackten Gartenkräutern im Teig schmecken »Kräuterkratzete« besonders aromatisch. «

4   Den Lammrücken in vier gleich große Stücke teilen. Butterschmalz in einer ofenfesten Pfanne erhitzen, das Fleisch darin rundherum etwa 8 Min. anbraten. Inzwischen die Spargelstangen in einem Topf mit 2 l Wasser, 1 Prise Salz und dem Zucker aufkochen. Die Herdplatte ausschalten, den Spargel im Sud zugedeckt 12 Min. bissfest garziehen lassen. Das Fleisch mit Salz und Pfeffer würzen und im heißen Backofen auf der mittleren Schiene weitere 10 bis 15 Min. rosa garen.

5   Für die Sauce hollandaise die geklärte Butter wieder auf etwa 60° erwärmen. Die Eigelbe, Weißwein, einige Spritzer Zitronensaft und 1 Prise Salz in einer Rührschüssel aus Metall über dem heißen Wasserbad cremig schlagen. Die geklärte Butter zuerst tropfenweise, dann in einem dünnen Strahl unter die Creme schlagen. Die Sauce mit Salz, Pfeffer und Zitronensaft abschmecken. Nach Belieben noch mit einem Spritzer Tabasco würzen.

6   Den Spargel aus dem Sud heben und abtropfen lassen. Das Fleisch aus dem Ofen nehmen, in dicke Scheiben schneiden und mit Spargel sowie Kratzete auf vier Tellern anrichten. Die Sauce hollandaise dazu reichen.

Weiße Stangen, die die Welt veränderten

von Heinz Siebold

Der Spargel ist ein wichtiges Markenzeichen für Südbaden geworden. Spargel – das waren mal diese Stängelchen aus dem Konservenglas, ominöses Herkunftsland Formosa. Diese labbrigen Weichteile, die neben dem Käsebrot mit Salzstangen und Paprikastaub auf der kalten Platte der 1960er-Jahre lagen. Tempi passati, alles wurde anders. Asparagus, das königlich genannte Gemüse, ist heute frisch und aus der Region in aller Munde.

Bio-Landwirt Klaus Vorgrimmler weiß, Spargelstechen ist harte Arbeit, aber die zarten Stangen sind ein wahrer Frühlingsgenuss (Foto links: Heinz Siebold; Foto rechts: Lars Schnoor).

Südbaden ist Spargelland, das sieht man am besten vom Berg herab: Viele Kilometer Folienstraßen, schwarz im Februar, silbrig oder weiß glitzernd im Mai, durchziehen die Rheinebene südlich von Freiburg. Am Anfang soll die Wärme angezogen werden, später – wenn die Spargelköpfe schon nach oben drücken – wird die Folie gewendet, damit die Sonnenstrahlen abgewiesen werden. Der Landkreis Breisgau-Hochschwarzwald ist Spitzenreiter in Baden mit rund 1000 Hektar Spargelfeld und 10 000 Tonnen Ernte. Deutschlands Spargelbauern produzieren ein Drittel der gesamten EU-Ernte und versorgen das eigene Land zu mehr als 80 Prozent selber.

Asparagus-Gewächse gibt es seit Urzeiten. Spargel verzehrten bereits die alten Ägypter, Griechen und Römer. Allerdings eher als Arznei denn als Lebensmittel. Und bis ins 18. Jahrhundert blieb das auch so. Kultivierten weißen Spargel gibt es in Mitteleuropa erst seit etwas mehr als 150 Jahren, als die Landwirte für die Wurzel des Asparagus den Bifang erfanden, den aufgeschütteten Erdwall, der den Sprossen etwa 20 Zentimeter Raum zur Entfaltung gibt, ohne dass sie durch Licht grün und violett verfärbt werden. Neuester Schrei sind die Folientunnel, dort steigt der Trieb schneller nach oben, und wer früh erntet, erzielt den besten Preis.

Spargelfelder ohne Folientunnel und Fußbodenheizung sind ein seltenes Bild (Foto: Heinz Siebold).

»Tunnel gibt's bei mir nicht, und die Folien habe ich weggemacht«, sagt Klaus Vorgrimmler, lächelt und kostet die Verwunderung seiner Besucher weidlich aus. »Es geht auch so, der Spargel wird dann so, wie ihn die Natur geschaffen hat.« Der 53-jährige Landwirt aus Munzingen, einem ländlichen Ortsteil von Freiburg, baut vor allem naturreinen Wein an und bewirtschaftet seine Felder und Äcker biologisch-dynamisch. Auf dem Hof seiner Vorfahren wurde das Stangengemüse nachweislich schon 1782 angebaut. Den Spargel hat Vorgrimmler aber wegen der »irrsinnigen Plackerei« drastisch reduziert und bedient lediglich den speziellen, naturbelassenen Geschmack. Spargel, der das Licht der Sonne erblickt, wird am Kopf blau und rot und bitter, am Ende grün. »Es gibt Leute, die das mögen«, schmunzelt Vorgrimmler.

Das ist zweifellos eine Minderheit. Die meisten Verbraucher wünschen sich den Spargel weiß vom Scheitel bis zur Sohle. »Weiß sind sie bei mir schon«, sagt Spargelbauer Bernd Kiechle (51). Sein Hof in Schallstadt-Mengen liegt nur vier Kilometer östlich von Munzingen. Wie Vorgrimmler ist auch Kiechle Demeter-Landwirt. Weiß, aber nicht so kerzengerade wie man es aus dem Supermarkt kennt, kommen Kiechles Spargel zum eigenen Marktstand auf den Freiburger Münsterplatz. Oder zum Großhändler, der auch in die Schweiz liefert. Spargelanbau macht ein Drittel der Produktion auf dem 14 Hektar großen Hof aus, der auf eine 400-jährige Tradition zurückblickt. Bernd Kiechle hat ihn vom Vater geerbt und 1991 auf Bio-Standard umgestellt. Der gelernte Gärtner führt den Hof zusammen mit seiner Frau Silke (46), außer Spargel wird auch Sommergemüse und Obst angebaut.

Was ist anders an Demeter-Spargel? »Es ist die Einstellung zum Boden«, bringt es Bernd Kiechle auf einen Nenner. »Die schonende Behandlung des Bodens hat auch Auswirkungen auf die erzeugte Pflanze«, davon ist er überzeugt. Sowohl bei Kiechle als auch Vorgrimmler schwingt die anthroposophische Philosophie mit: Der Boden ist kein Dreck, sondern Partner, also werden ihm keine chemischen Stoffe und Düngemittel zugefügt. Kiechles Spargelfelder sehen nicht wie sauber geputzt aus. Zwischen den Spargeldämmen wachsen Klee, Wicken, Sonnenblumen, Buchweizen, Wiesenkümmel, Malven und andere Grünpflanzen, die dem Boden Stickstoff zuführen. So entsteht ein Ökosystem wie im Wald, ein Gleichgewicht zwischen Schädlingen und Nützlingen.

Gedüngt wird mit Algen, Kompost und Hornmist. Das ist Dung, der in Kuhhörner gefüllt ein halbes Jahr im Boden vergraben bleibt, bevor er in Wasser aufgelöst und ausgebracht wird. Schädlinge werden von den Bio-Bauern mit aufgesetzten Sudmischungen aus Brennnessel, Lorbeer und anderen Kräutern vertrieben. Gesteinsmehle stärken die Abwehrkräfte der Pflanzen gegen Ungeziefer.

Und? Schmeckt Bio-Spargel deshalb anders, besser? »Eindeutig ja«, findet Silke Kiechle. Objektiv beweisen kann man das vielleicht nicht. »Über Geschmack lässt sich immer streiten«, hält sich Bernd Kiechle diplomatisch zurück. »Das Aroma wird schon intensiver, wenn sich die Pflanze ihre Nährstoffe selbst erarbeiten muss.« Und nicht wie im konventionellen Anbau verwöhnt und überversorgt, geradezu gedopt wird. Unter den zahlreichen Spargelanbauern sind die »Bios« mit einem halben Dutzend jedoch eine Minderheit. Mit ihrer Anbauweise können sie keine Spitzenerträge pro Hektar wie die Großen erwirtschaften und müssen deutlich höhere Preise verlangen als im Supermarkt. Sie sind also auf zahlungskräftige und überzeugte Kundschaft angewiesen.

Wie wird es weitergehen mit dem Spargel? Immer noch mehr? Immer noch früher? Immer noch billiger? Es gibt Anzeichen dafür, dass der Boom den Zenit überschritten hat. Noch werfen die Felder genug ab. Fünf Tonnen Ertrag pro Hektar bringen je nach Vermarktung (Handel oder Direktvertrieb) 3500,– bis 6000,– Euro. Doch die kleinen und mittelständischen Bauern runzeln die Stirn. »Der Kampf auf dem Markt ist sehr hart geworden«, weiß Bruno Bohrer (61). Er und seine Frau Petra (53) drehen in Feldkirch – sieben Kilometer südlich vom Kiechlehof – ein größeres Rad, nicht nur, aber auch mit dem Anbau von Spargel auf 80 Hektar Fläche. Unter den Kleinen sind sie die Großen, aber längst nicht die Größten. Deren Äcker weisen dreistellige Hektarzahlen auf.

Klaus Vorgrimmler düngt mit Hornmist (Foto: Heinz Siebold).

Silke und Bernd Kiechle sind sich einig »Bio-Spargel schmeckt einfach besser« (Foto: Heinz Siebold).

Doch auch die Bohrers legen Wert auf schonende Bodenbehandlung und Pflanzenpflege mit Algen- und Gründüngung. Und sie stehen nicht nur auf einem Standbein. Der Bohrerhof ist mehr als ein Produktionsbetrieb für 350 Tonnen Spargel pro Jahr. Hinzu kommen Hunderttausende von Zucchini, Kürbissen, Chicorée und Unmengen von Feldsalat. Die Ware wird vor allem an die Han-

Petra und Bruno Bohrer bieten in ihrem Hofladen mehr als nur Spargel an (Foto: Heinz Siebold).

delskette Edeka geliefert, aber in der Saison auch im eigenen Restaurant auf dem Hof serviert.

»Wir haben 200 Plätze, und die sind fast jeden Tag besetzt«, sagt Petra Bohrer stolz. Es sind vor allem Schweizer Kunden mit dem starken Franken, die den Weg in den Breisgau finden und dort nicht nur von hauseigenen Köchen und Konditoren verwöhnt werden, sondern im üppig besetzten Hofladen der Bohrers alles einkaufen können, was Landwirtschaft in der Region produziert. Sie veranstalten große Spargel- und Kürbisfeste, und es ist immer »Tag der offenen Tür«, betont Bruno Bohrer. »Wir haben nichts zu verstecken. Wir sind echt, ehrlich und offen.« Demnächst wird ein Hotel den »Erlebnishof« komplett abrunden. Die nächste Generation wird nicht vom Spargel allein satt werden können.

Adressen

Spargelhof und Weingut Vorgrimmler
Klaus und Maj Britt Vorgrimmler
St.-Erentrudis-Straße 63
79112 Freiburg-Munzingen
Telefon: 07664 | 2489
www.vorgrimmler.de

Kiechle-Hof
Bernd und Silke Kiechle
Schäfergase 1
79227 Schallstadt-Mengen
Telefon: 07664 | 5339
beki-mengen@t-online.de

Bohrerhof
Petra und Bruno Bohrer
Bachstraße 6
79258 Hartheim-Feldkirch
Telefon 07633 | 92332110
www.bohrerhof.de

Badischer Genuss (Foto: Lars Schnoor).

Lammkoteletts mit Rösti und Knoblauchsauce

Das Karree ist eines der beliebtesten Stücke vom Lamm, weil es so dekorativ und das Fleisch so unvergleichlich zart ist. Dank der regionalen Zucht findet sich das feine Rückenstück – besonders zur Osterzeit – auch in den badischen Gasthöfen immer öfter auf der Speisekarte. So im »Gasthof Sonne« im Münstertal, wo Karlheinz Wiesler daraus kleine Koteletts schneidet und mit Rösti, Knoblauchsauce und Marktgemüse serviert.

1. Für die Sauce das Suppengemüse und die Zwiebel waschen und putzen bzw. schälen und in grobe Würfel schneiden. Den Knoblauch schälen und in Scheiben schneiden. Butterschmalz in einem Bräter erhitzen, die Knochen darin rundherum anbraten, bis sie gut gebräunt sind. Das Gemüse dazugeben und mitrösten. Tomatenmark hinzufügen und kurz karamellisieren lassen. Dann mit Rotwein ablöschen und etwas verkochen lassen. Lorbeerblätter und Knoblauch hinzufügen, alles mit schräg aufgelegtem Deckel bei schwacher Hitze 2½ Std. schmoren, dabei gelegentlich nach Bedarf etwas Wasser nachfüllen.

2. Für die Rösti die Kartoffeln in einem Topf knapp mit Wasser bedeckt zum Kochen bringen, zugedeckt bei schwacher bis mittlerer Hitze etwa 15 Min. halbgarkochen.

3. Die Kartoffeln abgießen und ausdampfen lassen, dann schälen und grob raspeln. Die Kartoffelraspel mit Salz und Pfeffer würzen und etwas abkühlen lassen. Inzwischen die Sauce durch ein Sieb gießen, in einem Topf zum Kochen bringen und offen etwa 5 Min. einkochen lassen, bis sie leicht andickt. Die Sauce mit Salz und Pfeffer abschmecken und zugedeckt warmstellen.

4. Butter in einer großen Pfanne erhitzen. Die Kartoffelmasse in der Pfanne zu 4 Fladen formen (ca. 12 cm Ø), fest auf den Pfannenboden drücken und bei mittlerer Hitze in etwa 5 bis 8 Min. goldbraun braten. Die Rösti wenden und noch einmal 5 bis 8 Min. braten. Gegebenenfalls bei 80° im Backofen warmhalten, bis das Fleisch fertig ist.

5. Für das Fleisch den Knoblauch schälen und halbieren. Den Rosmarin waschen und trockentupfen. Aus dem Lammkarree 12 einzelne Koteletts schneiden, mit Knoblauch abreiben und mit Salz und Pfeffer würzen. Öl in einer Pfanne erhitzen, die Koteletts darin mit dem Rosmarin von beiden Seiten jeweils etwa 2 Min. anbraten, sodass der Kern noch rosa ist. Die Koteletts auf vier Tellern mit den Rösti anrichten, die Sauce separat servieren. Dazu passt gedämpftes und kurz in Butter geschwenktes Gemüse, z. B. Karotten, Spargel und Brokkoli.

Do-schmeckts-Tipp
Lammfleisch lechzt geradezu nach mediterranen Kräutern. Fans des feinen Kräuteraromas geben zusätzlich zum Rosmarin noch Thymianzweige und Salbeiblätter mit in die Pfanne oder überziehen die fertigen Koteletts mit selbstgemachter Kräuterbutter.

Zutaten für die Sauce
- 1 Bund **Suppengemüse**
- 1 **Zwiebel**
- 2 **Knoblauchzehen**
- 2 EL **Butterschmalz**
- 1 kg **Lammknochen**
- 1 EL **Tomatenmark**
- 300 ml **Rotwein** (trocken, z. B. Spätburgunder)
- 2 **Lorbeerblätter**
- **Salz | Pfeffer**

Für die Rösti
- 800 g **Kartoffeln** (festkochend)
- 40 g **Butter** (zum Braten)
- **Salz | Pfeffer**

Für das Fleisch
- 1 **Knoblauchzehe**
- 1 Zweig **Rosmarin**
- 900 g **Lammkarree**
- **Öl** (zum Braten)
- **Salz | Pfeffer**

Angaben für 4 Personen
Schwierigkeitsgrad ♣♣♣

Geschmorte Lammschulter mit Bärlauchsauce und Grillgemüse

Im Breisgau werden Schafe und Lämmer heute noch in Wanderschafherden gehalten – auf der benachbarten Schwäbischen Alb ist das seit dem 15. Jahrhundert der Fall. Die Tiere ernähren sich von Gräsern und Kräutern und leisten damit einen wertvollen Beitrag zur Erhaltung der Kulturlandschaft. Im »Winzerhaus Rebstock« findet sich der intensiv-aromatische Bärlauch gemeinsam mit zartem Lammfleisch zu einem harmonischen Paar zusammen.

Do-schmeckts-Tipp
Zu diesem Frühjahrsgericht empfiehlt Familie Keller einen Merlot und Cabernet Sauvignon, z.B. Franz Anton Merlot & Cabernet Sauvignon Rotwein, Weinhaus Schwarzer Adler.

Zutaten für Fleisch und Sauce

- 1 Karotte
- 1 Zwiebel
- 1 Knoblauchzehe
- 200 g Petersilie
- 1 Lammschulter (ohne Knochen; à ca. 1 kg)
- ½ l Demi-glace (aus dem Glas; ersatzweise Fleischbrühe)
- 100 g Bärlauchpaste (aus dem Glas; siehe Küchengeheimnisse)
- Öl (zum Anbraten)
- Salz | Pfeffer

Für das Grillgemüse

- 1 Paprika
- 1 Fenchel (ca. 200 g)
- 1 Aubergine (ca. 150 g)
- 1 Zucchini (ca. 150 g)
- 1 Selleriestange
- 8 Perlzwiebeln
- 250 g Champignons
- 12 Kirschtomaten
- Salz | Pfeffer

Angaben für 4 Personen
Schwierigkeitsgrad ❧❧❧

1. Karotte, Zwiebel und Knoblauch schälen und in kleine Würfel schneiden, den Knoblauch anschließend fein hacken. Die Petersilie waschen und trockenschleudern, die Blätter abzupfen. Das Fleisch vorsichtig etwas flachklopfen, dann mit Salz und Pfeffer würzen, mit dem Knoblauch sowie reichlich Petersilie belegen. Das Fleisch zusammenrollen und mit Rouladennadeln feststecken.

2. Den Backofen auf 180° vorheizen. Öl in einem Bräter erhitzen, die Rouladen rundherum anbraten. Die Zwiebelwürfel dazugeben und mitbraten, bis sie leicht gebräunt sind. Die Karottenwürfel kurz in der Pfanne schwenken, dann mit der Demi-glace bzw. Fleischbrühe ablöschen (in dem Fall etwas länger einkochen lassen). Den Bräter samt Deckel auf die mittlere Schiene des Backofens schieben, das Fleisch darin 40 Min. schmoren.

3. Für das Grillgemüse die Paprika längs halbieren und entkernen. Fenchel, Aubergine und Zucchini waschen und putzen. Alle vorbereiteten Gemüsesorten in Würfel bzw. Rauten schneiden. Die Selleriestange waschen und in Scheiben schneiden. Die Zwiebeln schälen und halbieren. Die Pilze putzen und trocken abreiben, große Exemplare halbieren oder in Scheiben schneiden. Tomaten waschen und halbieren.

4. Für das Fleisch die restliche Petersilie fein hacken. Den Bräter aus dem Ofen nehmen, die Roulade herausnehmen. Bärlauchpaste und Petersilie unter den Fond rühren, die Sauce mit Salz und Pfeffer abschmecken. Die Roulade in Scheiben schneiden, wieder in die Sauce einlegen und zugedeckt warmhalten.

5. Für das Grillgemüse Olivenöl in einer Grillpfanne erhitzen, alle Gemüsesorten nacheinander separat anbraten, bis sie gar und leicht gebräunt, aber noch knackig sind, jeweils wieder herausnehmen. Dann das Gemüse noch einmal zusammen in der Pfanne schwenken. Mit Salz und Pfeffer abschmecken. Die Rouladen mit der Sauce auf vier Teller verteilen, das Gemüse daneben anrichten.

Küchengeheimnisse

»Der kräftige Geschmack des Bärlauchs passt ganz hervorragend zu Lamm und frühsommerlichem Grillgemüse. Da der Bärlauch jedoch hierzulande nur im Frühling Saison hat, bereite ich Anfang Mai, am Ende der Saison, eine Bärlauchpaste zu, welche gut verschlossen etwa 6 Wochen haltbar ist. So kann ich auch im Mai und Anfang Juni noch dieses schmackhafte Gericht anbieten. Für 2 kleine Gläser à 100 ml 100 g Bärlauch waschen und trockenschleudern, die Stiele entfernen, die Blätter in Streifen schneiden. Mit 100 ml Sonnenblumenöl und 1 TL Salz im Blitzhacker oder mit dem Stabmixer fein pürieren. In die sterilen Gläser abfüllen, mit etwas Öl bedecken, verschließen und bis zur Verwendung kühl stellen. Bärlauchpaste ist mittlerweile auch in gut sortierten Bio-Läden erhältlich.«

Saibling mit Limetten-Sellerie-Püree und Bärlauchnudeln

Das »Holzöfele« in Ihringen ist bekannt für raffiniert zubereiteten Fisch. In regelmäßigen Abständen findet hier die beliebte Fischwoche statt, in der allerlei Köstlichkeiten aus Fluss, See und Meer ihren Weg auf die Speisekarte finden. Aus den zahlreichen Fischkreationen des Chefkochs Tobias Klomfass sticht vor allem dieses Gericht hervor. Hier werden naturbelassene Filets vom Saibling, einem anspruchsvollen Süßwasserfisch, zu würzigen Bärlauchnudeln und einem erfrischenden Püree aus Sellerie serviert, dessen Limettennote perfekt zum Fisch passt.

Zutaten für das Püree

- 400 g Knollensellerie
- 400 g Kartoffeln (mehligkochend)
- 2 Bio-Limetten
- ¼ l Milch
- 100 g Butter
- Muskatnuss (frisch gerieben)
- Salz

Für die Nudeln

- 250 g Bandnudeln (Fettuccine oder Pappardelle)
- 50 g Bärlauch
- 50 g Butter
- Muskatnuss (frisch gerieben)
- Salz

Für den Fisch

- 8 Stücke Saiblingsfilet (à ca. 125 g)
- 4 EL Öl (zum Braten)
- Salz

1. Für das Püree Sellerie und Kartoffeln schälen und kleinschneiden. Beides in einem Topf knapp mit leicht gesalzenem Wasser bedeckt zum Kochen bringen und zugedeckt bei schwacher Hitze etwa 30 Min. garköcheln lassen.

2. Währenddessen die Bandnudeln in einem Topf mit reichlich kochendem Salzwasser sehr bissfest garen. Den Bärlauch waschen und trockenschleudern. Die Stiele abzupfen, die Blätter in feine Streifen schneiden. Die Bandnudeln in ein Sieb abgießen, kalt abschrecken und abtropfen lassen.

3. Für das Püree die Limetten heiß waschen und trockenreiben. Die Schale abreiben, den Saft auspressen. Sellerie und Kartoffeln abgießen und etwas ausdampfen lassen. Milch und Butter in einem größeren Topf erhitzen und vom Herd nehmen. Die Kartoffel-Sellerie-Mischung durch eine Kartoffelpresse dazupressen, Limettenschale und -saft dazugeben und alles zu einem glatten Püree verrühren. Das Püree mit Salz und Muskatnuss abschmecken und zugedeckt warmhalten.

4. Für die Nudeln Butter in einer Pfanne erhitzen. Bandnudeln darin schwenken. Den Bärlauch darüberstreuen und unterschwenken. Mit Salz und Muskatnuss abschmecken und bei schwacher Hitze zugedeckt warmhalten.

5. Den Fisch unter fließendem kaltem Wasser abspülen und mit Küchenpapier trockentupfen. Öl in einer großen Pfanne erhitzen, die Filets leicht salzen und zunächst auf der Hautseite scharf anbraten. Nach 1 Min. die Temperatur reduzieren, die Filets weitere 2 Min. braten. Anschließend wenden und bei schwacher Hitze in 2 Min. fertig braten.

6. Die Nudeln mittig auf vier Teller setzen, das Püree in einem Kreis darum verteilen. Je 2 Filetstücke leicht überlappend schräg auf die Nudeln legen. Nach Belieben noch mit Rosmarin, Röstbrot, einer geschmolzenen Tomate und einer gebratenen Frühlingszwiebel garnieren und servieren.

Angaben für 4 Personen
Schwierigkeitsgrad

Küchengeheimnisse

»In unserem Gasthof reichen wir zum Saibling gerne noch eine Beurre blanc. Dafür ½ l trockenenen Weißwein (z.B. Weiß- oder Grauburgunder) mit 2 geschälten und in feine Würfel geschnittenen Schalotten auf ca. 100 ml einkochen lassen. Den Sud durch ein Sieb gießen und mit Salz und weißem Pfeffer würzen. Mit dem Stabmixer 100 bis 150 g Butter untermixen, bis eine cremige Sauce entsteht. Die Sauce nun nicht mehr kochen lassen.«

Joghurtmousse mit marinierten Erdbeeren und Sauerampfereis

Der als Wildgemüse und Heilpflanze geschätzte Sauerampfer ist ein Stammgast auf den Schwarzwaldwiesen. Die aus der Familie der Knöterichgewächse stammende Pflanze wächst bevorzugt an schattigen bis halbschattigen Plätzen auf humosen, leicht feuchten Böden. In der Küche sollten nur zarte, junge Blätter Verwendung finden, die von nicht gedüngten Flächen stammen. Ältere Blätter sind aufgrund des zunehmenden Oxalsäuregehalts unbekömmlich. Sauerampfer ist reich an Mineralstoffen und Vitaminen, insbesondere Vitamin C. Er wirkt verdauungsfördernd, insbesondere bei fettigen, schwer verdaulichen Speisen. Daneben wirkt er appetitanregend und besitzt eine blutreinigende Wirkung. Und am wichtigsten: Er schmeckt ganz hervorragend! Lassen Sie einen Löffel vom Sauerampfereis aus dem »Gasthof Engel« in Simonswald im Mund zergehen: Sie werden denken, Sie stehen auf einer satten Wiese.

Zutaten für die Mousse

- 125 g **Sahne** (kalt)
- 2 **Eiweiß**
- 4 TL **Zucker**
- 3 Blatt **Gelatine** (weiß)
- 130 g **Joghurt**
- 130 g **Crème fraîche**
- 50 g **Puderzucker**
- 1 **Bio-Zitrone** (abgeriebene Schale)

Für das Eis

- 1 Handvoll **Sauerampfer**
- 350 g **saure Sahne**
- 50 g **Sahne**
- 100 g **Zucker**
- 1 cl **Orangenlikör** (z. B. Grand Marnier)
- **Zitrone** (Saft)

Außerdem

- 200 g **Erdbeeren** (nach Belieben gemischt mit Blaubeeren, Himbeeren, Orangenfilets)
- 2 EL **Puderzucker**
- 2 cl **Orangenlikör** (z. B. Grand Marnier)
- 2 cl **Schwarze-Johannisbeer-Likör** (z. B. Crème de Cassis)

Angaben für 4 Personen
Schwierigkeitsgrad

1. Mit der Mousse anfangen, sofern Sie eine Eismaschine besitzen. Ansonsten mit dem Eis starten. Für die Mousse die Sahne steif schlagen und zugedeckt kühlstellen. Die Eiweiße zu steifem Schnee schlagen, dabei den Zucker einrieseln lassen. Die Gelatine 5 Min. in kaltem Wasser einweichen. Joghurt, Crème fraîche, Puderzucker und Zitronenschale verrühren. Die Gelatine tropfnass in einem Topf erwärmen, bis sie sich auflöst. 1 EL von der Joghurtcreme dazugeben und glattrühren, dann die Mischung unter die restliche Joghurtcreme geben. Zuerst die geschlagene Sahne, dann den Eischnee unterheben, die Masse auf Schälchen oder tiefe Teller verteilen und etwa 3 bis 4 Std. zugedeckt kühlstellen, bis die Mousse geliert ist.

2. Für das Eis den Sauerampfer waschen und trockentupfen. Mit den übrigen Zutaten im Standmixer oder in einer Schüssel mit dem Stabmixer fein pürieren. Die Eismasse durch ein Sieb gießen, dann in eine Eismaschine füllen und darin gefrieren lassen. Alternativ die Mischung ins Tiefkühlfach stellen, bis sie anfängt zu gefrieren. Dann mit dem Handrührgerät kräftig verrühren und wieder kaltstellen. Diesen Vorgang dreimal stündlich wiederholen, bis ein Eis mit feinen Eiskristallen entstanden ist.

3. Die Erdbeeren waschen, putzen und in Scheiben schneiden. Gegebenenfalls Blaubeeren waschen, Orangenfilets kleinschneiden. Mit Puderzucker, Orangenlikör und Johannisbeerlikör verrühren und 10 Min. ziehen lassen. Die Schälchen mit der Mousse aus dem Kühlschrank nehmen, die Erdbeeren (bzw. Obstmischung) darauf verteilen. Vom Sauerampfereis mit einem Eisportionierer Kugeln abstechen und auf die Erdbeeren (bzw. Obstmischung) setzen. Sofort servieren.

Küchengeheimnisse

»Wenn Kinder mitessen, ersetzen Sie den Likör durch einen Schuss Apfel- oder Erdbeersaft. Wir verwenden für dieses Rezept nur Erdbeeren aus Buchholz im Elztal. Wegen des besonderen Klimas und der guten Böden sind diese einfach unvergleichlich gut. Außerdem sind die ersten Freilanderdbeeren von dort mitunter drei Wochen früher reif als etwa in Norddeutschland. Daher exportieren die Buchholzer mittlerweile in die ganze Republik.«

Buttermilchmousse mit Erdbeer-Rhabarber-Grütze

Im Badischen gehört der Rhabarber in fast jedem Nutzgarten zur Grundausstattung. Doch das war nicht immer so, denn erst nach 1800 hielt die anspruchslose Pflanze mit Ursprung in der Himalaya-Region Einzug in den hiesigen Gärten. Weil sie früher als alle Obstsorten geerntet werden konnten, wurden die säuerlichen, verdickten Blattstiele der Rhabarberpflanze schnell zu einem beliebten Vitaminspender für das zeitige Frühjahr und am liebsten für Aufläufe, Kuchen, Konfitüren oder verführerische Fruchtgrützen wie diese verwendet.

1 Die Gelatine etwa 5 Min. in kaltem Wasser einweichen. Zucker und Zitronensaft in einem Topf erwärmen, bis sich der Zucker gelöst hat, dann vom Herd nehmen. Die Gelatine gut ausdrücken und in der Zitronensaft-Zucker-Mischung auflösen. Die Mischung nach und nach unter die Buttermilch rühren, alles beiseitestellen.

2 Die Sahne steif schlagen. Sobald die Buttermilchmasse zu stocken beginnt, die Sahne unterheben. Die Buttermilch-Mousse zugedeckt mindestens 3 Std. kühlstellen.

3 Rhabarber waschen, putzen, dünn schälen, längs halbieren und in Würfel schneiden. Erdbeeren waschen und die Früchte klein schneiden. Die Orangen halbieren und auspressen, 100 ml Saft abmessen.

4 In einem Topf den Zucker hellbraun karamellisieren. Mit dem Orangensaft und 100 ml Wasser ablöschen und bei mittlerer Hitze rühren, bis sich der Zucker gelöst hat. Die Speisestärke in 1 EL Wasser lösen, unterrühren und den Sud leicht dicklich einköcheln lassen, dabei hin und wieder umrühren.

5 Rhabarberwürfel dazugeben, aufkochen und etwa 1 bis 2 Min. köcheln lassen. Die Erdbeeren dazugeben, noch einmal aufkochen und vom Herd nehmen. Die Zimtstange und die Limettenblätter dazugeben, die Erdbeer-Rhabarber-Grütze abkühlen lassen.

6 Zimtstange und Limettenblätter herausfischen, die Erdbeer-Rhabarber-Grütze auf Desserttellern oder in Schälchen anrichten. Von der fertigen Mousse mit zwei Esslöffeln Nocken abstechen und auf der Grütze anrichten.

Do-schmeckts-Tipp

Beim Zubereiten der Mousse darf die Buttermilch keinesfalls kühlschrank-kalt sein, sonst stockt die Gelatine schon beim Einrühren. Zu diesem leichten Frühlingsdessert passt auch mentholfrische Minze ganz hervorragend. Einfach ein paar gehackte Blätter unter die Buttermilch oder in die fertige Grütze rühren. So zaubern Sie einen Extrahauch Frische auf den Dessertteller und ein Lächeln auf das Gesicht Ihrer Gäste!

Zutaten für die Mousse

- 2 Blatt **Gelatine** (weiß)
- 40 g **Zucker**
- 2 EL **Zitronensaft**
- 250 g **Buttermilch** (zimmerwarm)
- 200 g **Sahne** (kalt)

Für die Grütze

- 200 g **Rhabarber**
- 200 g **Erdbeeren**
- 2–3 **Orangen**
- 125 g **Zucker**
- 10 g **Speisestärke**
- 1 **Zimtstange**
- 1–2 **Kaffirlimettenblätter**

Angaben für 4 Personen
Schwierigkeitsgrad

GASTHAUS HIRSCHEN | MERZHAUSEN

Erdbeeren mit Sauerrahmgelee und Grießflammeri

Dass fruchtige Erdbeeren und eingelegter grüner Pfeffer bestens harmonieren, ist immer noch etwas überraschend, aber bereits bekannt. Dass sie mit in dünne Scheiben geschnittenem Sauerrahmgelee angerichtet werden, ist völlig neu. Küchenchef Marc Isaak und sein Team vom »Gasthaus Hirschen« in Merzhausen lieben die saisonale Küche mit besten lokalen Produkten, versuchen aber auch gerne einmal, ihren Heimatgerichten eine mediterrane Note und internationales Flair zu verpassen. Mit dieser süßen Version des Italo-Klassikers »Insalata caprese« – in Begleitung von cremigem Grießflammeri – gelingt ihnen das wieder einmal perfekt.

Für den Flammeri

- 125 ml **Milch**
- 1 **Vanilleschote** (Mark)
- 1 EL **Weichweizengrieß**
- 2 Blatt **Gelatine** (weiß)
- 1 **Ei** (Gr. M)
- 40 g **Zucker**
- 100 g **Sahne** (geschlagen)

Für das Gelee

- 6 Blatt **Gelatine** (weiß)
- 300 g **Magerquark**
- 100 g **saure Sahne**
- 30 g **Zucker**
- ½ **Vanilleschote** (Mark)
- 1 EL **Zitronensaft**

Außerdem

- 1 EL **Zitronensaft**
- 100 g **saure Sahne**
- 4–5 TL **Pfefferkörner** (grün; eingelegt; ohne Flüssigkeit)
- 500 g **Erdbeeren** (groß)

Angaben für 4 Personen
Schwierigkeitsgrad

1. Für den Flammeri die Milch mit dem Vanillemark in einem Topf erhitzen und den Grieß unter Rühren einrieseln lassen. Kurz köcheln lassen, dann vom Herd ziehen und zugedeckt warmhalten. Inzwischen die Gelatine in kaltem Wasser 5 Min. einweichen. Das Ei trennen, das Eiweiß kühlstellen. Die Gelatine ausdrücken und im Grießbrei auflösen, das Eigelb unterrühren, die Masse abkühlen lassen, bis sie lauwarm ist.

2. Das Eiweiß zu steifem Schnee schlagen, dabei nach und nach den Zucker einrieseln lassen. Den Eischnee unter den Grießbrei heben, auf Zimmertemperatur abkühlen lassen. Dann die Sahne unterheben. Die Flammerimasse auf 4 leicht konische Dessertförmchen (ca. 6 cm Ø) verteilen und zugedeckt etwa 2 Std. kühlstellen, bis der Flammeri fest ist.

3. Für das Gelee die Gelatine in kaltem Wasser 5 Min. einweichen. Quark, saure Sahne, Zucker und 50 ml Wasser glattrühren. Von der Mischung 2 EL abnehmen und in einem Topf mit Vanillemark und Zitronensaft erwärmen. Die Gelatine ausdrücken und darin auflösen. Die erwärmte Mischung unter die restliche Sauerrahmmasse rühren. Ein Backblech mit Frischhaltefolie auslegen, die Sauerrahmmasse daraufgießen und gleichmäßig glattstreichen. Zugedeckt etwa 2 Std. kühlstellen, bis die Mischung geliert ist.

4. Sobald der Flammeri und das Sauerrahmgelee fertig geliert sind, Zitronensaft, saure Sahne und Pfefferkörner verrühren. Die Erdbeeren waschen, putzen und in Scheiben schneiden. Aus dem Gelee mithilfe von Dessertringen (ca. 6,5 cm Ø) 12 Kreise ausstechen. Jeweils 3 Kreise leicht versetzt, abwechselnd mit den Erdbeerscheiben auf 4 Dessertteller legen und mit der Zitronen-Sauerrahm-Pfeffer-Mischung beträufeln. Die Förmchen der Grießflammeris kurz in heißes Wasser tauchen, und die Flammeris auf die Teller stürzen. Nach Belieben mit Erdbeerscheiben und Fruchtsorbet garnieren und servieren.

GASTHAUS SONNE | MÜNSTERTAL

Eierlikör-Parfait mit Erdbeeren

Der eigentliche Vorfahr des Eierlikörs war ein Avocadolikör aus Brasilien und von den Antillen. Da jedoch Avocados Ende des 19. Jahrhunderts in Europa nicht verfügbar waren, ersetzte man sie in unseren Breiten kurzerhand durch Eier – fertig war ein Kultgetränk, das bis heute auf keinem Kaffeekränzchen fehlen darf. Wegen seines süßen Geschmacks und seiner überaus cremigen Konsistenz ist der Eierlikör zudem eine gefragte Zutat für verführerische Cremedesserts. Karlheinz Wiesler vom »Gasthof Sonne« im Münstertal zaubert daraus ein leckeres Parfait, das in Begleitung von fruchtigen Erdbeeren auch Ihre Gäste glücklich macht.

1. Am Vortag für das Parfait die Sahne steif schlagen und zugedeckt kühlstellen. Die Eigelbe und den Zucker in einer Rührschüssel aus Metall über dem heißen Wasserbad cremig schlagen. Dann die Schüssel in ein kaltes Wasserbad setzen und die Creme weiterschlagen, bis sie kalt ist.

2. Nach und nach den Eierlikör und die geschlagene Sahne unter die erkaltete Creme heben. Eine Terrinen- bzw. Parfaitform (25 x 10 x 7 cm) mit Frischhaltefolie auslegen. Die Masse in die Form füllen, die überstehende Folie darüberschlagen. Das Parfait im Tiefkühlfach über Nacht gefrieren lassen.

3. Am nächsten Tag die Erdbeeren waschen, putzen und in dünne Scheiben schneiden. Das Parfait aus der Form stürzen, und die Folie entfernen. Das Parfait in Scheiben schneiden. 4 Dessertteller mit Puderzucker bestäuben. Je zwei Scheiben Parfait mit den Erdbeeren auf den Tellern anrichten. Nach Belieben mit Schlagsahne, Minze und Schokogittern garnieren.

Do-schmeckts-Tipp
Einen feinen Rhabarbersirup erhalten Sie zum Beispiel auf dem Münstermarkt in Freiburg. Dort gibt es den Stand von Ireneus Frost, an dem man »Genüsse in Gläsern« kaufen kann. Egal ob Fruchtaufstrich, Essig, Senf oder Sirup – alles wird aus natürlichen Zutaten hergestellt, ohne künstliche Aromen.

Küchengeheimnisse

»Das Parfait ist ein perfektes Dessert, wenn man viele Gäste mit mehreren Gängen kreativ bewirten möchte. Es lässt sich ohne Weiteres schon ein paar Tage vorher zubereiten und bei Bedarf aus dem Tiefkühlfach nehmen. Statt mit Eierlikör, können Sie das Parfait auch mit Rhabarber oder Holunder zubereiten. Dafür einfach den Eierlikör durch 2 EL Rhabarber- oder Holundersirup ersetzen.«

Zutaten für das Parfait

400 g **Sahne** (kalt)
4 **Eigelb**
80 g **Zucker**
5 cl **Eierlikör**

Außerdem

400 g **Erdbeeren**
2 TL **Puderzucker**

Angaben für 4 Personen
Schwierigkeitsgrad

LANDGASTHOF ZUR SONNE | AUGGEN

Karamellisierte Erdbeeren mit Mascarpone-Creme

Wenn im Frühsommer überall in und um Auggen frische Erdbeeren auf Feldern zum Selbstpflücken und an Verkaufsständen angeboten werden, dann erobert die aromatisch-rote Beere auch im »Landgasthof zur Sonne« die Dessertkarte. In diesem Rezept wird die Erdbeere zusammen mit Mascarpone in einen italienisch anmutenden und im wahrsten Sinne des Wortes vielschichtigen Leckerbissen verwandelt. Den besonderen Pfiff erhalten die karamellisierten Erdbeeren in diesem Rezept dadurch, dass sie mit einem Auggener Weißwein, z. B. einem Gutedel oder einem Grauburgunder, abgeschmeckt werden.

1. Die Erdbeeren waschen und trockentupfen. Die Stielansätze abschneiden, die Erdbeeren längs vierteln. Mandelblättchen in einer Pfanne hellbraun anrösten und wieder herausnehmen. Butter in der Pfanne erhitzen, den Zucker darin hellbraun karamellisieren lassen. Mit dem Wein ablöschen, aufkochen und etwa 1 Min. einkochen lassen. Die Erdbeeren in die Pfanne geben und bei schwacher Hitze kurz darin schwenken. Vom Herd nehmen und abkühlen lassen.

2. Mascarpone und Joghurt mit einem Schneebesen verrühren. Nach Belieben leicht süßen. Die Hälfte der Creme auf vier Gläser verteilen und mit der Hälfte der Erdbeeren bedecken. Diese Schichtung wiederholen und zum Schluss die Mandelblättchen darüberstreuen.

Zutaten

- 500 g **Erdbeeren**
- 3 EL **Mandelblättchen**
- 1½ EL **Butter**
- 2 EL **Zucker**
- 100 ml **Weißwein** (trocken; z. B. Gutedel oder Grauburgunder)
- 400 g **Mascarpone**
- 125 g **Joghurt** (3,5 % Fett)

Angaben für 4 Personen
Schwierigkeitsgrad

JÄGERHAUS | ST. PETER

Erdbeer-Rhabarber-Gratin

Erdbeeren gehören zu den gesündesten Früchten überhaupt. Sie enthalten viele Mineralstoffe sowie jede Menge Vitamin C und B2. Ihre Süße wird durch den erfrischend säuerlichen Geschmack des Rhabarbers aufs Angenehmste ergänzt. Eine kulinarische Wahlverwandtschaft, die auch in diesem verführerischen Gratin aus der Wohlfühlküche des Hotels »Jägerhaus« zu glänzen weiß – und gleichzeitig der perfekte Abschluss für ein regionales Frühlingsmenü ist.

Do-schmeckts-Tipp

Ein süßes Gratin aus Vanillepudding ist zu jeder Jahreszeit ein Genuss. Im Sommer schmeckt es mit blanchierten und gehäuteten Aprikosen oder Weinbergpfirsichen (jeweils in Spalten geschnitten), im Herbst mit Blaubeeren oder Weintrauben, und im Winter sind Äpfel (geschält und in Spalten geschnitten) eine leckere Variante, wenn sie vorher noch mit Zimt und Zucker in etwas Butter angedünstet wurden.

1 Den Rhabarber waschen, dünn schälen und in 1 bis 2 cm dicke Scheiben schneiden. 200 ml Wasser mit 1 EL Zucker aufkochen, den Rhabarber darin 2 Min. blanchieren, dann in ein Sieb abgießen und abtropfen lassen. Die Erdbeeren waschen und trockentopfen, die Stielansätze entfernen. Die Beeren je nach Größe vierteln oder halbieren.

2 Den Backofen auf 250° vorheizen. Die Sahne steif schlagen. In einem Topf Milch, restlichen Zucker und Vanillepuddingpulver unter Rühren zum Kochen bringen und in 2 bis 3 Min. zu einem dicklichen Pudding kochen. Vom Herd nehmen, die Hälfte der geschlagenen Sahne unterheben. Die Puddingcreme auf 8 ofenfeste Portionsförmchen (à 15 cm Ø) verteilen.

3 Den Backofengrill dazuschalten. Restliche Sahne mit dem Eigelb verrühren, die Mischung dünn auf der Puddingcreme verteilen. Rhabarberstücke und Erdbeeren abwechselnd in einem Kreis in die Eigelb-Sahne setzen. Unter dem heißen Backofengrill etwa 4 Min. gratinieren, bis die Eigelb-Sahne leicht gebräunt ist. Die Gratins aus dem Ofen nehmen und sofort servieren. Nach Belieben pro Portion je 1 Kugel Vanille- oder Walnusseis daraufsetzen.

Zutaten

250 g **Rhabarber**
75 g **Zucker**
250 g **Erdbeeren**
200 g **Sahne** (kalt)
500 ml **Milch**
40 g **Vanillepuddingpulver**
1 **Eigelb**

Angaben für 8 Personen
Schwierigkeitsgrad

SCHWARZWALDGASTHOF SCHLOSSMÜHLE | GLOTTERTAL

Rhabarber-Torteletts mit Honigbaiser

Der Rhabarber als anspruchslose und ausdauernde Nutzpflanze gedeiht in allen Regionen Badens prächtig – am besten aber auf frischen, nährstoffreichen Böden. Am beliebtesten ist die mittelfrühe, äußerst winterharte Sorte »Holsteiner Blut« mit roten Stielen, aber überwiegend grünen bis leicht rosafarbenem Fruchtfleisch und auffallend mildem Geschmack. Auch Hilmar Gutmann aus dem Restaurant des Hotels »Schlossmühle« im Glottertal verwendet diese Sorte sehr gerne, etwa für diese himmlischen Torteletts mit luftig-leichter Baiserhaube.

1. Für die Vanillecreme die Vanilleschote halbieren und das Mark mit einem spitzen Messer herauskratzen. Von der Milch 2 EL abnehmen. Restliche Milch, 50 g Zucker und die Vanilleschote mit 1 Prise Salz zum Kochen bringen. Inzwischen die Eier trennen. Eigelbe, restliche 2 EL Milch, Vanillemark und Speisestärke glattrühren. Die Mischung unter Rühren in die kochende Vanillemilch gießen, aufkochen und dabei kräftig weiterrühren, bis die Creme dick wird. Den Topf vom Herd nehmen, die Vanilleschote herausfischen. Pergamentpapier auf die Oberfläche der Vanillecreme legen, damit sich keine Haut bildet. Abkühlen lassen, bis die Masse lauwarm ist.

2. Den Backofen auf 180° vorheizen. Den Rhabarber waschen, dünn schälen und in Scheiben schneiden. Die Rhabarberscheiben auf einem mit Backpapier ausgelegten Blech verteilen, mit Puderzucker bestäuben und im heißen Backofen auf der mittleren Schiene 10 Min. garen.

3. Den Blätterteig auf der bemehlten Arbeitsfläche dünn ausrollen. 4 Tortelettförmchen (8 cm Ø) einfetten und mit dem Blätterteig auslegen. Den Teig mehrfach mit einer Gabel einstechen, mit Backpapier belegen und mit den Hülsenfrüchten beschweren. Den Rhabarber aus dem Ofen nehmen. Die Torteletts auf dem Rost auf der mittleren Schiene 12 Min. blindbacken.

4. Inzwischen für das Honigbaiser die Eiweiße zu steifem Schnee schlagen, dabei nach und nach den restlichen Zucker unter den Schnee schlagen. Zuletzt den Honig unterheben.

5. Die Torteletts aus dem Ofen nehmen. Hülsenfrüchte und Backpapier entfernen. Die Torteletts mit der Vanillecreme bestreichen und mit dem Rhabarber belegen. Die Eiweiß-Honig-Masse in einen Spritzbeutel mit großer Lochtülle füllen und auf die Torteletts spritzen, sodass die gesamte Oberfläche bedeckt ist. Die Torteletts zurück in den Ofen geben und weitere 12 Min. backen, bis das Baiser leicht gebräunt ist. Aus dem Ofen nehmen, die Torteletts vorsichtig aus den Förmchen lösen und auf 4 Dessertteller setzen. Nach Belieben mit Puderzucker bestäuben und noch warm servieren.

Do-schmeckts-Tipp

Beim Blindbacken wird ein Teig mit getrockneten Hülsenfrüchten beschwert. So behält er im Ofen seine Form und wird auch gar und knusprig, wenn die eigentliche Füllung nur wenige Minuten mitgebacken wird. Die Hülsenfrüchte können Sie übrigens mehrere Male wiederverwenden.

Zutaten

- 1 **Vanilleschote**
- ½ l **Milch**
- 110 g **Zucker**
- 3 **Eier** (Gr. M)
- 2 EL **Speisestärke**
- 400 g **Rhabarber**
- 40 g **Puderzucker**
- 2 Scheiben **TK-Blätterteig** (à 20 x 10 cm; aufgetaut)
- 500 g **Hülsenfrüchte** (getrocknet; zum Blindbacken; z. B. Linsen oder Kichererbsen)
- 4 TL **Honig**
- **Mehl** (für die Arbeitsfläche)
- **Fett** (für die Förmchen)
- **Salz**

Angaben für 4 Personen
Schwierigkeitsgrad ●●●

LANDFRAUENCAFÉ GOLDENE KRONE | ST. MÄRGEN

Rhabarberkuchen mit Baiser

»Unsere Küche lebt mit den Jahreszeiten« ist das Motto der engagierten Damen aus dem »Landfrauencafé Goldene Krone« in St. Märgen. Weil Handarbeit mühsam und aufwendig ist, sind im Café gleich 24 Köchinnen, Bäckerinnen und Serviererinnen bemüht, eine familiäre Atmosphäre voller Gastfreundschaft und Gemütlichkeit zu schaffen. Das gelingt ihnen bestens, denn alle sind Allroundtalente, charakterstarke Frauen, »wahre Perlen«! Eines haben die Landfrauen gemeinsam: Sie experimentieren gerne in der Küche, probieren viel aus und entwickeln auf diese Art ständig neue Rezepte! Das beste Beispiel dafür ist dieser absolut unwiderstehliche Kuchen.

1. Für den Teig 125 g Butter in kleine Würfel schneiden. Mehl, Butterwürfel, 100 g Zucker, 1 Ei und 1 Prise Salz in einer Schüssel mit den Knethaken des Handrührgeräts oder den Händen rasch zu einem glatten Teig verkneten. Den Teig zu einer Kugel formen und zugedeckt 30 Min. kühlstellen.

2. Den Backofen auf 180° vorheizen. In den Boden einer Springform (28 cm Ø) einen Bogen Backpapier einspannen, die Ränder einfetten. Den Teig auf der bemehlten Arbeitsfläche zu einem Kreis von etwa 35 cm Ø ausrollen. Die Springform damit auslegen, dabei einen 3 bis 4 cm hohen Rand formen.

3. Den Rhabarber waschen, schälen und kleinschneiden. Die übrigen Eier trennen. Die Eigelbe in einer Rührschüssel cremig schlagen, dabei nach und nach 180 g Zucker einrieseln lassen. Weiter rühren, bis sich der Zucker gelöst hat. Saure Sahne und Vanillepuddingpulver unterrühren. Die Creme mit den Nüssen und dem Rhabarber vermengen und gleichmäßig auf dem Teig verteilen. Die Kuchenform auf die mittlere Schiene des heißen Backofens schieben. Den Kuchen darin 45 Min. backen.

4. Nach 30 Min. für das Baiser die Eiweiße mit 1 Prise Salz in einer sauberen Rührschüssel zu steifem Schnee schlagen. Nach und nach den restlichen Zucker und die Speisestärke unterschlagen, bis eine luftige, aber feste Baisermasse entstanden ist.

5. Die Form aus dem Backofen nehmen, die Baisermasse gleichmäßig auf den vorgebackenen Kuchen streichen. Die Form wieder in den Backofen stellen, den Kuchen in weiteren 20 Min. fertigbacken.

6. Den Rhabarberkuchen aus dem Ofen nehmen und etwas abkühlen lassen. Dann aus der Form lösen und auf einem Kuchengitter vollständig auskühlen lassen. Vorsichtig in Stücke schneiden und servieren.

Zutaten

- 125 g **Butter** (kalt)
- 300 g **Weizenmehl**
- 530 g **Zucker**
- 5 **Eier** (Gr. M)
- 700 g **Rhabarber**
- 300 g **saure Sahne**
- 50 g **Vanillepuddingpulver**
- 100 g **Haselnüsse** (gemahlen)
- 1 EL **Speisestärke**
- **Fett** (für die Form)
- **Salz**

Angaben für 1 Kuchen (12 – 16 Stücke)
Schwierigkeitsgrad ❦❦❦

Küchengeheimnisse

»Die Rhabarberzeit ist kurz. Wenn Sie den Kuchen auch nach dem 24. Juni genießen möchten, frieren Sie den Rhabarber doch vorher einfach ein. Dafür die Stangen waschen, schälen und kleinschneiden. Auf einem mit Backpapier ausgelegten Blech im Tiefkühlfach gefrieren lassen, dabei sollten sich die Rhabarberstücke nicht berühren. Die gefrorenen Rhabarberstücke in Gefrierbeutel füllen und wieder ins Tiefkühlfach legen. So ist der Rhabarber bis zur nächsten Saison haltbar und lässt sich zudem portionsgenau entnehmen. Zum Backen den Rhabarber nicht auftauen lassen, sondern noch gefroren mit der Creme vermengen und weiterverarbeiten.«

Küchengeheimnisse

»Da unsere Gäste sehr anspruchsvoll sind und das Auge bekanntlich mitisst, präsentieren wir unsere Desserts immer auf sehr aufwendige Art und Weise. Zu Rhabarberkompott und Rhabarbercreme servieren wir daher noch feine Erdbeertarteletts und ein Rhabarbersorbet. Garniert wird das Ganze noch mit einer Erdbeercoulis, fruchtigen Ergänzungen wie Beeren, Kirschen oder Granatapfelkernen, Minze und Puderzucker. So zaubern wir immer wieder kleine Kunstwerke auf den Teller.«

Kompott und Creme vom Rhabarber

Nach der langen und kulinarisch oft eintönigen Winterszeit brachte der Rhabarber einen ersten Frischeakzent in die wöchentlichen Mahlzeiten. Rhabarber schmeckt früh in der Saison am besten, denn dann enthält er noch wenig Oxalsäure. Seine Saison startet hierzulande im April und endet nach alter Überlieferung am 24. Juni, dem Johannistag, um der Pflanze wieder Zeit zur Regeneration zu geben. Die säuerlichen Stangen enthalten viel Vitamin C und Kalium und erfreuen sich landauf, landab wachsender Beliebtheit, denn die Einsatzmöglichkeiten dieses Gemüses sind überaus vielfältig. Im »Holzöfele« wird aus Rhabarber ein besonders raffiniertes Dessert gezaubert. Das süßsaure Doppel aus Kompott und Creme erinnert an Kindheitstage. Einfach traumhaft!

1. Für das Kompott den Rhabarber waschen und in Scheiben schneiden. In einem Topf reichlich Wasser aufkochen, den Rhabarber darin etwa 1 bis 2 Min. bissfest blanchieren. Anschließend in ein Sieb abgießen und abtropfen lassen. Den Rhabarber auf einem tiefen Blech mit dem Zucker vermengen und zugedeckt 4 Std. ruhen lassen, bis reichlich Flüssigkeit durch den Zucker aus dem Rhabarber gezogen wurde.

2. Weißwein mit der Speisestärke verrühren. Die Rhabarberflüssigkeit in einen Topf geben und mit der Vanille aufkochen lassen. Die Weißwein-Stärke-Mischung dazugießen, alles erneut aufkochen und etwas köcheln lassen, bis die Mischung andickt. Rhabarber in ein sauberes Einmachglas (ca. 1½ l Fassungsvermögen) füllen, den Sud darübergießen, einmal umrühren, verschließen und abkühlen lassen.

3. Für die Creme die Sahne steif schlagen und kühlstellen. Gelatine 5 Min. in kaltem Wasser einweichen. Den Puderzucker über den Mascarpone sieben und beides verrühren. Die Milch in einem Topf erwärmen, die Gelatine ausdrücken und in der Milch auflösen. 2 EL Mascarpone mit der Milch-Gelatine-Mischung glattrühren. Diese dann zum restlichen Mascarpone geben und unterrühren.

4. Vom vorbereiteten Rhabarberkompott 100 g abnehmen, fein pürieren und mit der Sahne unter die Mascarpone-Mischung heben. Die Creme in eine Schüssel füllen und glattstreichen. Zugedeckt mindestens 2 Std. kühlstellen, bis die Creme geliert ist.

5. Zum Servieren vom Kompott vier Portionen abnehmen und in Dessertgläser füllen, restliches Kompott anderweitig verwenden. Von der Creme mit zwei Esslöffeln Nocken abstechen und auf vier Desserttellern anrichten. Das Kompott in den Gläsern dazustellen.

Zutaten für das Kompott

- 1 kg **Rhabarber**
- 200 g **Zucker**
- 100 ml **Weißwein** (trocken; z.B. Müller-Thurgau)
- 3–4 EL **Speisestärke**
- 1 **Vanillestange** (ausgekratzt)

Für die Creme

- 500 g **Sahne** (kalt)
- 5 Blatt **Gelatine** (weiß)
- 50–125 g **Puderzucker** (je nach Geschmack)
- 500 g **Mascarpone**
- 50 ml **Milch**
- 100 g **Rhabarberkompott**

Angaben für 4 Personen
Schwierigkeitsgrad

LANDGASTHOF REBSTOCK | BOTTINGEN

Gebackene Holunderblüten an Vanillesauce

Ob Kapuzinerkresse, Zucchini oder Holunder – ihre zarten und duftenden Blüten bereichern auch das Speisenangebot im »Landgasthof Rebstock«. Wenn von Mai bis Juni der Holunder blüht und seinen Duft verströmt, werden die weißlich-gelben Blütendolden als hellbraun ausgebackene Dessertspezialität serviert, die im Landgasthof auch Hollerküchlein genannt werden. Der Holunder wurde schon früh in der Nähe menschlicher Behausungen angebaut, aber nicht nur, um Blüten und Beeren zu ernten. Man schrieb dem Holunder magische Kräfte zu. Haus, Stall und Scheune sollte er vor Feuer, Blitzschlag und Hexenblick schützen. Das Brunnenwasser blieb unter seinem Schutz frisch und versiegte nicht vorzeitig. In seinem Laub verbargen sich hilfreiche Geister, weshalb man vor ihm den Hut zog, während Schlangen, Stechmücken und andere Plagegeister sich nicht in seine Nähe wagten. Dabei heißt das, was landläufig als Holunder bezeichnet wird, korrekt eigentlich »Schwarzer Holunder« – es sind seine Beeren und Blüten, die traditionell in der Küche für Getränke, Gelees oder Desserts verwendet werden.

Do-schmeckts-Tipp
Wer das Repertoire essbarer Blüten erweitern möchte, dem empfehlen wir, auch einmal mit den Dolden des Echten Mädesüß zu experimentieren. In der Küche kommen die Blüten mit ihrem honigartig süßlichen Geschmack vor allem zum Aromatisieren von Getränken zum Einsatz.

Zutaten für die Holunderblüten
- 30 ml **Milch**
- 40 ml **Weißwein** (trocken; z.B. Weißburgunder)
- 100 g **Weizenmehl**
- 1 **Ei** (Gr. M)
- ½ **Zitrone** (Schale)
- 1 TL **Zucker**
- 10 **Holunderblütendolden**
- **Pflanzenfett** oder **Butterschmalz** (zum Ausbacken)
- **Salz**

Für die Vanillesauce
- 80 g **Milch**
- 20 g **Zucker**
- 1 **Vanilleschote** (Mark)
- 1 **Eigelb**

Angaben für 4 Personen
Schwierigkeitsgrad

1. Für den Ausbackteig Milch und Weißwein in einer Schüssel mit dem Mehl verrühren, Ei, abgeriebene Zitronenschale, Zucker und 1 Prise Salz unterrühren. Den Teig 20 Min. quellen lassen.

2. Inzwischen für die Vanillesauce Milch, Zucker und Vanillemark in einem Topf aufkochen und vom Herd nehmen. Das Eigelb in einer Rührschüssel aus Metall verquirlen, die Milch-Sahne-Mischung zunächst tropfenweise, dann in einem dünnen Strahl unter Rühren dazugießen. Die Schüssel auf ein heißes Wasserbad setzen und weiterrühren, bis die Mischung eine cremige Konsistenz erhält. Die Vanillesauce vom Wasserbad nehmen und beiseitestellen.

3. Die Holunderblüten ganz kurz unter fließendem Wasser waschen und auf Küchenpapier gründlich abtropfen lassen. In einem Topf 5 cm hoch Fett erhitzen. Mit einem Holzstäbchen testen, ob das Fett heiß genug ist. Steigen beim Hineinhalten in das Fett sofort Bläschen auf, hat das Fett die richtige Temperatur. Die Blüten an den Stielen fassen und in den Teig tauchen. Kurz abtropfen lassen, dann portionsweise ins heiße Fett geben und jeweils etwa 2 Min. hellbraun ausbacken.

4. Die ausgebackenen Blüten herausnehmen und auf Küchenpapier abtropfen lassen. Die Sauce in einem Spiegel auf vier Tellern anrichten. Die Holunderblüten mit Puderzucker bestäuben und darauf anrichten.

Küchengeheimnisse

»Um den Holundergeschmack in diesem Rezept zu intensivieren, kann die Vanillesauce mit einem kleinen Schuss Holunderblütensirup verfeinert werden. Diesen Sirup kann man ganz leicht selbst herstellen und auch als Zugabe zu Mineralwasser, Sekt und Apfelsaft verwenden. Blühende Holundersträucher finden sich im Mai und Juni an fast jedem Feldweg. Einfach 8 Holunderblütendolden pflücken, bevorzugt zur Mittagszeit bei Sonnenschein, dann entfalten sie das meiste Aroma. Die Blütendolden gut säubern, eventuell kleine Insekten entfernen und welke Blüten abknipsen. ½ l Wasser mit 500 g Zucker und 2 EL Zitronensaft aufkochen, einige Minuten leicht sirupartig einkochen und vollständig abkühlen lassen. Die Blüten von den Dolden schneiden und in den abgekühlten Sirup geben. 1 bis 2 Tage in einem geschlossenen Glas durchziehen lassen. Anschließend durch ein feines Sieb gießen und in 2 Flaschen (à ½ l) abfüllen.«

Holunder-Sahne-Torte mit Buchweizenbiskuit

Weizen als Lebensmittel polarisiert immer mehr. Viele Menschen vertragen das »Klebereiweiß« Gluten nicht, und den im Korn enthaltenen Lektinen wird von vielen Seiten eine negative Wirkung auf den Organismus nachgesagt. Daher steigt die Nachfrage nach weizenfreien Backwaren seit einigen Jahren immens. Das Café »Mondweide« ist auf diesen Trend bestens vorbereitet. Die Quiches werden aus Dinkel- oder Buchweizenmehl gebacken, und Letzteres ist auch die Basis für einen luftig-leichten Biskuitteig. Trotz der Namensähnlichkeit hat der Buchweizen rein gar nichts mit dem herkömmlichen Weizen gemein, er ist ein sogenanntes »Pseudogetreide« aus der Familie der Knöterichgewächse. Das heißt, er kann ähnlich wie Getreide verwendet werden, erzeugt aber einen leichten Grauton. Mit einem Brot klappt's wegen des fehlenden Glutens nicht, aber dieser Biskuit gelingt damit einfach perfekt.

1. Den Backofen auf 160° vorheizen. In den Boden einer Springform (28 cm Ø) einen Bogen Backpapier einspannen. Für den Biskuitteig Buchweizenmehl und Backpulver mischen. Die Eier in einer sauberen Rührschüssel cremig schlagen, nach und nach Zucker und Vanillezucker einrühren. Die Mehl-Backpulver-Mischung rasch unterheben. Den Teig in die Kuchenform füllen und glattstreichen. Die Kuchenform auf die mittlere Schiene des Backofens schieben, den Biskuitboden darin 20 Min. backen, bis er leicht gebräunt ist.

2. Die Kuchenform aus dem Ofen nehmen, den Biskuitboden etwas abkühlen lassen. Dann aus der Form lösen und vollständig auskühlen lassen.

3. Für die Creme die Sahne steif schlagen und zugedeckt kühlstellen. Die Gelatine 5 Min. in kaltem Wasser einweichen. Schmand, Holunderblütensirup, Zitronenschale und -saft verrühren. Gelatine tropfnass in einem Topf leicht erwärmen, bis sie sich löst. Die flüssige Gelatine rasch unter die Schmandmasse rühren, dann die Sahne mit dem Schneebesen unterheben.

4. Den Biskuitboden waagerecht durchschneiden. Beide Böden dünn mit jeweils 40 g Holunderblütengelee bestreichen. Den unteren Boden gleichmäßig mit der Hälfte der Creme bestreichen, den zweiten Boden daraufsetzen und leicht andrücken. Die Oberfläche der Torte ebenfalls mit der Creme bestreichen. Die Torte zugedeckt 2 Std. kühlstellen.

5. Die Mandeln in einer Pfanne ohne Fett (oder auf dem mit Backpapier ausgelegten Blech im 200° heißen Backofen) hellbraun anrösten und abkühlen lassen. Restliches Holunderblütengelee glattrühren und die Oberfläche der Torte damit bestreichen, mit den gerösteten Mandeln garnieren. Nach Belieben noch mit Erdbeeren verzieren. Die Torte servieren und erst bei Tisch anschneiden.

Do-schmeckts-Tipp

Seit Hugo in aller Munde ist, wird Secco, Sekt oder Crémant gerne wieder mit einem Schuss Blüten- oder Fruchtsirup serviert. Ein Tipp aus der »Mondweide« ist der »Bio-Crémant Baden brut« vom »Weingut Harteneck« mit einem Schuss französischem Veilchenblütensirup.

Zutaten für den Biskuit

- 120 g **Buchweizenmehl**
- 1½ TL **Weinsteinbackpulver**
- 4 **Eier** (Gr. M)
- 120 g **Zucker**
- 1 Pck. **Bourbon-Vanillezucker**

Außerdem

- 350 g **Sahne**
- 11 Blatt **Gelatine** (weiß)
- 400 g **Schmand**
- ¼ l **Holunderblütensirup** (Siehe Seite 89)
- ½ **Bio-Zitrone** (Schale und Saft)
- 120 g **Holunderblütengelee**
- 20 g **Mandeln** (gehobelt)

Angaben für 1 Torte (12–16 Stücke)
Schwierigkeitsgrad

GASTHAUS ZUM KREUZ | KAPPEL

Holunderblütencreme

Viele regionale Produkte bereichern unser Lebensmittelangebot nur für kurze Zeit. Auch die Verfügbarkeit köstlicher Holunderblüten ist auf den Mai und Juni begrenzt, bevor der Holder – wie der Holunder in Baden auch genannt wird – die typischen schwarzen Beeren entwickelt. Was könnte da näher liegen, als aus den weißen Blütendolden einen Sirup herzustellen und so das einzigartige Aroma zu konservieren. Im »Gasthaus zum Kreuz« entsteht aus dem Holunderblütensirup ein cremiges Dessert, das perfekt in die Frühlingszeit passt.

1 Für die Creme die Sahne steif schlagen und bis zur Verwendung kühlstellen. Die Gelatine 5 Min. in kaltem Wasser einweichen. Quark und Mascarpone mit 70 ml Holunderblütensirup glatt rühren.

2 Den restlichen Holunderblütensirup mit dem Zucker in einem Topf erwärmen, die Gelatine ausdrücken und bei schwacher Hitze darin auflösen, dann den Topf vom Herd nehmen. 2 EL der Mascapone-Quark-Creme dazugeben und alles glatt rühren. Die Mischung zur restlichen Creme geben und alles gut verrühren. Zuletzt die Sahne unterheben und die Creme zugedeckt etwa 3 Std. kühlstellen.

3 Zum Servieren von der gestockten Creme mit 2 Esslöffeln Nocken formen und auf vier Teller setzen. Nach Belieben mit Himbeersorbet, Brombeeren, Johannisbeeren oder Minze garnieren.

Zutaten

- 200 g **Sahne** (kalt)
- 3–4 Blatt **Gelatine** (weiß)
- 125 g **Magerquark**
- 125 g **Mascarpone**
- 100 ml **Holunderblütensirup** (Siehe Seite 89)
- 2 EL **Zucker**

Angaben für 4 Personen
Schwierigkeitsgrad

LANDHOTEL RECKENBERG | STEGEN-ESCHBACH

Löwenzahn-Mousse

Die Knospen und Blüten zahlreicher Kräuter lassen sich auf kreative Weise beim Kochen verwenden. Ein kleiner Blick über den Kräuter-Tellerrand genügt, und schon taucht der Löwenzahn auf, aus dessen sattgelben Blüten sich ein köstlicher Sirup herstellen lässt. Es lohnt sich, beim nächsten Spaziergang noch schnell einen Korb Löwenzahnblüten zu sammeln, bevor sie sich in Pusteblumen verwandeln und in alle Winde zerstreuen. Im »Landhotel Reckenberg« wird aus selbstgemachtem Löwenzahnsirup eine sahnig-luftige Mousse kreiert.

1 Die Sahne steif schlagen und zugedeckt kühlstellen. Die Gelatine 5 Min. in kaltem Wasser einweichen. Die Eier und den Löwenzahnsirup in einer Rührschüssel aus Metall über dem heißen Wasserbad cremig schlagen. Die Gelatine ausdrücken und in der Eiercreme auflösen. Dann die Schüssel in ein kaltes Wasserbad setzen und die Creme weiterschlagen, bis sie kalt ist.

2 Die Sahne unterheben. Die Creme in leicht konische Portionsförmchen oder Kaffeetassen füllen, zugedeckt kühlstellen und mindestens 3 Std. gelieren lassen.

3 Die Förmchen kurz in heißes Wasser tauchen und die Mousse aus den Förmchen bzw. Tassen auf vier Dessertteller stürzen. Nach Belieben mit Fruchtsauce, Erdbeeren oder Rhabarber servieren.

Do-schmeckts-Tipp

Für 1 Flasche Löwenzahnsirup am Vortag 3 Handvoll Löwenzahnblüten von Insekten befreien. Dann mit 1 l kaltem Wasser in einen Topf geben und einmal kurz aufkochen lassen. Die Löwenzahnblüten über Nacht im erkalteten Sud ziehen lassen. Am nächsten Tag ¼ Bio-Zitrone heiß waschen und kleinschneiden. Die Löwenzahnflüssigkeit durch ein Sieb gießen und mit 300 g Zucker und den Zitronenstückchen in einem Topf zum Kochen bringen. Bei schwacher bis mittlerer Hitze etwa 45 Min. sirupartig einkochen lassen, durch ein Sieb in eine saubere Flasche füllen, verschließen und abkühlen lassen. So ist der Sirup etwa 3 Monate haltbar.

Zutaten

300 g **Sahne** (kalt)
3 Blatt **Gelatine** (weiß)
4 **Eier** (Gr. M)
100 ml **Löwenzahnsirup**
(siehe Do-schmeckts-Tipp)

Angaben für 4 Personen
Schwierigkeitsgrad

Sommer

»Wenn du wüsstest, was hier für eine Sonne ist. Sie brennt nicht, sie liebkost.« Der berühmte russische Schriftsteller Anton Tschechow fühlte sich 1904 offensichtlich sehr wohl im Kurort Badenweiler. Das sonnenverwöhnte Markgräflerland bietet seinen heutigen Besuchern im Sommer eine Vielzahl von sportlichen Aktivitäten in herrlicher Natur, wie Wandern, Radeln oder Kanu- und Raftingtouren in der urwüchsigen Flusslandschaft des Altrheins. Doch vor allem ist der Sommer die Zeit der lauen und langen Sommernächte in Biergärten, Straußenwirtschaften, bei Wein- und Straßenfesten, Winzerhocks, Konzerten sowie von verschiedensten Open-Air-Veranstaltungen, bei denen sich Genuss und Kultur miteinander verbinden.

Sommerliche Impressionen rund um Staufen (Fotos: Lars Schnoor).

Den Auftakt macht das Staufener Annafest, das am letzten Sonntag im Juli stattfindet. Dieses Patroziniumsfest beginnt mit einer Eucharistiefeier auf dem Marktplatz und anschließender Prozession. Ein Frühschoppenkonzert leitet mühelos zum gemütlichen und kulinarischen Teil über. Bis Montagabend wird ein buntes Volksfest mitten in der Stadt gefeiert. Kaum ist das Annafest vorüber, bereitet sich Staufen auf die renommierte Musikwoche vor, die von Ende Juli bis Anfang August seit über 65 Jahren abgehalten wird. Die klassischen Konzerte sind bei Musikliebhabern sehr geschätzt. Staufen lädt mit seinen zahlreichen Festen ein, die schönste Zeit des Jahres hier zu verbringen und ist ein wunderbarer Ausgangsort für Ausflüge und Wanderungen im Markgräflerland (siehe Wandertipp Seite 348).

Aufgereiht wie Perlen auf einer Kette liegen die idyllisch in die sanften Hügel der Vorbergzone eingebetteten Winzerdörfer, verbunden durch eine alte Römerstraße. Tja, bereits die Römer schätzen diese Region wegen der Wälder, dem Wasser, der Thermalquellen und aufgrund des milden Klimas, das den Anbau von Weinreben ermöglichte. In dieser Tradition steht auch die Bezirkskellerei Markgräflerland, die größte Kellerei der Region, die mit einem großen Sektfestival Mitte Juli dem Rebensaft huldigt.

Am ersten Augustwochenende heißt es schon wieder »Zum Wohl« oder besser auf Badisch »Broscht«. Während des Markgräfler Weinfestes bewirten die Winzer und Weingüter aus dem gesamten Markgräfler Anbaugebiet ihre Gäste in den Gassen der historischen Altstadt von Staufen. Eröffnet wird diese große Hocketse mit einem Umzug und der Krönung der Markgräfler Weinprinzessin. In den gemütlichen Winzerlauben werden rund 300 verschiedene Weine ausgeschenkt, allen voran natürlich der Gutedel, der Markgräfler Traditionswein. Aber auch rosé, rot, moussierend,

Unterwegs im Weinberg (Foto: Bettina Forst).

perlend oder stille Tropfen aus dem sonnenverwöhnten Südwesten befeuchten die Kehlen. Damit nicht genug, ein ganz besonderes Winzerfest organisiert die Gemeinde Sulzburg-Lauffen. Mitte August kann und soll bei »Wein; Essen & Laufen« hinter die Kulissen geschaut werden bei Winzern, Handwerkern, Landwirten, Imkern und Landfrauen. An dem verkaufsoffenen Wochenende können die Arbeiten bestaunt, die landwirtschaftlichen Produkte und die naturnahe regionale Küche verkostet werden. Keine Frage, der Sommer ist die Zeit der Weinfeste, die ebenfalls rund um den Kaiserstuhl mit Weintagen, offenen Winzerkellern, Hocketse und Ende August im großen Weinfest in Breisach gipfeln.

Drei Tage Musik, Tanz, Volksfest und gute Laune sind beim Laurentiusfest im Münstertal garantiert. Solche Volksfeste wurden schon vor 150 Jahren im Münstertal gefeiert – ein Brauchtum, das von den Bergleuten, die in der Grube Teufelsgrund nach Silber, Kupfer, Blei und Flussspat schürften, ins Leben gerufen wurde. In zahlreichen Lauben und Zelten gibt es die regionalen Sonnentröpflein, Hopfenerfrischungen und dazu natürlich die traditionellen deftigen und bäuerlichen Gerichte.

Einen Höhepunkt und einen gewissen Abschluss des Festreigens ist das stimmungsvolle Lichterfest in Bad Bellingen. Am letzten Samstag im Juli wird der gesamte Kurpark mit Tausenden von Lampions illuminiert, während die Besucher sich an badischen Spezialitäten wie Speckwaie oder Schäufele laben können. Finaler Höhepunkt ist ein zauberhaftes, mit Musik untermaltes Feuerwerk gegen 23 Uhr. Dies alles sind die Zutaten, die den Sommer im Markgräflerland zu einer ganz außergewöhnlichen Jahreszeit machen mit Kultur, Festen, Wein und einer ausgezeichneten regionalen Gastronomie.

Winzerhaus Rebstock

Vogtsburg-Oberbergen

Einst das erste Haus am Platz, fristete der »Rebstock« lange Zeit ein tristes Dasein. Als das Gebäude Ende der 1990er-Jahre zum Verkauf stand, fasste sich Familie Keller ein Herz und übernahm das traditionsreiche Anwesen. Allerdings verlangte der Zustand des Hauses nach kompletter Sanierung, und so machten sich Bettina und Fritz Keller mit großer Sorgfalt daran, möglichst viele Teile des alten Gebäudes zu erhalten. Das Resultat: original erhaltener Steinboden, alte Holzvertäfelung, ein beschaulicher Innenhof, dazu ein Service, der dem Gast jeden Wunsch von den Augen abliest – schöner kann man sich einen Aufenthalt nicht wünschen.

Sommerliches Menü mit mediterraner Note

Carpaccio vom badischen Schäufele (Seite 125)
Gemüserisotto (Seite 137)
Marinierte Kaiserstühler Himbeeren mit hausgemachtem Eierlikör (Seite 172)

Im sonnigen Innenhof sitzt man zwischen alten Weinfässern und blickt in das ehemalige Stallgebäude mit freigelegten Wänden und Holzofen, das auf Initiative von Bettina Keller und in Zusammenarbeit mit der Kunstschmiede in Oberrotweil auch noch eine eisengeschmiedete Fensterfront erhielt. 10 Tische haben hier Platz und sind beliebt bei kleinen Gesellschaften, die gern unter sich bleiben. Noch beschaulicher wird es im Gastzimmer »Brennhäusle«: Ein einziger großer Tisch steht neben dem Brennofen, aus dem im Herbst aus dem Obst der Region ein wunderbar milder Brand gewonnen wird, der in allen drei Restaurants der Familie Keller verkostet werden kann.

Aber nicht nur das Ambiente überzeugt: Der Rebstock beherbergt heute ein Restaurant mit regionaler Küche und bereichert das kulinarische Angebot in Vogtsburg, an dem die Kellers schon länger maßgeblichen Anteil haben: Während der Kellersche »Schwarze Adler« seit 1969 mit einem Michelin-Stern glänzt und sich die Kellerwirtschaft der modernen »Produktküche« verschrieben hat, wird im »Rebstock« zu Ehren von Oma Irma die Küche »von damals« aufgetischt. Flammkuchen, Bibliskäs, Ochsenmaulsalat und eingemachtes Kalbfleisch werden auch heute noch frisch und kunstfertig zubereitet. Auch feines Carpaccio vom Schäufele ist in den Sommermonaten auf der Speisekarte zu finden. Am Herd waltet Köchin Dominique Strubinger-Gutleben, die als Elsässerin für eine französische Note sorgt. »Wir leben hier wirklich im Paradies«, betont Bettina Keller, und

Der »Rebstock« überzeugt mit regionaler Küche, sorgfältiger Weinauswahl und beschaulichem Innenhof.

deshalb ist ein bewusster Umgang mit der Region für sie zur Maxime ihrer Betriebsführung geworden. »Ich finde das muss man von ganzem Herzen leben oder sein lassen.«

Der Großteil der in der Küche verwendeten Produkte stammt aus dem Ländle, zum Beispiel vom Bio-Hof Rothaus in Breisach, der nicht nur Obst und Gemüse liefert, sondern auch Backwaren in Bio-Qualität. Geflügel kommt vom Metzger Feisst in Teningen, und einheimische Jäger liefern ihr Wild ebenfalls in der Küche des »Rebstocks« an, das Ausnehmen ist hier noch Bestandteil der Kochausbildung. Auch das Hinterwälder oder Vorderwälder Rind findet in der Küche Verwendung. Bettina Keller schwärmt vom intensiven Geschmack des Färsenfleisches (als Färse bezeichnet man hier junge weibliche Rinder, die noch nicht gekalbt haben). Wenn im benachbarten »Schwarzen Adler« einmal im Jahr Schlachtfest mit den bunten Bentheimer Schweinen von Schwager Franz Keller gefeiert wird, dann findet auch so manches Bratenstück den Weg in die Küche des »Rebstocks«. Das wissen auch die Genussurlauber zu schätzen, wie Bettina Keller ihre Gäste nennt. Sie können nicht nur zwischen drei verschiedenen Restaurants des Kellerschen Genussimperiums wählen, sondern es sich auch in einem der stilvollen Zimmer im »Schwarzen Adler« und dem angeschlossenen Gästehaus gemütlich machen.

Und dass für die Familie Keller zu gutem Essen ein guter Wein gehört, versteht sich von selbst, denn das Weingut Franz Keller wurde unter Vater Franz erfolgreich ausgebaut und weltweit bekannt, auch wenn dieser sich nicht immer Freunde machte und als »Rebell vom Kaiserstuhl« Berühmtheit erlangte. Seine kompromisslosen Ansichten zu trockenen Weinen, zum Barriqueausbau und der Flurbereinigung sind legendär. Sohn Fritz Keller verfolgte die Spur seines Vaters und kennt in Bezug auf Qualität ebenfalls keine Kompromisse: Jede Traube wird mit der Hand geerntet und begutachtet. Fritz Kellers Philosophie: vernünftig, nachhaltig, nicht dogmatisch und bei allem stets die Qualität achten. Seine Söhne Friedrich, Vincent und Konstantin stehen schon in den Startlöchern, um das kulinarische Erbe ihrer Eltern weiterzuführen und aus Wein und Speisen weiterhin ein Erlebnis zu machen.

Mondweide Café & Bistro
Badenweiler-Sehringen

Umrahmt von prächtigen Hortensien und Malven lässt sich beim Brunnen im lauschigen Garten die Zeit vergessen. Tische stehen verstreut auf der Wiese. Was liegt näher, als die Schuhe auszuziehen und die Seele baumeln zu lassen? Willkommen im Reich von Britta Klint und Karl Müller-Bussdorf. Das Paar hat am Ortsrand von Badenweiler-Sehringen auf einer leichten Anhöhe mit dem Café »Mondweide« eine ländlich-romantische Ausnahmegastronomie geschaffen.

Verführerisches Sommermenü
Zucchinisalat mit Löwenzahn-Pesto und Ziegenfrischkäse (Seite 119)
Perlhuhn-Pastete mit Pfifferlingen und Salat (Seite 157)
Schwarzer Kokosmilchreis an Beeren-Potpourri (Seite 168)

Die Gastgeber verwöhnen mit einer mediterran regionalen Bio-Küche. Ihre Philosophie: natürliche und gesunde Gerichte zubereiten, die erst einmal ihren Schöpfern gefallen und schmecken müssen. Dazu ein Ambiente, das guttut und beseelt. »Zu uns muss man wollen«, sagt Karl Müller-Bussdorf und verweist damit auf die etwas abgeschedene Lage am Rand von Sehringen, wo gleich am Haus der Wanderweg zum Schloss Bürgeln beginnt. Den gebürtigen Dortmunder führte der Zufall hinauf zum Bauernhaus von 1786, das einst als das schönste im Dorf galt, jedoch mittlerweile völlig heruntergewirtschaftet war. Der Liebe auf den ersten Blick folgten dreijährige Renovierungsarbeiten, dem ersten Architekten zum Trotz, der ihm riet, das Haus abzureißen und neu zu bauen.

Nach der Renovierung reifte der Entschluss, ein Café einzurichten, »so wie wir es uns vorstellen«, und es war klar, »wenn wir eine Gastronomie eröffnen, dann muss sie individuell sein.« Britta Klint und Karl Müller-Bussdorf pflegen den persönlichen Kontakt zu ihren Gästen. »Da entstehen oft sehr berührende Gespräche«, erzählt Britta Klint, die als Autorin und Fotografin noch künstlerisch tätig ist. Auch ihr Partner Karl Müller-Bussdorf arbeitet weiterhin als Grafikdesigner, daher ist die Mondweide auch nur von Donnerstag bis Sonntag geöffnet. Dass hier zwei kreative Köpfe am Werk sind, zeigt sich nicht nur auf der Speisekarte, sondern auch im einladenden schlichten Gastraum, der mit zahlreichen Stillleben versehen ist. Die Tische, Bänke und Schränkchen stammen von Antiquitätenmärkten zwischen München und dem Elsass. Die weiß getünchten Wände versprechen angenehme Kühle im heißen Sommer, im Winter wärmt ein Feuer aus dem Kamin.

Im einladend schlichten Gastraum wird eine feine Bio-Küche serviert, bei schönem Wetter lockt der romantische Garten.

Karl Müller-Bussdorf wälzte die Kochbücher seiner Großmütter und passte die Rezepte an die heutige Zeit an. Der Karottenkuchen wird heute nicht mehr mit 12 Eiern gebacken, schmeckt aber dennoch »wie eine Praline« verspricht Britta Klint. War die »Mondweide« zunächst nur als Café geplant, wuchs mit der zunehmenden Bekanntheit auch die Speisekarte. Heute finden sich neben den selbstgebackenen Kuchen auch badische Klassiker wie Schmorgerichte, Rouladen und Gulasch. Bekannt sind die Mondweidenbetreiber vor allem für ihre Quiches. Die Wahl fällt schwer zwischen der Acht-Kräuter-Quiche, einer Zucchiniquiche mit Trüffelöl oder einer schwarzen Linsenquiche, auf Wunsch bäckt sie der Wirt auch glutenfrei mit Buchweizen.

Vor Kurzem ist im sogenannten Buschwindhaus eine stilvolle Ferienwohnung für zwei Personen entstanden. Schon die Eingangstür ist ein Schmuckstück, die große Fensterfront gibt den Blick frei auf den Garten. Grün ist das Erste, was man nach dem Aufwachen sieht. Ergänzt wird das Mondweide-Ensemble um das Malvenlädle mit ausgesuchter Kunst, Bio-Lebensmitteln, Tee, Wein, Postkarten und Fotografien von Britta Klint.

Jeden Sonntag gibt es ein Genießerfrühstück, mehrmals im Jahr einen Flohmarkt und mittlerweile Kult bei den Stammgästen ist das Gartenfest zur Sommernacht mit badischen Künstlern und regionalem Spezialitätenbuffet vor dem alten Scheunentor.

Britta Klint und Karl Müller-Bussdorf pflegen eine Gastronomie »so wie wir sie uns wünschen, würden wir zum Essen gehen.«

Landfrauencafé Goldene Krone

St. Märgen

Die Verwandlung vom einstigen »Geisterhaus« mitten im Ort zum kleinen, feinen Landfrauencafé ist eine erstaunliche Erfolgsgeschichte und der gelebte Beweis, dass eine gute Idee und viel Engagement ausreichen, um aus einer baufälligen Ruine ein florierendes Frauenunternehmen zu schaffen.

Sommerliches aus der Landfrauenküche
Zucchini-Paprika-Quiche mit Bergkäse (Seite 133)
Schwarzwälder Kirschtorte (Seite 176)

1757 als Klosterherberge und Pilgerheim gebaut, kann das Haus auf eine lange Historie zurückblicken. Mit der Auflösung des Klosters wurde aus der Herberge zunächst der Dorfgasthof »Krone«, der um die Jahrhundertwende ein neues Stockwerk samt Jugendstilsaal erhielt und zum »Grandhotel Goldene Krone« avancierte. Im ersten Haus am Platze kredenzten livrierte Kellner wohlhabenden Gästen aus ganz Europa feinste Gerichte auf dem Silbertablett. Ab den 1960er-Jahren begann der langsame Verfall des Hauses. Irgendwann war das Gebäude so marode, dass es zum Schandfleck des Ortes geworden war und abgerissen werden sollte.

Doch man hatte nicht mit dem Engagement der Bevölkerung gerechnet: Tatkräftige Bürger kauften das Haus und machten sich daran, möglichst viele Teile des traditionsreichen Hauses zu erhalten. Als sich kein Pächter für den bestehenden Gastraum finden ließ, fasste sich die ambitionierte St. Märgenerin Beate Waldera-Kynast ein Herz und präsentierte ihre Idee eines Landfrauencafés. Mit der Eröffnung des »Cafés Goldene Krone« im Jahr 2004 vollbrachte sie mit ihrem Team aus 12 engagierten Frauen ein kleines Wunder – das übrigens mehrfach preisgekrönt und auch von der Bundeskanzlerin gewürdigt wurde. Behaglich sitzt man heute zwischen getäfelten Wänden auf schlichten Holzbänken, die ein befreundeter Schreiner für das Café anfertigte. Naturbelassener Dielenboden und geschmackvolle Möbel aus der Zeit des Jugendstils schaffen eine Gemütlichkeit, die anziehend wirkt. Im angrenzenden Garten blühen Rosen und Lavendelsträucher.

Heute wird der Betrieb von den engagierten Cafélandfrauen Bettina Gronewald und Walburga Rombach geführt. Das Netzwerk der Landfrauen besteht aus 24 Köchinnen, Bäckerinnen und Serviererinnen, die durch familienfreundliche Teilzeitbeschäftigung im Café eine berufliche Perspektive erhalten. Auch wenn sich die Gründerin aus dem Betrieb zurückzog, ihr Traum wird

Außen und innen ein Schmuckstück: Das »Café Goldene Krone« in St. Märgen.

weitergelebt. Auf der Karte stehen neben vorzüglichen Kuchen und Torten auch hausgemachte Rhabarberlimonade, Pfefferminzsirup, jahreszeitliche Quiches und Bauernhofeis aus Horben. Eine Spezialität des Cafés ist außerdem der hier entwickelte »Käsemichel«, ein Weichkäse aus dem Südschwarzwald, der mit einem Teigdeckel überbacken wird und zusammen mit einem frischen Salat ein wunderbares Hauptgericht ergibt. Er gehört zum Angebot des angeschlossenen kleinen Ladens genauso wie die handgeschöpften Schokoladen, Kräutersalze, Nudeln und Naturseifen.

»Menschlichkeit dem Gast gegenüber, nicht perfekt im Service, dafür mit Herz und Idealismus«, so beschreibt die heutige Leiterin Bettina Gronewald die Philosophie des Hauses. »Dazu eine Küche, die mit den Jahreszeiten lebt und auf ein dichtes Netzwerk an regionalen Zulieferern zurückgreift, um die hochwertige Qualität der Lebensmittel zu gewährleisten.« Dass alles frisch zubereitet wird, ist Ehrensache. Bis heute hält sich das Gerücht, dass die »Landfrauen« ihre Kuchen zu Hause backen und sie im Café abliefern – da winkt Bettina Gronewald nur ab: Hinter der romantisch klingenden Fraueninitiative steht ein Gewerbebetrieb, der allen Anforderungen der Lebensmittelhygieneverordnungen und Arbeitssicherheit entspricht. Allein die Dienstpläne seien einen »Nobelpreis für Mathematik wert«, resümieren die Betreiberinnen. Auch wenn die Arbeit aufwendig und intensiv ist, würden sie nicht mehr tauschen wollen. Sie lieben ihr Café, bei dem kulinarischer Genuss und regionales Engagement auf wunderbare Weise harmonieren.

Walburga Rombach (links) und Bettina Gronewald (rechts) führen ein Team von 24 »Landfrauen« – allesamt »wahre Perlen«.

Gasthaus Hirschen

Müllheim-Britzingen

In der Stadt Müllheim im Stadtteil Britzingen befindet sich das gemütliche »Gasthaus Hirschen« von Familie Schumacher. Es wurde am 27. April 1905 vom Großvater des heutigen Eigentümers erworben und ist somit seit 110 Jahren im Besitz der Familie. Martin Schumacher hat Koch gelernt im Müllheimer »Gasthof Feldberg« und ging anschließend auf Wanderschaft, unter anderem nach Frankreich. 1997 machte er seine Meisterprüfung, um ein Jahr später im elterlichen Betrieb mitzuarbeiten.

Leichtes Sommermenü
Markgräfler Gutedelschaumsüppchen (Seite 108)
Perlhuhnbrust mit Rosmarin (Seite 158)
Himbeerstreusel mit Vanilleparfait (Seite 175)

Mit ihm schafft die ganze Familie im »Hirschen«. Sein Vater, Dieter Kurt Schumacher, steht mit 76 Jahren ebenfalls noch in der Küche, seine Mutter Marlies hilft mit, wo sie kann. Seine Frau Simone und deren Vater Peter ebenfalls. »Ohne meine Frau geht es nicht«, sagt er lächelnd.

Die Gaststube bietet bis zu 60 Personen Platz und ist voll und ganz dem »Hirschen« gewidmet: Ob Kissen, Lampen oder Figuren, überall findet sich das Motiv des Namengebers wieder. Auch vier einladende Zimmer zum Übernachten sind im Gasthaus vorhanden.

Die Gäste erwartet im »Hirschen« jeden Tag ein anderes Menü. Martin Schumacher will sich nicht gerne in eine Schublade stecken lassen. Ebenso wenig folgt er Trends oder gastronomischen Modeerscheinungen: »Ich mache das, was ich will.« Jeden Tag wird alles bis hin zum Kartoffelsalat frisch zubereitet. Zudem achtet er sehr auf Saisonalität.

Ganz besonders gern kocht der Gastwirt mit Steinpilzen. Aber alles in Maßen. Sein Motto: »Gut essen, aber dafür maßvoll.« Er hält nichts von Diäten und dem schnellen unbewussten Essen nebenbei. Für einen Kaffee müsse man sich hinsetzen, sagt er. Besonders am Herzen liegt Martin Schumacher die Winzergenossenschaft Britzingen, bei der er Mitglied ist.

Die Winzergenossenschaft gründet ihre Philosophie auf einen besonders umweltschonenden und qualitativ hochwertigen Weinanbau. Hier wird der Wein im Barrique gelagert (einem kleinen Eichenholzfass), um sein besonderes Aroma zu erhalten. »Guter Wein zum Essen ist mir einfach sehr wichtig«, sagt Martin Schumacher und genießt dabei jeden einzelnen Schluck des Wei-

Im »Hirschen« erwartet den Gast jeden Tag ein anderes Menü.

nes, den er auch bei sich ausschenkt. Wer Lust auf eine Kostprobe hat, kann sich entweder bei ihm oder direkt bei der Winzergenossenschaft gegenüber vom »Hirschen« durch die vielen regional gekelterten Köstlichkeiten trinken. Neben dem Wein gibt es im Gasthaus auch selbstgemachten Apfelsaft. Das Eis kommt vom »Eckhof« in Horben und wird dort von der Familie Rees hergestellt.

Viele Stammgäste schätzen die selbst hergestellten Produkte der Familie Schumacher. Manche kommen sogar jeden Tag zum Essen, darunter viele Mitglieder des örtlichen Gesangs- und Musikvereins. Martin Schumacher sieht deshalb die soziale Funktion des Gasthauses eindeutig noch bestehen. Doch es macht ihm Sorgen, dass es immer weniger Gastronomien wie die seine gibt. Er selbst wünscht sich für die Zukunft seines Gasthofes, dass alles so bleibt, wie es ist, denn er ist – das merkt man – ein zufriedener Gastwirt.

Martin Schumacher ist stolz auf seine Frau Simone – »ohne sie geht es nicht.«

Bio-Restaurant Am Felsenkeller

Staufen

Nur einen kleinen Spaziergang von der hübschen Altstadt Staufens entfernt, befindet sich das sympathische, familiengeführte Hotel-Restaurant von Konrad Ortlieb und seiner Frau Christa. In dem 1830 errichteten Haus erwartet den Gast eine klassisch gutbürgerliche Küche mit mediterraner Note und das in feinster Bio-Qualität. Das Restaurant von Konrad Ortlieb ist nicht nur langjähriger Bioland-Partner, auch bei seinen neun gemütlichen Hotelzimmern legt der Gastronom Wert auf eine biologische Bauweise mit viel Holz, Kirschbaumparkett und Naturputz. »Zurück zur Natur« lautet hier die Devise, die der Hausherr konsequent umsetzt.

Erfrischendes Menü für heiße Tage

Geeiste Gurkensuppe mit Dill (Seite 109)
Gefüllte Zucchini mit Tomatensauce (Seite 145)
Karamellisierte Apfelpfannkuchen (Seite 169)

Ein Blick zurück: Konrad Ortlieb zieht als Neunjähriger vom Münstertal nach Staufen, wo seine Eltern 1969 das Restaurant »Am Felsenkeller« gekauft haben. Schon damals hilft er seiner Mutter, die Schnitzel auszubacken und Pommes zu frittieren. Im einstigen Traditionshaus »Engel« in Horben beginnt er seine Lehre als Koch, damals stehen dort 25 Köche in der Küche und es gibt nichts, was nicht selbst hergestellt wird. Eine gute Schule für Konrad Ortlieb. Nach ein paar Zwischenstationen im Münstertal und in Freiburg übernimmt er 1989 den elterlichen Betrieb.

Dabei setzt er von Anfang an auf hochwertige Produkte, sogenannte »Wasserprodukte« haben in seiner Küche keine Chance. Das beginnt beim Öl und hört bei Eiern und Fleisch noch lange nicht auf. »Bio schmeckt einfach besser«, sagt der überzeugte Bio-Koch, aber er gibt zu bedenken: »Wenn der Mensch nichts anderes kennt, dann schmeckt er auch nicht den ursprünglichen Geschmack.« Bei der Auswahl seiner Zutaten legt Konrad Ortlieb allergrößten Wert auf Qualität: »Da könne se zaubere und Türmle bauen, wenn die Qualität nicht stimmt, schmeckt man das.«

Um die Qualität zu halten, pflegt der Wirt ein dichtes Netzwerk aus Zulieferern: Von Landwirten aus Buggingen und Horben erhält er Gemüse, Säfte, Wein und Schweinefleisch. Der Schäfer Löffler versorgt ihn mit Lamm und Rind. In Ortliebs Küche werden nur hochwertige Öle verwendet, denn sie gelten als blutreinigend und gesund. Diese liefert Peter Busch aus der Ölmühle in Ballrechten, der

Im »Felsenkeller« serviert Familie Ortlieb eine hochwertige Bio-Küche.

dort mit einer modernen Schneckenpresse naturbelassene Lein- und Olivenöle produziert, in denen die wertvollen Begleit- und Trübstoffe noch enthalten sind. Auf dem Weingut Rüsch in Buggingen wird zurzeit damit experimentiert, Mandelbäume in den Weinbergen zu kultivieren, das Ergebnis wird in den nächsten Jahren im Restaurant »Am Felsenkeller« zu kosten sein.

Wirklich am Herzen liegt Konrad Ortlieb die Bio-Zertifizierung. Selbst die Kontrolleure waren überrascht: so viel Bio-Produkte wie in seiner Küche hätten sie noch nicht gesehen. »Ich glaube, dass sich die gute Qualität durchsetzt«, ist Konrad Ortlieb überzeugt. Zahlreiche Stammgäste schätzen die gute Küche, aber das allein ist nicht das Erfolgsgeheimnis. Das Restaurant ist ein Familienbetrieb, und während Konrad Ortlieb kreativ in der Küche zugange ist, kümmert sich seine Frau Christa um die Gäste und sorgt mit Herz und Verstand dafür, dass sich alle wohlfühlen. 30 Personen haben in der gemütlichen Gaststube Platz, auf der geräumigen Terrasse im Biergarten sind es weitere 45. Bei all der vielen Arbeit gibt es täglich ein festes Ritual bei Konrad und Christa Ortlieb: Das gemeinsame Mittagessen mit ihren vier Kindern Hannah, Bendix, Victor und Valentin am großen Familientisch, denn auch die Kinder genießen das, was der Vater mit Fantasie und Freude in seiner Bio-Küche zubereitet hat.

»Wenn die Qualität nicht stimmt, schmeckt man das«, ist Konrad Ortlieb überzeugt, an seiner Seite Ehefrau Christa.

GASTHAUS HIRSCHEN | MÜLLHEIM-BRITZINGEN

Markgräfler Gutedelschaumsüppchen

Das »Gasthaus Hirschen« in Britzingen liegt mitten im malerischen Markgräflerland, einer traditionellen Weingegend. Dessen wichtigste Weinsorte, der Gutedel, wird hier von Chefkoch Martin Schumacher zum Geschmacksgeber für ein feines Süppchen gemacht. Die Gutedeltraube wird im Marktgräflerland schon seit Jahrhunderten kultiviert und gedeiht hier wegen der guten Boden- und Klimabedingungen besonders gut und weitaus häufiger als anderswo in Deutschland. Der daraus gekelterte Weißwein zeichnet sich durch Frische und Leichtigkeit aus und ist, je nach Ausbau, mal süffig, mal trocken im Geschmack. Für sein Markgräfler Gutedelschaumsüppchen verwendet Martin Schumacher jedoch stets einen trockenen Tropfen.

Do-schmeckts-Tipp
Richtig rund wird die Suppe erst durch den Schuss Winzersekt am Ende, Martin Schumacher bevorzugt dabei einen Weißburgundersekt aus der lokalen Winzergenossenschaft. Dieser ist fruchtig im Ansatz, im Trunk dezent mild und knackig-frisch im Abgang. Die Winzergenossenschaft Britzingen produziert schon seit dem Jahr 1979 hervorragenden, zum Teil prämierten Sekt. Alle Sekte werden grundsätzlich zur zweiten Gärung auf die Flasche gefüllt und lagern dann mindestens 9 Monate auf der Hefe, bevor sie schließlich degorgiert werden, d.h. bevor das Hefedepot wieder entfernt wird. So erreichen die Britzinger Sekte höchste Qualität.

1 Die Zwiebel schälen und halbieren, eine Hälfte mit dem Lorbeerblatt und den Nelken spicken. In einem Topf Wein und Brühe mit den Zwiebelhälften aufkochen und offen bei mittlerer Hitze 15 Min. köcheln lassen. Dann 400 g Sahne dazugießen, erneut aufkochen und noch einmal 10 Min. leise köcheln lassen.

2 Restliche Sahne und Eigelbe verrühren. Den Topf vom Herd nehmen, die Zwiebelhälften herausnehmen. Die Sahne-Eigelb-Mischung einrühren und die Suppe leicht damit binden. Mit Salz und Muskatnuss abschmecken. Die Suppe mit dem Stabmixer schaumig aufschlagen, zuletzt den Sekt unterrühren. Die Gutedelrahmsuppe auf vier tiefe Teller oder Suppenschalen verteilen, nach Belieben noch mit etwas Schnittlauch garnieren und servieren.

Zutaten

- 1 Zwiebel
- 1 Lorbeerblatt
- 2 Gewürznelken
- ½ l Gutedel (trocken)
- ½ l Fleischbrühe
- 500 g Sahne
- 2 Eigelb
- 1 Schuss Winzersekt (brut; z.B. Weißburgunder)
- Muskatnuss (frisch gerieben)
- Salz

Angaben für 4 Personen
Schwierigkeitsgrad

BIO-RESTAURANT AM FELSENKELLER | STAUFEN

Geeiste Gurkensuppe mit Dill

Gemäß der Philosophie des Restaurants »Am Felsenkeller« möchte Inhaber und Chefkoch Konrad Ortlieb seine Gäste stets mit dem Guten bezaubern. Manchmal sind es die kleinen Details in einem Gericht, in denen ein unvergleichlicher Geschmack steckt. In dieser Suppe aus frischen Gurken, alemannisch Guckummere oder Gugumerä, besticht regional angebauter Dill mit seinem frischen anisartigen Aroma, das in Hülle und Fülle in seinen feinen Blättern steckt. Geeist aufgetischt, ist diese Gurkensuppe die perfekte Erfrischung an heißen Sommertagen.

Die Gurke waschen und mit der Küchenreibe fein raspeln. Den Dill waschen und trockentupfen, die Spitzen abzupfen und fein hacken. Den Joghurt mit Gurkenraspeln und Dill verrühren, mit etwas Milch bis zur gewünschten Konsistenz verdünnen. Die Suppe mit Salz und Pfeffer abschmecken und 1 bis 2 Std. in den Kühlschrank stellen. Falls die Suppe dann noch nicht kalt ist, zugedeckt noch kurze Zeit in das Tiefkühlfach stellen. Die eiskalte Suppe auf tiefe Teller oder Suppenschalen verteilen und servieren.

Küchengeheimnisse

»Auch der heute nur noch selten in der Küche verwendete Borretsch passt hervorragend zu dieser Suppe. Anstatt Dill eine Handvoll Borretschblätter fein hacken und unter die Suppe rühren. Beim Servieren dann noch mit den hübschen blauen Borretschblüten garnieren – diese sind essbar und haben einen leicht süßlichen Geschmack.«

Zutaten

1	Salatgurke
½ Bund	Dill
1 Becher	Naturjoghurt
	(250 g; 1,5 % Fett)
	Milch
	Salz | Pfeffer

Angaben für 4 Personen
Schwierigkeitsgrad

GASTHAUS HIRSCHEN | MERZHAUSEN

Zweierlei-Paprikaschaum-Suppe

Paprikaschoten aus heimischem Anbau sind mit einem Marktanteil von rund zwei Prozent noch eine Rarität. Das liegt unter anderem an den hohen Ansprüchen der Pflanzen bei Temperatur und Sonneneinstrahlung. Mit über 30 Hektar liegt die Hälfte der Anbauflächen in Baden, etwa im Hegau und auf der Bodenseeinsel Reichenau – Tendenz steigend! Grund ist das badische Mikroklima, welches das wärmste in Deutschland ist. Die heimische Ernte beginnt im März und endet im November – genug Zeit, um dieses feine Süppchen aus dem »Gasthaus Hirschen« in Merzhausen zu probieren.

1. Rote und gelbe Paprikaschoten längs halbieren, entkernen, waschen und separat klein schneiden. Die Zwiebeln schälen und in kleine Würfel schneiden. Butter in zwei Töpfen erhitzen. Beide Paprikasorten getrennt mit jeweils der Hälfte der Zwiebeln in etwa 8 bis 10 Min. weich dünsten.

2. Die Paprika in beiden Töpfen mit je ½ EL Mehl bestäuben und kurz anschwitzen, jeweils mit 50 ml Weißwein und Vermouth ablöschen und etwas verkochen lassen. Brühe, Sahne und Milch auf beide Töpfe aufteilen, jeweils aufkochen lassen, und beide Suppen mit dem Stabmixer fein pürieren. Saure Sahne in beide Suppen geben, jeweils mit Salz, Pfeffer und Muskatnuss würzen. Nach Belieben noch etwas getrockneten Oregano unter beide rühren.

3. Die gelbe Suppe zusätzlich mit Kurkuma abschmecken, die rote Suppe mit Paprikapulver und Tomatenmark. Die Suppen noch einmal schaumig aufmixen. Beide Flüssigkeiten mithilfe von zwei Suppenkellen gleichzeitig und vorsichtig auf einen tiefen Teller gießen, sodass sie sich nicht vermischen. Die anderen Teller ebenso füllen. Nach Belieben noch mit gedünsteten Paprikawürfeln und Kräutern garnieren und servieren.

Küchengeheimnisse

»Paprika harmoniert auch perfekt mit fruchtigen und scharfen Aromen, und gerade der Kontrast beider sorgt für einen besonderen Kick. Ich schmecke die gelbe Paprikasuppe daher gerne noch mit abgeriebener Bio-Orangenschale und etwas frisch gepresstem Orangensaft ab, die rote Paprikasuppe dagegen mit einem Hauch Piment d'Espelette. Dieses Chili-Gewürz aus dem französischen Teil des Baskenlandes hat ein ganz besonderes Aroma: Es ist leicht scharf, dabei sehr fruchtig und geschmackvoll mit einer leichten Rauchnote. Eine tolle Ergänzung zu den roten Paprikaschoten.«

Zutaten

- 2½ **Paprikaschoten** (gelb)
- 2½ **Paprikaschoten** (rot)
- 4 **Zwiebeln**
- 2 EL **Butter**
- 1 EL **Weizenmehl**
- 100 ml **Weißwein** (trocken; z. B. Weißburgunder)
- 100 ml **Vermouth** (z. B. Noilly Prat)
- 600 ml **Gemüsebrühe**
- 200 g **Sahne**
- 200 ml **Milch**
- 200 g **saure Sahne**
- 1 TL **Kurkuma** (gemahlen)
- 1 TL **Paprikapulver** (edelsüß)
- 1 EL **Tomatenmark**
- **Muskatnuss** (frisch gerieben)
- **Salz | Pfeffer**

Angaben für 4 Personen
Schwierigkeitsgrad

BIO-RESTAURANT AM FELSENKELLER | STAUFEN

Erbsensuppe mit Blutwurst

Während Erbsen in den letzten Jahrzehnten vielfach ein Schattendasein als Konservengemüse fristeten, rief das Erscheinen junger Erbsen am Hofe Ludwigs XIV. Entzücken hervor. Sie wurden gar mit Goldstücken aufgewogen, und die Aristokraten luden auf ihr Schloss zu einem Erbsengericht ein, wie man heute zu Hummer oder Kaviar einlädt. Da frische Erbsen nur wenige Tage haltbar sind, ließ der Sonnenkönig sie schließlich rund ums Jahr in seinen Gewächshäusern anbauen. Heute hat sich das industrielle Schockfrosten als beste Methode herausgestellt, den feinen Geschmack der jungen Erbsen zu konservieren. Auch Konrad Ortlieb, Chefkoch des »Bio-Restaurants Am Felsenkeller« verwendet für seine Suppe gerne die feinen, süßen Markerbsen. Wohl dem, der einen Garten hat!

Do-schmeckts-Tipp
Für alle, die Blutwurst nicht so gerne mögen, hier eine schnelle Alternative: 1 kleines Bund Schnittlauch waschen, trockentupfen und in feine Röllchen schneiden. 100 g Frühstücksspeck in feine Streifen schneiden und in einer Pfanne ohne Fett knusprig auslassen. Beides auf der Suppe anrichten und servieren.

1 Zwiebel schälen und fein würfeln. Butter in einem Topf erhitzen, die Zwiebelwürfel darin andünsten. Erbsen hinzufügen und 5 Min. mitdünsten. Den Fond dazugießen und zum Kochen bringen. Zugedeckt bei schwacher bis mittlerer Hitze 15 bis 20 Min. köcheln lassen.

2 Den Topf vom Herd nehmen, den Suppenfond mit dem Stabmixer fein pürieren und anschließend durch ein Sieb passieren. Mit Salz und Pfeffer abschmecken und zugedeckt warmhalten.

3 Die Blutwurst in 4 Scheiben schneiden. Mehl auf einen Teller häufen. Butterschmalz in der Pfanne erhitzen. Die Wurstscheiben im Mehl wenden und auf beiden Seiten je 2 Min. braten. Die Suppe noch einmal mit dem Stabmixer leicht aufschäumen und auf vier Teller verteilen. Die gebratene Blutwurst zusammen mit der Suppe servieren, nach Belieben mit Minzeblättern garnieren.

Zutaten

½ **Zwiebel**
200 g **Butter**
500 g **Erbsen** (frisch oder tiefgekühlt)
1 l **Geflügelfond**
400 g **Blutwurst**
1–2 EL **Mehl**
Salz | Pfeffer

Angaben für 4 Personen
Schwierigkeitsgrad

SCHWARZWALDGASTHOF SCHLOSSMÜHLE | GLOTTERTAL

Überbackene Pilzsuppe

Die Franzosen lieben ihre Zwiebelsuppe überbacken, Hilmar Gutmann vom Restaurant des Hotels »Schlossmühle« bevorzugt sein Pilzsüppchen auf diese Art. Kein Wunder, hat doch der umliegende Schwarzwald – unterstützt von den Pilzzüchtern und -händlern der Region – eine Vielzahl von Pilzen zu bieten. Die Steinpilzsaison beginnt beispielsweise bereits im Mai, während sich die Pfifferlinge ab Juni dazugesellen. Zucht-Champignons sind ganzjährig in gleichbleibender Qualität erhältlich. Wichtig: Das Sammeln ist nur für den Eigenbedarf gestattet. Außerdem droht bei vielen Pilzen Verwechslungsgefahr – also immer nur ganz frische Pilze verwenden, bei denen die Art sicher bestimmt werden kann und die Genießbarkeit garantiert ist.

Do-schmeckts-Tipp
Pilze sollten in der Regel nicht gewaschen werden, da sie sich schnell mit Wasser vollsaugen, an Aroma verlieren und beim Braten matschig werden. Für die häufig stark verschmutzten Pfifferlinge gibt es aber einen tollen Trick: Die Pfifferlinge mit Mehl bestäuben, sodass sie rundherum bedeckt sind. Dann kurz waschen, dabei löst sich das Mehl samt Erde von den Pilzen. Pilze rasch aus dem Wasser nehmen und mit Küchenpapier trockentupfen.

1. Die Schalotte und den Knoblauch schälen und fein würfeln. Pilze putzen, trocken abreiben (siehe Küchengeheimnisse) und in Scheiben schneiden. Öl in einem Topf erhitzen, Schalotten- und Knoblauchwürfel, Pilze und Kräuter darin andünsten. Mit Salz und Pfeffer würzen, mit Weißwein ablöschen und etwas einkochen lassen. Dann die Brühe dazugießen, zum Kochen bringen und die Suppe vom Herd ziehen.

2. Den Backofengrill vorheizen. Eigelbe und Schlagsahne verrühren. Die Hälfte der Eigelbsahne (Legierung) unter die Suppe rühren und diese damit leicht binden. Die Suppe nun nicht mehr kochen lassen, da das Ei sonst gerinnt.

3. Die Suppe mit Salz und Pfeffer abschmecken und in 4 ofenfeste Suppentassen füllen. Die restliche Eigelbsahne darauf verteilen. Unter dem heißen Grill im Backofen etwa 1 bis 2 Min. überbacken, bis die Haube leicht gebräunt ist. Zum Servieren nach Belieben mit Schnittlauchröllchen bestreuen.

Zutaten

1	**Schalotte**
2	**Knoblauchzehen**
125 g	**Pilze** (gemischt; z. B. Pfifferlinge, Steinpilze, Champignons)
2 EL	**Kräuter** (gemischt, gehackt; z. B. Petersilie, Rosmarin, Kerbel, Majoran)
100 ml	**Weißwein** (trocken; z. B. Weißburgunder)
¾ l	**Fleisch- oder Gemüsebrühe**
2	**Eigelbe**
100 g	**Sahne** (geschlagen)
1 EL	**Öl** (zum Dünsten)
	**Salz	Pfeffer**

Angaben für 4 Personen
Schwierigkeitsgrad ●●○

Die Hörner bleiben dran im Breisgau – artgerechte Haltung für hochwertigen Käse

von Nina Hoffmann

In der Region Breisgau-Hochschwarzwald gibt es ca. 440 Milchbetriebe. Im Gegensatz zu den riesigen Milchfabriken in Nord- und Ostdeutschland handelt es sich noch oft um bäuerliche Familienbetriebe. Besonders wichtig für den Schwarzwald ist die Weidehaltung. Dabei geben die Kühe nicht nur Milch, sondern sie sorgen intensiv dafür, dass die Landschaft nicht zuwuchert und für Bewohner und Touristen attraktiv bleibt.

Die Kühe vom Glocknerhof beweiden im Sommer die flacheren Abhänge im Münstertal. Der Schwarzwaldhof ist bereits 300 Jahre alt und wird in der vierten Generation von Familie Glockner bewirtschaftet (Fotos: Nina Hoffmann).

Hier stellen wir Ihnen nun zwei regionale Bauernhöfe vor, die jenseits der Großmolkereien alternative Vermarktungsmöglichkeiten gefunden haben und sich dabei intensiv um die Landschaftspflege bemühen:

Käserei Glocknerhof

Familie Glockner-Brenneisen betreibt im Münstertal ihren Bio-Bauernhof »Glocknerhof«. Hier werden Kühe und Ziegen artgerecht behandelt. »Roboter gibt es hier auf unserem Hof nur einen, der saugt unser Haus«, sagt Cornelia Brenneisen und lacht dabei. Sie bewirtschaftet den Glocknerhof zusammen mit ihrem Mann Markus Glockner in der vierten Generation – von industriellen Melkrobotern hält man im Familienbetrieb gar nichts.

Das Bauernhaus liegt in einem Seitental am Fuße des 1414 Meter hohen Belchen. Seit 1999 verarbeitet die Familie dort die gesamte Kuh- und Ziegenmilch in der eigenen Hofkäserei zu hochwertigen Käse und Milchprodukten, frei von jeglichen Zusatz- und Konservierungsstoffen.

Die hohen Ansprüche der Familie an ihre Produkte beginnen bereits beim Tierfutter. Die 26 Kühe und rund 30 Milchziegen fressen im Sommer frisches Gras auf den steilen Schwarzwaldwiesen. Im Winter gibt es das als getrocknetes Heu, das Vater und Sohn mit Hilfe eines Heutrockners eingelagert haben. Die Familie, die seit 2001 nach den Regeln von »Bioland« produziert und wirtschaftet, verzichtet komplett auf Silofutter.

Die Ziegen fressen frisches Gras und würzige Kräuter an den Steilhängen im Münstertal (Foto: Nina Hoffmann).

Die Philosophie, mit der die Familie ihren Bio-Hof führt, ist bereits beim ersten Blick auf die Kühe zu erkennen. Sie besitzen neben Namen auch noch ihre Hörner. »Wir wollen nicht in die Schöpfung eingreifen. Es muss einen Grund geben, warum die Tiere Hörner haben«, erklärt Cornelia Brenneisen ihre ethische Überzeugung. Und die kostet Platz und Geld: Im neuen Offenstall gibt es pro Kuh fast den doppelten Platz im Vergleich zu Ställen mit hörnerlosen Kühen. Und das scheint den Kühen zu gefallen. Der Milchertrag ist um zehn Prozent gestiegen, und die Tiere werden seltener krank.

Im Herbst wird deutlich, dass das Weiden für die Kühe und Ziegen körperliche Arbeit bedeutet. Die Milchmenge hat sich bis auf ein Drittel reduziert. »Im Frühjahr ist unser Käsekeller gut gefüllt«, sagt Cornelia Brenneisen. »Im Herbst ist er leer, weil die Tiere wegen des hohen Energieverbrauchs durch die Landschaftspflege weniger Milch geben.« Aber diese Form der Landschaftspflege ist in den engen, steilen Schwarzwaldtälern oft die einzige Möglichkeit, die Wiesen zu erhalten. Maschinell sind die Hänge nicht zu bearbeiten, und über kurz oder lang würde alles wieder dicht bewaldet sein. In dieser Region könnten dann nicht nur die Bauernhöfe ihre Arbeit einstellen, auch der Tourismus würde stark zurückgehen. Von den rund 60 Hektar Land, die zum Glocknerhof gehören, sind ungefähr 40 Hektar Steilhang. Die Kühe dürfen die flacheren Abhänge beweiden, die Ziegen sind alleine schon gewichtsbedingt beim Klettern geschickter.

Der hohe Anspruch der Familie, Nutztiere als Lebewesen zu behandeln, wird mit hochwertiger Kuh- und Ziegenmilch und unglaublich gut schmeckenden Käsesorten belohnt. Zu den produzierten Kuhmilchsorten zählen u. a. Belchenkäse (Hartkäse), Herrenwalder (Schnittkäse mit Kräutern und Gewürzen), Münstertaler und Weichkäsle mit verschiedenen Gewürzen. Ziegenkäse gibt es natur oder mit Kräutern und als Schnittkäse. Da alles selbst erzeugt wird, sind nicht unbedingt immer alle Produkte vorrätig. Für Feinschmecker gibt es außerdem interessante Hof- und Käsereiführungen mit Käseprobe.

mann Philipp Goetjes (35) oft 80 bis 100 Stunden Arbeit zusammen. Gerade da ist Urlaub wichtig. »Unsere Eltern und Mitarbeiter haben uns tatkräftig unterstützt«, sagt Katharina Goetjes. »Sonst wäre so etwas nicht möglich.« Natürlich gehört dazu auch, dass die Goetjes ihren Mitarbeitern hundertprozentig vertrauen können.

Philipp Goetjes verarbeitet die gesamte Milch zu Käse und anderen Milchprodukten, die im kleinen Hofladen, in einigen Partnerbetrieben der AG

Cornelia Brenneisen vom Glocknerhof vor der Käseküche. In der Hand hält sie eine Käseharfe. Katharina Goetjes vom Breitenwegerhof mäht im Sommer von frühmorgens bis spät am Abend Gras. Das Heu braucht sie als Futter für die Kühe (Fotos: Nina Hoffmann).

Die Regionalwert AG – ein Zukunftsmodell für junge Landwirte ohne elterlichen Bauernhof

So kennt man das: Bauer oder Bäuerin wird, wer den Hof von den Eltern geerbt hat. Bei den jungen Demeter-Landwirten Katharina und Philipp Goetjes aus Eichstetten am Kasterstuhl war das ganz anders. Ihr stattlicher Breitenwegerhof gehört der Regionalwert AG mit gleich 520 Anteilseignern. Dennoch ist das Paar selbstständig tätig und hat im Alltag auf dem Bauernhof freie Hand.

»Mein Mann Philipp und ich waren gerade zehn Tage im Urlaub«, sagt Katharina Goetjes (31). Sie wirkt in der Tat entspannt und gut gelaunt, obwohl sie schon seit dem Morgen auf dem roten Traktor über die Wiesen fährt. Und bis alles Gras für das Heu gemäht ist, wird es noch ein Weilchen dauern. In einer normalen Woche, für die es natürlich auch an Sonn- und Feiertagen keine Ausnahme gibt, kommen für sie und ihren Ehe-

und auf Wochenmärkten verkauft werden. Die acht Wollschweine, deren Fleisch als Delikatesse gilt, sind eine Neuanschaffung des Ehepaars.

Vor Kurzem hat der Fuchs einige der wertvollen 200 Legehennen gestohlen, die in einem Hühnermobil leben. Das ist ein fahrbarer Hühnerstall, der es ermöglicht, die Wiesen immer wieder zu wechseln – ohne auf den Legestall zu verzichten. »Irgendwie muss sich der Fuchs da durch eine undichte Stelle im Zaun eingeschlichen haben«, vermutet Katharina Goetjes. Und teuer kommt das auch, da die neu anzuschaffenden Legehennen den Richtlinien von Demeter entsprechen müssen. In solchen Situationen finden Katharina und Philipp Goetjes ein offenes Ohr bei den Partnerbetrieben der Regionalwert AG. Man kennt sich durch die Partnertreffen der AG, die alle paar Monate stattfinden, und unterstützt sich, wo man nur kann.

Entscheidungen wie die Anschaffung der Hühner trifft das Ehepaar ohne die Anteilseigner. »Würden wir jetzt alle Kühe gegen Ziegen austauschen wollen, müssten wir das sicher besprechen«, sagt Katharina Goetjes. Bei der täglichen Arbeit auf dem Hof spürt sie nicht viel davon, dass hinter all dem so viele Aktionäre stehen. Für die Zukunft wünscht sie sich, dass der ein oder andere Anteilseigner auf dem Hof vorbeischaut. Das Ehepaar denkt sogar darüber nach, Bauernhofführungen für die Teilhaber anzubieten, um ihnen den Hof und die tägliche Arbeit genauer vorzustellen.

Alles Käse

In der Hofkäserei wird die gesamte erzeugte Milch veredelt. Neben Rohmilchkäsen werden Quark, diverse Frischkäse und Joghurt angeboten. Philipp Goetjes stellt ein breites Sortiment von Weichkäse über Schnittkäse bis zu Hartkäse in unterschiedlichen Variationen her. Die Rinde der Käselaibe wird oft mit Blumen und Kräutern verziert – ein besonders hübsches Highlight an ihrem Marktstand.

Die Produkte gibt es auf zwei Wochenmärkten in Freiburg und im eigenen Hofladen zu kaufen. Auch in Partnerbetrieben der Regionalwert AG im Umland werden die Produkte des Breitenwegerhofs angeboten.

Philipp Goetjes sammelt die Eier der Demeter-Legehennen am Hühnermobil ein (Foto: Nina Hoffmann).

Käserei Glocknerhof
Kaltwasser 2
79244 Münstertal
Telefon: 07636 | 518
www.kaeserei-glocknerhof.de

Breitenwegerhof KG
Katharina und Philipp Goetjes
Endinger Straße 55
79356 Eichstetten
Telefon: 07663 | 912727
www.breitenwegerhof.de

Ein Modell für die Landwirtschaft, die Regionalwert AG

Beim Breitenwegerhof handelt es sich um den elterlichen Betrieb von Christian Hiß. Der gründete 2006 die Regionalwert AG, in die er sein Erbe als Partnerbetrieb integrierte. Die schon von Angela Merkel ausgezeichnete AG hat das Ziel, Betriebe der regionalen ökologischen Land- und Lebensmittelwirtschaft zu finanzieren. Zu ihren Anteilseignern zählen junge Menschen, Geschäftsleute und Familien. Die meisten stammen aus der Region, und alle finden großen Gefallen am Konzept der Regionalwert AG.

Die Regionalwert AG ist außerdem an Betrieben der Verarbeitung und des Handels finanziell beteiligt. »So bildet die Regionalwert AG die ganze Wertschöpfungskette vom Acker bis auf den Teller«, erklärt Christian Hiß, der auch Vorstand der Regionalwert AG Freiburg ist.

Wer mehr über das Zukunftsmodell der Regionalwert AG erfahren möchte, findet umfassende Informationen auf www.regionalwert-ag.de.

GASTHAUS BLUME | OPFINGEN

Dinkelbrot

Wer lässt sich nicht vom würzigen Duft eines frischen Landbrotes mit kräftig brauner oder auch fein bemehlter Kruste verführen? Im »Gasthaus Blume« in Opfingen serviert es Sascha Halweg zu seinen zahlreichen kreativen Vorspeisen, die wie spanische Tapas als kleine Häppchen auf den Tisch kommen.

Do-schmeckts-Tipp

Das Mehl für seine Brotspezialitäten bezieht Sascha Halweg von der Jenne-Mühle in Tiengen, die nur drei Kilometer von seinem Haus entfernt liegt. Sie wird schon seit 300 Jahren betrieben und ist in der elften Generation im Familienbesitz. Ein Besuch der Mühle lohnt sich: Im dortigen Mühlenladen werden zahlreiche Köstlichkeiten und Spezialitäten rund ums Korn angeboten. Und wer nicht in der Nähe wohnt, kann im Online-Shop der Mühle stöbern: www.jenne-muehle.de.

1. Die Hefe zerbröckeln und mit 375 ml lauwarmem Wasser mischen und aufquellen lassen. Mit den übrigen Zutaten in eine Küchenmaschine geben und alles mit den Knethaken in 30 Min. zu einem geschmeidigen Teig kneten. Den Teig in ein bemehltes Brotkörbchen oder eine Schüssel legen und zugedeckt 1 Std. gehen lassen.

2. Den Teig auf ein bemehltes Backblech stürzen, viermal ineinander falten und zu einem runden Laib formen, noch einmal 10 Min. gehen lassen. Den Backofen auf 250° vorheizen. Eine Tasse Wasser neben den Teig auf das Blech stellen, das Brot in 45 Min. knusprig braun backen. Das fertige Brot aus dem Ofen nehmen und auf einem Kuchengitter abkühlen lassen.

Küchengeheimnisse

»Durch die Tasse Wasser im Backofen entsteht beim Backen Wasserdampf. Dieser sorgt dafür, dass das Brot eine knusprige Kruste erhält. Sie können das Brot auch während des Backens zweimal mit Wasser besprenkeln oder alternativ mit einer Sprühflasche besprühen.«

Zutaten

- ½ Würfel **Frischhefe** (ca. 20 g)
- 350 g **Dinkelmehl** (Type 550)
- 150 g **Dinkelmehl** (Type 1050)
- 125 g **Roggenmehl**
- ½ TL **Salz**
- **Mehl** (für die Verarbeitung)

Angaben für 1 Brot (ca. 800 g)
Schwierigkeitsgrad

MONDWEIDE CAFÉ & BISTRO | BADENWEILER-SEHRINGEN

Zucchinisalat mit Löwenzahn-Pesto und Ziegenfrischkäse

Einfach und doch raffiniert: In diesem Salat verbinden sich verschiedene Aromen auf vorzügliche Weise – sommerlich frische Zucchini und Tomaten, herber Löwenzahn und säuerlicher Ziegenkäse. Karl Müller-Bussdorf verwendet hierfür gerne auch Schafskäse (Feta). Dieser ist im Schwarzwald jedoch nur schwer erhältlich und wird daher aus dem Allgäu importiert. Für unser Buch hat der Koch also eine ebenso schmackhafte Variante mit lokalem Ziegenkäse entwickelt. Der stammt vom »Glocknerhof«, einem langjährigen Lieferanten der »Mondweide«. Dieser versorgt das Café zuverlässig mit Milch und allerlei Käsesorten – allesamt aus silofreier Milch, ohne Zusatzstoffe und ohne Konservierungsstoffe. Qualität, die man schmeckt!

Do-schmeckts-Tipp
Das übrige Pesto können Sie anderweitig verwenden, z.B. zu Pellkartoffeln, als Brotaufstrich oder als Sauce zu Spaghetti. Dafür das Pesto in ein Schraubglas füllen, knapp mit Öl bedecken, verschließen und bis zur Verwendung kühlstellen. Übrigens: Ein leckeres Löwenzahn-Pesto ist auch in den meisten Bio-Läden erhältlich.

1. Für das Pesto den Löwenzahn waschen, trockenschleudern, verlesen und grob hacken. Knoblauch schälen und in grobe Würfel schneiden. Die Cashewkerne grob hacken, zusammen mit den Sonnenblumenkernen in einer Pfanne ohne Fett anrösten und wieder herausnehmen.

2. Löwenzahn, Knoblauch und Kerne im Blitzhacker mit Essig, Öl und 1 Prise Salz grob pürieren. Das Pesto mit Salz und Pfeffer abschmecken.

3. Zucchini und Tomaten waschen. Zucchini längs vierteln und mit dem Kartoffelschäler in dünne Streifen schneiden, den kernigen Innenteil entfernen, Tomaten vierteln. Den Löwenzahn waschen, verlesen und etwas kleinzupfen. Zucchini, Tomaten und Löwenzahn mit 4 EL Pesto mischen und auf vier Teller verteilen. Den Ziegenfrischkäse in Scheiben schneiden und darauf anrichten. Den Ziegenfrischkäse mit Öl beträufeln, den Salat servieren.

Zutaten für das Löwenzahn-Pesto

- 100 g **Löwenzahn**
- 1 **Knoblauchzehe**
- 2 EL **Cashewkerne**
- 2 EL **Sonnenblumenkerne**
- 1 EL **Aceto balsamico bianco**
- 4 EL **Rapsöl**
- **Salz | Pfeffer**

Für den Salat

- 800 g **Zucchini** (möglichst gelb und grün gemischt)
- 200 g **Kirschtomaten**
- 100 g **Löwenzahn** (ersatzweise Rucola)
- 200 g **Ziegenfrischkäse** (fest; z.B. vom »Glocknerhof« in Kaltwasser)
- 2 EL **Rapsöl**

Angaben für 4 Personen
Schwierigkeitsgrad

WIRTSHAUS ZUR SONNE | GLOTTERTAL

Sommersalat mit gebratenem Knoblauchfrischkäse

Die heimische Käseproduktion erlebt durch viele kleine Anbieter ein echtes Comeback. Einen schmackhaften Beitrag dazu leistet die Käserei auf dem »Schwendehof« in Lenzkirch. Dort wird mit viel Liebe und Leidenschaft die Milch der hofeigenen 70 Schafe sowie von den 40 Kühen vom »Hierahof« in Lenzkirch-Saig zu Joghurt, Quark und wunderbarem Rohmilchkäse verarbeitet – in bester Bio-Qualität versteht sich. Auch Familie Dilger vom »Wirtshaus zur Sonne« im Glottertal weiß die herausragende Qualität zu schätzen und ist Stammkunde bei Käser Christoph Schäfer und seinem »Käskessele«. Besonders angetan hat es Arndt Dilger der Knoblauchfrischkäse, den er anbrät und als würziges Topping für einen knackigen Sommersalat verwendet.

1 Für das Dressing 4 EL Olivenöl mit Essig, Joghurt, 1 EL Senf und 50 ml Wasser verrühren, Salatkräuter unterrühren. Mit Salz, Pfeffer und Zucker abschmecken. Den Salat verlesen, waschen und trockenschleudern. Große Blätter nach Belieben kleinzupfen. Radieschen putzen, waschen und in Scheiben schneiden. Beeren waschen und abtropfen lassen, gegebenenfalls Erdbeeren je nach Größe halbieren oder in Scheiben schneiden.

2 Aus dem Käse mit den Händen vier gleich große, flache Taler formen. Knoblauch schälen und durchpressen. Mit dem Ei und dem restlichen Senf auf einem tiefen Teller verquirlen, Mehl auf einen weiteren Teller häufen. Das Paniermehl mit den mediterranen Kräutern mischen und auf einen dritten Teller häufen. Die Käsetaler zuerst im Mehl wenden, dann durch das verquirlte Ei ziehen und zum Schluss in der Paniermehlmischung wenden.

3 Restliches Olivenöl in einer Pfanne erhitzen. Die panierten Käsetaler darin rundherum goldbraun braten, dann auf Küchenpapier abtropfen lassen. Blattsalat und Radieschen in einer Schüssel mit dem Dressing mischen und auf vier Teller verteilen. Die Käsetaler mittig daraufsetzen, gegebenenfalls die Beeren rundherum verteilen. Mit etwas Brot (z. B. Holzofenbrot) servieren.

Küchengeheimnisse

»Seit Ziegenkäse wieder in aller Munde ist, servieren wir diesen Salat auch gerne mit Ziegenfrischkäse, z. B. von »Monte Ziego« in Teningen. Seine leichte Säure harmoniert besonders gut mit Himbeeren und Erdbeeren. Im Frühling schmeckt der Salat auch mit gedämpftem Spargel statt Beeren ganz hervorragend.«

Zutaten

6 EL	**Olivenöl**
3 EL	**Weißweinessig**
2 EL	**Joghurt**
1 EL + 1 TL	**Senf** (mittelscharf)
2 EL	**Salatkräuter** (gehackt; z. B. Basilikum, Dill, Kerbel, Minze, Petersilie)
	Zucker
400–500 g	**Blattsalat** (gemischt; z. B. Lollo rosso, Lollo bionda, Eichblattsalat)
4	**Radieschen**
1 Handvoll	**Beeren** (nach Belieben; z. B. Himbeeren, Blaubeeren, Erdbeeren)
400 g	**Frischkäse** (fest; z. B. Knoblauchfrischkäse aus dem Lenzkircher »Käskessele«)
1	**Knoblauchzehe**
1	**Ei**
2 EL	**Weizenmehl**
4 EL	**Paniermehl**
1 EL	**Kräuter** (mediterran; gehackt; z. B. Rosmarin, Thymian, Oregano)
	**Salz	Pfeffer**

Angaben für 4 Personen
Schwierigkeitsgrad

LANDGASTHOF REBSTOCK | BOTTINGEN

Badischer Kartoffelsalat

Während man Kartoffelsalat im Norden am liebsten mit Mayonnaise anmacht, mag man es in Baden eine Nummer schlanker und bereitet der Salat mit würziger Fleischbrühe oder – wenn verfügbar – Schäufelebrühe zu. So findet er sich dann in fast jedem badischen Gasthof leicht variiert auf der Speisekarte, denn ohne Kartoffelsalat schmecken badische Favoriten wie Schäufele, Wienerle und Bauernwürste nur halb so gut.

Do-schmeckts-Tipp

Für diesen Salat eignet sich die Kartoffelsorte Sieglinde. Sie können den Salat aber auch mit einer weiteren Spezialität zubereiten, dem Blauen Schweden. Diese alte Sorte, Kartoffel des Jahres 2006, ist bestens geeignet für einen blauen Kartoffelsalat und sorgt mit ihrer ungewöhnlichen Farbe für Erstaunen, besonders wenn Kinder mitessen. Der Salat schmeckt auch sehr gut, wenn sie ihn mit Schäufelebrühe (siehe Seite 225) zubereiten. Mit dem Schäufele dazu haben Sie im Übrigen auch eine perfekte badische Mahlzeit auf dem Teller. Die restliche Brühe können Sie sehr gut portionsweise in Eiswürfelbehältern einfrieren, in Gefrierbeutel umfüllen und bei Bedarf passgenau für Suppen, Eintöpfe oder Kartoffelsalat entnehmen.

1 Die Kartoffeln nur waschen und bei schwacher bis mittlerer Hitze 25 bis 30 Min. garkochen. Die Kartoffeln abgießen, kurz ausdampfen lassen, noch heiß schälen und in dünne Scheiben schneiden bzw. hobeln.

2 Die Zwiebel schälen und in feine Würfel schneiden. Öl in einer Pfanne erhitzen, die Zwiebelwürfel darin andünsten und zu den Kartoffeln geben. Die Brühe erhitzen.

3 Brühe, Essig und Senf zu den Kartoffeln geben, alles vorsichtig mischen, bis die Masse durch die austretende Stärke leicht bindet. Das Sonnenblumenöl unterrühren, den Salat mit Salz und Pfeffer abschmecken. Anschließend abkühlen lassen, bis er lauwarm ist, dabei gelegentlich behutsam mischen. Zum Servieren nach Belieben mit Essiggurken, gekochtem Ei und Petersilie bzw. Schnittlauch garnieren.

Zutaten

- 1 kg **Kartoffeln** (festkochend)
- 1 **Zwiebel** (ca. 100 g)
- 200 ml **Fleischbrühe** oder **Schäufelebrühe** (siehe Do-schmeckts-Tipp und Seite 225)
- 50 ml **Branntweinessig**
- 1 TL **Senf** (mittelscharf)
- 60 ml **Sonnenblumenöl**
- **Öl** (zum Braten)
- **Salz | Pfeffer**

Angaben für 4 Personen
Schwierigkeitsgrad

GASTHAUS HIRSCHEN | MÜLLHEIM-BRITZINGEN

Ochsenmaulsalat

Das »Gasthaus Hirschen«, seit 1905 ein reiner Familienbetrieb, widmet sich voll und ganz der frischen und regionalen Küche. Da darf natürlich der urtypisch badische Ochsenmaulsalat nicht fehlen. In früheren Zeiten, als das gute und edle Fleisch der Oberschicht vorbehalten war, verwendeten die Bauern das einfache Maulfleisch des Ochsen und stellten daraus einen Fleischsalat her. Auch wenn diese Zeiten längst vorbei sind, ist es zu begrüßen, dass sich das Rezept gehalten hat, denn so wird das ganze Tier verwertet. Zwar traut sich nicht jeder an dieses bodenständige Gericht, aber der Ochsenmaulsalat hat noch immer eine treue Anhängerschaft, weshalb er als Spezialität einen festen Platz auf der Speisekarte im »Gasthaus Hirschen« hat.

Do-schmeckts-Tipp
Die klassische Beilage zum Ochsenmaulsalat sind Brägele (Bratkartoffeln). So wird daraus im Handumdrehen eine sättigende Mahlzeit. Dazu ein frisch gezapftes Pils: einfach herrlich!

Die Zwiebeln schälen und in feine Würfel schneiden. Den Schnittlauch waschen, trockentupfen und in feine Röllchen schneiden. Senf, Zucker und 1 TL Salz mit dem Schneebesen glattrühren, das Öl nach und nach unterschlagen. 150 ml Wasser, Essig, Zwiebeln und Schnittlauch hinzufügen und alles verrühren. Die Ochsenmaulstreifen mit dem Dressing verrühren, den Salat mit Salz abschmecken und servieren. Wir garnieren unseren Salat gerne mit Rucola oder Mesclun-Salat, gefächerten Essiggurken und geviertelten Kirschtomaten. Zum Abschluss mahlen wir noch etwas Pfeffer grob darüber.

Zutaten

- 2 **Zwiebeln** (rot)
- 2 Bund **Schnittlauch**
- 2 EL **Dijon-Senf**
- 1 EL **Zucker**
- 150 ml **Sonnenblumenöl**
- 150 ml **Rotweinessig**
- 800 g **Ochsenmaul** (beim Metzger vorgegart und in dünne Scheiben geschnitten bestellen)
- **Salz**

Angaben für 4 Personen
Schwierigkeitsgrad

WINZERHAUS REBSTOCK | VOGTSBURG-OBERBERGEN

Carpaccio vom badischen Schäufele

Das badische Schäufele steht für bodenständigen Genuss. Es war schon immer die Krönung einer bäuerlichen Mittagstafel, kein Familienfest fand ohne das gepökelte und gesottene Schulterstück vom Schwein statt. Auch bei Familie Keller vom »Winzerhaus Rebstock« in Oberbergen mitten im Kaiserstuhl hat das Schäufele eine lange Tradition – das Rezept von Oma Irma ist legendär. Heute geht es im »Rebstock« immer noch bodenständig, aber doch etwas feiner zu. Zur traditionellen badischen Küche gesellt sich inzwischen ein mediterraner Einfluss. Dem badischen Klassiker Schäufele steht die Prise mittelmeerischer Raffinesse ganz besonders gut.

1 Das Schäufele in einem Topf knapp mit leicht gesalzenem Wasser bedecken. Langsam zum Kochen bringen und zugedeckt bei schwacher Hitze 1½ bis 2 Std. köcheln lassen. Danach aus dem Sud nehmen und abkühlen lassen. Anschließend zugedeckt 2 Std. kühlstellen.

2 Den Salat waschen, große Blätter klein zupfen. Radieschen putzen und waschen, zunächst in Scheiben, dann in Stifte schneiden. Tomaten waschen und halbieren. Schalotten schälen und in kleine Würfel schneiden. Schnittlauch waschen, trockentupfen und in feine Röllchen schneiden. Salatblätter, Radieschen, Tomaten und Schalotten mischen.

3 Für die Vinaigrette Essig, Senf und 1 TL Meerrettich verrühren, das Traubenkernöl nach und nach unterschlagen. 2 EL Schnittlauch unterrühren, mit Salz, Pfeffer, Meerrettich und etwas Zucker abschmecken.

4 Das Schäufele aus dem Kühlschrank nehmen, mit der Brotschneidemaschine oder einem scharfen Messer etwa 400 g davon in dünne Scheiben schneiden (das restliche Schäufele anderweitig verwenden, z. B. heiß mit Kartoffelsalat servieren). Die Scheiben auf vier Tellern auslegen, die Salatmischung darauf anrichten. Die Vinaigrette darüberträufeln, mit dem restlichen Schnittlauch garnieren und servieren. Dazu reichen wir Baguette.

Do-schmeckts-Tipp
Weinempfehlung vom Weingut Franz Keller: Grauburgunder Spätlese trocken, z. B. Oberbergener Bassgeige Grauburgunder »Vum Kähner« VDP Erste Lage.

Küchengeheimnisse

»In unserer Vinaigrette dominiert geschmacklich die Meerrettichnote. Senf-Fans können diese jedoch auch nur mit Senf zubereiten. Mittlerweile ist die Auswahl an Sorten, die etwa auf dem Freiburger Münstermarkt angeboten werden, fast unüberschaubar. Ich mag besonders gerne fruchtigen Feigensenf oder süßlich-nussigen Honig-Mohn-Senf. Jeweils 1–2 TL zusätzlich zum Dijon-Senf unter die Marinade rühren und wie beschrieben fertigstellen.«

Zutaten

1	Schäufele (gepökelte und geräucherte Schweineschulter; ca. 1 kg; ohne Knochen)
200 g	Mischsalat
1 Bund	Radieschen
250 g	Kirschtomaten
2	Schalotten
15 g	Schnittlauch
2 EL	Rotweinessig
1 TL	Dijon-Senf
1–2 TL	Meerrettich (frisch gerieben)
6 EL	Traubenkernöl
	Salz	Pfeffer
	Zucker

Angaben für 4 Personen
Schwierigkeitsgrad

GASTHAUS ZUM KREUZ | KAPPEL

Badischer Wurstsalat

Wenn es in den Traditionsgasthäusern Badens keinen Wurstsalat auf der Speisekarte gibt und stattdessen nur Internationales serviert wird, kann dies durchaus das öffentliche Gemüt erregen. So hat der Musiker Helmut Dold, besser bekannt unter seinem Alias »De Hämme«, zur Rettung des Wurstsalats einen Protestsong erschaffen. »Un ich finds eifach schad, uff eurer Speisekart, da fehlt de Wurschdsalat!«, singt der überzeugte Alemanne. Auch sein Verein »Rettet den Wurstsalat e.V.« widmet sich dem Traditionsgericht. Glücklicherweise wird im »Gasthaus zum Kreuz« ein Wurstsalat nach klassischer Art aufgetischt, was nicht nur de Hämme erfreuen dürfte.

Do-schmeckts-Tipp

Für einen badischen Wurstsalat eignet sich die »Höri-Bülle« am besten, eine rote Speisezwiebel, die seit vielen Jahrhunderten auf der Bodenseehalbinsel Höri angebaut wird. Sie ist sehr mild im Geschmack und nicht so scharf wie viele andere Zwiebelsorten. Ihr zu Ehren wird sogar ein Fest gefeiert. Einmal im Jahr steht die Gemeinde Moos am Untersee kopf, wenn das »Büllefest« begangen wird, auf dem allerlei Produkte rund um die schmackhafte Zwiebel angeboten werden.

1 Für das Dressing die Zwiebeln schälen und in feine Würfel schneiden. Den Schnittlauch waschen, trockentupfen und in feine Ringe schneiden. Essig und Senf verrühren, das Öl nach und nach unterschlagen, mit etwas Salz und Pfeffer abschmecken, Zwiebelwürfel und Schnittlauchringe (bis auf 2 EL) unterrühren, 5 Min. ziehen lassen.

2 Die Kalbslyoner in feine Streifen schneiden, diese mit dem Dressing verrühren, noch einmal kurz ziehen lassen und nach Belieben noch mit etwas Salz und ordentlich Pfeffer abschmecken. Den Salat auf vier Teller verteilen. Nach Belieben mit Rettich, Zwiebelringen, Essiggurken und Ei garnieren und servieren.

Zutaten

- 2 **Zwiebeln** (z. B. Höri-Bülle; siehe Do-schmeckts-Tipp)
- 1 Bund **Schnittlauch**
- 6 EL **Weißweinessig**
- ½ TL **Dijon-Senf**
- 6 EL **Sonnenblumenöl**
- 900 g **Kalbslyoner** (in Scheiben)
- **Salz** | **Pfeffer**

Angaben für 4 Personen
Schwierigkeitsgrad ●●●

GASTHAUS ZUM KREUZ | KAPPEL

Bibbeleskäs

Wie der alemannisch klingende Name »Bibbeleskäs« oder »Bibiliskäs« vermuten lässt, hat man es hier mit einer typisch badischen Spezialität zu tun. Hühnerküken (alem. »Bibbele«) wurden nach dem Schlüpfen mit Quark aufgepäppelt. Traditionell stellte man den Käse aus saurer und gestockter Milch her, die dann in einem löchrigen Sieb, dem Käsenapf, solange abtropfte, bis eine feste Masse übrigblieb. In der heutigen Zeit wird er in der Regel aus normalem Quark hergestellt und häufig mit Zwiebeln und Kräutern verfeinert. Als bodenständiger, aber überaus schmackhafter »Dip« wird er gerne als Beilage gereicht.

Quark, Schichtkäse und Sahne verrühren, so viel Mineralwasser unterrühren, dass eine luftige Creme entsteht. Mit Salz und Pfeffer abschmecken. Den Schnittlauch waschen, trockentupfen und in feine Röllchen schneiden. 2 EL Schnittlauch abnehmen, den Rest unter den Bibeliskäs rühren. Diesen auf Schälchen verteilen, mit dem restlichen Schnittlauch garnieren und servieren.

Küchengeheimnisse

»Die ursprüngliche Version des Bibbeleskäs dürfen wir heutzutage im Gasthofbetrieb aus hygienischen Gründen nicht mehr anbieten. Dafür Milch direkt vom Bauern oder »Vorzugsmilch« aus dem Naturkostladen verwenden und bei Zimmertemperatur stehen lassen, bis sie sauer wird und andickt. Dann alles in den Käsenapf (Form mit vielen Löchern) füllen oder ein Sieb mit einem sauberen Küchentuch auslegen, über einen Topf hängen und die Masse hineinfüllen. Zugedeckt im Kühlschrank 1 Tag abtropfen lassen. Die fertige Masse stürzen und mit etwas Sahne zu einer glatten Masse verrühren: Voilà, original Bibbeleskäs!«

Zutaten

500 g **Magerquark**
500 g **Schichtkäse**
100 g **Sahne**
1 Bund **Schnittlauch**
Mineralwasser
(mit Kohlensäure)
Salz | Pfeffer

Angaben für 4 Personen
Schwierigkeitsgrad

Tafelspitzsülze mit bunter Vinaigrette

Auf der Speisekarte eines zünftigen Landgasthofes darf natürlich eine hausgemachte Sülze nicht fehlen. Die Oberles aus Auggen haben diese feine Version aus Tafelspitz und verschiedenen Gemüsen kreiert, die sich als wahrer Allrounder erweist. Sie lässt sich als Vorspeise mit etwas Auggener Rebchnure-Brot ebenso genießen wie als Zwischengang in einem bodenständigen Menü oder zusammen mit Brägele, den badischen Bratkartoffeln, als Protagonist eines herzhaften Hauptgangs. Die ideale Zeit für die Tafelspitzsülze sind die wärmeren Monate des Jahres, da die Sülze in Verbindung mit der feinen Säure der Vinaigrette erfrischend schmeckt. Zusammen mit einem kalten Pilsener ein echt badischer Genuss!

Do-schmeckts-Tipp

Zur Sülze passen Bratkartoffeln (Brägele). Dafür 400 g fest kochende Kartoffeln (am Vortag gekocht) in Scheiben schneiden. 1 EL Öl in einer Pfanne erhitzen, die Kartoffeln darin langsam rundherum goldbraun braten. Mit Salz und Pfeffer abschmecken und dazu servieren.

Zutaten für die Sülze

- 1 Stange **Lauch**
- 4 **Karotten**
- 1 **Sellerieknolle** (klein)
- 1 Bund **Petersilie**
- 800 g **Tafelspitz** (vom Rind)
- 70 g **Aspikpulver** (ungewürzt, klar; siehe Küchengeheimnisse)
- **Muskatnuss** (frisch gerieben)
- **Salz | Pfeffer**

Für die Vinaigrette

- 2 **Tomaten**
- 1 **Zwiebel** (rot)
- 2 **Essiggurken**
- 1 Bund **Schnittlauch**
- 2 EL **Dijon-Senf**
- 200 ml **Rotweinessig** (mild)
- 200 ml **Tafelspitzfond** (von der Sülze)
- 100 ml **Traubenkernöl**
- **Salz | Pfeffer**

Angaben für 6–8 Personen
Schwierigkeitsgrad ●●●

1. Für die Sülze den Lauch putzen, in kleine Würfel schneiden, waschen und abtropfen lassen. Karotten und Sellerie waschen, schälen und ebenfalls in kleine Würfel schneiden, Gemüseabschnitte dabei aufbewahren. Petersilie waschen und trockenschütteln.

2. Tafelspitz, Gemüseabschnitte und Petersilie in einem Topf mit 3 l Salzwasser bedecken. Zum Kochen bringen und zugedeckt bei schwacher bis mittlerer Hitze etwa 1 Std. köcheln lassen, dabei gelegentlich den entstehenden Schaum abschöpfen.

3. Den Tafelspitz aus dem Fond heben und beiseitelegen. Den Fond durch ein Sieb gießen, mit Salz, Pfeffer und Muskatnuss würzen und erneut aufkochen. Die Gemüsewürfel darin 1 bis 2 Min. blanchieren und mit einem Schaumlöffel wieder herausheben und beiseitestellen. Den Topf vom Herd nehmen, den Fond abkühlen lassen.

4. Den abgekühlten Tafelspitz zunächst in Scheiben, dann ebenfalls in kleine Würfel schneiden und in einer Schüssel mit den Gemüsewürfeln mischen. Das Aspikpulver mit 200 ml des kalten Tafelspitzfonds anrühren und quellen lassen. ½ l Tafelspitzfond in einem Topf erwärmen und vom Herd nehmen, die Aspik-Fond-Mischung einrühren und kurz ziehen lassen.

5. In eine Terrinenform (30 x 7 x 7 cm) eine dünne Schicht des Aspik-Fonds füllen und fest werden lassen. Dann etwa 1 cm dick die Fleisch-Gemüse-Mischung einfüllen, knapp mit dem Aspik-Fond bedecken und wieder fest werden lassen. Diese Schichtung wiederholen, bis alles verbraucht ist, die Sülze zugedeckt mindestens 4 Std. kühlstellen.

6. Für die Vinaigrette die Tomaten waschen und halbieren, dabei den Stielansatz entfernen. Die Tomatenhälften entkernen und in Würfel schneiden. Die Zwiebel schälen und mit den Gurken ebenfalls in Würfel schneiden. Schnittlauch waschen, trockentupfen und in Röllchen schneiden. Senf, Es-

sig und Tafelspitzfond verrühren, nach und nach das Öl unterschlagen. Die Vinaigrette mit Salz und Pfeffer abschmecken. Tomaten, Gurken, Zwiebeln und Schnittlauch unterrühren.

7 Die Terrinenform kurz in warmes Wasser tauchen, die Ränder vorsichtig mit einem Messer lösen. Die Sülze auf ein Schneidebrett stürzen und in etwa 2 cm dicke Scheiben schneiden. Die Sülze auf vier Tellern anrichten, mit der Vinaigrette beträufeln. Dazu servieren wir in unserer Wirtsstube noch Brägele (Bratkartoffeln; siehe Do-schmeckts-Tipp Seite 128).

Küchengeheimnisse

»Früher wurde das Collagen aus dem Schweinskopf gewonnen und diente als Bindeeiweiß für die Sülze. Heute ist Aspikpulver als besondere Form der Speisegelatine eine wichtige Zutat bei der Herstellung von Sülzen, die dafür sorgt, dass der Sud geliert und die Sülze schnittfest wird. Erhältlich ist Aspikpulver im gut sortierten Lebensmittelhandel. Es lohnt sich aber auch, einmal beim Metzger des Vertrauens danach zu fragen.«

GASTHAUS BLUME | OPFINGEN

Pilzmaultaschen

Es ist in den Küchen der Welt verbreitet, Füllungen aus Fleisch oder Gemüse in einer Teighülle auf die Teller zu bringen. Auch im Badischen hat man daraus eine regionaltypische Eigenkreation entwickelt: die allseits bekannten Maultaschen. In vielen Familien gibt es eigene überlieferte Maultaschen-Rezepte, die sich nicht nur in der Füllung, sondern auch der Art, wie der Teig zusammengefügt wird, unterscheiden. Hier präsentiert Sascha Halweg aus dem »Gasthaus Blume« in Opfingen seine besonders raffinierte Maultaschenversion mit vegetarischer Pilzfüllung.

1 Für die Maultaschen Mehl, 3 Eier, ½ EL Öl, 1½ TL Salz und etwas Muskatnuss in eine Schüssel geben, 4 EL Wasser hinzufügen. Die Zutaten zu einem glatten Teig verkneten. Diesen zu einer Kugel formen, in Frischhaltefolie schlagen und bei Zimmertemperatur mindestens 30 Min. ruhen lassen.

2 Für die Füllung die Pilze putzen und in Scheiben schneiden. Zwiebel, Knoblauch und das übrige Gemüse schälen und in sehr feine Würfel schneiden. Thymian waschen und trockentupfen, die Blättchen abzupfen. Rucola bzw. Sauerampfer waschen, grobe Stiele entfernen, die Blätter grob hacken.

3 Karotten und Sellerie in einem Topf mit kochendem Salzwasser in etwa 10 Min. bissfest garen. Abgießen, kalt abschrecken und abtropfen lassen. Restliches Öl in einer Pfanne erhitzen, Pilze mit Zwiebel und Knoblauch darin anbraten. Mit Weißwein ablöschen und etwas verkochen lassen. Essig, Sojasauce und Thymian dazugeben und kurz weiterdünsten. Mit Salz, Pfeffer und Muskat würzen. Je ein Viertel vom Gemüse und der Pilzmischung abnehmen, den Rest im Blitzhacker fein pürieren. Restliches Gemüse, übrige Pilzmischung und Rucola bzw. Sauerampfer unterrühren. Die Füllung mit Salz, Pfeffer und Muskatnuss abschmecken und abkühlen lassen.

4 Den Teig portionieren und auf der bemehlten Arbeitsfläche in dünnen Bahnen ausrollen. Mit dem Teigroller Quadrate von ca. 7,5 cm Seitenlänge ausschneiden. Das übrige Ei verquirlen, die Teigränder damit bestreichen. Je 1 gehäuften EL Füllung mittig auf die Teigquadrate setzen. Den Teig diagonal über die Füllung klappen, dabei die Maultaschen ohne Luftblasen verschließen und die Ränder gut zusammendrücken. Bis zur Verwendung auf der bemehlten Arbeitsfläche ruhen lassen.

5 In einem weiten Topf reichlich Salzwasser aufkochen. Die Temperatur reduzieren, die Maultaschen hineingleiten lassen und im leicht siedenden Wasser etwa 6 Min. garziehen lassen, bis sie an der Oberfläche schwimmen. Die fertigen Maultaschen aus dem Wasser heben und abtropfen lassen. Dazu serviere ich Kartoffelsalat und ein Apfel-Zwiebel-Relish (siehe Seite 214) oder Walnusspesto (siehe Küchengeheimnisse)

Zutaten

- 300 g **Weizenmehl**
- 4 **Eier** (Gr. M)
- 1½ EL **Öl**
- 200 g **Champignons**
- 100 g **Pfifferlinge, Austernpilze** oder **Steinpilze** (je nach Saison)
- ½ **Zwiebel**
- 2 **Knoblauchzehen**
- 1 **Karotte**
- 100 g **Knollensellerie**
- 1 Zweig **Thymian**
- 1 Bund **Rucola** (oder Sauerampfer)
- ¾ l **Weißwein** (trocken; z. B. Gutedel)
- 2 EL **Aceto balsamico**
- 1 EL **Sojasauce**
- **Muskatnuss** (frisch gerieben)
- **Salz | Pfeffer**
- **Mehl** (für die Arbeitsfläche)

Angaben für 4 Personen
Schwierigkeitsgrad ❋❋❋

Küchengeheimnisse

»Statt mit Apfel-Zwiebel-Relish serviere ich die Maultaschen auch gerne mit einem würzigen Walnusspesto. Dafür 1 Bund Petersilie waschen und trockentupfen, die Blätter abzupfen. 2 getrocknete Tomaten (in Öl eingelegt und abgetropft) und 50 g Parmesan in Würfel schneiden. 1 Knoblauchzehe schälen. Die vorbereiteten Zutaten mit 100 g Walnusskernen, ½ EL eingelegten Kapern und 100 ml Olivenöl in den Blitzhacker geben, mit Salz und Pfeffer würzen und fein pürieren. Noch so viel Olivenöl dazulaufen lassen, bis die gewünschte Konsistenz erreicht ist. Das Pesto mit Salz und Pfeffer abschmecken und über die Maultaschen träufeln. Restliches Pesto in ein Glas füllen, knapp mit Olivenöl bedecken, verschließen, zugedeckt kühlstellen und anderweitig verwenden.«

Zucchini-Paprika-Quiche mit Bergkäse

Es ist nicht selbstverständlich, dass einheimische Gastronomen lokale Milchprodukte einkaufen. Fabrik-Gouda kostet halt nur einen Bruchteil dessen, was der Bergkäse vom Bio-Bauern kostet. Die Landfrauen vom Café »Goldene Krone« in St. Märgen gehen jedoch keine Kompromisse ein, was die Qualität angeht: Hier darf der Käse etwas mehr kosten, dafür kommt nur Allerbestes auf den Tisch! Ein Unterschied, den man schmeckt und der gleichzeitig dafür sorgt, dass die Bio-Bauern im Schwarzwald auf nachhaltige Weise ihre Landwirtschaft betreiben können und auf diese Art die einmalige Kulturlandschaft erhalten. Auch touristisch wird der Schwarzwälder Käse erfolgreich vermarktet: An der »Käseroute im Naturpark Südschwarzwald« liegen mittlerweile 16 Hofkäsereien, bei denen nicht nur feinster Käse verkauft wird, sondern auf geführten Touren auch ein Blick hinter die Kulissen der Betriebe geworfen werden kann. Natürlich liegt auch der Schwendehof in Lenzkirch – Hauslieferant des Landfrauencafés – an dieser Route. Hier verleiht sein kräftiger Bergkäse einer Gemüsequiche eine würzige Note – einfach lecker!

1. Für den Teig Mehl, 100 ml Wasser, Öl, Eigelb und 1 Prise Salz in einer Schüssel mit den Knethaken des Handrührgeräts oder den Händen rasch zu einem glatten Teig verkneten. Den Teig zu einer Kugel formen und zugedeckt 30 Min. kühlstellen.

2. Den Backofen auf 200° vorheizen. Eine Quicheform (30 cm Ø) mit etwas Öl bepinseln. Den Teig auf der bemehlten Arbeitsfläche zu einem Kreis von etwa 34 cm Ø ausrollen. Die Form damit auslegen, dabei einen etwa 2 cm hohen Rand formen.

3. Zucchini waschen und grob raspeln. Paprika entkernen, waschen und in kleine Würfel schneiden. Den Käse entrinden und ebenfalls in kleine Würfel schneiden. Zunächst Zucchini, darüber dann Paprika und Käse gleichmäßig auf dem Teig verteilen.

4. Für den Guss Sahne, saure Sahne und Eier verrühren. Mit Kräutersalz, Pfeffer und Muskatnuss abschmecken und auf der Gemüse-Käse-Mischung verteilen. Die Quicheform auf die mittlere Schiene des Backofens schieben, die Quiche darin 45 Min. backen, bis die Oberfläche goldbraun ist.

5. Die Quiche aus dem Ofen nehmen und kurz ruhen lassen. Dann vorsichtig in Stücke schneiden, aus der Form lösen und noch heiß oder lauwarm servieren. Dazu passt ein grüner Salat.

Do-schmeckts-Tipp

Ein kulinarischer Kurzurlaub am Mittelmeer gefällig? Einfach 50 g entsteinte schwarze Oliven in Ringe schneiden. Mit Paprika und Käse auf den Zucchiniraspeln verteilen. 1 Knoblauchzehe schälen und in den Guss drücken. Nach Belieben noch je 1 TL gehackten Rosmarin und Thymian unterrühren. Wie beschrieben fertigstellen und genießen.

Zutaten

- 200 g **Weizenmehl**
- 2 EL **Öl**
- 1 **Eigelb**
- 3 **Zucchini** (à ca. 250 g)
- ½ **Paprika** (gelb)
- ½ **Paprika** (rot)
- 120 g **Bio-Bergkäse** (z. B. vom Lenzkircher »Käskessele«)
- 300 g **Sahne**
- 100 g **saure Sahne**
- 3 **Eier** (Gr. M)
- **Salz | Kräutersalz | Pfeffer**
- **Muskatnuss** (frisch gerieben)

Angaben für 1 Quiche (8 Stücke)
Schwierigkeitsgrad

RESTAURANT & WEINSTUBE HOLZÖFELE | IHRINGEN

Holzöfeles Kartoffelpizza mit Gemüse

Was alle Schweizer als Rösti lieben, findet am Kaiserstuhl als »Kartoffelpizza« glühende Verehrer. Kein Wunder, wer kann schon knusprig gebratenen Kartoffeln und allerlei regionalem Gemüse widerstehen? Christine und Robert Franke vom »Holzöfele« in Ihringen jedenfalls nicht. Deswegen ist die »Pizza« auch ein Stammgast auf der Speisekarte ihres Restaurants und schmeckt dort nicht nur Veganern und Vegetariern. Küchenchef Tobias Klomfass verrät hier seine badisch-italienische Version des eidgenössischen Klassikers.

Do-schmeckts-Tipp
Im Mai und Juni kann man die Pizza auch gut mit grünem Spargel statt Pilzen servieren. Dafür 8 Stangen waschen und im unteren Drittel schälen. Die Stangen längs halbieren und leicht salzen und zuckern. Mit den übrigen Zutaten auf die Rösti legen und im Backofen garen.

Zutaten

- 600 g **Kartoffeln** (festkochend; am Vortag gekocht)
- 8 **Tomaten**
- 4 EL **Tomatenmark**
- 1 kg **Spinat**
- 2 **Paprikaschoten** (rot und gelb)
- 100 g **Champignons**
- 1 **Zucchini** (ca. 200 g)
- 250 g **Kirschtomaten**
- **Zucker**
- **Öl** (zum Braten)
- **Muskatnuss** (frisch gerieben)
- **Salz | Pfeffer**

1. Die Kartoffeln mit der Küchenreibe raspeln, mit Salz und Muskatnuss würzen. Zwei Pfannen (ca. 20 cm Ø) erhitzen, je 1 EL Öl hineingeben. Jeweils ein Viertel der Kartoffelmasse gleichmäßig in der Pfanne verteilen und bei mittlerer Hitze in etwa 7 Min. goldbraun braten. Wenden, noch jeweils 1 EL Öl dazugeben und auf der zweiten Seite bei nicht so starker Hitze in etwa 10 Min. goldbraun braten. Herausnehmen und auf Küchenpapier abtropfen lassen. Auf diese Art zwei weitere Rösti braten.

2. Die Tomaten waschen und vierteln, die Stielansätze entfernen. Mit dem Tomatenmark in einem Topf zum Kochen bringen. Mit Salz, Pfeffer und Muskatnuss würzen und offen bei schwacher Hitze 30 Min. köcheln lassen.

3. Spinat waschen, grobe Stiele entfernen. In einem Topf reichlich leicht gesalzenes Wasser zum Kochen bringen, den Spinat darin etwa 2 Min. blanchieren. Mit einem Schaumlöffel herausheben, abtropfen lassen und in Eiswasser abschrecken. Den Spinat in ein Sieb geben und erneut abtropfen lassen.

4. Die Paprikaschoten längs halbieren, entkernen, waschen und in kleine Würfel schneiden. 1 EL Öl in einer Pfanne erhitzen, die Paprikawürfel darin etwa 3 bis 4 Min. andünsten. Mit Salz, Pfeffer und Zucker würzen und auf Küchenpapier abtropfen lassen.

5. Den Backofen auf 160° vorheizen. Die Pilze putzen, trocken abreiben und vierteln. 1 EL Öl in einer Pfanne erhitzen. Die Pilze darin rundherum anbraten, mit Salz und Pfeffer würzen. Die gekochten Tomaten durch ein Sieb passieren, die Paprikawürfel in der Tomatensauce erwärmen. Den Spinat etwas ausdrücken und grob hacken. Öl in einem Topf erhitzen und den Spinat darin erwärmen. Mit Salz, Pfeffer, Muskatnuss und Zucker abschmecken. Zucchini und Kirschtomaten waschen. Zucchini in Scheiben schneiden, die Kirschtomaten halbieren, beides leicht salzen und zuckern.

6. Die Rösti auf zwei Bleche legen, den Spinat gleichmäßig darauf verteilen. Den Rand der Rösti mit der Paprika-Tomaten-Mischung belegen. Zucchinischeiben, Kirschtomaten und Pilze mittig auf den Rösti verteilen.

Angaben für 4 Personen
Schwierigkeitsgrad

7 Beide Bleche zusammen für 20 Min. in den Backofen schieben. Dabei nach 10 Min. die Position der Bleche tauschen. Die fertigen Kartoffelpizzen vorsichtig auf vier Teller heben, nach Belieben noch mit Kräutern garnieren und servieren.

WINZERHAUS REBSTOCK | VOGTSBURG-OBERBERGEN

Gemüserisotto

Das Risotto ist zweifelsohne das bekannteste italienische Reisgericht. Das Besondere ist seine Zubereitungsart: Zunächst werden Zwiebeln und Reis angedünstet; dann werden nach und nach Brühe und Wein hinzugefügt, bis sich unter ständigem Rühren eine Konsistenz ergibt, die gerne mit dem Begriff »schlotzig« benannt wird. Nicht jede Reissorte eignet sich für die Risottozubereitung – mit »Arborio« oder »Carnaroli« sind Sie aber auf der sicheren Seite. Entscheidend für diese Risotto-Variante aus dem »Winzerhaus Rebstock« ist außerdem die Verwendung von hauseigenem Weißwein, z. B. einem Grauburgunder. Erst dadurch erhält dieses mediterrane Gericht den typischen Charakter des Kaiserstuhls, wo der Wein der Familie Keller angebaut wird.

1 Die Zwiebel schälen und in feine Würfel schneiden. Das restliche Gemüse waschen und putzen bzw. schälen und in kleine Würfel schneiden.

2 Die Brühe in einem kleinen Topf erhitzen und knapp unter dem Siedepunkt halten. In einem zweiten, größeren Topf 2 EL Butter erhitzen, die Zwiebelwürfel darin glasig dünsten. Reis und Gemüse dazugeben und kurz mitdünsten. Das Lorbeerblatt hinzufügen, mit dem Wein ablöschen, aufkochen und etwas einkochen lassen, dabei hin und wieder umrühren.

3 Nach und nach Brühe hinzufügen und offen unter gelegentlichem Rühren bei schwacher bis mittlerer Hitze immer wieder verkochen lassen. Auf diese Weise in etwa 16 bis 18 Min. ein cremiges, aber noch bissfestes Risotto kochen. Inzwischen den Parmesan fein reiben.

4 Das Risotto vom Herd nehmen, Parmesan und restliche Butter nach und nach unterrühren. Das Risotto mit Salz und Pfeffer abschmecken und auf vier tiefen Tellern anrichten. Nach Belieben noch mit etwas grob gehobeltem Parmesan und grob gemahlenem Pfeffer garnieren und servieren.

Do-schmeckts-Tipp
Zum Gemüserisotto schmeckt ein trockener Weißburgunder sehr gut, Familie Keller empfiehlt z. B. Franz Anton Weissburgunder aus dem Weinhaus Schwarzer Adler.

Küchengeheimnisse
»Das Risotto eignet sich als Hauptgericht, gibt aber auch eine perfekte Beilage ab, sei es zu gebratener Perlhuhnbrust, Riesengarnelen oder gedämpftem Lachsfilet. Auch Saltimbocca, kleine Kalbsschnitzelchen mit Schinken und Salbei, schmecken dazu hervorragend.«

Zutaten

1	Zwiebel
2	Karotten
1 Stange	Lauch
300 g	Knollensellerie
½ l	Gemüsebrühe
150 g	Butter
250 g	Risottoreis (z. B. Arborio oder Carnaroli)
1	Lorbeerblatt
375 ml	Weißwein (trocken; z. B. Grauburgunder)
200 g	Parmesan (am Stück)
	Salz	Pfeffer

Angaben für 4 Personen
Schwierigkeitsgrad

GASTHAUS BLUME | OPFINGEN

Veganes Grünkern-Kräuter-Risotto mit Ratatouille

Grünkern ist halbreif geernteter Dinkel, der durch Hitze getrocknet wurde. Urkundlich erwähnt wurde er erstmals 1660 in einer Kellereiabrechnung des Klosters Amorbach in Mainfranken – und zwar als Suppeneinlage. Aufgrund der Ernte in grünem Zustand ist der »badische Reis« besonders vitamin- und mineralstoffreich und somit auch ein idealer Bestandteil der Vollwertküche und ein Geheimtipp für jeden Vegetarier. Neben der traditionellen Grünkernsuppe lassen sich aus dem kräftig-würzigen, aromatischen, leicht nussig schmeckenden Korn auch vorzügliche Hauptspeisen wie zum Beispiel dieses Grünkern-Kräuter-Risotto herstellen, das im »Gasthof Blume« in Opfingen seine Liebhaber findet.

Zutaten für das Risotto

- 250 g Grünkern (ganz)
- 3 Schalotten
- 1 Zweig Rosmarin
- 3 Zweige Thymian
- 2 Lorbeerblätter
- 2 l Gemüsebrühe
- 100 ml Öl
- ¼ l Weißwein (trocken, z.B. Gutedel)
- 4 EL Hefeflocken (aus dem Bio-Laden)
- 50 ml Aceto balsamico
- Kreuzkümmel (gemahlen)
- Muskatnuss (frisch gerieben)
- Salz | Pfeffer

Für das Gemüse

- 4 Schalotten
- 2 Knoblauchzehen
- 2 Paprikaschoten (rot und gelb)
- 2 Zucchini (ca. 500 g)
- 1 Aubergine (ca. 200 g)
- 400 g Tomaten
- 2 Zweige Thymian
- 1 Zweig Rosmarin
- 2 EL Olivenöl
- 1 EL Zucker
- 2 EL Aceto balsamico bianco
- Salz | Pfeffer

Angaben für 4 Personen
Schwierigkeitsgrad ●●●

1. Am Vortag den Grünkern mit reichlich Wasser bedecken und über Nacht einweichen. Am nächsten Tag den Grünkern mit einem Sieb abgießen und gründlich abtropfen lassen. Schalotten schälen und fein hacken. Kräuter und Lorbeerblätter waschen und trockentupfen.

2. Die Brühe in einem Topf erhitzen und bei schwacher Hitze zugedeckt warmhalten. Das Öl in einem weiteren Topf erhitzen, Schalottenwürfel darin glasig dünsten. Den Grünkern hinzufügen und im Topf unter Rühren leicht anrösten. Mit dem Wein ablöschen, etwas verkochen lassen. Kräuter und Lorbeerblätter hinzufügen, nach und nach mit der Suppenkelle Brühe zum Grünkern geben, sodass dieser jeweils knapp damit bedeckt ist, und jeweils etwas verkochen lassen, dabei hin und wieder umrühren. Auf diese Weise etwa 30 Min. kochen, bis ein bissfestes Risotto entstanden ist.

3. Für das Gemüse Schalotten und Knoblauch schälen und in feine Würfel schneiden. Die Paprika längs halbieren, entkernen, mit den übrigen Gemüsesorten waschen und in Würfel schneiden. Kräuter waschen und trockentupfen, die Blättchen bzw. Nadeln abzupfen und fein hacken.

4. Olivenöl in einer großen Pfanne erhitzen, die Auberginenwürfel darin etwa 3 Min. anbraten. Schalotten, Knoblauch, Zucchini und Paprika dazugeben und etwa 4 Min. mitbraten. Tomaten, Kräuter, Zucker und Essig hinzufügen, mit Salz und Pfeffer würzen und zugedeckt bei schwacher Hitze etwa 10 Min. schmoren, dabei hin und wieder umrühren.

5. Kräuter und Lorbeerblätter aus dem Risotto entfernen. Die Hefeflocken unterheben, den Essig unterrühren. Mit Salz, Pfeffer, Kreuzkümmel und Muskatnuss abschmecken. Das Risotto auf vier Tellern anrichten, das Gemüse rundherum verteilen. Nach Belieben Basilikumschmelz (siehe Küchengeheimnisse) auf das Risotto geben und servieren.

Küchengeheimnisse

»Hefeflocken sind Veganern heilig, weil man daraus einen wunderbaren Käseersatz herstellen kann – den Basilikumschmelz. Diesen benutze ich in diesem Gericht gerne als würzige »Käsesauce«. Dafür ¼ l Wasser abmessen. 4 EL rein pflanzliche Margarine bei schwacher Hitze in einem Topf schmelzen. 5 TL Dinkelmehl (Type 630) einrühren. Ein Drittel des Wassers mit 2 TL Dijon-Senf dazugeben und glattrühren. Mit Salz und Pfeffer würzen. 50 g Hefeflocken unterrühren, restliches Wasser dazugießen, alles glattrühren und vom Herd nehmen. 1 Bund Basilikum (ca. 15 g) waschen und trockentupfen, die Blätter abzupfen und fein hacken. Basilikum unter den Hefeschmelz heben, mit Salz und Pfeffer abschmecken.«

GASTHOF ENGEL | SIMONSWALD

Gefüllte Tomaten mit Blattspinat und Mozzarella

Aus sicherer Quelle haben wir erfahren: Georg Schultis-Wagner vom »Gasthof Engel« in Simonswald war in seiner Jugend ein begeisterter Partygänger und eroberte als Mitglied eines Tanzmusik-Duos an jedem Wochenende die Herzen der Damenwelt. Mit der Zeit wurde er ruhiger: Statt bei den Damen lässt er heute in der Küche nichts anbrennen. Um die Badenserinnen zumindest kulinarisch zu betören, entwickelte er dieses italienisch angehauchte Gericht. Und wie er uns verraten hat, können speziell die weiblichen Gäste davon nicht genug kriegen.

1. Die Tomaten waschen, den Stielansatz herausschneiden, an der Oberseite kreuzweise einritzen und etwa 1 Min. in kochendem Wasser blanchieren. Herausnehmen, kalt abschrecken und schälen. Von den Tomaten einen Deckel abschneiden, die Kerne mit einem Löffel entfernen.

2. Den Spinat waschen und abtropfen lassen, grobe Stiele entfernen. In einem Topf reichlich Salzwasser zum Kochen bringen, den Spinat darin etwa 1 Min. blanchieren. Mit einem Schaumlöffel herausheben, in Eiswasser abschrecken und gut abtropfen lassen, dabei noch etwas ausdrücken. Die Schalotten schälen und in feine Würfel schneiden. Die Pilze putzen, trocken abreiben und in Scheiben schneiden. Den Mozzarella in Würfel schneiden. Den Spinat grob hacken. Den Backofen auf 150° vorheizen.

3. Olivenöl in einer Pfanne erhitzen, die Schalottenwürfel darin andünsten. Champignons und Spinat hinzufügen und etwa 2 bis 3 Min. mitdünsten. Dann die Sahne hinzufügen, den Knoblauch schälen und dazupressen. Mit Salz und Pfeffer würzen, zuletzt den Mozzarella untermischen.

4. Die Tomaten mit der Gemüse-Mozzarella-Mischung füllen, Deckel wieder daraufsetzen und in eine Auflaufform geben. Im Backofen auf der mittleren Schiene etwa 15 Min. garen. Auf vier Tellern anrichten und servieren.

Küchengeheimnisse

»Je nach Saison servieren wir die gefüllten Tomaten auf Pfifferlingen, Steinpilzen oder Champignons in Rahmsauce, Nudeln und einer Gemüsevariation aus gedünsteten Karotten, Zuckerschoten, Zucchini und blauen Kartoffeln. Im späten Frühling wird daraus mit Rahmspargel und würzigem Bärlauchrisotto eine sättigende vegetarische Mahlzeit.«

Zutaten

- 12 **Tomaten**
- 350 g **Spinat**
- 2 **Schalotten**
- 6 **Champignons**
- 1 Kugel **Mozzarella** (125 g)
- 1 EL **Olivenöl** (zum Dünsten)
- 100 g **Sahne**
- 1 **Knoblauchzehe**
- **Salz** | **Pfeffer**

Angaben für 4 Personen
Schwierigkeitsgrad ●●

LANDGASTHOF REBSTOCK | BOTTINGEN

Grünkernküchle mit Basilikumsauce

Grünkern, auch »badischer Reis« genannt, ist Dinkelkorn, das halbreif geerntet und getrocknet wird. Ganz wichtig für die Entwicklung des typischen, leicht nussigen Geschmacks ist das Darren. Die Körner werden dafür traditionell auf einem gelochten Darrblech verteilt. Durch einen Rauchkanal zieht nicht mehr allzu heißer Buchenholzrauch in den Hohlraum unter das Blech. Die Dinkelkörner werden so in etwa 4 Stunden langsam zu Grünkern getrocknet. Dabei müssen sie immer wieder mit der Holzschaufel gewendet werden, damit sie nicht anbrennen. Denn höchste Qualität zeigt sich nach dem Darren in einer olivgrünen Farbe des Grünkerns. Bräunliche Kerne deuten auf zu heißen Rauch hin und gelten als minderwertig. Da die getrockneten Körner sehr gut schmecken, haben sie einen festen Platz in der badischen Küchentradition, die auch Thomas Gehring vom »Rebstock« in Bottingen aufgegriffen hat. Zu seinen Grünkernbratlingen serviert er eine feinwürzige Basilikumsauce, die so gut ist, dass man sie unbedingt probieren muss.

Do-schmeckts-Tipp
Wer es etwas kräftiger mag, kann die Bratlingmasse noch mit 1 TL Currypulver und 1–2 TL Dijon-Senf würzen. Auch ein Hauch Cayennepfeffer kann nicht schaden.

Zutaten für die Küchle

- 1–2 **Zwiebeln** (ca. 150 g)
- 1 **Karotte** (klein; ca. 60 g)
- ½ **Knoblauchzehe**
- 100 g **Butter**
- 120 g **Grünkernschrot**
- 220 ml **Gemüsebrühe** (heiß)
- 50 g **Grünkernmehl**
- 1 **Ei** (Gr. M)
- 2 EL **Petersilie** (gehackt)
- **Salz | Pfeffer**

Für die Sauce

- 2 EL **Butter** (davon 1 EL eiskalt)
- 1 EL **Mehl**
- 200 ml **Gemüsebrühe**
- 50 ml **Pilzfond**
- 1 EL **Weißwein** (trocken; z. B. Riesling)
- 1 TL **Olivenöl**
- 1 TL **Basilikum** (gehackt)
- 1 EL **Schlagsahne**
- **Salz | Pfeffer**

Angaben für 4 Personen
Schwierigkeitsgrad

1. Zwiebeln, Karotte und Knoblauch schälen und in kleine Würfel schneiden. Butter in einem Topf erhitzen, Zwiebel- und Knoblauchwürfel darin andünsten, Karotten hinzufügen und kurz mitdünsten. Dann den Grünkernschrot hinzufügen und kurz anschwitzen. Die Gemüsebrühe angießen, alles verrühren. Den Topf vom Herd nehmen, den Grünkernschrot zugedeckt 15 Min. quellen lassen.

2. Das Mehl unter die Grünkernmasse mischen, die Masse nun komplett auskühlen lassen. Eier und Petersilie mit der ausgekühlten Masse verkneten, mit Salz und Pfeffer abschmecken. Aus der Bratlingmasse mit feuchten Händen acht etwa 1 cm dicke Küchle bzw. Bratlinge formen.

3. Für die Basilikumsauce die Butter in einem Topf erhitzen, das Mehl darin hell anschwitzen. Den Topf vom Herd nehmen, die Mischung abkühlen lassen.

4. Gemüsebrühe, Pilzfond und Weißwein aufkochen, mit Salz und Pfeffer würzen. Die Mischung zur abgekühlten Mehlschwitze gießen und alles glattrühren. Erneut aufkochen und bei schwacher Hitze etwa 10 Min. köcheln lassen, bis eine dickliche Sauce entstanden ist, dabei immer wieder umrühren.

5. Olivenöl in einem Topf erhitzen, die Basilikum darin kurz andünsten. Den Saucentopf vom Herd nehmen und kurz warten, bis die Sauce nicht mehr kocht. Die eiskalte Butter mit dem Stabmixer unterschlagen und weiter mixen, bis die Sauce leicht schaumig ist. Die Sauce durch ein Sieb zum Basilikum gießen. Alles verrühren und nach Belieben noch 1 EL Schlagsahne unterrühren.

6 Die Küchle in zwei Pfannen oder portionsweise in wenig Öl bei nicht zu starker Hitze von beiden Seiten goldbraun braten. Auf Küchenpapier abtropfen lassen und mit der Sauce servieren. In unserem Gasthof richten wir die Grünkernküchle auf den Tellern zusätzlich mit Reis, gedämpftem Gemüse und einem leichten Lauchflan an.

Küchengeheimnisse

»Zucchini heißen auf Italienisch kleine Kürbisse, die Ähnlichkeit wird vor allem bei ausgewachsenen Zucchini deutlich, wenn die Schale dicker und das Fruchtfleisch fester wird. Wussten Sie, dass Zucchini hauptsächlich aus Wasser bestehen? Auf 100 g Zucchini kommen 93 g Wasser. Noch dazu ist das schnellwachsende Gemüse reich an Kalium, Phosphor, Eisen und Vitaminen und eignet sich daher hervorragend für ein leichtes Sommergericht wie dieses. Beim Kauf der Zucchini sollten Sie darauf achten, dass die Schale glatt ist und keine Einschnitte oder Dellen aufweist. Im Gemüsefach Ihres Kühlschranks halten sie sich etwa 10 bis 14 Tage.«

Gefüllte Zucchini mit Tomatensauce

Frisches Gemüse, Kräuter und Kartoffeln bezieht Konrad Ortlieb, Chefkoch des »Bio-Restaurants Am Felsenkeller«, von der Demeter-Gärtnerei »Amarant« im nur zehn Kilometer entfernten Buggingen. Durch eine geschickte Felderwirtschaft, ein durchdachtes Lagerungssystem und den Anbau von bestimmten Gemüsen wie Tomaten im Gewächshaus kann die Gärtnerei über das ganze Jahr immer wieder frische Produkte anbieten. Diese werden in der Küche von Konrad Ortlieb in kreative Gerichte verwandelt, z. B. in diese selbstgemachte Tomatensauce, die mit gefüllten Zucchini und Salzkartoffeln serviert wird.

1. Den Backofen auf 180° vorheizen. Für die Sauce die Tomaten waschen und kleinschneiden, dabei die Stielansätze entfernen. Zwiebeln und Knoblauch in kleine Würfel schneiden. Basilikum waschen und trockentupfen, die Blätter abzupfen und in feine Streifen schneiden. Olivenöl in einem Topf erhitzen, Zwiebeln und Knoblauch darin andünsten. Tomaten und Basilikum dazugeben, alles zugedeckt bei schwacher Hitze etwa 30 Min. dünsten, dabei hin und wieder umrühren.

2. Die Kartoffeln waschen, in einem Topf knapp mit Salzwasser bedeckt zum Kochen bringen und zugedeckt bei schwacher Hitze in etwa 25 Min. garkochen.

3. Inzwischen für die Zucchini eine Auflaufform mit Butter einfetten. Die Zucchini waschen und längs halbieren, die Kerne großzügig mit einem Löffel herausschaben. Den Knoblauch schälen und halbieren, die Zucchinihälften von innen damit ausreiben. Die ausgehöhlten Zucchini mit Frischkäse füllen und in die Auflaufform setzen. Den Backofen auf 160° herunterschalten. Die Auflaufform auf die mittlere Schiene des heißen Backofens schieben, die Zucchini darin 20 bis 30 Min. überbacken.

4. Die Kartoffeln abgießen und etwas ausdampfen lassen. Die Tomaten durch ein Sieb passieren, die Tomatensauce mit Salz und Pfeffer abschmecken und zugedeckt warmhalten. Die Kartoffeln schälen. Butter in einem Topf erhitzen, die Kartoffeln darin kurz schwenken. Nach Belieben noch 1 EL gehackte Kräuter (gemischt; z. B. Petersilie, Kerbel, Dill) darüberstreuen und unterschwenken.

5. Einen Spiegel Tomatensauce auf vier Teller geben und die Zucchinihälften daraufsetzen. Die Kartoffeln daneben anrichten. Sofort servieren

Zutaten für die Sauce

- 10 Tomaten
- 1 Zwiebel
- 1 Knoblauchzehe
- 1 Bund Basilikum
- 4 EL Olivenöl
- Salz | Pfeffer

Für die Kartoffeln

- 300 g **Kartoffeln** (festkochend)
- 100 g **Butter**
- Salz

Für die Zucchini

- 4 Zucchini
- 1 Knoblauchzehe
- 400 g **Frischkäse** (z. B. Demeter-Frischkäse vom »Breitenwegerhof« oder Bioland-Frischkäse vom »Glocknerhof«; 70 % Fett)
- **Butter** (zum Einfetten)

Angaben für 4 Personen
Schwierigkeitsgrad

GASTHAUS HIRSCHEN | MERZHAUSEN

Saiblingsfilet mit Pfifferlingsrisotto und Zuckerschoten

Seesaiblinge haben ein von der Eiszeit bestimmtes Verbreitungsgebiet und kommen sowohl in Binnenseen Europas und Nordamerikas als auch in küstennahen Bereichen des nördlichen Polarmeeres vor. Mittlerweile haben sich auch die Bestände im Bodensee dank der verbesserten Wasserqualität erholt und werden wieder wirtschaftlich genutzt. So landet der Seesaibling – neben Bachsaibling und Elsässer Saibling – auch vermehrt auf den Speisekarten der badischen Restaurants, so wie im »Gasthaus Hirschen« in Merzhausen, in dem er im feinen Ensemble mit knackigen Zuckerschoten, cremigem Risotto und würziger Buttersauce die Speisekarte ziert.

Zutaten für die Zuckerschoten

- 500 g **Zuckerschoten**
- 1 EL **Butter**
- 3 EL **Gemüse- oder Fleischbrühe**
- **Muskatnuss** (frisch gerieben)
- **Salz | Pfeffer**

Für das Risotto

- 100 g **Pfifferlinge**
- 700 ml **Gemüse- oder Fleischbrühe**
- 1½ **Zwiebeln**
- 2 EL **Butter**
- 250 g **Risottoreis** (z. B. Arborio)
- 3 **Lorbeerblätter**
- 50 ml **Weißwein** (trocken; z. B. Weißburgunder)
- 2 EL **Parmesan** (gerieben)
- **Salz | Pfeffer**

Für die Buttersauce

- 3 **Schalotten**
- ¼ l **Weißwein** (trocken, z. B. Weiß- oder Grauburgunder)
- 6 cl **Vermouth** (z. B. Noilly Prat)
- 6 cl **Portwein**
- 10 **Pfefferkörner** (weiß)
- 100 g **Butter** (eiskalt)
- 1 EL **Estragon** (gehackt)
- **Salz | Pfeffer**

1 Die Zuckerschoten waschen, putzen und in feine Streifen schneiden. Diese in kochendem Salzwasser etwa 3 Min. blanchieren. Anschließend in ein Sieb abgießen, in Eiswasser abschrecken und abtropfen lassen.

2 Für das Risotto die Pilze putzen und trocken abreiben. Stark verschmutzte Exemplare waschen (siehe Do-schmeckts-Tipp Seite 113), große Pilze halbieren. Die Brühe in einem Topf erhitzen und bei schwacher Hitze zugedeckt warmhalten. Die Zwiebeln schälen und in feine Würfel schneiden.

3 Für die Buttersauce die Schalotten schälen und in feine Würfel schneiden. Die Schalottenwürfel in einem Topf mit Weißwein, Vermouth, Portwein und Pfefferkörnern zum Kochen bringen und bei mittlerer Hitze in etwa 6 bis 10 Min. auf ein Drittel einkochen lassen.

4 Parallel in einem Topf 1 EL Butter erhitzen, zwei Drittel der Zwiebelwürfel darin andünsten. Den Reis und die Lorbeerblätter hinzufügen und ebenfalls kurz andünsten, dann mit dem Weißwein ablöschen und bei schwacher bis mittlerer Hitze etwas verkochen lassen. Nach und nach mit der Suppenkelle Brühe zum Reis geben und jeweils etwas einkochen lassen, dabei hin und wieder umrühren. Auf diese Weise etwa 15 bis 20 Min. kochen, bis ein bissfestes Risotto entstanden ist.

5 Für die Sauce die Butter in kleine Würfel schneiden. Den Sud vom Herd nehmen und durch ein Sieb gießen. Die Butter nach und nach mit dem Stabmixer unter den Sud mixen. Die Sauce mit Salz und Pfeffer abschmecken und zugedeckt warmhalten. Vor dem Servieren noch einmal schaumig aufmixen und den Estragon unterrühren.

6 Für das Risotto 1 EL Butter in einer Pfanne erhitzen. Die restlichen Zwiebelwürfel darin glasig dünsten. Die Pilze dazugeben und bei starker Hitze etwa 2 Min. anbraten.

7 Für die Zuckerschoten die Butter in einer Pfanne erhitzen, die Zuckerschotenstreifen darin etwa 3 bis 5 Min. andünsten. Mit Brühe ablöschen und mit Salz, Pfeffer und Muskatnuss abschmecken. Parallel für den Fisch Butterschmalz in einer weiteren Pfanne erhitzen. Die Saiblingsfilets mit Salz und Pfeffer würzen und zunächst auf der Hautseite etwa 3½ Min. braun braten. Dann wenden und in etwa 1 Min. fertigbraten, sodass das Fischfilet innen noch leicht glasig ist.

8 Die Lorbeerblätter aus dem Risotto fischen. Pilze und Parmesan unterrühren, gegebenenfalls noch etwas Brühe dazugeben, damit das Risotto schön cremig wird. Mit Salz und Pfeffer abschmecken. Saibling auf einem Saucenspiegel auf vier Teller setzen, Zuckerschoten und Risotto daneben anrichten. Nach Belieben mit geschmolzenen Tomaten und gebratenen Pfifferlingen garnieren und servieren.

Do-schmeckts-Tipp

Als Ersatz für Saibling können Sie das Gericht auch mit Zander-, Forellen- oder Lachsfilets zubereiten. Die Zuckerschoten können Sie durch in Butter gedünsteten, mit einem Hauch Knoblauch und Zitronenschale verfeinerten Blattspinat ersetzen.

Für den Fisch

1 EL **Butterschmalz** (zum Braten)
4 Stücke **Saiblingsfilets** (à ca. 180 g)
Salz | Pfeffer

Angaben für 4 Personen
Schwierigkeitsgrad ♨♨♨

LANDHOTEL RECKENBERG | STEGEN-ESCHBACH

Forelle mit Lindenblütenbutter und Giersch-Gnocchi

Lindenblüten sind als natürliches Heilmittel bekannt und werden seit jeher als Tee oder Badezusatz geschätzt. Doch in den Lindenblüten steckt viel mehr Potenzial als das eines alten Hausmittels bei Erkältungen. Mit seiner Experimentierfreude hat Gerhard Hug das Einsatzgebiet der Lindenblüte erweitert, sie in Butter gerührt und so einen überraschenden neuen Begleiter zu Ofenforellen entwickelt. Wenn im Sommer die Linden blühen, lohnt sich also ein kulinarischer Entdeckungsausflug in das »Landhotel Reckenberg«.

1 Für die Gnocchi die Kartoffeln schälen und durch eine Kartoffelpresse in eine Schüssel drücken. Eier, Mehl, Grieß und Giersch dazugeben, mit Salz, Pfeffer und Muskatnuss würzen. Alles zunächst mit dem Holzlöffel rühren, dann mit den Händen rasch zu einem lockeren Teig kneten.

2 In einem Topf reichlich Salzwasser zum Kochen bringen. Die Arbeitsfläche mit Mehl bestäuben. Aus dem Teig vier Rollen formen, diese in 1 bis 2 cm lange Stücke schneiden. Mit einer Gabel nach Belieben die charakteristischen Rillen in die Gnocchi drücken. Die Gnocchi im leicht siedenden Wasser portionsweise etwa 10 Min. ziehen lassen. Dann mit dem Schaumlöffel herausheben, kalt abschrecken und abtropfen lassen.

3 Für die Forelle zunächst eine Lindenblütenbutter zubereiten. Dafür die Zitrone heiß waschen, abtrocknen, nach Belieben etwas Zitronenschale abreiben und den Saft auspressen. Die Lindenblüten verlesen, dabei eventuell vorhandene Insekten entfernen. Die Blüten grob hacken. Die Butter in einer Rührschüssel mit den Quirlen des Handrührgeräts schaumig rühren. Den Zitronensaft, die Lindenblüten und nach Belieben noch etwas Zitronenschale unterrühren. Mit Meersalz würzen und zugedeckt kühlstellen.

4 Den Backofen auf 180° vorheizen. Die Forellen innen und außen unter fließendem kaltem Wasser waschen und mit Küchenpapier trockentupfen. Die Forellen salzen und jeweils mittig auf vier Bögen Alufolie legen. Je 1 EL Lindenblütenbutter daraufgeben. Die Alufolie über den Fischen falten, die Enden dabei ineinanderdrehen, sodass die Folie gut verschlossen ist. Die Päckchen auf ein Blech legen und im heißen Backofen auf der mittleren Schiene etwa 15 Min. garen. Alternativ auf dem Grill etwa 25 Min. garen.

5 Butter in einer großen Pfanne erhitzen, die Gnocchi darin schwenken (abschmelzen), bis sie heiß sind. Die Päckchen aus dem Ofen nehmen, auf vier Teller legen, mit den Gnocchi servieren und erst bei Tisch öffnen.

Do-schmeckts-Tipp

Der für die Gnocchi verwendete Giersch wird von vielen als Unkraut empfunden, da er sehr wuchsfreudig ist und gerade noch gepflegte Beete schnell überwuchert. Dabei kann er wunderbar wie Spinat als Gemüse zubereitet werden. Auch in Salaten oder als Bestandteil von Kräutersaucen und Pesto kommt sein leicht petersilien- und möhrenähnlicher Geschmack sehr gut zur Geltung. Der einfachste Weg, wucherndem Giersch Einhalt zu gebieten, ist also, ihn einfach aufzuessen.

Zutaten für die Gnocchi

800 g	Pellkartoffeln	(vom Vortag)
2	Eier	(Gr. M)
80 g	Weizenmehl	
80 g	Weichweizengrieß	
2 EL	Giersch	(frisch gepflückt und fein gehackt)
	Muskatnuss	(frisch gerieben)
	Mehl	(für die Arbeitsfläche)
	Salz	Pfeffer

Für die Forelle

1	Bio-Zitrone	
1 EL	Lindenblüten	(frisch gepflückt)
200 g	Butter	
4	Forellen	(à ca. 250–300 g; küchenfertig)
	Meersalz	

Angaben für 4 Personen
Schwierigkeitsgrad ❦❦❦

Frische Fische aus dem Südschwarzwald

von Heidi Knoblich

»Wir kamen am oberen Ende des Tales heraus. Ein schöner Forellenbach floss durch das Tal, kein Bauernhof in Sicht. Ich steckte die Angelrute zusammen, und während meine Frau unter einem Baum am Abhang saß und Wache hielt in beiden Richtungen des Tales, fing ich vier ordentliche Forellen, jede ungefähr dreiviertel Pfund«.

Ernest Hemingway für den »Toronto Daily Star«

Auf dem Forellenhof in Umkirch werden Regenbogenforellen gezüchtet.

Der Speisefisch des Schwarzwalds ist die Forelle. Was ein echter Schwarzwälder ist, hat sie als Bub verbotenerweise und mit der bloßen Hand aus dem wilden Bach gefangen oder erzählt zumindest davon. Vom Forellenfang in den Tälern nördlich von Freiburg im August 1922 schwärmte auch der amerikanische Schriftsteller Ernest Hemingway, ein begeisterter Fliegenfischer, in einem für den »Toronto Daily Star« verfassten Reisebericht. Aus wilden Bächen kommen die Forellen heute jedoch nur noch selten. Den Bedarf decken mittlerweile Zuchtbetriebe. Weil die Fischbestände in Bächen und Flüssen immer kleiner wurden und manche Fischarten auszusterben drohten, wurden gegen Ende des 19. Jahrhunderts die ersten Fischereivereine gegründet. Sie nutzten die von Stephan Ludwig Jacobi entwickelte künstliche Forellenzucht. In der Zucht wird die in der zweiten Hälfte des 19. Jahrhunderts aus Nordamerika importierte und als Speisefisch für den englischen Königshof gezüchtete, schnellwachsende Regenbogenforelle bevorzugt. Die heute zum normalen Fischbestand zählende Einwanderin in ihrem silbern schimmernden Kleid und ihren, an einen Regenbogen erinnernden, pinkfarbenen Streifen nutzt das Futter besser als die oliv-schwarzbraune und silbrig-blaue, bauchwärts rotgepunktete heimische Bachforelle.

In wilden Bächen kommt die Forelle heute nur noch selten vor.

»Die Regenbogenforelle ist etwas fleischiger«, sagt Walter Fath, der mit seiner Frau Inge und den Kindern Michaela und Jörg den seit 50 Jahren bestehenden Forellenhof Umkirch betreibt. »Weil die Bachforelle der größere Räuber ist und damit den größeren Kopfanteil hat, manchmal auch etwas schlanker ist, ist ihr Fleischanteil kleiner als bei der Regenbogenforelle.«

Fath, der den Fischereibetrieb von Kind an gelernt hat, räumt gerne mit dem Vorurteil auf, wonach kleinere Fische besser schmecken. Zum Räuchern, Braten, Grillen und Kochen verwendet er nur große, ausgewachsene Fische mit ihrem festen, doch zarten Fleisch, in das sich Geschmack und Saftigkeit förderndes Fett eingelagert hat. »Die Forelle hat mit einem Fettanteil zwischen 8 und 12 % doppelt so viel Fett wie ein Karpfen«, sagt Walter Fath. »Weil sie als Raubfisch blitzschnell schwimmen können muss, speichert sie viel Energie. Sie schwimmt immer gegen die Strömung und braucht anders als der Karpfen, der sein Fressen am Teichgrund sucht, sofort verfügbare Energie.«

Der Karpfen, der im gegenüberliegenden Elsass als Traditionsessen gilt, hat im Süden Badens noch nicht so viele Liebhaber. Und weil dem Karpfen das für die Forellen geeignete Wasser zu kalt und nicht schlammig genug ist, züchtet Fath ihn auch nicht selber. Seit 40 Jahren kauft er ihn, wie zuvor schon seine Eltern, von denen er den Betrieb übernommen hat, im elsässischen Sundgau.

Das Hauptinteresse des Forellenhofs Umkirch gilt also den schmackhaften Salmoniden, den lachsähnlichen Fischen, zu denen Saibling, Regenbogenforelle und Lachsforelle zählen. Sie alle schwimmen in den Teichen der Familie. Längst züchtet Fath den Bestand nicht mehr aus Eiern, wie dies noch der Vater handhabte. »Im Winter musste man im Kalten und Nassen stehen und von Hand und im Dunkeln die abgestorbenen Eier auslesen«, erinnert er sich. Heute kauft er die jungen Fische im Elsass.

300 Kilo Forellen setzt der Forellenhof unterm Jahr wöchentlich um, die meisten davon als Räucherfisch, seine weithin bekannte Spezialität. Forellen werden zum größten Teil heiß geräuchert. Ausgenommen davon sind die Filets der Lachsforellen, die geringerer Hitze ausgesetzt werden, damit sie schön saftig bleiben.

Die Lachsforelle ist eine besonders groß gewachsene Regenbogenforelle. »So eine Forelle könnte 15 bis 20 Kilo schwer werden, wenn man sie lange genug wachsen ließe«, sagt Walter Fath. Doch es gibt auch für Forellen eine EU-Norm: 1½ Kilo im geschlachteten Zustand. Hat sie dann noch an Lachs erinnerndes, leicht rötliches Fleisch, ist sie eine Lachsforelle. »Forellen und Saiblinge, zu deren Familie auch der Lachs gehört, züchtet man rotfleischig, indem man ihnen karotinhaltiges Futter gibt«, sagt Fath, »denn auch in der Natur fressen sie karotinhaltige Kleinkrebse, Flohkrebse und Garnelen.«

Fischzüchter aus Leidenschaft: Walter Fath führt den Forellenhof gemeinsam mit seiner Frau Inge.

Der Bach, der die Fath'schen Teiche mit sauerstoffreichem, frischem, klarem Wasser speist, ist der als Naturdenkmal ausgewiesene Riedgraben, der 1820 als Bewässerungsgraben für die Landwirtschaft angelegt wurde. Er entspringt auf dem Familiengrundstück.

Der Fischzüchter aus Leidenschaft legt größten Wert auf Frische. Wer bei ihm auf dem Hof Forellen kauft, erhält sie frisch geschlachtet. »Die schwimmen bei uns in den Teichen, und wenn einer sagt, er will fünf Stück haben, holen wir fünf Stück heraus, schlachten sie und waschen sie aus.« Auch die Gastronomen, die von ihm Forellen beziehen, und hierzu zählen die besten Häuser der Umgebung, erhalten diese in der Regel frisch geschlachtet. Den Auslieferungsservice für lebenden Fisch hat der Forellenhof Umkirch eingestellt. »Dass lebende Forellen in Aquarien gehalten werden, findet man immer seltener«, so Fath. »Diese Lebendhaltung ist auch mittlerweile aus der Sicht von Tierschützern in der Kritik. Heutzutage kann man die Fische mit Eis und guten Kühlmöglichkeiten lagern, zumal schlachten und

fehlenden Haut zu erkennen ist, kommt für ihn nicht in Frage. Im Forellenhof Umkirch wird der Fisch mit der Haut geräuchert. Auch hier erkennt man am Aussehen, ob der Fisch frisch ist. »Die Haut einer frisch geräucherten Forelle schimmert appetitlich goldbraun.« Und mehr muss man eigentlich nicht wissen, um in Baden gute Forellen einzukaufen.

Eine Spezialität sind die geräucherten Forellen. Die Zuchtteiche werden mit frischem Wasser aus dem Riedgraben gespeist.

sofort zubereiten ohnehin nicht ideal ist.« Man sei auch davon abgekommen, dass das Platzen der Haut bei der gekochten Forelle ein Zeichen für deren Frische wäre, so Fath. »Der Fisch liegt besser auf dem Grill, in der Pfanne und auf dem Teller und hat mehr Qualität, wenn er nach dem Schlachten einen Tag im Kühlschrank gelegen hat und dann erst zubereitet wird.« Die Merkmale einer frischen Forelle, so Fath, sind ein glänzendes Außenkleid, schöne Schleimfarben, rote Kiemen, ein schönes Auge und Druckfestigkeit. Auch bei der geräucherten Forelle setzt er auf Frische. Ein geräuchertes Produkt aus aufgetautem Fisch, wie es großindustriemäßig hergestellt wird und an der

Forellenhof
Walter Fath
Forellenhof 1
79224 Umkirch
Telefon: 07665 | 6505
www.forellenhof-online.de

GASTHAUS BLUME | OPFINGEN

Gefüllte Hähnchenkeule mit Basilikumnudeln

Um Pfingsten herum gab es im Alemannischen eine Delikatesse: »Mischtkratzerle«. So nannte man Hähnchen, die speziell gemästet und schon jung geschlachtet wurden. Der Name leitet sich von ihrer Hauptbeschäftigung ab: Mit den kurzen Krallen im Misthaufen des Bauernhofes nach Essbarem zu scharren! Heute erhält man »Mischtkratzerle« aus den sogenannten Hennen-Gockel-Hahn-Aktionen einiger Direktvermarkter. Hierbei werden die männlichen Küken nicht sofort nach dem Schlüpfen getötet, sondern gemeinsam mit den Legehennen aufgezogen. Da sie weniger Fleisch ansetzen und dafür auch noch länger brauchen, ist das Fleisch intensiver im Geschmack. Auch Sascha Halweg vom »Gasthaus Blume« in Opfingen am Tuniberg schätzt die Hähnchenkeulen sehr und füllt sie auf mediterrane Art mit getrockneten Tomaten, Parmesan und Kräutern - Urlaub für den Gaumen!

Zutaten für das Fleisch

- 10 **Tomaten** (getrocknet und in Öl eingelegt)
- 5 Zweige **Thymian**
- 2 Zweige **Rosmarin**
- 2 **Knoblauchzehen**
- 50 g **Parmesan** (am Stück)
- 150 g **Frischkäse**
- 1 EL **Oliven** (schwarz; ohne Stein)
- 1 EL **Semmelbrösel**
- 1 **Ei** (Gr. M)
- ½ EL **Zitronensaft**
- 1 TL **Paprikapulver** (edelsüß)
- ½ TL **Chiliflocken**
- 1 Msp. **Kreuzkümmel** (gemahlen)
- 3 EL **Olivenöl**
- 8 **Hähnchenkeulen** (ohne Knochen, beim Metzger bestellen als »Pollo fino«)
- **Cayennepfeffer**
- **Salz | Pfeffer**

Für die Nudeln

- 400 g **Bandnudeln** (Fettuccine oder Pappardelle)
- 200 g **Basilikum**
- 40 g **Pinienkerne**
- 2 **Knoblauchzehen**
- ca. 200 ml **Olivenöl**
- 40 g **Parmesan** (am Stück)
- **Salz | Pfeffer**

Angaben für 4 Personen
Schwierigkeitsgrad ●●●

1. Für das Fleisch zunächst die Füllung zubereiten. Dafür die getrockneten Tomaten abtropfen lassen. Thymian und Rosmarin waschen und trockentupfen, die Blättchen bzw. Nadeln abzupfen und grob hacken. Knoblauch schälen und in feine Würfel schneiden, Tomaten und Parmesan in grobe Würfel schneiden. Ein Drittel des Thymians und die Hälfte des Knoblauchs für die Würzmischung (siehe Schritt 2) beiseitelegen. Alle übrigen vorbereiteten Zutaten im Blitzhacker mit Frischkäse, Oliven, Semmelbröseln und Ei fein pürieren. Die Masse mit Salz, Pfeffer und Cayennepfeffer abschmecken.

2. Den Backofen auf 160° vorheizen. Dann eine Würzmischung zubereiten. Dafür beiseitegelegten Thymian und Knoblauch mit Zitronensaft, Gewürzen, 1½ EL Olivenöl, 1 TL Salz und 1 Msp. Pfeffer verrühren. Das Fleisch unter Frischhaltefolie mit einem Pfannenboden oder einem Plattiereisen vorsichtig flachklopfen und mit der Hautseite nach unten auf die Arbeitsfläche legen. Das Fleisch innen und außen mit der Würzmischung einreiben, dann die Füllung hineingeben und zusammenklappen.

3. Restliches Olivenöl in einer großen, ofenfesten Pfanne erhitzen. Die Hähnchenstücke darin rundherum scharf anbraten. Die Pfanne auf die mittlere Schiene des heißen Backofens schieben. Das Fleisch darin 15 bis 17 Min. garen.

4. Inzwischen für die Nudeln ein Pesto zubereiten. Dafür Basilikum waschen und trockenschleudern. Die Blätter abzupfen. Pinienkerne in einer Pfanne ohne Fett hellbraun anrösten, sofort herausnehmen. Knoblauch schälen und in grobe Würfel schneiden. Alle vorbereiteten Zutaten im Blitzhacker mit 150 ml Olivenöl pürieren. Parmesan fein reiben und unterrühren, dann noch so viel Olivenöl unterrühren, bis die gewünschte Konsistenz erreicht ist. Das Pesto mit Salz und Pfeffer abschmecken.

5 Die Nudeln nach Packungsanweisung in reichlich kochendem Salzwasser bissfest garen. In ein Sieb abgießen, dabei etwas Nudelwasser auffangen, die Nudeln abtropfen lassen. Nudeln und ein Viertel des Pestos kurz in einer Pfanne schwenken, dabei etwas Nudelwasser dazugießen. (Restliches Pesto in ein Glas füllen, knapp mit Olivenöl bedecken, verschließen, zugedeckt kühlstellen und anderweitig verwenden.)

6 Die Hähnchenstücke aus dem Ofen nehmen, kurz ruhen lassen und in dicke Scheiben schneiden. Mit den Nudeln auf vier Tellern anrichten und servieren. Dazu passt ein Zucchini-Tomaten-Ragout.

Küchengeheimnisse

»Zu dieser delikaten Pastete empfehle ich einen ehrlichen trockenen Gutedel. Wer es etwas feiner und spritziger mag, ist mit dem »Bio-Crémant Baden brut« vom »Weingut Harteneck« in Schliengen bestens bedient. Die Hartenecks, bei denen schon seit 1847 Wein produziert wird, haben sich inzwischen ganz dem Demeter-Weinbau verschrieben. Mit großem Erfolg wie zahlreiche Prämierungen belegen. Wir sind jedenfalls große Fans und beziehen einen Großteil unserer Weine von dort. Daneben werden wir noch von dem ebenso empfehlenswerten Demeter-Weingut »Zähringer« in Heitersheim und dem Bio-Weingut »Gretzmeier« in Merdingen mit feinen Tropfen versorgt.«

Perlhuhn-Pastete mit Pfifferlingen und Salat

Das Perlhuhn ist ein entfernter Verwandter von Haushuhn, Fasan, Rebhuhn und Wachtel. Sein natürliches Verbreitungsgebiet liegt in Afrika. Da sein Fleisch jedoch von Feinschmeckern sehr geschätzt wird, ist das domestizierte Helmperlhuhn inzwischen auch in vielen anderen Regionen heimisch. Es besticht noch immer durch ganz besondere Eigenschaften: Es hat einen aromatischeren Geschmack als das Haushuhn und erinnert ein bisschen an Wild, denn Perlhühner dürfen frei herumrennen und auch fliegen. Daher ist es nicht nur in Frankreichs Spitzengastronomie äußerst beliebt, dank frankophilen Köchen wie Karl Müller-Bussdorf und seiner feinen Pastete gewinnt es auch hierzulande immer mehr Anhänger.

1. Für die Pasteten Schalotten und Knoblauch schälen und in feine Würfel schneiden. Das übrige Gemüse putzen und waschen bzw. schälen und in grobe Würfel schneiden. Die Kräuter waschen und trockentupfen, Blätter bzw. Nadeln abzupfen und fein hacken. Das Fleisch unter fließendem kaltem Wasser abspülen und mit Küchenpapier trockentupfen, die Haut abziehen.

2. Den Backofen auf 120° vorheizen. Olivenöl in einer Pfanne erhitzen, das Fleisch darin rundherum scharf anbraten, mit Salz und Pfeffer würzen und wieder herausnehmen. Schalotten und Knoblauch in die Pfanne geben und darin anbraten, das übrige Gemüse hinzufügen und kurz mitbraten. Fleisch, Gemüse, Rosmarin und die Hälfte der Petersilie in einen Bräter geben, die Gemüsebrühe dazugießen. Den Bräter samt Deckel auf die mittlere Schiene des heißen Backofens schieben, zugedeckt etwa 2 Std. schmoren.

3. Die Linsen nach Packungsanweisung ohne Salz bissfest garen. Frühlingszwiebeln putzen, waschen und in feine Ringe schneiden. Den Bräter aus dem Ofen nehmen, das Fleisch herausnehmen und abkühlen lassen. Linsen in ein Sieb abgießen und abtropfen lassen. Den Bratfond fein pürieren und durch ein Sieb passieren und ihn in einem Topf mit Sahne, Weißwein, Frühlingszwiebeln und Linsen einmal aufkochen. Mit Salz und Pfeffer abschmecken. Das Fleisch in kleine Würfel schneiden, unterrühren und in der Sauce erhitzen.

4. Pfifferlinge putzen, stark verschmutzte Exemplare waschen (siehe Doschmeckts-Tipp Seite 113), große Pilze halbieren. Butter in einer Pfanne erhitzen. Die Pilze darin rundherum etwa 4 Min. scharf anbraten. Vom Herd nehmen, mit Salz und Pfeffer würzen, gehackte Petersilie darüberstreuen. Salat waschen und trockenschleudern. In einer Schüssel mit Aceto balsamico bianco und Olivenöl mischen und mit Salz und Pfeffer würzen. Die Pasteten auf vier Teller setzen und so viel Füllung hineingeben, dass sie etwas über den Rand läuft. Pilze und Salat daneben anrichten und sofort servieren.

Zutaten für die Pasteten

- 2 Schalotten
- 1 Knoblauchzehe
- 2 Karotten
- ½ Stange Lauch
- 80 g Petersilienwurzel
- 1 Stiel Petersilie
- 1 Zweig Rosmarin
- 400 g Perlhuhnbrust (ohne Knochen)
- ¼ l Geflügelfond
- 200 g Beluga-Linsen
- 4 Frühlingszwiebeln
- 250 g Sahne
- 125 ml Weißwein (trocken, z.B. Gutedel)
- 4 Blätterteigpasteten (groß)
- Olivenöl (zum Braten)
- Salz | Pfeffer

Außerdem

- 400 g Pfifferlinge
- 2 EL Butter
- 2 EL Petersilie (gehackt)
- 400 g Mesclun-Salatmix oder Wildkräuter (gemischt; z.B. Gänseblümchen, Kerbel, Löwenzahn, Rote-Bete-Blätter, Sauerampfer, Spitzwegerich)
- Aceto balsamico bianco
- Olivenöl
- Salz | Pfeffer

Angaben für 4 Personen
Schwierigkeitsgrad

GASTHAUS HIRSCHEN | MÜLLHEIM-BRITZINGEN

Perlhuhnbrust mit Rosmarin auf sommerlichem Gemüse

Das Helmperlhuhn gilt als ein besonders edles Geflügel. Sein zoologischer Name Numida meleagris weist dabei auf eine Legende hin, die sich um den Vogel rankt. Gemäß einer griechischen Sage wurden die Schwestern des Königssohns Meleagros in Perlhühner verwandelt. Als Meleagros durch einen Racheakt starb, beweinten die Schwestern seinen Tod. Die Tränen, die sie in ihrer Trauer vergossen haben, wurden sogleich zu den weißen Sprenkeln, die so charakteristisch für das Gefieder des Helmperlhuhns sind. Wenn Sie im »Gasthaus Hirschen« die im wahrsten Sinne des Wortes sagenhafte Perlhuhnbrust genießen, denken Sie vielleicht an diese Geschichte zurück.

Zutaten für das Gemüse

- 1 **Paprikaschote** (rot oder gelb)
- 100 g **Zuckerschoten**
- 1 **Karotte**
- 1 **Kohlrabi**
- 1 **Zucchini**
- 1 EL **Olivenöl**
- **Salz**

Für das Fleisch

- 1 Zweig **Rosmarin**
- 4 **Perlhuhnbrüste** (mit Haut; ohne Knochen; à ca. 160 g)
- **Öl** (zum Braten)
- **Salz**

Angaben für 4 Personen
Schwierigkeitsgrad

1 Für das Gemüse den Backofengrill einschalten. Die Paprikaschote längs halbieren, entkernen und waschen. Die Hälften nochmals halbieren und auf dem mit Backpapier ausgelegten Blech im Backofen auf der mittleren Schiene mit der Hautseite nach oben etwa 5 bis 10 Min. grillen, bis die Haut schwarze Blasen wirft. Dann aus dem Ofen nehmen und unter einem feuchten Küchentuch 10 Min. ruhen lassen.

2 Inzwischen die Zuckerschoten putzen, dabei die Fäden ziehen. Karotte und Kohlrabi schälen und kleinschneiden. Zuckerschoten, Karotten und Kohlrabi in einem Topf mit Dämpfeinsatz über kochendem Wasser nacheinander bissfest dämpfen. Jeweils in ein Sieb abgießen, kalt abschrecken und abtropfen lassen. Die Zuckerschoten in Streifen schneiden. Die Zucchini waschen, längs vierteln, die Kerne entfernen, das Fruchtfleisch in dünne Scheiben schneiden. Von den Paprikastücken mit einem Messer die Haut abziehen, die gehäuteten Stücke kleinschneiden.

3 Für das Fleisch den Rosmarin waschen und trockentupfen, die Nadeln abzupfen und fein hacken. Bei den Perlhuhnbrüsten die Haut vorsichtig etwas lösen, das Fleisch mit Rosmarin bestreuen, die Haut wieder darüberklappen, mit Salz würzen. Öl in einer Pfanne erhitzen, die Perlhuhnbrüste darin zunächst auf der Fleischseite anbraten. Dann wenden und auf der Hautseite ebenfalls anbraten. Die Temperatur etwas herunterschalten, die Brüste rundherum etwa 8 Min. langsam fertig braten.

4 Inzwischen in einer weiteren Pfanne das Olivenöl erhitzen. Das Gemüse darin schwenken, bis es heiß ist, mit Salz würzen. Die Perlhuhnbrüste aus der Pfanne nehmen, in dicke Scheiben schneiden, mit dem Gemüse auf Tellern anrichten und servieren. Als Beilage reichen wir gerne Kartoffelrösti dazu (siehe Seite 67).

Küchengeheimnisse

»Im Frühling verzichte ich bei diesem Rezept auf die Paprika und serviere die Perlhuhnbrust stattdessen mit weißem Spargel. Dafür 6 dicke Stangen schälen, die Enden entfernen und jeweils einmal längs und quer halbieren. Die Stangen in einem Topf mit Dämpfeinsatz über kochendem Wasser in 3 bis 4 Min. bissfest dämpfen. Kalt abschrecken und abtropfen lassen. Mit dem anderen Gemüse kurz in der Pfanne schwenken, bis der Spargel heiß ist, und wie beschrieben servieren.«

MONDWEIDE CAFÉ & BISTRO | BADENWEILER-SEHRINGEN

Schwarzwälder Kirschenmichel

Wo Wein wächst, da fühlen sich auch Kirschen, alemannisch »Chriese« oder »Chriäse«, wohl. So gedeihen besonders im Kaiserstuhl, aber auch im Eggenertal – nur wenige Kilometer vom Café »Mondweide« entfernt – prächtige Kirschbäume. Dort werden allerlei unterschiedliche Sorten angebaut, alte Sorten wie die »Markgräfler Süßkirsche« neben neueren wie der »Dollensepplerkirsche«. Der fruchtige Bruder des »Ofenschlupfers«, eine einfache Süßspeise aus der Resteküche, wie sie schon die Großmütter und Mütter bereitet haben, schmeckt damit vorzüglich und eignet sich hervorragend, um aus altbackenem Brot mit Eiern und Milch etwas unglaublich Raffiniertes herzustellen.

1   Den Backofen auf 200° vorheizen. Die Brötchen in fingerdicke Scheiben schneiden, die Milch erwärmen und darübergießen. Die Eier trennen, die Eiweiße mit 1 Prise Salz zu steifem Schnee schlagen. Die Eigelbe mit Butter, Zucker, Vanillezucker und Zitronenschale in einer Rührschüssel mit den Quirlen des Handrührgeräts cremig rühren. Erst die Brötchen untermischen, dann Eischnee und zuletzt die Kirschen unterheben.

2   Eine Auflaufform (20 x 30 cm) oder vier Portionsförmchen (ca. 12–14 cm Ø) einfetten, die Masse hineinfüllen. Mit Butterflöckchen, Zimt und Mandeln bestreuen. Im heißen Backofen auf der mittleren Schiene 45 Min. goldbraun backen. Aus dem Ofen nehmen und noch warm servieren. Dazu passt Vanillesauce oder 1 Kugel Vanilleeis.

Zutaten

- 4 **Brötchen** (altbacken; vom Vortag)
- ½ l **Milch**
- 3 **Eier** (Gr. M)
- 50 g **Butter** (weich)
- 100 g **Zucker**
- 1 Pck. **Bourbon-Vanillezucker**
- ½ **Zitrone** (Schale)
- 500 g **Süßkirschen** (gewaschen und entsteint; oder Schattenmorellen aus dem Glas)
- 20 g **Butter** (in Flöckchen)
- 25 g **Mandeln** (gehobelt)
- **Zimtpulver**
- **Salz**

Küchengeheimnisse

»Wie unsere Bratäpfel (siehe Seite 334) besprühe oder beträufle ich auch den Kirschenmichel gerne mit Chrieswässerle (Kirschwasser), dem Heilmittel für und gegen alles. Dafür nutzen wir einen Zerstäuber, damit sich das Aroma besonders gut entfaltet und keine »Schnapspfützen« auf dem Teller entstehen. Unsere Gäste lieben es! Zu Hause können Sie alles aber auch einfach mit einem Löffel beträufeln.«

Angaben für 4 Personen
Schwierigkeitsgrad

SCHWARZWALDGASTHOF ZUM GOLDENEN ENGEL | GLOTTERTAL

Johannisbeer-Ragout mit Holunderblüteneis

Im Zuge der Christianisierung feierte die Kirche statt der Sommersonnenwende die Geburt Johannes' des Täufers am 24. Juni: Aus den heidnischen Sonnwendfeuern wurden die Johannisfeuer! Noch heute werden diese im Breisgau und im Hochschwarzwald gezündet und gebührend gefeiert. Ganz nebenbei ist der Johannistag auch einer der wichtigsten Tage des landwirtschaftlichen Jahres. Spargel- und Rhabarberzeit gehen zu Ende, die Futtergräser sind reif, das Heu sollte spätestens jetzt eingefahren sein. Außerdem beginnt nun die Ernte der nach dem Namenspatron benannten Johannisbeeren. Auf der Speisekarte des Gasthofs »Zum goldenen Engel« im Glottertal findet sich dann wieder dieses aromatische Dessert, in dem die säuerlichen Beeren und das Aroma von Holunderblüten ein kongeniales Duo bilden.

1 Für das Eis alle Zutaten verrühren, bis sich der Zucker gelöst hat. Die Creme in eine Eismaschine füllen und darin gefrieren lassen. Alternativ die Mischung ins Tiefkühlfach stellen, bis sie anfängt zu gefrieren. Dann mit dem Handrührgerät kräftig verrühren und wieder kühlstellen. Diesen Vorgang dreimal stündlich wiederholen, bis ein cremiges Eis entstanden ist.

2 Für das Ragout die Johannisbeeren waschen, abtropfen lassen und von den Stielen zupfen. Den Johannisbeernektar mit Gelierzucker und 100 ml Wasser in einem Topf zum Kochen bringen. Die Johannisbeeren dazugeben, vom Herd nehmen und im Sud abkühlen lassen.

3 Die Limette heiß waschen, abtrocknen, die Schale abreiben und den Saft auspressen. Die Sahne steif schlagen, nach und nach den Zucker einrieseln lassen, Limettenschale unterrühren und mit Limettensaft abschmecken. Das Ragout auf 4 Gläser verteilen und die Sahne mittels Spritzbeutel mit Sterntülle darauf anrichten. Vom Eis mit dem Eisportionierer Kugeln abstechen und in kleine Portionsförmchen setzen. Gläser und Portionsförmchen zusammen auf 4 Desserttellern anrichten und servieren.

Zutaten für das Eis

200 g **Magerquark**
200 g **Sahne**
300 ml **Holunderblütensirup** (siehe Seite 89)
½ **Zitrone** (Saft)
125 g **Zucker**

Für das Ragout

400 g **Johannisbeeren** (rot)
100 ml **Johannisbeernektar** (schwarz)
75 g **Gelierzucker**
1 **Bio-Limette**
200 g **Sahne** (kalt)
30 g **Zucker**

Angaben für 4 Personen
Schwierigkeitsgrad

SCHWARZWALDGASTHOF ZUM GOLDENEN ENGEL | GLOTTERTAL

Rosenblüten-Parfait auf Aprikosen-Ragout und Rieslingsekt-Sabayon

Isabell Linder vom Gasthof »Zum goldenen Engel« im Glottertal hat sich über die Jahre einen prächtigen Rosengarten angelegt. Aus den Blüten der Duftrosen setzt ihr Mann Michael Mannel einen wunderbar aromatischen Rosenwein an, der gerne pur genossen wird oder als Basis für romantische Sommerdesserts wie dieses dient – getreu dem Gasthofmotto »Himmlisch speisen und träumen im Goldenen Engel«!

Zutaten für das Parfait

- 150 g **Sahne**
- 1 **Ei** (Gr. M)
- 2 **Eigelb**
- 2 EL **Aprikosenkonfitüre**
- 125 ml **Rosenwein** (siehe Küchengeheimnisse)
- 1 Blatt **Gelatine** (weiß)
- 1 **Bio-Rosenblüte** (rot; Duftrose)
- 1 TL **Rosenwasser** (aus der Apotheke)

Für das Ragout

- 6 **Aprikosen**
- 1 **Bio-Orange**
- 1 **Bio-Limette**
- 1 EL **Gelierzucker**

Für das Sabayon

- 3 **Eigelb**
- 150 ml **Sekt** (brut; z.B. Rieslingsekt)
- 1 EL **Zucker**
- ½ **Vanilleschote** (Mark)

Außerdem

- 125 g **Himbeeren**

Angaben für 4 Personen
Schwierigkeitsgrad ❀❀❀

1. Am Vortag die Sahne steif schlagen und zugedeckt kühlstellen. Ei, Eigelbe, Aprikosenkonfitüre und Rosenlikör in einer Metallschüssel über dem heißen Wasserbad schlagen, bis die Mischung eine schaumig-cremige Konsistenz erhält (das passiert bei einer Temperatur von etwa 85°). Wenn sich an einem mit der Flüssigkeit benetzten Kochlöffel beim Daraufblasen Wellen bilden, die an Rosenblüten erinnern, ist die Creme perfekt (der Fachmann nennt das »zur Rose abziehen«). Die Creme etwas abkühlen lassen.

2. Die Gelatine 5 Min. in kaltem Wasser einweichen. Rosenblütenblätter abzupfen und feinhacken. Gelatine ausdrücken und in der noch warmen Creme auflösen. Schüssel in ein kaltes Wasserbad setzen und die Creme weiterschlagen, bis sie kalt ist. Rosenwasser unterrühren, Blütenblätter und Sahne unterheben. Die Parfaitmasse in eine Parfait- oder Kastenkuchenform füllen und zugedeckt im Tiefkühlfach über Nacht gefrieren lassen.

3. Am nächsten Tag für das Aprikosen-Ragout die Aprikosen waschen, halbieren, entsteinen und in Spalten schneiden. Orange und Limette heiß waschen, trockenreiben, jeweils etwas Schale abreiben und den Saft auspressen, dabei ½ EL Zitrussaft für das Sabayon abnehmen. Restlichen Saft mit dem Gelierzucker aufkochen. Aprikosenspalten und Zitrusschale dazugeben und offen bei schwacher Hitze etwa 30 Sek. köcheln lassen. Vom Herd nehmen und abkühlen lassen.

4. Für das Riesling-Sabayon Eigelbe, Sekt, Zucker und Vanillemark in einer Rührschüssel aus Metall über dem heißen Wasserbad schlagen, bis die Mischung eine schaumig-cremige Konsistenz erhält (siehe Schritt 1 »zur Rose abziehen«). Mit dem übrigen Zitrussaft abschmecken.

5. Zum Servieren die Parfaitform kurz in heißes Wasser tauchen, das Parfait vorsichtig herausstürzen und in Scheiben schneiden. Das Sabayon mittig auf 4 Dessertteller häufen und mit Aprikosenspalten und Himbeeren anrichten. Je 2 Scheiben Parfait in das Sabayon legen und mit Rosenblütenblättern garnieren.

Küchengeheimnisse

»Hier verraten wir Ihnen das Rezept für unseren hausgemachten Rosenwein: Dafür die Blütenblätter von mehreren roten Bio-Duftrosen abzupfen und 150 g abwiegen. 400 ml Weißwein (trocken; z. B. Gewürztraminer) mit 200 g Zucker unter Rühren bis zum Siedepunkt erhitzen. Den Sud vom Herd nehmen, die Blütenblätter hineingeben und zugedeckt 2 Std. ziehen lassen. Dann den Weinsud mithilfe eines Trichters durch ein Sieb in eine Flasche gießen, verschließen und bis zur Verwendung kühl und dunkel aufbewahren.«

Küchengeheimnisse

»Mascarpone ist keine klassische Panna-cotta-Zutat, macht diese aber besonders cremig. Wichtig: Den Mascarpone dafür erst unter die Sahne rühren, wenn diese schon fast kalt ist. Zu Hause serviere ich die Panna cotta gerne auch mal auf exotische Art: Dafür ersetze ich die Hälfte der Sahne durch Kokosmilch und schmecke die Kokossahne noch mit etwas Limettensaft ab. Dazu serviere ich dann am liebsten leicht gesüßtes Mangopüree.«

Panna cotta mit Kirschgrütze

Wer den Kaiserstuhl vor der Tür hat, braucht einen Mangel an Kirschen nicht zu fürchten. Zentrum des Kirschanbaus ist dort mit rund 10 000 Bäumen auf über 50 Hektar Land das beschauliche Königschaffhausen. So macht sich auch Gertrud Dilger vom »Wirtshaus zur Sonne« im Glottertal zur Kirschensaison ab Anfang Juni gerne auf in den Kaiserstuhl, um an den Marktständen zwischen Endingen und Achkarren die vollreifen Früchtchen zu kaufen. Die Kirschen werden dann entweder gleich genascht oder zu feinen Desserts wie diesem verarbeitet.

1. Für die Panna cotta die Vanilleschote mit einem spitzen Messer aufschlitzen, das Vanillemark herauskratzen. Die Sahne in einem Topf mit Vanillemark und -schote sowie Zucker zum Kochen bringen, vom Herd nehmen und zugedeckt etwa 10 Min. ziehen lassen. Inzwischen die Gelatine in kaltem Wasser 5 Min. einweichen.

2. Die Vanilleschote aus der Sahne entfernen, die Gelatine ausdrücken und in der Sahne auflösen. Die Vanillesahne abkühlen lassen, bis sie lauwarm ist.

3. Den Mascarpone unter die Vanillesahne rühren. Vier gerade oder leicht konische Portionsförmchen (à 150 bis 200 ml) mit kaltem Wasser ausspülen, die Sahne-Mascarpone-Mischung hineinfüllen und zugedeckt über Nacht kühlstellen.

4. Für die Kirschgrütze die Kirschen waschen, entstielen und entsteinen. In einem Topf den Zucker hellbraun karamellisieren. Mit Rotwein und 100 ml Kirschsaft ablöschen und bei mittlerer Hitze kochen, bis sich der Zucker gelöst hat, dabei nach Belieben 1 Zacken Sternanis, 1 kleines Stück Zimtstange oder 2 cm Vanilleschote mitgaren.

5. Die Speisestärke mit dem restlichen Kirschsaft verrühren, unterrühren und den Sud leicht dicklich einköcheln lassen, dabei hin und wieder umrühren. Die Gewürze gegebenenfalls entfernen. Die Kirschen dazugeben, alles erneut aufkochen, vom Herd nehmen und die Kirschgrütze abkühlen lassen.

6. Die Panna-cotta-Förmchen kurz in heißes Wasser tauchen, dann die Panna cotta vorsichtig auf vier Teller stürzen. Die Kirschgrütze rundherum verteilen. Nach Belieben mit Minzeblättchen garnieren und servieren.

Zutaten für die Panna cotta

- ½ **Vanilleschote**
- 400 g **Sahne**
- 50 g **Zucker**
- 3 Blatt **Gelatine** (weiß)
- 100 g **Mascarpone**

Für die Kirschgrütze

- 500 g **Kirschen**
- 125 g **Zucker**
- 50 ml **Rotwein** (trocken, z. B. Spätburgunder aus dem Glottertal)
- 150 ml **Kirschsaft**
- 2 EL **Speisestärke**

Angaben für 4 Personen
Schwierigkeitsgrad

MONDWEIDE CAFÉ & BISTRO | BADENWEILER-SEHRINGEN

Schwarzer Kokosmilchreis an Beeren-Potpourri

Der Begriff »Schwarze Venus« weckt viele Assoziationen. In der kulinarischen Welt handelt es sich dabei um eine schwarze Reissorte, die ursprünglich aus China stammt und seit dem Jahr 1997 auch in der italienischen Po-Ebene angebaut wird. Dort wurde ihr auch der klingende Name verpasst: riso venere – Reis der Venus! Dieser Reis ist nicht nur ein echter Hingucker, sondern verführt alle Sinne: Beim Kochen entsteht ein Duft von frischgebackenem Brot, das Korn hat einen knackigen Biss und einen leicht nussigen Geschmack. Karl Müller-Bussdorf nimmt den Reis wieder ein Stück weit zurück in seine eigentliche Heimat: Er serviert ihn in seinem Café »Mondweide« als cremigen und exotischen Kokosmilchreis und kreierte damit eine besonders raffinierte Variante des einstigen Arme-Leute-Essens.

Do-schmeckts-Tipp
Wer den Reis körnig mag, der kann ihn nach dem Kochen unter fließendem Wasser kurz abspülen, dann ist er nicht so klebrig. Wer exotische Aromen liebt, kann den Reis noch mit etwas frischem Ingwer verfeinern. Dafür 10 g Ingwer schälen und fein reiben. Mit dem Reis zum Kochen bringen und wie beschrieben fertigstellen.

1 Den Reis zunächst in einem Topf in Wasser 1 Std. einweichen, dann in ein Sieb abgießen.

2 Den Reis in einem Topf mit Milch, Kokosmilch, beiden Zuckersorten und der Vanilleschote langsam zum Kochen bringen und zugedeckt bei schwacher Hitze etwa 1½ Std. köcheln lassen, dabei gelegentlich umrühren und gegebenenfalls noch Milch oder Kokosmilch dazugießen. Den Topf vom Herd nehmen, den Reis abkühlen lassen.

3 Die Beeren waschen und abtropfen lassen. 50 g Beeren zerdrücken und mit den anderen Beeren mischen. Den Holunderblütensirup unterrühren, mit Limettensaft abschmecken. Den Reis auf vier Teller verteilen, die Beeren mit den Minzeblättern daneben anrichten.

Zutaten

- 250 g **Venere-Reis** (schwarz)
- 600 ml **Milch**
- 1 Dose **Kokosmilch** (400 ml)
- 50 g **brauner Zucker**
- 1 **Vanilleschote** (ausgekratzt)
- 350 g **Beeren** (z. B. Heidelbeeren, Himbeeren, Johannisbeeren)
- 2 EL **Holunderblütensirup** (Siehe Seite 89)
- 1 EL **Limettensaft**
- 8 Blätter **Minze**

Angaben für 4 Personen
Schwierigkeitsgrad

BIO-RESTAURANT AM FELSENKELLER | STAUFEN

Karamellisierte Apfelpfannkuchen

Pfannkuchen stehen hoch im Kurs im »Bio-Restaurant Am Felsenkeller« und sind besonders beliebt, wenn sie mit Äpfeln zubereitet und anschließend karamellisiert werden. Das Gute daran ist: Bei Küchenchef Konrad Ortlieb stammen alle Produkte aus regionalem Bioland-Anbau. Ob Mehl, Milch, Eier oder Äpfel - alles, was in diese Pfannkuchen kommt, ist von bester Qualität!

1 Für die Pfannkuchen zunächst Mehl und Milch verrühren. Eier und 1 Prise Salz hinzufügen, alles zu einem glatten Teig verrühren und 10 Min. quellen lassen. Den Apfel schälen, mit einem Apfelausstecher das Kerngehäuse entfernen. Den Apfel in 12 Scheiben schneiden.

2 Den Backofen auf 200° vorheizen. Butter in einer ofenfesten Pfanne erhitzen, 3 Apfelscheiben darin etwa 1 bis 2 Min. andünsten und gleichmäßig in der Pfanne verteilen. Den Teig erneut verrühren, ein Viertel des Teigs über die Apfelscheiben gießen und durch Schwenken gleichmäßig in der Pfanne verteilen. Den Pfannkuchen etwa 2 Min. bei nicht zu starker Hitze backen, dann die Pfanne auf die mittlere Schiene des Backofens schieben und den Pfannkuchen darin 2 bis 3 Min. fertig backen.

3 Die Pfanne aus dem Ofen nehmen und wieder auf die Herdplatte stellen. Den Pfannkuchen vorsichtig wenden, mit Zucker bestreuen und wieder wenden, den Zucker leicht karamellisieren lassen. Den Pfannkuchen erneut wenden, auf einem Teller mit Vanilleeis anrichten und servieren. Die übrigen Pfannkuchen auf die gleiche Art zubereiten.

Do-schmeckts-Tipp

Sie können die Pfannkuchen auch mit Dinkelmehl backen. Dann erhalten sie einen leicht nussigen Geschmack. Mögen Sie Pfannkuchen auch gerne besonders locker und luftig? Dann ersetzen Sie 50 ml der Milch durch Mineralwasser mit Kohlensäure.

Zutaten

150 g	**Weizenmehl**
200 ml	**Milch**
4	**Eier** (Gr. M)
2	**Äpfel** (säuerlich; z. B. Boskoop)
4 Kugeln	**Vanilleeis**
	Butter (zum Ausbacken)
	Salz

Angaben für 4 Personen
Schwierigkeitsgrad

RESTAURANT & WEINSTUBE HOLZÖFELE | IHRINGEN

Beerengrütze mit Vanilleparfait

Das Credo des »Holzöfele« wird von den Inhabern Christine und Robert Franke klar und konsequent formuliert: »Frische Ware, hohe Qualität und liebevolle Zubereitung – mit viel Erfahrung und Hingabe.« Selbst in den Details dieses Desserts spiegelt sich dieser Leitsatz wider. Aus echter Vanille und Eiern regionaler Lieferanten wird ein zart schmelzendes Parfait, während trockener Rotwein von den Weinbergen des Kaiserstuhls und frische Beeren in einer roten Grütze zusammenfinden. Immer wieder mit Hingabe zubereitet, immer wieder mit Hingabe genossen!

1 Am Vortag für das Parfait die Gelatine 5 Min. in kaltem Wasser einweichen. Die Milch mit dem Vanillemark in einem Topf erwärmen, die Gelatine ausdrücken und darin auflösen, die Mischung auf Zimmertemperatur abkühlen lassen. Die Sahne steif schlagen und zugedeckt kühlstellen.

2 Eier, Eigelbe und den Zucker in einer Rührschüssel aus Metall über dem heißen Wasserbad cremig schlagen. Die abgekühlte Milch-Gelatine-Mischung dazulaufen lassen und unterrühren. Dann die Schüssel in ein kaltes Wasserbad setzen und die Creme weiterschlagen, bis sie kalt ist.

3 Die geschlagene Sahne unter die erkaltete Creme heben. Eine Terrinen- bzw. Parfaitform (25 x 10 x 7 cm) mit Frischhaltefolie auslegen (oder nach Belieben runde Portionsförmchen verwenden). Die Parfaitmasse in die Form füllen, die überstehende Folie darüberschlagen. Über Nacht im Tiefkühlfach gefrieren lassen.

4 Am nächsten Tag für die Beerengrütze den Zucker in einem großen Topf hellbraun karamellisieren. Mit trockenem Rotwein und Johannisbeersaft ablöschen und auf die Hälfte einkochen lassen. Vom lieblichen Rotwein 100 ml abnehmen und mit der Speisestärke verrühren, den Rest mit der Zitrusschale und der Vanilleschote in den Topf geben und noch einmal etwas einkochen lassen. Die Rotwein-Speisestärke-Mischung dazugießen und alles kurz köcheln lassen, bis der Weinfond andickt.

5 Die Beeren waschen und abtropfen lassen. In den Weinfond geben und unter Rühren noch einmal aufkochen lassen. Den Topf vom Herd nehmen, die Grütze abkühlen lassen.

6 Die Beerengrütze auf vier tiefen Tellern anrichten. Das Parfait aus der Form stürzen und die Folie entfernen. Das Parfait in Scheiben schneiden und auf der Grütze anrichten.

Do-schmeckts-Tipp

Geschmacklich ist diesem aromatischen Dessert nichts mehr hinzuzufügen. Zu einem echten Augenschmaus wird es aber, wenn Sie das Ganze noch mit Beeren, Minze und Puderzucker garnieren.

Zutaten für das Parfait

- 2 Blatt **Gelatine** (weiß)
- 75 ml **Milch**
- 1 **Vanilleschote** (Mark)
- 500 g **Sahne** (kalt)
- 2 **Eier** (Gr. M)
- 3 **Eigelbe**
- 100 g **Zucker**

Für die Grütze

- 250 g **Zucker**
- ½ l **Rotwein** (trocken; z. B. Spätburgunder)
- ½ l **Johannisbeersaft**
- 1 l **Rotwein** (lieblich; z. B. Merlot)
- 50 g **Speisestärke**
- ½ **Bio-Zitrone** (Schale)
- ½ **Bio-Orange** (Schale)
- 1 **Vanilleschote** (ausgekratzt; die übrig gebliebene Schote vom Parfait)
- 500 g **Beeren** (gemischt; z. B. Blaubeeren, Himbeeren, Erdbeeren, Johannisbeeren, entsteinte Kirschen)

Angaben für 4 Personen
Schwierigkeitsgrad

WINZERHAUS REBSTOCK | VOGTSBURG-OBERBERGEN

Marinierte Kaiserstühler Himbeeren mit hausgemachtem Eierlikör

In vielen Familien wird Eierlikör nach einem Geheimrezept selbst hergestellt. Die wichtigsten Zutaten sind natürlich Eidotter, am besten in kräftig gelber Farbe und aus regionaler Bio-Haltung sowie eine hochwertige alkoholische Komponente. Hier verrät uns Familie Keller ihr ganz eigenes Eierlikörrezept mit Kirschwasser und Puderzucker. So zeigt sich, dass es neben einigen sorgfältig ausgewählten Zutaten und einem geschickten Händchen nicht viel bedarf, um eine echte Köstlichkeit herzustellen. Nach diesem wundervollen Dessert, in dem sich Eierlikör und frische Himbeeren vom Kaiserstuhl vereinen, werden Sie sich garantiert die Finger lecken.

Do-schmeckts-Tipp
Zu diesem Dessert empfiehlt Familie Keller eine Spätburgunder Beerenauslese aus dem eigenen Weingut, z.B. Oberbergener Bassgeige Spätburgunder Beerenauslese.

1 Für den Eierlikör die Eigelbe und den Vanillezucker in einer Rührschüssel aus Metall verrühren. Nach und nach Puderzucker und Kirschwasser unterrühren. Die Schüssel über ein heißes Wasserbad setzen, die Eiermasse mit den Quirlen des Handrührgeräts schlagen, bis sie andickt und cremig wird. Den Eierlikör mithilfe eines Trichters in eine saubere Flasche füllen und verschließen. Auf diese Weise hält sich der Likör gut gekühlt etwa 4 Wochen.

2 Die Sahne steif schlagen und kühlstellen. Die Hälfte der Himbeeren auf 4 große Dessertgläser verteilen, je 2 Kugeln Vanilleeis daraufsetzen, die restlichen Himbeeren darüberschichten. Pro Portion etwa 3 EL abgekühlten Eierlikör darübergießen. Mit der geschlagenen Sahne garnieren und servieren.

Zutaten für den Eierlikör

- 8 Eigelbe
- 1 Pck. Bourbon-Vanillezucker
- 200 g Puderzucker
- 250 g Kirschwasser

Außerdem

- 500 g Sahne (kalt)
- 600 g Himbeeren
- 8 Kugeln Vanilleeis

Küchengeheimnisse

»Die Arbeit mit rohem Ei ist immer etwas heikel, wegen der Gefahr einer Salmonelleninfektion. Bei einem Eierlikör ist die Gefahr aber kaum gegeben, da Alkohol und Zucker gute Konservierungsmittel sind und eine Vermehrung der Bakterien unterbinden. Laut deutschem Lebensmittelrecht muss der Alkoholgehalt des Eierlikörs daher bei mindestens 10 % vol. liegen. Mit unserem hauseigenen Likör liegen wir weit darüber.«

Angaben für 4 Personen
Schwierigkeitsgrad

GASTHAUS HIRSCHEN | MÜLLHEIM-BRITZINGEN

Himbeerstreusel mit Vanilleparfait

Mit ihrem verführerischen Rot und ihrem herrlichen Geschmack ist die Himbeere eine kleine Kostbarkeit, die aus den Sommermonaten kaum wegzudenken ist. Erstmals kultiviert wurde sie in den Klostergärten des Mittelalters und auch Hildegard von Bingen schätzte im 12. Jahrhundert die Himbeere als gesundes Obst und als Heilmittel. Für die Ernte ist viel Sorgfalt und Fingerspitzengefühl gefragt, damit die empfindlichen Früchte keinen Schaden nehmen. Bei Martin Schumacher kommen die Himbeeren immer ganz frisch auf den Tisch, wie zum Beispiel in diesem herrlichen Dessert mit Vanilleparfait und gebackenen Streuseln. So wird die rote Frucht während ihrer Saison von Juni bis August im »Gasthaus Hirschen« zum echten Hochgenuss!

1. Am Vortag für das Parfait die Sahne steif schlagen und zugedeckt kühlstellen. Eier und Eigelbe mit Vanillemark und Zucker in einer Rührschüssel aus Metall über dem heißen Wasserbad cremig schlagen. Dann die Schüssel in ein kaltes Wasserbad setzen und die Creme weiterschlagen, bis sie kalt ist.

2. Nach und nach die geschlagene Sahne unter die erkaltete Creme heben. Eine Terrinen- bzw. Parfaitform (25 x 10 x 7 cm) mit Frischhaltefolie auslegen. Die Parfaitmasse in die Form füllen, die überstehende Folie darüberschlagen. Die Parfaitmasse im Tiefkühlfach über Nacht gefrieren lassen.

3. Am nächsten Tag für die Streusel Butter, Zucker und Mandeln zu einem bröseligen Teig verkneten und 1 Std. kühlstellen. Backofen auf 180° vorheizen. Ein Backblech mit Backpapier auslegen, die Streusel darauf verteilen. Das Blech auf die mittlere Schiene des Backofens schieben, die Streusel etwa 10 Min. knusprig braun backen, herausnehmen und abkühlen lassen.

4. Vier Dessertringe (6 cm Ø) auf vier Teller setzen. Etwa 2 cm hoch mit Streuseln befüllen und diese leicht andrücken. Die Himbeeren darauf verteilen, die Dessertringe vorsichtig abziehen. Das Parfait aus der Form stürzen und die Folie entfernen. Das Parfait in Scheiben schneiden und neben den Streuseltürmchen anrichten. Nach Belieben noch mit leicht aufgeschlagener Sahne, Fruchtsauce und Minzeblättchen garnieren und servieren.

Küchengeheimnisse

»Im Winter können Sie das Parfait auch mit einem Apple-Crumble servieren. Dafür 2 säuerliche Äpfel (z. B. Boskoop) schälen und kleinwürfeln. Mit 1 EL Zucker und 1 Prise Zimt mischen und auf vier ofenfeste Portionsförmchen (¼ l) verteilen. Den Teig darüberstreuen. Im heißen Backofen in etwa 20 Min. goldbraun backen.«

Zutaten für das Parfait

250 g **Sahne** (kalt)
2 **Eier**
1 **Eigelb**
1 **Vanilleschote** (Mark)
2 EL **Zucker**

Für die Streusel

60 g **Butter**
60 g **Zucker**
60 g **Mandeln** (gemahlen)

Außerdem

250 g **Himbeeren**

Angaben für 4 Personen
Schwierigkeitsgrad

Schwarzwälder Kirschtorte

Die Schwarzwälder Kirschtorte ist die beliebteste Torte im »Landfrauencafé Goldene Krone« in St. Märgen. Sicher, weil sie so grandios schmeckt und man ihr die viele Arbeit ansieht, die in ihr steckt. Dieser Tortenhit braucht reichlich Kirschwasser und vor allem Zeit. Und trotzdem backen die Landfrauen mehr als 500 der Kirschtorten im Jahr, die mit 125 Litern bestem Schwarzwälder Kirschwasser getränkt sind. Im Sommer werden sie noch mit frischen, knackigen Kirschen vom Kaiserstuhl verziert: Da lacht das Genießerherz!

1 Den Backofen auf 180° vorheizen. In den Boden einer Springform (28 cm Ø) einen Bogen Backpapier einspannen, die Ränder einfetten. Für den Biskuit Mehl, 150 g Speisestärke und Kakaopulver mischen. Die Eier trennen, die Eiweiße mit 1 Prise Salz in einer sauberen Rührschüssel zu steifem Schnee schlagen. Nach und nach 280 g Zucker unterschlagen, zunächst die Eigelbe, dann nach und nach die Mehl-Stärke-Mischung unterheben. Den Teig in die Kuchenform füllen und glattstreichen. Die Kuchenform auf die mittlere Schiene des Backofens schieben, den Biskuitboden darin circa 20 Min. backen.

2 Die Sauerkirschen abtropfen lassen, dabei die Flüssigkeit auffangen. Diese mit 2 EL Zucker und 50 ml Kirschwasser aufkochen. 2 EL Speisestärke in etwas Wasser auflösen, unter Rühren in die kochende Flüssigkeit gießen und einkochen lassen. Ein Drittel der eingedickten Flüssigkeit abnehmen, den Rest mit den Sauerkirschen mischen.

3 Die Kuchenform aus dem Ofen nehmen, den Biskuitboden etwas abkühlen lassen. Dann aus der Form lösen und auf einem Kuchengitter vollständig auskühlen lassen. Inzwischen die Sahne steif schlagen und zugedeckt kühlstellen.

4 Den Biskuitboden zweimal waagerecht durchschneiden. Alle Böden mit dem übrigen Kirschwasser beträufeln. Den unteren Boden gleichmäßig mit den Kirschen belegen, den zweiten Boden daraufsetzen und leicht andrücken. Diesen zunächst mit der restlichen eingedickten Flüssigkeit, dann etwa 1 bis 2 cm dick mit Sahne bestreichen. Den dritten Boden daraufsetzen. Die Torte rundherum mit Sahne bestreichen. Restliche Sahne in einen Spritzbeutel mit Sterntülle füllen. Rundherum Sahnerosetten auf die Torte spritzen. Den mittleren Bereich mit der gehobelten Schokolade bestreuen. Die Kirschen waschen und trockentupfen. Auf jede Sahnerosette eine Kirsche setzen. Die Torte servieren und erst bei Tisch anschneiden.

Zutaten

- 200 g **Weizenmehl**
- 150 g + 2 EL **Speisestärke**
- 1 EL **Kakaopulver**
- 7 **Eier** (Gr. M)
- 280 g + 2 EL **Zucker**
- 1 Glas **Sauerkirschen** (Schattenmorellen; 750 g)
- ¼ l **Kirschwasser**
- 1 kg **Sahne** (kalt)
- 50 g **Blockschokolade** (dunkel; gehobelt)
- 12–16 **Kirschen**
- **Fett** (für die Form)
- **Salz**

Angaben für 1 Torte (12–16 Stücke)
Schwierigkeitsgrad

Küchengeheimnisse

»Für einen aufregenden Auftritt die Torte rundherum noch mit groben Schokosplittern garnieren. Dafür 100 g Zartbitterkuvertüre hacken und in einer Schüssel über dem heißen Wasserbad schmelzen. Die Kuvertüre auf einen großen Bogen Backpapier streichen. Einen zweiten Bogen darauflegen, die Kuvertüre zwischen dem Backpapier mit einer Teigrolle dünn ausrollen. Das Backpapier samt Kuvertüre eng aufrollen, mit einem Gummiband zusammenhalten und etwa 1 Std. einfrieren. Die Rolle aus dem Tiefkühlfach nehmen und vorsichtig entrollen. Dabei zerbricht die Kuvertüre, und es entstehen schöne Splitter, die Sie nun hochkant rund um die Torte in die Sahne drücken können.«

Küchengeheimnisse

»Wir servieren das Dessert in unserem Restaurant etwas aufwendiger. Auf den Kirschplotzer geben wir zunächst etwas Schlagsahne, dann ein karamellisiertes Strudelteigblatt, wieder Sahne und darauf je 3 eingelegte Rumkirschen. Das Eis servieren wir auf fruchtigem Sabayon, z. B. aus Mango, Passionsfrucht, Aprikose oder Orange. Dann garnieren wir noch mit Melissenblättern und Schokobiskuitstückchen.«

SCHWARZWALDGASTHOF ZUM GOLDENEN ENGEL | GLOTTERTAL

Badischer Kirschplotzer mit Mandeleis

Ob »Kirschmichel« aus Franken, »Clafoutis« aus dem Limousin oder »Schwarzwälder Kirschtorte« – süße Aufläufe oder Kuchen mit den roten Früchtchen als Hauptdarsteller sind in allen ländlichen Regionen mit Kirschenanbau beliebt. Im Badischen heißt ein einfacher Kuchen »Plotzer«. Das klingt zugegebenermaßen etwas rustikal, kann aber – wie im Gasthof »Zum goldenen Engel« im Glottertal – mit Mandeleis auf elegante Art und Weise serviert werden.

1. Für das Eis die Mandelblättchen in einer Pfanne ohne Fett hellbraun anrösten. Die gebräunten Mandelblättchen herausnehmen, 3 EL für die Deko abnehmen, den Rest grob hacken. Milch, Sahne und Mandelsplitter in einem Topf aufkochen, vom Herd nehmen und zugedeckt etwa 20 Min. ziehen lassen.

2. Eigelbe und Zucker in einer Rührschüssel aus Metall über dem heißen Wasserbad cremig schlagen. Die Mandelsahne nach und nach dazugießen und weiterschlagen, bis die Mischung eine cremige Konsistenz erhält (das passiert bei einer Temperatur von etwa 85°). Wenn sich an einem mit der Flüssigkeit benetzten Kochlöffel beim Daraufblasen Wellen bilden, die an Rosenblüten erinnern, ist die Creme perfekt (der Fachmann nennt das »zur Rose abziehen«). Den Amaretto unterrühren, die Schüssel in ein kaltes Wasserbad setzen, und die Creme weiterschlagen, bis sie kalt ist.

3. Die erkaltete Creme in eine Eismaschine füllen und darin gefrieren lassen. Alternativ die Mischung ins Tiefkühlfach stellen, bis sie anfängt zu gefrieren. Dann mit dem Handrührgerät kräftig verrühren und wieder kühl stellen. Diesen Vorgang dreimal stündlich wiederholen, bis ein cremiges Eis mit feinen Eiskristallen entstanden ist.

4. Für den Kirschplotzer den Backofen auf 200° vorheizen. Die Kirschen waschen und entsteinen. Mehl, Zucker, gemahlene Haselnüsse, Kakao und Backpulver mischen. Die Butter in einer Rührschüssel cremig rühren, das Ei dazurühren, die Mehlmischung unterheben. Den Teig in eine Backform (5 x 12 cm) füllen und glattstreichen, die Kirschen darauf verteilen. Im heißen Backofen auf der mittleren Schiene etwa 30 Min. backen.

5. Die Kuchenform aus dem Ofen nehmen, den Kuchen einige Minuten ruhen lassen, dann vorsichtig herauslösen und abkühlen lassen. Den Kuchen in kleine Stücke schneiden. Vom Eis mit dem Eisportionierer Kugeln abstechen, in den übrigen Mandelblättchen wälzen und mit dem Kuchen auf 4 Desserttellern anrichten.

Zutaten für das Eis

- 80 g **Mandelblättchen**
- 150 ml **Milch**
- 100 g **Sahne**
- 3 **Eigelb** (Gr. M)
- 75 g **Zucker**
- 5 cl **Amaretto** (ital. Mandellikör)

Für den Kuchen

- 200 g **Süßkirschen**
- 50 g **Weizenmehl**
- 50 g **Zucker**
- 2 EL **Haselnüsse** (gemahlen)
- 1 TL **Kakaopulver**
- 1 Msp. **Backpulver**
- 50 g **Butter** (weich)
- 1 **Ei** (Gr. M)

Angaben für 4 Personen
Schwierigkeitsgrad

GASTHOF SONNE | AMOLTERN

Weinbergpfirsich-Sorbet

Das Klima am Kaiserstuhl eignet sich nicht nur bestens für den Weinanbau, auch andere wärmeliebende Obstsorten gedeihen hier prächtig und werden wie der Rote Weinbergpfirsich gerne als Begleitkultur angepflanzt. Dessen Fruchtfleisch ist weniger süß, dafür aber erheblich aromatischer als beim üblichen Pfirsich. Daher wird der Weinbergpfirsich besonders gerne für Edelbrände, Liköre und Konfitüren verwendet. Im »Gasthof Sonne« im Endinger Ortsteil Amoltern kommt er bevorzugt als feines Sorbet auf den Tisch, freilich unterstützt von einem aromatischen Likör oder einem Bohnapfelbrand, wie er von Willi Sacherer, dem Bruder des Wirts Arno Sacherer, gebrannt wird.

Do-schmeckts-Tipp
Seltener als der Weinbergpfirsich wird bei uns im Kaiserstuhl die Aprikose kultiviert. Auch aus ihr lässt sich mit Unterstützung eines aromatischen Aprikosenlikörs ein wunderbares Sorbet zaubern. Die Aprikosen dürfen nach dem Häuten und vor dem Pürieren allerdings noch 2 bis 3 Min. mit dem Zucker dünsten, da ihr Fruchtfleisch durch das Garen aromatischer wird. Dann abkühlen lassen und wie beschrieben weiterverarbeiten.

1 Die Pfirsiche an Ober- und Unterseite kreuzweise einschneiden. In kochendem Wasser etwa 30 Sek. blanchieren, mit dem Schaumlöffel herausheben, in einem Topf mit kaltem Wasser abschrecken und abtropfen lassen. Die Haut mit einem Messer abziehen. Die Pfirsiche halbieren, entsteinen und kleinschneiden.

2 Pfirsichstückchen, Zucker, Zitronensaft und Pfirsichlikör im Standmixer sehr fein pürieren. Die Fruchtmasse in eine Eismaschine füllen und darin gefrieren lassen. Alternativ die Mischung ins Tiefkühlfach stellen, bis sie anfängt zu gefrieren. Dann mit dem Handrührgerät kräftig verrühren und wieder kühlstellen. Diesen Vorgang dreimal stündlich wiederholen, bis ein Sorbet mit feinen Eiskristallen entstanden ist.

3 Von dem fertigen Sorbet mit einem Eisportionierer Kugeln abstechen und auf 4 Dessertteller anrichten. Nach Belieben mit Früchten und Zitronenmelisse garnieren.

Zutaten

- 600 g **Weinbergpfirsiche**
- 100 g **Zucker**
- 2 EL **Zitronensaft**
- 3 cl **Pfirsichlikör** (oder Bohnapfelbrand)

Angaben für 4 Personen
Schwierigkeitsgrad

SCHWARZWALDGASTHOF SCHLOSSMÜHLE | GLOTTERTAL

Glottertäler Weingelee

Die Südhänge des Glottertales zählen zu den steilsten und höchstgelegenen Weinbergen in ganz Deutschland. Dort gedeihen auf den Granit-Gneis-Verwitterungsböden der Lagen »Roter Bur« und »Eichberg« besonders die Weine der Burgunderfamilie – Spätburgunder, Grau- und Weißburgunder sowie Chardonnay – prächtig und reifen jedes Jahr zu edlen Tropfen heran. Diese werden dann in der kleinsten selbstvermarktenden Winzergenossenschaft des gesamten badischen Raums erfolgreich vertrieben. Auch Hilmar Gutmann aus dem Restaurant des Hotels »Schlossmühle« genießt den lokalen Wein mit Wonne, zaubert daraus aber auch gerne edle Desserts wie dieses.

1 Die Gelatine in kaltem Wasser 5 Min. einweichen. In einem Topf 2 EL Weißwein erwärmen, die ausgedrückte Gelatine darin auflösen. Zucker, Zitronensaft und restlichen Weißwein dazugeben und rühren, bis sich der Zucker gelöst hat.

2 Beeren und Trauben waschen, trockentupfen und putzen bzw. von den Stielen zupfen, Erdbeeren halbieren oder in Scheiben schneiden. Anderes Obst waschen, putzen, gegebenenfalls schälen und entkernen bzw. entsteinen, dann in mundgerechte Stücke schneiden.

3 Sobald der Wein zu gelieren beginnt, ein Viertel des Obstes auf 4 Dessert- oder Weingläser verteilen und mit einem Viertel des Weins übergießen. Zugedeckt kühlstellen, bis der Wein geliert ist. Restliches Obst in 3 Schritten nach und nach daraufschichten und jeweils mit Wein übergießen (sollte dieser bereits geliert sein, noch einmal leicht erwärmen!). Erneut zugedeckt kühlstellen und etwa 2 Std. gelieren lassen.

Do-schmeckts-Tipp

Zu einem prickelnden Vergnügen wird das Gelee, wenn Sie statt Wein Sekt verwenden, z.B. den Glottertaler Eichberg Rosé- oder Rieslingsekt. Auch ein fruchtiger Secco mit dem Aroma wilder Beeren, wie Sie ihn in der Glottertaler Winzergenossenschaft erhalten, eignet sich bestens für dieses Dessert. Reduzieren Sie die Zuckermenge dann jedoch auf 200 g.

Zutaten

8 Blatt **Gelatine** (weiß)
½ l **Weißwein oder Rosé** (trocken; z.B. Weißburgunder oder Weißherbst)
240 g **Zucker**
½ **Zitrone** (Saft)
200 g **Obst** (gemischt; z.B. Beeren, Trauben, Kiwi, Mango)

Angaben für 4 Personen
Schwierigkeitsgrad

GASTHOF ENGEL | SIMONSWALD

Karamellisierter Blätterteig mit marinierten Beeren und Sauerrahmeis

Wer sommerlich angehauchte Desserts liebt, ist bei diesem Augen- und Gaumenschmaus aus dem »Gasthof Engel« in Simonswald an der richtigen Adresse. Knuspriger Blätterteig, säuerlich frisches Sauerrahmeis, ein buntes Beeren-Potpourri und nach Wunsch auch noch ein luftig-leichter Topfenschaum vereinen sich zu einem Desserttraum, der keine Wünsche mehr offen lässt.

1. Für das Eis alle Zutaten mit einem Schneebesen verrühren. Die Eismasse in eine Eismaschine füllen und darin gefrieren lassen. Alternativ die Mischung ins Tiefkühlfach stellen, bis sie anfängt zu gefrieren. Dann kräftig verrühren und wieder kaltstellen. Diesen Vorgang dreimal stündlich wiederholen, bis ein feinkristallisiertes Eis mit entstanden ist.

2. Den Backofen auf 150° vorheizen. Den Blätterteig in 8 Quadrate (à 5 x 5 cm) schneiden und mit einem spitzen Messer gitterförmig einritzen. Auf einem mit Backpapier ausgelegten Blech im heißen Backofen auf der mittleren Schiene in etwa 12 bis 15 Min. goldbraun backen.

3. Inzwischen die Erdbeeren waschen, putzen und in Scheiben schneiden, Blaubeeren waschen. Alle Beeren mit Puderzucker, Orangenlikör und Johannisbeerlikör verrühren und 10 Min. ziehen lassen.

4. Das Blech aus dem Ofen nehmen, die Blätterteigkissen abkühlen lassen. Dann waagerecht halbieren, die oberen Teighälften mit Puderzucker bestäuben und diesen nach Belieben mit einem Küchenbrenner karamellisieren.

5. Die unteren Teighälften auf vier Teller legen und die Beeren darauf anrichten. Nach Wunsch den Topfenschaum (siehe Küchengeheimnisse) daraufspritzen. Die oberen Teighälften darüberklappen. Vom Sauerrahmeis mit dem Eisportionierer Kugeln abstechen und daneben anrichten. Nach Belieben mit geschmolzener Kuvertüre garnieren und servieren.

Küchengeheimnisse

»In unserem Restaurant servieren wir dazu gerne noch einen Topfenschaum. Dafür wird ein Sahnesiphon benötigt. 200 g Quark, 100 g Sahne, 100 ml Milch, 80 g Puderzucker und das Mark von 1 Vanilleschote glattrühren. Die Mischung in den Siphon füllen, verschließen und mit 2 Gaspatronen aufschäumen und kühlstellen. Vor der Verwendung gut schütteln, dann mit einer Sterntülle auf die Beeren spritzen.«

Zutaten für das Eis

- 350 g **saure Sahne**
- 50 g **Sahne**
- 100 g **Zucker**
- ½ **Zitrone** (Saft)
- 1 cl **Orangenlikör** (z. B. Grand Marnier)

Für den Blätterteig

- 1 Packung **TK-Blätterteig** (bzw. 1 Scheibe 20 x 10 cm; aufgetaut)
- 1 TL **Puderzucker**

Außerdem

- 200 g **Beeren** (gemischt; z. B. Erdbeeren, Himbeeren, Blaubeeren, Brombeeren)
- 2 EL **Puderzucker**
- 2 cl **Orangenlikör** (z. B. Grand Marnier)
- 2 cl **Schwarzer Johannisbeerlikör** (z. B. Crème de Cassis)

Angaben für 4 Personen
Schwierigkeitsgrad

HOTEL-GASTHOF KREUZ-POST | STAUFEN

Mohn-Mousse mit marinierten Erdbeeren und Minzpesto

Höchst aromatisch: Bei dieser Kreation aus Michael Zahns Genussküche im Restaurant des »Hotel-Gasthofs Kreuz-Post« in Staufen können auch die ärgsten Dessertmuffel nicht widerstehen. Denn jede der drei Komponenten kann mit dem gewissen Extra aufwarten: Während in Rotwein gegarter Mohn die luftige Mousse veredelt, gehen reife Erdbeeren eine köstliche Liaison mit bittersüßem Orangenlikör ein. Abgerundet wird der sommerlich leichte Genuss durch fruchtig-frisches Minzpesto. Einfach unwiderstehlich!

1 Für die Mousse den Mohn in einem Topf mit dem Rotwein aufkochen und offen bei mittlerer Hitze einkochen lassen, bis der Wein vollständig verdunstet ist, dabei hin und wieder umrühren. Den Topf vom Herd nehmen, den Mohn darin abkühlen lassen.

2 Die Sahne steif schlagen und zugedeckt kühlstellen. Die Gelatine 5 Min. in kaltem Wasser einweichen. Inzwischen Quark, Zucker und Vanillemark verrühren. Die Gelatine tropfnass in einem Topf bei schwacher Hitze erwärmen, bis sie sich löst. Die flüssige Gelatine unter die Quarkmasse rühren, dann den abgekühlten Mohn unterrühren. Zuletzt die Sahne unterheben. Die Mousse zugedeckt kühlstellen und mindestens 3 Std. gelieren lassen.

3 Für das Minzpesto die Minze waschen, die Blätter von den Stielen zupfen. Die Pinienkerne in einer Pfanne ohne Fett hellbraun anrösten. Minze und Pinienkerne mit Olivenöl und Zucker im Blitzhacker fein pürieren.

4 Die Erdbeeren waschen, putzen und je nach Größe halbieren oder vierteln. Mit Zucker und Orangenlikör in einer Schüssel mischen und etwa 10 Min. ziehen lassen. Von der Mousse mithilfe von 2 Esslöffeln Nocken abstechen und auf vier Dessertteller setzen. Die Erdbeeren und das Minzpesto daneben anrichten. Nach Belieben mit gehackten Pistazien garnieren. Dazu servieren wir in unserem Gasthof noch Vanillesauce.

Zutaten für die Mousse

- 20 g **Mohn**
- ¼ l **Rotwein** (trocken; z. B. Spätburgunder)
- 250 g **Sahne** (kalt)
- 2 Blatt **Gelatine** (weiß)
- 250 g **Magerquark**
- 100 g **Zucker**
- 1 **Vanilleschote** (Mark)

Für das Minzpesto

- 1 Bund **Minze**
- 20 g **Pinienkerne**
- 3 EL **Olivenöl**
- 1 EL **Zucker**

Für die Erdbeeren

- 500 g **Erdbeeren**
- 30 g **Zucker**
- 4 cl **Orangenlikör** (z. B. Grand Marnier)

Angaben für 4 Personen
Schwierigkeitsgrad ●●●

Küchengeheimnisse

»Statt klassisch in Orangenlikör können Sie die Erdbeeren auch in anderen Likören marinieren. Dafür eignen sich z. B. ein Williams Christ oder ein Himbeerlikör ganz hervorragend. Für eine antialkoholische Variante den Mohn in 200 ml Traubensaft und 1 EL Zitronensaft kochen und die Erdbeeren in Orangensaft marinieren.«

Herbst

»Gang lueg e wenig d'Gegnig a! I glaub, de wirsch e'Gfalle ha!« – Schau dir ein wenig die Gegend an! Ich glaube, daran wirst du Gefallen haben! Der bekannte alemannische Mundartdichter Johann Peter Hebel liebte seine Heimat und war davon überzeugt, dass sie ein ganz besonderes Stück Erde ist. Gerade im Herbst offenbaren sich die gesamte Schönheit und das reiche Füllhorn der Natur im Dreiländereck.

Herbstliche Stimmung am Tuniberg, Kaiserstuhl und im Markgräflerland.

Es ist Erntezeit für Pflaumen, Äpfel und Birnen. Die Früchte wachsen traditionell auf Streuobstwiesen, neben den Weinhängen die landschaftsprägende Nutzungsform im Markgräflerland. Die hochstämmigen Bäume tragen zumeist alte, geschmacksintensive und widerstandsfähige Sorten in allerlei regionalen Variationen. Die Artenvielfalt der Streuobstwiesen bildet ein unschätzbares Genreservoir mit über 3000 Apfelsorten in Mitteleuropa. Hofläden und lokale Märkte sind eine wahre Fundgrube für Liebhaber dieser traditionellen Früchtchen, die nicht nur frisch, als Saft oder als Marmelade, sondern natürlich auch als hochprozentiger Obstbrand feilgeboten werden.

Die Streuobstwiese dient, wie der Name bereits verrät, ebenso als Mähwiese zur Heugewinnung oder als Viehweide. Der Kauf dieser regionalen Produkte ist deshalb ein wertvoller Beitrag zum Erhalt der einmaligen Natur- und Kulturlandschaften. In diesem Sinne sind Konsumenten regionaler Produkte aktive Naturschützer. Mit den hochwertigen heimischen Produkten kochen und zaubern die Köche in badischen Restaurants mit besonderem Ehrgeiz, wie zum Beispiel im familiären »Landgasthof Rebstock« in Teningen-Bottingen am Kaiserstuhl, im Traditionsgasthaus »Hirschen« in Müllheim-Britzingen oder im »Landgasthof zur Sonne« in Auggen.

Der »Hirschen« sowie die »Sonne« bieten verführerische Abstecher bei einer Wanderung auf dem Wiiwegli, einem Weitwanderweg durch das Markgräflerland. Die Tour führt auf gut ausgebauten Wegen entlang der Rebhänge, wo im Herbst die Lese in vollem Gange ist und sich der ein oder andere Schwatz unter Weinkennern ergibt.

Ein besonderes Schmankerl ist eine Weinprobe in der ersten Markgräfler Winzergenossenschaft in Schliengen. Der möglicherweise weinselige Ortspfarrer gründete im Jahre 1908 diese erste Winzergenossenschaft, der heute rund 370 Winzer angehören. Die Markgräfler Traditionsrebe ist zweifellos der Gutedel, ein leichter und frischer Weißwein, der lange Zeit abschätzig als Zechwein verschrien war. Das Image des Gutedels hat sich grundlegend gewandelt – auf den unzähligen Weinfesten und in den offenen Weinkellern der

Ende September findet der Almabtrieb in Simonswald statt – ein buntes badisches Spektakel (Foto: Horst Dauenhauer).

Region kann sich jeder von der Qualität der edlen Rebe überzeugen.

Apropos Feste. Mit dem schwindenden Sommer sind die Festivitäten noch längst nicht beendet. Die Badener lieben es einfach, zu feiern, zu plaudern, zu lachen und vor allem zu genießen. Die »Staufener Zeitreise« am dritten Septemberwochenende bietet hierzu eine gute Gelegenheit. Die Altstadt wird zur Freilichtbühne für eine bunt kostümierte Zeitreise in die Vergangenheit. Ein weiteres besonderes Fest findet alle drei Jahre am zweiten Sonntag im September in St. Märgen statt – 2016 ist es wieder so weit. Es steht ganz im Zeichen des Schwarzwälder Fuchses, der ältesten Kaltblutpferderasse Baden-Württembergs. Die hübschen und zähen Pferde befinden sich auf der Roten Liste gefährdeter Nutztierrassen. St. Märgen ist das hauptsächliche Zuchtgebiet des Schwarzwälder Fuchses und feiert das Rossfest mit Prämierungen, Schauvorführungen und einem beeindruckenden historischen Umzug.

Ganz nebenbei ergibt sich bei einem Besuch im Schwarzwald auch die Möglichkeit, nach »Schwammerln« Ausschau zu halten. Hier gedeihen die verschiedensten Sorten, wie Steinpilze, Herbsttrompeten oder Pfifferlinge, die aus der Herbstküche nicht wegzudenken sind. Einfacher zu sammeln sind Brombeeren. Die vitaminreichen Früchte versüßen die saisonalen Nachtische und bieten als Gelee oder Likör für die Wintermonate eine geschmacksintensive Bereicherung.

Ein weiterer festlicher Zug findet alljährlich am ersten Oktoberwochenende im Münstertal statt, der Viehabtrieb. Reich geschmückt mit Blumen und Kränzen ziehen die Rinder von den Sommeralmen zurück ins Tal ins Winterquartier. Dieser wichtige Tag im bäuerlichen Jahreskreis wird mit einem kleinen Volksfest, Musik und Tanz gefeiert. Die Traditionen und Bräuche dieser Region verbinden sich gerade auf den zahlreichen Festivitäten mit der Freude an gutem regionalem Essen und Trinken und sind zweifellos die beste Gelegenheit, Land und Leuten näher kennenzulernen.

Schwarzwaldgasthof Schlossmühle

Glottertal

Am Eingang des Glottertals – mit Blick auf Blumenwiesen und dunklen Wald – grüßt die »Schlossmühle«, eine Schwarzwaldschönheit aus Fachwerk, rot-weißen Fensterläden und Glaskunst an den Fensterscheiben. Seit 900 Jahren stehen die Grundmauern der alten Mühle. Wo einst das Getreide für die Herren des Schlosses Winterbach gemahlen wurde, empfängt den Gast heute eine wohltuende Gemütlichkeit am rauschenden Bach. Direkt am Wasser sitzt man auf einer beneidenswert schönen Terrasse. Das mächtige Mühlrad funktioniert noch.

Fein-würziges Herbstmenü

Riebele-Suppe (Seite 201)
Geschmorte Kalbsbäckchen mit Kartoffel-Endivien-Püree (Seite 226)
Tannenhonig-Parfait (Seite 257)

Innen ist die »Schlossmühle« mindestens genauso schön – mit historischem Kachelofen und Herrgottswinkel und mit Tischen aus altem Holz. Alles liebevoll dekoriert mit alten Fundstücken. Die Stammgäste schätzen neben dem Dekor die frische Küche, die im Schwarzwaldgasthof fantasievoll aufgetischt wird.

Inhaber und Küchenchef Hilmar Gutmann arbeitete in renommierten Küchen zwischen Zermatt und Timmendorfer Strand, bevor er 1987 der Liebe wegen ins Glottertal zog und Barbara Mack heiratete, die aus der »Schlossmühle« stammt. Die beiden hatten sich auf ihren langen Wanderjahren kennengelernt und schließlich dem Heimweh nachgegeben. Seitdem führen sie den elterlichen Betrieb in dritter Generation und legen Wert auf eine familiäre Atmosphäre, in der sich der Gast »wie zu Hause fühlen soll«. Damit das so bleibt, verarbeitet Hilmar Gutmann am liebsten heimische Produkte und schafft daraus eine frische, gutbürgerliche Küche, die sich an den Jahreszeiten orientiert.

Am Nachmittag wird in der »Schlossmühle« noch die traditionelle Kaffeetafel serviert, alle Kuchen und Torten sind hausgemacht. Nicht nur die Einheimischen wissen die gute Küche, den Kuchen und den Service zu schätzen. 14 Zimmer garantieren den Urlaubern eine wunderbare Auszeit. Und die Übernachtungsmöglichkeiten können sich sehen lassen! In den Wellness-Suiten schweift der Blick aus der freistehenden Badewanne in den Raum, in dem schlichte Holzarchitektur mit warmen erdigen Tönen harmoniert – getreu dem Motto: wohlfühlen und wiederkommen!

Familie Mack-Gutmann führt die »Schlossmühle« in dritter Generation und legt Wert darauf, dass sich ihre Gäste »wie zu Hause fühlen«.

Im gemütlichen Garten mit Mühlradblick schmecken die hausgemachten Kuchen und Torten gleich nochmal so gut.

Landgasthof zur Sonne

Auggen

»Die hohe Kunst der Gastlichkeit lag schon immer irgendwo zwischen Verwöhnen und Behaglichkeit«, lautet das Motto von Familie Oberle. Seit 1968 besitzt sie den Traditionsgasthof in der kleinen Winzergemeinde Auggen im Markgräflerland und serviert eine bodenständige Landküche, die eng mit ihrer Region verbunden ist.

Herbstmenü mit Weinakzent

Gratinierter Ziegenkäse mit glacierten Weintrauben (Seite 213)
Rinderbraten in Spätburgundersauce mit Apfelrotkohl (Seite 228)
Apfeltarte (Seite 256)

»Ich will nicht wissen, wie die Kühe geheißen haben, aber mir ist wichtig, dass sie einen Namen hatten«, beschreibt Peter Oberle seine Philosophie. Der engagierte Koch führt den Gasthof gemeinsam mit seiner Frau Julijana seit 1991 und pflegt ein dichtes Netz an Zulieferern aus der Nachbarschaft. Spargel liefert beispielsweise das Bioland-zertifizierte Weingut Landmann aus Tuniberg. Obst und Gemüse kommen von ortsansässigen Bauern und Brot bäckt der Auggener Bäcker Michael Singer. Das Fleisch stammt ebenfalls von Metzgern aus der Gegend, denn Peter Oberle weiß: »Fleisch, das unter Stress geschlachtet wurde, das erkennt man schon in der Pfanne.«

Er propagiert eine ehrliche Küche, der Gast soll, wenn er die Karte liest, wissen, was er bekommt. Am liebsten schmort der Gastronom Braten, Wild ist seine Spezialität. Dabei kommen auch die zahlreichen Weine zum Einsatz, die Peter Oberle aus Auggen und Umgebung bezieht, mit ihnen verfeinert er jede Bratensauce. Aber nicht nur für Fleischliebhaber ist der Gasthof eine gute Wahl, auch Vegetarier werden hier glücklich, denn der Hausherr kreiert für sie je nach Jahreszeit hausgemachte Nudeln mit Spargelragout, Pfifferlingen oder Morcheln. Nur ohne Butter geht in seiner Küche gar nichts – ob Spätzle oder Nudeln, sie erhalten alle eine besondere Note mit geschmelzter Butter und etwas Semmelbröseln.

Kein Wunder sind also die vielen Stammgäste, die Peter Oberle und seine Frau fast alle mit Namen kennen – in Auggen ist das einfach so. Im Winter sitzt man in der gemütlichen Gaststube auf Holzbänken am Kachelofen, im Sommer lockt die schattige Terrasse mit viel Grün. Und wenn es nach dem Essen spät geworden ist, übernachtet man einfach in einem der drei gemütlichen Zimmer. Direkt vor der Haustür kann man am nächsten Tag das Wiiwegli erkunden und durch das zauberhafte Markgräflerland wandern.

Der Traditionsgasthof ist in Auggen bekannt für seine ausgezeichnete Bratenküche.

»Wir servieren eine ehrliche Küche«, betonen Peter und Julijana Oberle.

Landgasthof Rebstock
Bottingen

Schon der Großvater von Thomas Gehring hatte im »Rebstock« als »Der singende Wirt« auf dem Klavier gespielt und Lieder zum Besten gegeben. Dieser legendäre Karl Friedrich Meyer war eigentlich Landwirt und hatte den Gasthof in Tenningen-Bottingen zusätzlich am Abend betrieben. Thomas Gehrings Eltern übernahmen das Gasthaus schließlich 1967 und führten es über dreißig Jahre lang.

Würziges aus Wald und Flur
Waldpilzterrine mit Kräutercreme (Seite 210)
Fasanenkeule im Wirsingblatt (Seite 246)
Warmer Ofenschlupfer (Seite 248)

Seit 1999 ist es nun Thomas Gehring, der in dritter Generation den Familienbetrieb weiterführt und vielleicht sogar an die nächste Generation weiterreicht. Seine Antwort auf das Gasthofsterben besteht darin, immer wieder Neues auszuprobieren und mit der Zeit zu gehen. Das gilt nicht nur für die erst kürzlich ausgebauten und renovierten 24 Zimmer des Gasthauses, beim Essen setzt Thomas Gehring ebenfalls auf frische und zeitgemäße Küche. Regionalität wird hier groß geschrieben, und das wortwörtlich: Auf der Speisekarte sind alle Gerichte mit »KK« gekennzeichnet, bei denen sämtliche Zutaten aus der direkten Umgebung kommen. Das gilt für die Schwarzwaldforelle aus Seelbach ebenso wie für das Wild, das eigens von Jägern für den »Rebstock« geschossen wird.

Thomas Gehring hat nach seiner Ausbildung als Koch eine fünfjährige Wanderschaft unternommen, die ihn unter anderem nach Hamburg, in die Schweiz und nach Schweden geführt hat. Für ihn war schon immer klar, dass er den Gasthof übernehmen würde. Heute kann er sich austoben: Sauerbraten, Rinderleber und Hechtklößchen sind seine Spezialitäten. »Die Gäste legen heutzutage gesteigerten Wert auf leichte, vegetarische Gerichte«, und deshalb hat der gelernte Koch viele Salate und kleine, fleischfreie Gaumengenüsse auf der Karte.

Besonders profitiert die Familie von den Stammgästen, die jedes Jahr das Gasthaus besuchen und gerne auch über Nacht bleiben. »Die Zimmer sind unser Zugpferd geworden«, berichtet Thomas Gehring stolz. Vor allem in der Adventszeit kommen immer mehr Familien, um die Weihnachtsmärkte von Straßburg und Freiburg zu erkunden.

Der Rebstock in Bottingen ist ein Kleinod badischer Gastlichkeit.

Und damit es die Gäste so komfortabel wie möglich haben, hat sich Thomas Gehring auch einiges einfallen lassen. Es gibt extra große Familienzimmer, und die hauseigene Wäscherei sorgt immer für kuschelige Bettwäsche und Handtücher.

»Ich lege Wert auf eine eigene Wäscherei, da weiß man, dass alles von guter Qualität ist.« Mit von der Partie ist seine Frau Tanja, die ihn insbesondere im Service unterstützt, und seine beiden kleinen Söhne Michael und Nikolai schauen schon in die Kochtöpfe mit rein. Und wer weiß, vielleicht gibt es tatsächlich eine vierte Generation, die den »Rebstock« weiterführen wird. Das Klavier und ein Foto des singenden Großvaters erinnern übrigens noch heute an die Anfänge des Familienbetriebs.

Tanja und Thomas Gehring präsentieren eine ideenreiche Landküche.

Hotel-Gasthof Kreuz-Post

Staufen

Das beschauliche Staufen hat sich als »Fauststadt« einen Namen gemacht, denn hier lebte und wirkte einst der Alchimist Johann Georg Faust, der Goethe zu seinem berühmten Werk inspirierte. Inmitten der hübschen Altstadt mit ihren kopfsteingepflasterten Gassen und erfrischenden Bächlein steht das traditionsreiche Haus »Kreuz-Post«, das nicht nur ein kleines feines Stadthotel mit 12 Zimmern beherbergt, sondern auch ein renommiertes Restaurant, das dank der Führung von Michael Zahn und seiner Frau Heidi für seine ausgezeichnete regionale Küche im ganzen Ländle bekannt ist.

Raffiniertes Herbstmenü

Herbstliche Blattsalate mit Pfifferlingen und geräucherter Entenbrust (Seite 206)
Rehkeule mit Trauben-Jus und Rahmwirsing (Seite 238)
Tonkabohnen-Crème-brûlée mit Mandelkuchen (Seite 266)

Der Gasthof blickt auf eine lange Geschichte zurück. Bereits in einer Urkunde von 1599 wird die herrschaftliche Lehensmühle »beim oberen Tor« erwähnt. Etwa 250 Jahre später, im Jahr 1844, heiratete der Löwenwirtssohn Sixtus Schladerer aus Bamlach am Oberrhein in den Gasthof »Zum Kreuz« ein und errichtete für die Verbindung Krozingen – Staufen – Münstertal eine Posthalterei, vor der täglich das Posthorn erklang – der Name »Kreuz-Post« war geboren. 1916 hielt hier die letzte Postkutsche, bevor sie von den Eisenbahnen endgültig abgelöst wurde.

Eine neue Generation der Familie, Hermann und seine Frau Elisabeth Schladerer, bauten den Gasthofbetrieb mit kleiner Brennerei weiter aus, ihre Söhne Albert und Alfred hatten jedoch andere Pläne: Während es Albert in den damals berühmten »Feldberger Hof« zog, übernahm Alfred den Gasthof für kurze Zeit, um sich schließlich ganz dem erfolgreichen Ausbau seiner Brennerei zu widmen. Damit legte er den Grundstein für die heute weit über die Landesgrenzen bekannte Obstbrandmarke »Schladerer«. Nach mehreren Besitzerwechseln kaufte Familie Schladerer das Haus 1993 wieder zurück, drei Jahre dauerten die Renovierungsarbeiten, bevor das altehrwürdige Gebäude 1996 in neuem Glanz erstrahlte.

Heute sind die Galträume in dezenten Grüntönen gehalten. Seit dem Jahr 2001 sind sie das Reich von Pächterfamilie Zahn. Michael Zahn, der aus einer Gastronomenfamilie stammt, wurde hier nach verschiedenen Stationen im Badischen und in der Schweiz mit seiner Frau Heidi sesshaft. Seine Küche beschreibt der experimentierfreudi-

»Alles, nur nicht langweilig« lautet das Motto von Michael Zahn und seiner Frau Heidi.

ge Wirt als »grundehrlich«. Frische ist ihm besonders wichtig, aber auch die Region soll sich in der Karte widerspiegeln. Daher stehen Klassiker wie Kalbskopfsalat mit gebackenen Züngle neben raffinierten Dessertvariationen wie dem Lebkuchenparfait, das hier genauso wie das Staufener Eissoufflé mit Schladerer Bränden verfeinert wird.

Alles, nur nicht langweilig, lautet das Credo des Küchenchefs. Er setzt dabei weitgehend auf Regionalität: Ziegenkäse stammt vom Ringlihof, Galloway-Rinder und frische Lämmer erhält er vom Bio-Betrieb Hilfinger aus Sulzburg, Gemüse und Obst liefern verschiedene Bauern aus dem Ländle. Michael Zahn ist ebenso bekannt als »Fischflüsterer von Staufen«. Auch wenn hier die Regionalität an ihre Grenzen stößt (die schmackhaften Meerestiere werden via Raststatt angeliefert), schätzen die zahlreichen Stammgäste die fantasievolle Weise, mit denen Michael Zahn alles frisch und kunstfertig zubereitet, denn im »Hotel-Gasthof Kreuz-Post« kommt immer auch das Auge auf den Geschmack.

Traditionsreiches Haus inmitten der hübschen Altstadt.

Gasthaus Sonne
Münstertal

Das Münstertal hat sich mit seinen lauschigen Wegen nicht nur bei Wanderfreunden einen Namen gemacht. Zwischen Rheintal, Schauinsland und Belchen finden sich auch für Freunde ideenreicher Landküche traditionsreiche Einkehrmöglichkeiten. Eine davon ist das »Gasthaus Sonne« von Elvira und Karlheinz Wiesler. Hier wird bereits seit mehr als 100 Jahren nach alten Familienrezepten gekocht.

Klassiker der badischen Küche
Flädlesuppe (Seite 204)
Badisches Ochsenfleisch (Seite 236)
Karamellcreme mit Sahne (Seite 255)

Frische und Regionalität sind die Trümpfe der Speisekarte. Die Klassiker der badischen Küche wie Flädlesuppe und Ochsenfleisch sind zwar immer noch die kulinarischen Stars, je nach Saison stehen aber auch Spargel, Wildgerichte und Pfifferlinge auf der Karte.

Um die Qualität seiner Zutaten sicherzustellen, fährt Karlheinz Wiesler selbst auf den Bauernmarkt um einzukaufen. Viele seiner Lieferanten kennt er schon seit Jahren. Gemüse und Obst bezieht er beispielsweise von Bauern aus Mengen, Rind züchtet Familie Muckenhirn nebenan, Blut- und Leberwurst sowie Schinken und Bärlauchbratwürste stellt der heimische Metzger Joachim Stiegeler für den Gasthof her. Die gute Qualität spricht sich bei den Gästen herum: Sonntags ist in der angenehmen Gaststube ohne Reservierung oft kein Platz mehr zu ergattern, und bei Einheimischen ist das Gasthaus eine feste Adresse für Familienfeiern. Das mag nicht nur daran liegen, dass Familie Wiesler gerne die örtlichen Vereine verköstigt, sondern auch daran, dass Karlheinz Wiesler, der durch die Liebe zum Kochen gekommen ist, dem Trend der Zeit folgt und für Vegetarier eine reiche Auswahl bereithält.

Gute Seele des Hauses ist Elvira Wiesler. Sie sorgt zu jeder Stunde dafür, dass sich die Gäste in den hellen und freundlichen Gasträumen wohlfühlen. Aber nicht nur das: Sie ist auch für die reichhaltige Kuchenauswahl im Gasthaus verantwortlich. Täglich backt sie Obst- und Käsekuchen nach den Rezepten ihrer Mutter und pflegt die Tradition der Kuchentafel, die bereits in vielen Gasthöfen ausgestorben ist.

Ohne die Hilfe der Familie ginge es sowieso nicht. Die Eltern Irmgard und Oskar Schneider helfen gerne mit, wenn eine Hand gebraucht wird und die Gäste freuen sich über eine Unterhaltung

Bei Michael, Elvira und Karlheinz Wiesler kommt man gern wieder, denn hier wird mit viel Liebe gekocht.

mit der Seniorchefin. Auch Schwester Claudia und Neffe Michael Wiesler stehen tatkräftig zur Seite. Als sich Michael Wiesler entschied, den Gasthof in der nächsten Generation weiterzuführen, wurde kräftig renoviert. Innerhalb von drei Monaten entstand ein lichtdurchfluteter Wellnessbereich im ersten Stock mit Saunalandschaft und Blick auf Wiesen und Obstbäume.

Wandern ist hier direkt ab der Haustür möglich, die Wege sind übrigens auch wintertauglich. Wer möglichst viel vom Angebot des Münstertals kosten möchte und länger bleiben will, der findet bei Familie Wiesler 15 behagliche Zimmer. Und wem es an Kultur gelegen ist, dem sind das Kloster St. Trudpert, die Fauststadt Staufen und die für ihre Schlosskonzerte berühmte Kurstadt Bad Krozingen als Ausflugsziele empfohlen.

Wohlfühlambiente in den hellen Gasträumen.

JÄGERHAUS | ST. PETER

Kartoffel-Meerrettich-Suppe

Früher aßen die Badener »drimal warm und zwimal kalt«, dabei galten besonders der Südschwarzwald und Kaiserstuhl als »Kartoffelregionen«. Am frühen Morgen gab es meist eine gebrannte Mehlsuppe mit Kartoffeln, »z'Nüni« um 9 Uhr ein kräftigendes Frühstück mit Brot und Speck, mittags Spätzle, Kartoffeln und Kraut und »z'Obed« um vier Uhr einen Kaffee mit Brot. Spät am Abend aß man meist nochmal Kartoffeln oder Riebelesuppe. Auch im »Jägerhaus« St. Peter setzt man auf Tradition und serviert mittags gern eine Kartoffelsuppe. Diese scharfwürzige Variante ist mit Meerrettich aus dem »Meerrettichdorf« Urloffen verfeinert.

Do-schmeckts-Tipp

Meerrettich wird durch Erhitzen immer milder und süßer im Geschmack, da sich durch die Wärme die enthaltenen Senföle schneller verflüchtigen. Sollte Ihnen die Suppe einmal zu scharf geraten sein, können Sie diese einfach noch einmal erhitzen, bis die übermäßige Schärfe verflogen ist.

Zutaten

- 1 Zwiebel
- ½ Bund **Suppengrün**
- 500 g **Kartoffeln** (mehligkochend)
- 1 EL **Butter**
- 1 l **Brühe** (Gemüse- oder Rinderkraftbrühe)
- 200 g **Sahne**
- 2 EL **Tafelmeerrettich** (aus dem Glas)
- Zucker
- Salz | Pfeffer

1. Die Zwiebel schälen und in Würfel schneiden. Suppengrün putzen, waschen bzw. schälen und kleinschneiden. Kartoffeln schälen, waschen und in kleine Würfel schneiden.

2. Die Butter in einem Topf erhitzen, die Zwiebelwürfel darin andünsten. Kartoffeln und Suppengrün hinzufügen und kurz mitdünsten. Dann mit der Brühe auffüllen, zum Kochen bringen und zugedeckt bei schwacher Hitze etwa 20 Min. köcheln lassen.

3. Die Hälfte der Sahne steif schlagen. Die Suppe mit dem Stabmixer fein pürieren. Die flüssige Sahne und den Meerrettich unterrühren, die Suppe mit Salz, Pfeffer und Zucker abschmecken. Die Kartoffel-Meerrettich-Suppe auf vier tiefe Teller verteilen, je 1 Klecks geschlagene Sahne daraufsetzen. Nach Belieben mit Petersilie und »Kracherle« (Croûtons) garnieren.

Angaben für 4 Personen
Schwierigkeitsgrad

SCHWARZWALDGASTHOF SCHLOSSMÜHLE | GLOTTERTAL

Riebele-Suppe

Wer nur fein zerriebene »Riebele« kennt, wird im Restaurant des Hotels »Schlossmühle« im Glottertal überrascht sein. Chef Hilmar Gutmann reibt etwas größere Nudeln, die schon fast an Spätzle oder Schupfnudeln erinnern. Diese dickeren Exemplare nehmen beim Garen noch mehr würzige Brühe auf und werden so noch schmackhafter als ihre kleinen Verwandten.

1. Für die Riebele die Eier in einer Schüssel mit dem Schneebesen verquirlen, mit Salz und Muskatnuss würzen. Nach und nach das Mehl unterrühren, zuletzt kneten, bis ein fester Teig entsteht. Diesen portionsweise zwischen den Händen zu länglichen Röllchen, sogenannten »Riebele« zerreiben.

2. Die Fleischbrühe erhitzen, die Riebele darin knapp unter dem Siedepunkt etwa 10 Min. garziehen lassen. Die Suppe auf 4 tiefe Teller verteilen, mit Schnittlauchröllchen garnieren und servieren.

Küchengeheimnisse
»Die Riebele-Suppe schmeckt besonders gut, wenn sie mit einer selbstgemachten Tafelspitzbrühe zubereitet wird. So haben Sie auch gleich ein edles Hauptgericht dazu parat. Den Tafelspitz als Hauptgang beispielsweise mit Radieschen-Vinaigrette (siehe Seite 37) und Bratkartoffeln servieren.«

Zutaten

2 **Eier** (Gr. M)
6–8 EL **Weizenmehl**
1 l **Fleischbrühe**
2 EL **Schnittlauchröllchen**
Muskatnuss (frisch gerieben)
Salz

Angaben für 4 Personen
Schwierigkeitsgrad

Rote-Bete-Suppe mit Meerrettich und schwarzen Johannisbeeren

Neben dem beliebten Rote-Bete-Salat werden die gesunden roten Knollen besonders gerne zu Suppen und Eintöpfen verarbeitet. Auch bei längerer Lagerung bleiben die Inhaltsstoffe wie Vitamin B, Eisen, Kalium und Folsäure erhalten. Daher waren die süßlichen Rote-Bete-Knollen in der Zeit unserer Großmütter ein wichtiger Bestandteil der winterlichen Küche, um die Versorgung mit lebenswichtigen Stoffen sicherzustellen. Hier präsentieren Britta Klint und Karl Müller-Bussdorf vom Café »Mondweide« in Sehringen eine kleines, feines Süppchen, das mit Meerrettich und Johannisbeergelee raffiniert abgeschmeckt wird.

1 Schalotte, Rote Beten und Kartoffel schälen, die Schalotte in feine Würfel, Rote Beten und Kartoffel in grobe Stücke schneiden.

2 Butterschmalz in einem Topf erhitzen, die Schalottenwürfel darin anbraten, bis sie leicht gebräunt sind. Rote Beten und die Kartoffel dazugeben und kurz im Topf schwenken. 1½ l heißes Wasser angießen und alles zum Kochen bringen. Mit schräg aufgelegtem Deckel bei mittlerer Hitze etwa 40 Min. köcheln lassen, bis die Rote-Bete- und Kartoffelstücke weich sind.

3 Den Topf vom Herd nehmen, alles mit dem Stabmixer fein pürieren. Crème fraîche, Meerrettich und Johannisbeergelee unterrühren, die Suppe mit Salz und Pfeffer abschmecken und nicht mehr kochen lassen. Die Suppe auf vier tiefe Teller oder Suppenschalen verteilen. Nach Belieben mit jeweils 1 EL Crème fraîche und etwas gehackter Petersilie garnieren und servieren.

Küchengeheimnisse

»Mit der richtigen Lagerung sind Rote Beten (und übrigens auch Karotten) sehr lange haltbar und bleiben trotzdem knackig frisch und voller Vitamine. Bedecken Sie die von den Blättern befreiten Knollen dafür mit ganz leicht angefeuchtetem Sand und stellen Sie sie in eine dunkle, kühle Umgebung, z.B. einen Keller bei 8 bis 10°. Auf diese Weise können die Knollen mehrere Monate gelagert werden. Dabei können sie wieder austreiben, was der Qualität keinen Abbruch tut. Allerdings verlängert sich mit längerer Lagerung die Garzeit ein wenig.«

Zutaten

1	Schalotte
500 g	Rote Beten
1	Kartoffel (mehligkochend; ca. 100 g)
2 EL	Crème fraîche
1 EL	Sahnemeerrettich
2 TL	schwarzes Johannisbeergelee
	Butterschmalz (zum Braten)
	Salz	Pfeffer

Angaben für 4 Personen
Schwierigkeitsgrad

GASTHAUS SONNE | MÜNSTERTAL

Flädlesuppe

Die Basis für eine gute Suppe ist die Brühe! Karlheinz Wiesler vom »Gasthaus Sonne« im Münstertal schlägt dafür gerne zwei Fliegen mit einer Klappe. Er kocht eine ganz klassische Rinderbrühe mit Knochen, Suppengemüse, Gewürzen und einem guten Stück Rinderbrust. Aus dem Fleisch bereitet er das »Badische Ochsenfleisch« (siehe Seite 236) zu – ebenfalls ein Klassiker auf der Speisekarte des Gasthofs. Zurück bleibt die kräftige Brühe, welche die Grundlage für diese klassische Flädlesuppe ist – dem badischen Pendant zur österreichischen »Frittatensuppe«.

1 Für die Suppe das Gemüse putzen und waschen bzw. schälen und kleinschneiden. Das Gemüse mit Fleisch, Knochen, Gewürzen und etwas Salz in einen Topf geben und etwa 2,5 l kaltes Wasser daraufgießen. Alles langsam zum Kochen bringen und den Fond mit schräg aufgelegtem Deckel bei schwacher bis mittlerer Hitze etwa 1½ Std. köcheln lassen.

2 Die Zwiebel waschen und halbieren. Mit den Schnittflächen in eine heiße Pfanne setzen und bräunen. Die Zwiebel in den Suppenfond geben und weitere 30 Min. garen.

3 Für die Flädle zunächst Mehl und Milch verrühren. Eier und 1 Prise Salz hinzufügen, alles zu einem glatten Teig verrühren und 20 Min. quellen lassen. Den Suppenfond durch ein Sieb gießen, das Fleisch anderweitig verwenden. Die Suppe mit Salz abschmecken und bis zur Verwendung warmhalten.

4 Den Teig erneut verrühren, dann in Butter je nach Größe der Pfanne 2 bis 4 Pfannkuchen backen. Die Pfannkuchen aufrollen und in dünne Scheiben abschneiden, sodass daraus beim Entrollen schmale Streifen (»Flädle«) entstehen. Die Flädle auf 4 tiefe Teller verteilen, mit der heißen Suppe übergießen. Mit Schnittlauch bestreuen und servieren.

Zutaten für die Suppe

- 1 Bund **Suppengemüse**
- 800 g **Rinderbrust**
- 300 g **Rinderknochen**
- 8 **Pfefferkörner** (schwarz)
- 2 **Lorbeerblätter**
- 1 Prise **Muskatnuss** (frisch gerieben)
- 1 **Zwiebel**
- 1–2 EL **Schnittlauchröllchen**
- **Salz**

Für die Flädle

- 100 g **Weizenmehl**
- 200 ml **Milch**
- 2 **Eier** (Gr. M)
- 70 g **Butter** (zum Braten)
- **Salz**

Küchengeheimnisse

»Sie können die Suppe auch als Vorspeise zu Tafelspitz servieren. Garen Sie dann statt der Rinderbrust ein Stück Tafelspitz von Kalb oder Rind in der Brühe und servieren dieses wie das »Badische Ochsenfleisch« (Seite 236) mit Bouillonkartoffeln und Meerrettichsauce.«

Angaben für 4 Personen
Schwierigkeitsgrad

HOTEL-GASTHOF KREUZ-POST | STAUFEN

Herbstliche Blattsalate mit Pfifferlingen und geräucherter Entenbrust

Mit dem Räuchern kennt man sich am Fuße des Schwarzwaldes aus – denn der berühmte Schinken wird schon seit Jahrhunderten auf diese Art zur Delikatesse verarbeitet. Seit einigen Jahren erlebt das Räuchern eine kleine Renaissance: Heute räuchern ambitionierte Köche sogar wieder zu Hause – nicht mehr nur Fleisch und Fisch, sondern auch Käse, Tofu, Knoblauch oder Gemüse. Geräucherte Entenbrust ist dagegen fast schon ein Klassiker. Im Restaurant des »Hotel-Gasthofs Kreuz-Post« in Staufen kommt sie gemeinsam mit Pfifferlingen, Kürbis und Blattsalaten in einem herbstlichen Salat auf den Tisch. Einfach köstlich!

Do-schmeckts-Tipp
Der Salat schmeckt auch hervorragend mit Kräuterseitlingen oder – ganz edel – mit Steinpilzen. Diese Pilze nur trocken abreiben und kleinschneiden, dann wie die Pfifferlinge anbraten und mit Knoblauch und ein paar Thymianzweigen verfeinern.

Zutaten
- 300 g Muskatkürbis
- 80 g Zucker
- 4 Lorbeerblätter
- 6 Gewürznelken
- 3 Zacken Sternanis
- 12 Pfefferkörner (schwarz)
- 2 Schalotten
- 400 g Pfifferlinge
- 400 g Blattsalat (z. B. Lollo bionda oder Eichblattsalat)
- 2 EL Aceto balsamico bianco
- 1 EL Weißwein (trocken; z. B. Riesling)
- 1 TL Honig
- 4 EL Olivenöl
- 2 EL Butter
- 1 EL Schnittlauchröllchen
- 12 Scheiben Entenbrust (ca. 200 g; geräuchert; beim Metzger vorbestellen)
- 2 EL Aceto balsamico
- Salz | Pfeffer

Angaben für 4 Personen
Schwierigkeitsgrad

1. Den Kürbis entkernen, putzen, waschen und in kleine Würfel schneiden. In einem Topf ¼ l Wasser mit 80 g Zucker, Lorbeerblättern, Nelken, Sternanis und Pfefferkörnern aufkochen. Die Kürbiswürfel dazugeben und zugedeckt bei schwacher bis mittlerer Hitze in etwa 5 Min. garköcheln lassen.

2. Die Schalotten schälen und in feine Würfel schneiden. Die Pilze putzen und mit Küchenpapier trocken abreiben, stark verschmutzte Exemplare gegebenenfalls mit Mehl bestäuben und waschen (siehe Do-schmeckts-Tipp Seite 113). Den Salat zerpflücken, waschen und trockenschleudern, große Blätter nach Belieben kleinzupfen. Die Kürbiswürfel in ein Sieb abgießen und abtropfen lassen, die Gewürze entfernen.

3. Für das Dressing Essig, Weißwein und Honig verrühren. Das Olivenöl nach und nach unterschlagen. Das Dressing mit Salz und Pfeffer abschmecken.

4. Butter in einer Pfanne erhitzen, die Pilze darin mit den Schalottenwürfeln etwa 5 Min. rundherum anbraten. Mit Salz und Pfeffer würzen, den Schnittlauch untermischen. Die Entenbrustscheiben zusammenklappen und jeweils abwechselnd mit den Pilzen in einem Kreis auf vier Teller verteilen. Die Kürbiswürfel locker darüberstreuen. Alles mit Aceto balsamico beträufeln. Den Salat in einer Schüssel mit dem Dressing mischen und mittig auf den Tellern anrichten.

GASTHAUS SONNE | MÜNSTERTAL

Herbstlicher Rucolasalat mit Walnüssen und Äpfeln

Als Rauke hierzulande lange verschmäht, ist sie unter ihrem toskanischem Namen plötzlich wieder in aller Munde. Auch wenn der ganz große Hype vorbei ist, konnte sich Rucola in den letzten Jahren einen festen Platz auf der einheimischen Speisekarte erobern. Im Gegensatz zu den meisten Gemüsepflanzen hat die Senfrauke sogar ihr ursprüngliches Verbreitungsgebiet im alten Germanien und wurde erst von den Römern von hier in den Mittelmeerraum importiert. Heute wird ihr kräftig-scharfes, an Senf erinnerndes Aroma wieder sehr geschätzt und die Rauke bzw. der Rucola als Pizzabelag oder auch als herzhafter Salat heiß geliebt.

1 Den Rucola verlesen, waschen und trockenschleudern, grobe Stiele entfernen. Die Radieschen putzen und waschen, in die Unterseite, jeweils leicht versetzt, 3 sich im Mittelpunkt überschneidende Kerben schneiden, sodass ein Sternenmuster entsteht. Den Apfel halbieren, das Kerngehäuse entfernen. Die Hälften in schmale Spalten schneiden. Die Pinienkerne in einer Pfanne ohne Fett hellbraun anrösten.

2 Für das Dressing Essig und Honig verrühren, das Olivenöl nach und nach unterschlagen. Mit Salz und Pfeffer abschmecken. Den Rucola in einer Schüssel mit dem Dressing mischen und mittig auf vier Teller verteilen. Radieschen und Apfelspalten daneben anrichten. Den Salat mit den grob zerbröckelten Walnüssen und den Pinienkernen garnieren und servieren.

Küchengeheimnisse

»Auch im französischen Elsass gibt es ein Münstertal. Der von dort stammende »Münsterkäse«, ein kräftiger Rotschmierkäse, eignet sich vorzüglich als Beilage zum ebenso herzhaften Rucolasalat. Dafür 8 Scheiben Baguette bei 150° im Backofen auf der mittleren Schiene leicht knusprig backen. Dann dünn mit Knoblauchbutter bestreichen, je 1 Scheibe Münsterkäse darauflegen und nach Belieben noch etwas Kümmel darüberstreuen. Im Backofen 3 bis 5 Min. überbacken und noch heiß mit dem Salat servieren.«

Zutaten

400 g	**Rucola**
1 Bund	**Radieschen**
1	**Apfel** (säuerlich; z.B. Boskoop oder Jonagold)
2 EL	**Pinienkerne**
3 EL	**Aceto balsamico**
1 EL	**Honig**
5 EL	**Olivenöl** (oder Traubenkernöl)
80 g	**Walnusskerne**
	**Salz	Pfeffer**

Angaben für 4 Personen
Schwierigkeitsgrad

LANDGASTHOF REBSTOCK | BOTTINGEN

Waldpilzterrine mit Kräutercreme

Hinter dem Begriff »Waldpilz« verbirgt sich keine eigene Pilzart. Vielmehr ist damit eine Mischung aromatischer Speisepilze gemeint, die beispielsweise im »Landgasthof Rebstock« in Bottingen ihren Weg in eine schmackhafte Terrine finden. Gerne verwendet Chefkoch Thomas Gehring für dieses Gericht Steinpilze, die mit ihrem festen und hellen Fleisch für typisches Waldpilzaroma sorgen. Ergänzt durch den leicht pfeffrigen Geschmack der Pfifferlinge und die nussige Note der Champignons sind in diesem Gericht die beliebtesten Speisepilze vereint.

Do-schmeckts-Tipp

Für die Topinambur-Chips 200 g Topinambur gründlich waschen, trockentupfen und in dünne Scheiben schneiden. Fett in einer Friteuse oder einem hohen Topf erhitzen. Die Topinambur-Scheiben in Mehl wenden, überschüssiges Mehl abklopfen. Die mehlierten Scheiben portionsweise im heißen Fett goldbraun frittieren. Dann die Chips mit einem Schaumlöffel herausheben, auf Küchenpapier abtropfen lassen und rund um die Terrinenscheiben auf die Teller verteilen.

Zutaten für die Terrine

- 250 g **Pilze** (gemischt; z. B. Steinpilze, Pfifferlinge, Champignons)
- 1 **Schalotte**
- ½ **Knoblauchzehe**
- ½ **Karotte** (klein, ca. 30 g)
- 1 EL **Butter**
- 1 EL **Petersilie** (gehackt)
- 2 Scheiben **Toastbrot**
- 150 g **Putenfleisch** (eiskalt)
- 1 **Ei** (Gr. M)
- 150 g **Sahne**
- **Salz | Pfeffer**

Für die Kräutercreme

- 200 g **Schmand**
- 15 g **Kräuter** (gemischt und gehackt; z. B. Petersilie, Kerbel, Basilikum)
- **Salz | Pfeffer**

Angaben für 4 Personen
Schwierigkeitsgrad

1. Die Pilze putzen und trocken abreiben, stark verschmutzte Pfifferlinge waschen (siehe Do-schmeckts-Tipp Seite 113) und in gleich große Stücke schneiden. Schalotte, Knoblauch und Karotte schälen und fein würfeln.

2. Butter in einer Pfanne erhitzen, Schalotten und Knoblauch darin glasig dünsten, die Pilze dazugeben und 2 Min. mitdünsten. Karotten und Petersilie dazugeben, kurz in der Pfanne schwenken, mit Salz und Pfeffer würzen.

3. Für die Farce das Toastbrot entrinden. Fleisch und Brot grob kleinschneiden und zweimal durch die feinste Scheibe des Fleischwolfs drehen. Wenn Sie das Fleisch-Brot-Püree noch durch ein glattes Sieb streichen, erhält sie eine besonders feine Konsistenz, dann Ei und Sahne unter die Masse rühren, mit Salz und Pfeffer würzen. 4 EL der Pilzmischung für die Deko abnehmen, nach Belieben mit ½ EL Cognac und 1 EL geschlagener Sahne verrühren. Restliche Pilzmischung unter die Farce rühren.

4. Den Backofen auf 90° vorheizen. Eine Keramik-Terrinenform (30 x 11 cm) mit Frischhaltefolie auslegen, die Terrinenmasse einfüllen, dabei darauf achten, dass keine Luftblasen entstehen. Die überstehende Folie über die Terrine schlagen, mit dem Deckel verschließen.

5. Die Form auf ein tiefes Blech stellen und bis knapp unter den Rand heißes Wasser angießen. Das Blech vorsichtig auf die mittlere Schiene des heißen Backofens schieben, die Terrine darin etwa 35 Min. garen.

6. Für die Kräutercreme den Schmand mit den gehackten Kräutern verrühren. Mit Salz und Pfeffer abschmecken, nach Belieben noch 1 EL geschlagene Sahne unterrühren.

7. Die Terrine aus dem Ofen nehmen und abkühlen lassen. Wenn sie lauwarm ist, vorsichtig aus der Form lösen und in 1 bis 2 cm dicke Scheiben schneiden. Je 2 Scheiben der Terrine auf vier Teller legen, die Kräutercreme dazu servieren, mit den restlichen Pilzen garnieren. In unserem Gasthof garnieren wir das Ganze mit Topinambur-Chips (siehe Do-schmeckts-Tipp).

Gratinierter Ziegenkäse mit glacierten Weintrauben

Es ist in Auggen fast schon eine Tradition, dass Nachtschwärmer, die nach einem Besuch im Wirtshaus noch nicht nach Hause wollen, zu vorgerückter Stunde beim Bäckermeister Michael Singer in der Backstube vorbeischauen, um einen letzten Absacker zu trinken und schon von den frischgebackenen Köstlichkeiten zu probieren. Eines Nachts, so erzählt der Gasthofinhaber Peter Oberle, war er mit dem befreundeten ersten Kellermeister der Winzergenossenschaft Britzingen »zu Besuch« in der Backstube Singer, als der Bäckermeister gerade den Teig für das im Ort bekannte Brot namens »Rebchnure« vorbereitete, was im Alemannischen das Wurzelholz eines Rebstocks bezeichnet. Zu einem besonderen Erlebnis – so die einhellige Meinung der beiden Freunde – wurde dieser nächtliche Besuch durch den einzigartig angenehmen Geruch, den schon der rohe Teig dieses Brotes verströmte. Dass dieses besondere Brot auch nach dem Backen ein sensorischer Höhenflug ist, zeigt sich vor allem dann, wenn es im »Landgasthof zur Sonne« in Kombination mit dem gratinierten Ziegenfrischkäse serviert wird.

1. Den Backofen auf 250° vorheizen. Die Trauben zunächst waschen und abtropfen lassen, dann von den Stielen lösen und halbieren, die Kerne entfernen. Den weißen Zucker in einer Pfanne hellbraun karamellisieren. Mit dem Weißwein ablöschen, die Trauben dazugeben und kurz in der Pfanne schwenken. Den Obstbrand in die Pfanne geben und anzünden. Die Trauben kurz flambieren, die Flamme wieder löschen. Zugedeckt beiseitestellen.

2. Den Ziegenkäse auf vier ofenfeste Teller legen. Den Honig und den braunen Zucker verrühren und dünn auf den Käse streichen. Im heißen Backofen auf der mittleren Schiene 3 bis 4 Min. überbacken. Dann aus dem Ofen nehmen, die Weintrauben daneben anrichten und servieren. Zu einem Genuss der besonderen Art wird dieses Dessert, wenn wir dazu noch eine Scheibe des ortstypischen Rebchnure-Brots der Auggener Dorfbäckerei Singer reichen.

Küchengeheimnisse

»Obwohl diese Vorspeise vor allem in herbstliche oder kältere Jahreszeiten passt, empfehlen wir sie auch für laue Sommerabende oder zu zünftigen Grillfesten. Dann servieren wir gerne ein Glas Spätburgunder dazu, der mit seiner kräftigen und runden Note ein idealer Begleiter von gratiniertem Ziegenkäse ist.«

Zutaten

- 200 g **Weintrauben** (kernlos; weiß und blau bzw. rot)
- 1 EL **Zucker**
- 100 ml **Weißwein** (trocken, z. B. Gutedel)
- 2 cl **Obstbrand** (Obstwasser)
- 8 **Ziegenfrischkäsetaler** (klein; à ca. 40 g)
- 3 EL **Honig**
- 1 EL **Zucker** (braun)

Angaben für 4 Personen
Schwierigkeitsgrad

GASTHAUS BLUME | OPFINGEN

Fleischküchle mit Apfel-Zwiebel-Relish

Fleischküchle oder Fleischchiechli, in anderen Landesteilen auch Fleischpflanzerl, Frikadellen oder Buletten genannt, sind ein typisches Badener Alltagsessen: schmackhaft, ehrlich und schnell zubereitet! Ein wenig raffinierter geht es im »Gasthaus Blume« in Opfingen zu: Hier serviert Chefkoch und Eigentümer Sascha Halweg gerne ein würziges Relish aus Zwiebeln, Äpfeln und Paprikaschoten dazu. So werden aus bodenständigen Fleischküchle im Handumdrehen »badische Tapas«! Und die schmecken am besten an einem Sommerabend im gemütlichen Biergarten des Gasthauses – zu einem herben Bier oder einem spritzigen Wein.

Zutaten für das Relish

- 1 kg Zwiebeln
- 4 Paprikaschoten (rot)
- 100 ml Olivenöl
- ¼ l Aceto balsamico bianco
- 20 g brauner Zucker
- 20 g Salz
- 2 TL Paprikapulver (edelsüß)
- 4 Äpfel (säuerlich; z. B. Boskoop oder Jonagold)
- 1 EL grüner Pfeffer (eingelegt)
- 1 EL Dijon-Senf

Für die Fleischküchle

- 2 Brötchen (altbacken)
- 100 ml Milch
- 1 Zwiebel
- 1 Knoblauchzehe
- 1 Bund Petersilie
- 500 g Hackfleisch (gemischt)
- 2 Eier (Gr. M)
- 1 TL Dijon-Senf
- 1 Bio-Zitrone (Schale)
- ½ TL Majoran (gehackt)
- ½ TL Kreuzkümmel (gemahlen)
- 1 TL Paprikapulver (edelsüß)
- Muskatnuss (frisch gerieben)
- Salz | Pfeffer
- Öl (zum Braten)

Angaben für 8 Personen (Vorspeise) bzw. 4 Personen (Hauptspeise)
Schwierigkeitsgrad

1. Für das Relish die Zwiebeln schälen und in feine Ringe schneiden. Die Paprika längs halbieren, entkernen, waschen und in kleine Würfel schneiden. Olivenöl in einem Topf erhitzen, die Zwiebeln darin andünsten. Paprikawürfel dazugeben und kurz mitdünsten, dann mit dem Essig ablöschen. Zucker, Salz und Paprikapulver hinzufügen, das Relish zugedeckt bei schwacher Hitze etwa 45 Min. köcheln lassen.

2. Für die Fleischküchle die Brötchen in grobe Würfel schneiden und in Milch einweichen. Zwiebel und Knoblauch schälen und in feine Würfel schneiden. Petersilie waschen und trockentupfen, die Blätter abzupfen und fein hacken. Hackfleisch mit den ausgedrückten Brötchenwürfeln, Zwiebel, Knoblauch und Petersilie in eine Schüssel geben. Eier, Senf, Zitronenschale und Majoran hinzufügen. Mit Kreuzkümmel, Paprikapulver, Muskatnuss, Salz und Pfeffer würzen und alles gründlich verkneten. Ein wenig von der Masse in einer Pfanne anbraten und probieren. Gegebenenfalls erneut abschmecken und nachsalzen. Aus der Hackfleischmasse etwa tischtennisballgroße Bällchen formen.

3. Für das Relish die Äpfel halbieren, die Kerngehäuse entfernen. Die Hälften schälen und in kleine Würfel schneiden. Nach 30 Min. zum Relish geben und weitere 15 Min. dünsten.

4. Pfefferkörner und Senf unter das Relish rühren. Drei Viertel des Relish wandern in den Vorrat: dafür in Schraubgläser füllen, verschließen, abkühlen lassen und bis zur Verwendung kühlstellen. Restliches Relish ebenfalls abkühlen lassen.

5. Öl in einer Pfanne erhitzen, die Hackbällchen darin bei nicht zu starker Hitze von jeder Seite etwa 3 Min. braten, bis sie rundherum gebräunt sind. Die fertigen Küchle kurz auf Küchenpapier abtropfen lassen, dann mit dem Relish auf Tellern anrichten. Dazu servieren wir gerne einen Kartoffel-Gurken-Salat.

Küchengeheimnisse

»Statt Zucchinigemüse können Sie sehr gut auch eine große Portion Feldsalat (Sunnewirbele) oder Rucola dazu servieren. Für das Dressing 4 EL Aceto balsamico, 1½ TL Feigensenf, 1½ TL Honig und 1 fein gehackte Knoblauchzehe verrühren. 6 EL Traubenkernöl unterschlagen, mit Salz und Pfeffer abschmecken. 350 bis 400 g Salat waschen und trockenschleudern, beim Rucola grobe Stiele entfernen. Mit dem Dressing mischen und auf separaten Tellern anrichten.«

Kürbiskuchen mit Zucchinigemüse

Zucchini und Hokkaidokürbisse sind botanisch eng miteinander verwandt. Beide gehören zur Familie der Kürbisgewächse, wobei die Zucchini eine spezielle Zuchtform des Gartenkürbisses sind, während der Hokkaido zu den Riesenkürbissen gehört. Ganz ursprünglich stammen Zucchini und Kürbis aus Amerika, werden aber mittlerweile auch im Breisgau kultiviert und sind als schnellwachsende und anspruchslose Gemüse sehr beliebt. Der Kürbis spielte traditionell in der Erntedankzeit eine wichtige Rolle, denn er symbolisiert, wie aus einem kleinen Samen eine große Frucht wird, die Menschen und Tiere ernährt. Wie vielseitig Kürbis und Zucchini sind, zeigt Konrad Ortlieb, Chefkoch im »Bio-Restaurant Am Felsenkeller« und verbindet, was botanisch verwandt ist, auch auf dem Teller zu einem harmonischen Herbstgericht.

1. Für den Teig die Butter in kleine Würfel schneiden und mit dem Mehl, Ei, 125 ml Wasser und 1 Prise Salz in eine Schüssel geben. Zunächst mit den Knethaken des Handrührgeräts, dann mit den Händen rasch zu einem glatten Teig verkneten. Diesen zu einer Kugel formen, in Frischhaltefolie schlagen und 1 Std. kühlstellen.

2. Den Backofen auf 180° vorheizen. Für die Füllung den Kürbis gründlich waschen, putzen, halbieren, entkernen und in Scheibchen schneiden. Die Chilischote längs halbieren, entkernen und in feine Würfel schneiden. Butter in einer großen Pfanne erhitzen, den Kürbis darin etwa 3 bis 5 Min. andünsten, dann vom Herd nehmen.

3. Den Teig auf der bemehlten Arbeitsfläche ausrollen, eine Springform (28 cm Ø) damit auslegen, dabei einen 3 bis 4 cm hohen Rand formen. Den Kürbis mit Sahne, Eiern, Currypulver und Chili verrühren. Die Masse mit Salz würzen, auf dem Teig verteilen und glattstreichen. Die Form auf die mittlere Schiene des heißen Backofens schieben, den Kuchen darin etwa 40 Min. backen, bis der Teig knusprig braun und die Füllung gar und gestockt ist.

4. Für das Gemüse die Zucchini waschen und in Würfel schneiden. Die Zwiebel schälen und in feine Würfel schneiden. Butter in einer Pfanne erhitzen, Zucchini- und Zwiebelwürfel darin bei mittlerer Hitze etwa 5 bis 7 Min. dünsten. Den Estragon untermischen, mit Salz abschmecken.

5. Den Kürbiskuchen aus dem Ofen nehmen und vorsichtig aus der Form lösen. In 10 bis 12 Stücke schneiden. Je 1 bis 2 Stücke Kuchen mit dem Zucchinigemüse auf vier Tellern anrichten. Dazu servieren wir in unserem Gasthof noch Tomatensauce (siehe Seite 145).

Zutaten für den Teig

- 250 g **Butter** (kalt)
- 500 g **Weizenmehl**
- 1 **Ei** (Gr. M)
- **Mehl** (für die Arbeitsfläche)
- **Salz**

Für die Füllung

- 1½ kg **Hokkaidokürbis**
- 1 **Chilischote** (rot)
- 200 g **Butter**
- 250 g **Sahne**
- 2 **Eier** (Gr. M)
- 3 TL **Currypulver** (z. B. Malabar Curry)
- **Salz**

Für das Gemüse

- 2 **Zucchini** (groß; à ca. 300 g)
- 1 **Zwiebel**
- 150 g **Butter**
- 1 Bund **Estragon** (gehackt)
- **Salz**

Angaben für 4 Personen
Schwierigkeitsgrad

LANDHOTEL RECKENBERG | STEGEN-ESCHBACH

Kürbis-Quiche mit Apfel und Borretsch

In einem guten Kräutergarten darf der Borretsch nicht fehlen. Man erkennt ihn leicht an den derben, rau behaarten Blättern und den dekorativen blauen Blüten, die ihm im Volksmund den Beinamen »Blauhimmelstern« eingebracht haben. In der Küche werden die fein gehackten Blätter des Borretschs oft im Gurkensalat verwendet. Am bekanntesten in Deutschland ist Borretsch aber sicherlich als unabdingbare Zutat der Frankfurter Grünen Sauce. Im »Landhotel Reckenberg« wird Borretsch gerne zusammen mit Kürbis und Boskoop-Äpfeln zu einer herbstlichen Quiche verarbeitet.

Do-schmeckts-Tipp
Nicht nur die Blätter des hier verwendeten Borretschs sind ein echter Genuss, auch die wunderschönen blauen Blüten sind eine Zierde. Das Schöne ist: Sie sind ebenfalls essbar. So kann man bei Tisch Salate oder diese Quiche wunderbar präsentieren und am Ende die Deko einfach mitessen.

Zutaten
- 100 g Butter
- 200 g Weizenmehl
- 1 Hokkaidokürbis (klein; ca. 600 g)
- 1 Zwiebel
- 1 Apfel (säuerlich, z. B. Boskoop)
- 150 g Emmentaler Käse (ersatzweise anderer Bergkäse; z. B. vom »Melcherhof« in Buchenbach)
- 200 g saure Sahne
- 120 g Sahne
- 2 Eier (Gr. M)
- 2 EL Borretsch (gehackt)
- Muskatnuss (frisch gerieben)
- Fett (für die Form)
- Mehl (für die Arbeitsfläche)
- Olivenöl (zum Braten)
- Salz | Pfeffer

1 Für den Teig die Butter in kleine Würfel schneiden. Dann mit dem Mehl, 2 EL Wasser und 1 Prise Salz rasch zu einem glatten Teig verkneten. Diesen zu einer Kugel formen, in Frischhaltefolie schlagen und mindestens 30 Min. kühlstellen.

2 Den Kürbis gründlich waschen, harte und hässliche Stellen wegschneiden. Den Kürbis halbieren, entkernen und samt Schale in kleine Würfel schneiden. Die Zwiebel schälen und in feine Würfel schneiden. Olivenöl in einer Pfanne erhitzen, Zwiebeln und Kürbis darin etwa 8 bis 10 Min. andünsten, dabei hin und wieder wenden.

3 Den Apfel gründlich waschen und halbieren. Das Kerngehäuse entfernen, die Apfelhälften in etwa 1 cm große Würfel schneiden. Die Pfanne vom Herd nehmen, die Apfelwürfel unter die Kürbis-Zwiebel-Mischung heben.

4 Den Backofen auf 190° vorheizen. Den Käse entrinden und grob reiben. Dann mit beiden Sahnesorten, Eiern und Borretsch verrühren und alles mit der Kürbis-Apfel-Zwiebel-Mischung verrühren. Die Mischung mit Salz, Pfeffer und Muskatnuss würzen.

5 Eine Springform (28 cm Ø) einfetten. Den Teig auf der bemehlten Arbeitsfläche kreisförmig auf etwa 35 cm Ø ausrollen, die Springform damit auslegen und dabei einen 3 bis 4 cm hohen Rand formen. Den Guss auf dem Teig verteilen und glattstreichen. Die Springform auf die mittlere Schiene des Backofens schieben. Die Quiche etwa 45 Min. backen, bis sie gut durchgestockt ist und der Teig sowie die Oberfläche leicht gebräunt sind.

6 Die Springform aus dem Ofen nehmen, die Quiche kurz etwas abkühlen lassen. Dann den Rand der Form lösen, die Quiche in Stücke schneiden und servieren. Zu dieser herbstlichen Quiche passen hervorragend Sunnewirbelesalat (Feldsalat; siehe Seite 303) und Neuer Süßer (Federweißer).

Angaben für 4–8 Personen
Schwierigkeitsgrad

Neue Sieße
von Heinz Siebold

Wer im Herbscht zu viel Moscht trinkt, bekommt de Schisser oder de Dünnpfiff. Egal, ob de Moscht vo Öpfel oder Trübel stammt. Frischer Apfelmost ist selten geworden, dafür gibt's umso mehr Neue Wiin, also frischen, nicht sterilisierten Traubensaft. Je nach Grad der Gärung heißt der Neue Süsser, Sauser oder Rauscher. Die lautmalerischen Anklänge verraten, was nach dem Genuss des Mostes hinterrücks passiert. Ist der Most schon ziemlich vergoren, heißt er Kretzer oder Federweißer. Die Wirkung zusammen mit Ziebelwaie – Zwiebelkuchen – kann, siehe oben, durchschlagend sein.

LANDGASTHOF REBSTOCK | BOTTINGEN

Zwiebelkuchen

Wenn im Spätsommer die Besucher zu den Weinfesten in der Region um Bottingen strömen und sich das Laub der Weinstöcke zusehends herbstlich bunt verfärbt, dann hat auch der Zwiebelkuchen seinen großen kulinarischen Auftritt. Man kann mit Fug und Recht behaupten, dass der Zwiebelkuchen untrennbar mit den typischen Weinbauregionen Deutschlands verbunden ist. Aber auch dort, wo Wein nur getrunken und nicht angebaut wird, ist er inzwischen weit verbreitet, denn diese Köstlichkeit lässt sich mit wenigen, leicht verfügbaren Zutaten schnell herstellen und ist hervorragend geeignet, um eine große Gästeschar zu verwöhnen. Im »Landgasthof Rebstock« wird der Zwiebelkuchen klassisch mit Hefeteig, gedünsteten Zwiebeln und Speck zubereitet. Zusammen mit jungem süffigem Wein, z.B. Federweißem, gilt er als das »badische Soulfood«. Hier verrät Thomas Gehring das Traditionsrezept seiner Großmutter.

1 Die Hefe zerbröckeln und mit einer Prise Zucker in 170 ml lauwarmem Wasser auflösen. Das Mehl in eine Schüssel häufen. Das Hefewasser dazugießen. Zunächst mit den Knethaken des Handrührgeräts, dann mit den Händen etwa 5 Min. zu einem glatten Teig verkneten. Mit einem Küchentuch zugedeckt an einem warmen Ort 1 Std. gehenlassen.

2 Schmalz, Eigelbe und ca. 1 TL Salz dazugeben und erneut zunächst mit den Knethaken des Handrührgeräts, dann mit den Händen zu einem glatten Teig verkneten. Den Teig noch mal zugedeckt 1 Std. gehen lassen.

3 Zwiebeln schälen, halbieren und in Streifen schneiden. Den Speck ebenfalls in Streifen schneiden. Olivenöl in einer großen Pfanne erhitzen, die Zwiebelstreifen darin glasig dünsten. Salzen und beiseitestellen. Für den Guss die Sahne halbsteif schlagen und mit den Eiern verrühren. Mit etwas Salz, Pfeffer und nach Belieben einer Prise Kümmel abschmecken.

4 Den Backofen auf 200° vorheizen. Den Teig auf der bemehlten Arbeitsfläche auf einen Kreis von etwa 40 cm Ø ausrollen. Ein rundes Blech (36 cm Ø) damit auslegen, dabei einen 2 cm hohen Rand formen. Alternativ zwei Kreise auf 30 cm Ø ausrollen und zwei Springformen (à 26 cm Ø) damit auslegen. Die Zwiebeln auf dem Teig verteilen und gleichmäßig mit dem Guss bedecken. Den Speck darüberstreuen.

5 Das Blech auf die mittlere Schiene des heißen Backofens schieben, den Zwiebelkuchen darin etwa 20 bis 23 Min. knusprig braun backen. Alternativ die zwei kleineren Kuchen nacheinander backen. Der Zwiebelkuchen wird am besten warm serviert. Sein typischer Begleiter ist »Neue Sieße« (Federweißer), aber auch ein trockener Riesling oder ein gut gekühltes Bier passen perfekt zu diesem herzhaften Klassiker.

Do-schmeckts-Tipp

Für dieses Rezept müssen allerlei Zwiebeln geschnippelt werden. Damit keine Tränen fließen ist es wichtig, dass das Messer eine sehr scharfe Klinge hat. So wird die Zwiebel sauber durchtrennt und es tritt weniger Saft aus. Ein alter Trick unter Köchen lautet: Nehmen Sie während des Schneidens einen Schluck Wasser in den Mund. Dann bleiben Sie von Tränen verschont!

Zutaten

½ Würfel **Frischhefe** (ca. 20 g)
330 g **Weizenmehl**
120 g **Schweineschmalz**
2 **Eigelbe**
1 kg **Zwiebeln**
80 g **Bauchspeck**
2 EL **Olivenöl**
300 g **Sahne** (kalt)
2 **Eier** (Gr. M)
Kümmel (gemahlen; nach Belieben)
Mehl (für die Arbeitsfläche)
Zucker
Salz | Pfeffer

Angaben für 1 Kuchen (36 cm Ø) oder 2 Kuchen (à 26 cm Ø)
Schwierigkeitsgrad 🌶🌶🌶

GASTHAUS BLUME | OPFINGEN

Flammkuchen mit Speck, Bergkäse und Zwiebeln

Flammkuchen waren früher ein Nebenprodukt beim Brotbacken. Um zu testen, ob der Ofen schon heiß genug ist, rollte man ein kleines Stück Teig aus und schob es in den Ofen. Dauerte die Fertigstellung zu lange, musste nachgeheizt werden. Wurde der Flammkuchen dagegen zu schnell fertig, war der Ofen noch zu heiß fürs Brot. Da keine Lebensmittel verschwendet wurden, belegte man das Teigstück mit dem, was auf dem Bauernhof immer vorrätig war: Sauerrahm, Schinkenspeck und Zwiebeln. Heute wird der Ofen extra für den Flammkuchen angeworfen und es gibt ihn – wie die Pizza – mittlerweile in allerlei Varianten. Sascha Halweg vom »Gasthaus Blume« in Opfingen belegt die klassische Version des Flammkuchens zusätzlich mit dem herzhaften »Belchenkäse« aus dem Münstertal – das verleiht dem Opfinger Flammkuchen eine Extraportion Würze.

Zutaten

¼ Würfel **Frischhefe** (ca. 10 g)
½ TL **Zucker**
250 g **Weizenmehl**
2 EL **Öl**
2 **Zwiebeln**
100 g **Schwarzwälder Speck** (durchwachsen)
200 g **Bergkäse** (z. B. »Belchenkäse« vom Glocknerhof im Münstertal)
200 g **Crème fraîche**
Mehl (für die Arbeitsfläche)
Salz | Pfeffer

Angaben für 4 Personen
Schwierigkeitsgrad ●●●

1 Für den Teig Hefe zerbröckeln und mit dem Zucker in 125 ml lauwarmem Wasser auflösen. Mehl in einer Schüssel häufen und eine Mulde hineindrücken. Hefewasser, Öl und ½ TL Salz hineingeben. Alles zunächst mit den Knethaken des Handrührgeräts, dann mit den Händen etwa 5 Min. zu einem glatten Teig verkneten. Den Teig zu einer Kugel formen und zugedeckt an einem warmen Ort 1 Std. gehenlassen.

2 Die Zwiebeln schälen und in dünne Scheiben oder nach Belieben in kleine Würfel schneiden. Den Speck in feine Streifen schneiden. Den Käse entrinden und fein reiben.

3 Den Backofen samt Blech auf 250° vorheizen. Den Teig noch einmal kneten und in 4 Portionen teilen. Diese mit der Teigrolle auf der bemehlten Arbeitsfläche zu hauchdünnen Kreisen oder Ovalen ausrollen (ca. 32 cm Ø bzw. ca. 30 x 34 cm) und einzeln auf Backpapier legen.

4 Den Teig jeweils mit Crème fraîche bestreichen, leicht salzen und pfeffern. Mit Zwiebelringen bzw. -würfeln, Speck und Bergkäse belegen. Das heiße Blech mithilfe von Topflappen vorsichtig aus dem Ofen nehmen und die Backpapiere samt Flammkuchen mit größter Vorsicht daraufziehen. Im heißen Backofen auf der mittleren Schiene in etwa 6 bis 7 Min. knusprig braun backen. Die übrigen Flammkuchen genauso zubereiten und jeweils sofort servieren. Nach Belieben noch mit gehackter Petersilie bestreuen.

Küchengeheimnisse

»Wir backen den Flammkuchen bei über 300°, eine Temperatur, die der Haushaltsbackofen gar nicht erreicht. Zu Hause klappt das Flammkuchenbacken daher nur, wenn Sie den Backofen samt Blech auf höchster Stufe vorheizen. Dadurch können zumindest die 250° geknackt werden. Noch besser klappt es in der heimischen Küche mit einem Pizzastein. Diesen 30 Min. im Ofen vorheizen. Den Flammkuchen direkt auf einer mit Mehl bestäubten Pizzaschaufel belegen, vorsichtig auf den Stein gleiten lassen und knusprig backen.«

Küchengeheimnisse

»Im Restaurant servieren wir dazu noch Sunnewirbelesalat (Feldsalat). Für das Dressing 4 EL Weißweinessig und 2 TL mittelscharfen Senf in einer Schüssel verrühren, 6 EL Traubenkernöl unterschlagen, mit Salz und Pfeffer würzen. 400 g Feldsalat verlesen, waschen und trockenschleudern. Mit dem Dressing mischen und mit Schäufele und Kartoffelsalat anrichten. Dabei den Feldsalat nach Belieben noch mit gebratenen Speckstreifen, Kracherle (Croûtons) oder gehacktem, hartgekochtem Ei garnieren.«

SCHWARZWALDGASTHOF SCHLOSSMÜHLE | GLOTTERTAL

Schäufele im Brotteig

Während das fränkische »Schäuferla« traditionell im Ofen geschmort wird und mit einer röschen Schwarte aufwartet, wird das badische »Schäufele« zunächst gepökelt und geräuchert und schließlich in einem würzigen Sud gegart. Küchenchef Hilmar Gutmann aus der »Schlossmühle« im Glottertal hat dem Klassiker noch einen Funken Raffinesse verordnet. Hier wird das fertig gegarte Schäufele in bierwürzigen Brotteig gewickelt und gebacken. So trifft zartes Fleisch auf eine knusprige Hülle: eine vortreffliche Kombination!

1   Die Zwiebel und den Sellerie waschen, die Zwiebel halbieren, den Sellerie grob würfeln. Das Schäufele in einen nur etwas größeren Topf setzen. Zwiebel, Sellerie, Lorbeerblatt und Nelke dazugeben, so viel Wasser angießen, dass das Schäufele gerade bedeckt ist, etwas salzen und alles bis knapp unter den Siedepunkt erhitzen. Das Schäufele zugedeckt bei schwacher Hitze 2 Std. garziehen lassen.

2   Inzwischen für den Teig die Hefe zerbröckeln, mit 2 EL Mehl in 100 ml Bier auflösen und 5 Min. gehen lassen. Restliches Mehl mit 1 EL Salz in einer Rührschüssel mischen. Den Vorteig und das restliche Bier dazugeben. Mit den Händen oder den Knethaken des Rührgeräts zu einem glatten Teig verkneten. Den Teig zugedeckt an einem warmen Ort 1 Std. gehen lassen.

4   Den Teig erneut durchkneten und noch einmal 1 Std. gehen lassen, bis er sein Volumen verdoppelt hat. Das Schäufele aus dem Sud nehmen und 15 Min. abkühlen lassen.

5   Den Backofen auf 230° vorheizen. Den Teig auf der bemehlten Arbeitsfläche auf eine Größe von etwa 30 x 40 cm ausrollen. Das warme Schäufele daraufsetzen, einrollen und die Seiten gut verschließen, überschüssigen Teig wegschneiden. Im heißen Backofen auf dem mit Backpapier ausgelegten Blech auf der mittleren Schiene 10 Min. backen, dann die Temperatur auf 200° reduzieren und das eingewickelte Schäufele 30 bis 40 Min. knusprig braun backen.

6   Das Schäufele aus dem Ofen nehmen und kurz ruhen lassen. Das Schäufele in Scheiben schneiden und mit Kartoffelsalat (siehe Seite 122) und Sunnewirbelesalat (Feldsalat; siehe Küchengeheimnisse) anrichten.

Zutaten

1 **Zwiebel**
100 g **Sellerie**
1 **Lorbeerblatt**
1 **Gewürznelke**
1,4 kg **Schäufele** (gepökelte und geräucherte Schweineschulter ohne Knochen)
30 g **Hefe** (ca. ¾ Würfel)
750 g **Weizenmehl** (Type 1050)
330 ml **Bier** (Pilsener, z.B. Rothaus oder Hirschen-Bräu aus Waldkirch)
Mehl (für die Arbeitsfläche)
Salz

Angaben für 6–8 Personen
Schwierigkeitsgrad ♦♦♦

SCHWARZWALDGASTHOF SCHLOSSMÜHLE | GLOTTERTAL

Geschmorte Kalbsbäckchen mit Kartoffel-Endivien-Püree

Bäckchen – das Fleisch aus der Kaumuskulatur von Kälbern – sind immer noch ein echter Geheimtipp. Beim Metzger sind sie meist nur auf Vorbestellung erhältlich, da sie beispielsweise gerne für den beliebten Ochsenmaulsalat verwendet werden. In der gehobenen Gastronomie kommen die Stücke aber immer häufiger auf den Tisch, da sie durch die ständige Beanspruchung beim Kauen sehr zart und schmackhaft sind. Auch Küchenchef Hilmar Gutmann aus dem Restaurant des Hotels »Schlossmühle« im Glottertal schwört auf sie und serviert die geschmorten Bäckchen am liebsten mit einem raffinierten Kartoffel-Endivien-Püree und sautiertem Gemüse.

Do-schmeckts-Tipp

Kartoffelpüree ist ein echter Verwandlungskünstler, denn man kann allerlei Gemüse und würzige Kräuter untermischen – so schmeckt es immer neu und anders! Eine leicht süßliche Note erhält das Püree, wenn Sie 200 g Kartoffeln durch Karotten ersetzen. Statt Endivie können Sie auch 300 g gedünsteten Lauch, Wirsing oder Spitzkohl (jeweils in Ringen bzw. feinen Streifen) unterheben. Ohne vorheriges Garen kommen 1 Bund Frühlingszwiebeln, 3 Bund Schnittlauch (jeweils in Ringen) oder 250 g Feldsalat in das Püree.

1. Für die Kalbsbäckchen das Gemüse waschen und putzen bzw. schälen und grob kleinschneiden. Das Fleisch mit Salz und Pfeffer würzen. Öl in einem Bräter erhitzen, die Kalbsbäckchen darin anbraten. Das Gemüse dazugeben und mitbraten. Tomatenmark hinzufügen und leicht anrösten, dann mit etwas Rotwein ablöschen. Erneut einkochen lassen, bis die Flüssigkeit verdampft ist und sich erneut Röststoffe bilden. Wieder ablöschen und diesen Vorgang wiederholen, bis der Wein verbraucht und fast vollständig verkocht ist.

2. Knoblauch schälen und sehr klein würfeln. Die Kartoffel schälen und fein reiben. Kräuter waschen und trockentupfen. Kräuter, Knoblauch und Kartoffel hinzufügen, mit dem Fond auffüllen und alles zugedeckt bei schwacher bis mittlerer Hitze 1½ Std. schmoren.

3. Für das Püree die Kartoffeln schälen, in grobe Würfel schneiden, in einem Topf knapp mit Salzwasser bedeckt aufkochen und bei schwacher bis mittlerer Hitze etwa 15 Min. garkochen. Inzwischen den Endiviensalat zerpflücken, waschen und trockenschleudern. Grobe Stiele entfernen, und die Blätter in feine Streifen schneiden.

4. Die Kartoffeln abgießen und etwas ausdampfen lassen. Milch und Butter erhitzen, mit Salz und Muskatnuss würzen. Die Kartoffeln durch eine Kartoffelpresse in eine Schüssel drücken, Die Milch-Butter-Mischung unterrühren, mit einem Schneebesen kräftig schlagen. Dann die Endivienstreifen unterheben, das Püree mit Salz abschmecken.

Zutaten für die Kalbsbäckchen

- 1 **Zwiebel**
- 100 g **Karotten**
- 100 g **Knollensellerie**
- 4 **Kalbsbäckchen** (à ca. 200 g)
- 1 EL **Tomatenmark**
- 1¼ l **Rotwein** (trocken; z. B. Spätburgunder)
- 1 **Knoblauchzehe**
- 1 **Kartoffel** (mehligkochend; ca. 80 g)
- 1 **Lorbeerblatt**
- 1 Zweig **Rosmarin**
- 3 Zweige **Thymian**
- 800 ml **Kalbsfond**
- 2 EL **Öl** (zum Braten)
- **Salz | Pfeffer**

5 Das Fleisch aus dem Bräter nehmen, die Sauce durch ein Sieb passieren. Mit Salz und Pfeffer abschmecken (nach Belieben noch mit etwas Speisestärke binden!). Das Püree auf vier Teller verteilen, die Kalbsbäckchen in Scheiben schneiden und anrichten, dabei mit etwas Sauce beträufeln. Nach Belieben noch sautiertes Gemüse (z. B. Möhren, Zucchini, Lauchzwiebeln, Fenchel) drumherum geben, etwas Sauce angießen, restliche Sauce in einer Sauciere dazu servieren.

Für das Püree

1,2 kg	**Kartoffeln** (mehligkochend)
½ Kopf	**Endivie**
150 ml	**Milch**
100 g	**Butter**
	Muskatnuss (frisch gerieben)
	Salz

Angaben für 4 Personen
Schwierigkeitsgrad

LANDGASTHOF ZUR SONNE | AUGGEN

Rinderbraten in Spätburgundersauce mit Apfelrotkohl

Die Weinregion um Auggen verfügt über ein umfangreiches und gut ausgebautes Wanderwegenetz. Auch das sogenannte »Markgräfler Wiiwegli«, im Hochdeutschen mit Weinweglein übersetzt, führt als 80 Kilometer langer Wanderweg durch die Gemeinde Auggen. Was liegt also nach einer ausgedehnten Etappe durch die Weinberge Auggens näher, als am Abend in den »Landgasthof zur Sonne« einzukehren und den anstrengenden Tag mit diesem herzhaften Gericht zu beschließen, in dem Wein passenderweise eine tragende Rolle spielt. Der in der Region angebaute Spätburgunder bildet hier die Basis für eine schmackhafte Sauce, die nicht nur hervorragend zu Rinderbraten passt, sondern auch Wandererherzen höherschlagen lässt.

Zutaten für den Rotkohl

- 1 **Rotkohl** (ca. 800 g)
- 3 **Äpfel** (süß; z.B. Rubens oder Gala)
- ½ l **Apfelsaft**
- 1 EL **Preiselbeeren** (aus dem Glas)
- 1 EL **Wacholderbeeren**
- 5 **Gewürznelken**
- 1 **Lorbeerblatt**
- 1 **Zwiebel**
- 1 **Kartoffel** (klein; mehligkochend)
- 1 EL **Gänseschmalz** (oder Schweineschmalz)
- **Zimtpulver**
- **Salz | Pfeffer**

Für den Braten

- 1 **Zwiebel**
- 2 **Karotten**
- 1 **Sellerieknolle** (klein)
- 1 Stange **Lauch**
- 1½ kg **Schwanzrolle** bzw. **Semerrolle** (vom Jungbullen; beim Metzger vorbestellen)
- 3 EL **Senf** (scharf)
- 2 EL **Tomatenmark**
- 550 ml **Rotwein** (trocken; Spätburgunder)
- 4 **Knoblauchzehen**
- 4–5 Zweige **Rosmarin**
- 3–4 Zweige **Oregano**
- 3–4 Zweige **Thymian**

1 Am Vortag den Rotkohl putzen und vierteln, den harten Strunk entfernen. Die Kohlviertel in schmale Streifen schneiden. Die Äpfel halbieren, die Kerngehäuse entfernen. Die Apfelhälften schälen und in kleine Würfel schneiden. Beides in einer Schüssel mit dem Apfelsaft, den Preiselbeeren, Wacholderbeeren, Nelken, Lorbeerblatt, 1 Prise Zimt und etwas Salz sowie Pfeffer mischen und zugedeckt etwa 1 Tag ziehen lassen.

2 Am nächsten Tag für den Braten Zwiebel, Karotten und Sellerie schälen und grob kleinschneiden. Lauch putzen, in dicke Ringe schneiden, waschen und abtropfen lassen. Das Fleisch mit Salz und Pfeffer würzen und rundherum mit dem Senf bestreichen.

3 Den Backofen auf 180° vorheizen. Butterschmalz in einem Bräter erhitzen, das Fleisch darin rundherum scharf anbraten, dann wieder herausnehmen. Zwiebel, Karotten und Sellerie in den Bräter geben und ebenfalls anbraten, das Tomatenmark dazugeben und etwas anrösten. Mit 150 ml Rotwein ablöschen und etwas einkochen lassen.

4 Knoblauch schälen und halbieren. Kräuter waschen und trockentupfen. Lauch, 350 ml Rotwein, Rinderfond sowie Kräuter und Gewürze dazugeben, das Fleisch ebenfalls wieder in den Bräter legen. Den Bräter auf die mittlere Schiene des heißen Backofens schieben und alles offen etwa 1½ Std. schmoren, dabei das Fleisch jede halbe Stunde wenden.

5 Inzwischen für den Rotkohl die Zwiebel und die Kartoffel schälen, die Zwiebel in feine Würfel schneiden, die Kartoffel fein reiben. Schmalz in einem Topf erhitzen und die Zwiebelwürfel darin glasig dünsten. Den marinierten Rotkohl und die Kartoffel dazugeben und alles zum Kochen bringen. Bei schwacher Hitze zugedeckt etwa 1 Std. köcheln lassen, dabei hin und wieder umrühren.

6 Den Rotkohl mit Salz und Pfeffer abschmecken und zugedeckt warmhalten. Den Bräter aus dem Ofen nehmen, den Fond durch ein Sieb gießen und noch etwas einkochen lassen, nach Belieben mit Speisestärke binden. Restlichen Rotwein und die Butter unterrühren, die Sauce mit Salz und Pfeffer abschmecken. Das Fleisch in dicke Scheiben schneiden. Mit der Spätburgundersauce und dem Rotkohl auf vier Tellern anrichten und servieren. In unserer Wirtsstube reichen wir dazu noch Spätzle (siehe Küchengeheimisse Seite 323) mit geschmelzter Butter und Semmelmehl.

¾ l Rinderfond oder -brühe
3 Gewürznelken
1 EL Wacholderbeeren
6 Lorbeerblätter
1–2 Butterflöckchen (eiskalt)
Butterschmalz (zum Braten)
Salz | Pfeffer

Angaben für 6–8 Personen
Schwierigkeitsgrad ❦❦❦

Das Hinterwälder Rind – ein uriges und bodenständiges Stück Heimat

von Heidi Knoblich

Im Südschwarzwald ist die kleinste Viehrasse Mitteleuropas daheim, das Hinterwälder Rind. Das im Volksmund Hinterwälder genannte Wäldervieh geht auf das Rind der Kelten zurück und ist rund um den Feldberg, den Belchen und im Kleinen und Großen Wiesental verbreitet.

Neben dem alten Stallgebäude vom Spisingerhof fühlen sich die Kühe auch heute noch wohl.

Die auf den Höhenlagen grasenden, teils rotscheckigen, teils einfarbig rötlichen Kühe, ihr Muhen und das weithin zu hörende Bimmeln ihrer Glocken sind für diese Landschaft so bezeichnend. Die Rinderrasse mit ihrem edlen und harmonischen Erscheinungsbild, ihrem feinen Knochenbau, dem hübschen Kopf und den schön geschwungenen Hörnern hat sich seit Menschengedenken den rauen und kargen Verhältnissen des Südschwarzwalds angepasst. Dabei hat sie die für diese Region typische Landschaft geprägt, in der sich Wiesen, Weiden und Wald so harmonisch abwechseln. Durch die Nutzung dieser Viehrasse sind auch die großflächigen Weidberge in ihrer Artenvielfalt erhalten geblieben.

Das Hinterwälder Rind wurde im 18. Jahrhundert von den Waldbauern zwischen Titisee und Feldberg gezüchtet und auf den kargen Böden der Höhen gehalten. Durch die abgeschiedene Lage wurde es wenig von anderen Rinderrassen beeinflusst. Die ursprünglich hellgelben Tiere sind selten geworden. Den weißen Kopf und die weißen Beine haben die heute überwiegend rötlichen Tiere jedoch noch mit ihren Vorfahren gemeinsam.

»Die Hinterwälder sind klein, aber oho!«, sagt Landwirt und Direktvermarkter Martin Rudiger vom Spisingerhof in Oberried im St. Wilhelmer Tal. Er und seine Frau Adelheid halten 16 reinrassige Hinterwälder Kühe. Mit einer Schulterhöhe von nur 1,15 m bis 1,30 m sind die kleinen Hinterwälder auch leichter und wendiger als andere Rassen und schädigen daher die empfindlichen feuchten Wiesen nicht. Weil sie zudem robust sind, wurden

Die Hinterwälder sind nicht nur trittsicher, sondern auch gute Futterverwerter.

sie früher oft zu Acker- und Feldarbeiten herangezogen.

Die Familie Rudiger hält ihre Hinterwälder Kühe vor allem wegen der Landschaftspflege. »Ich kann diese Landschaft nur über den Tiermagen offenhalten«, sagt Martin Rudiger. Neben Nutzgras fressen die Hinterwälder nämlich selbst holzartige Pflanzenteile. Wegen ihres im Vergleich zu anderen Viehrassen wesentlich längeren Darms haben sie eine besonders gute Futterverwertung. Auf dem Spisingerhof der Familie Rudiger am Stübenwasen auf 1000 Höhenmeter herrschen alpine Verhältnisse. Hier machen die Hinterwälder Leichtgewichte die Beweidung von steinigen und felsigen Hanglagen erst möglich. »Sie haben harte Klauen und sind steigfähig und dabei sehr trittsicher.«

Die Hinterwälder Kuh eignet sich als Zwei-Nutzungs-Rind hervorragend in der Milch- und Mutterkuhhaltung. Ihre Milchleistung ist beachtlich, wird sie im Verhältnis auf ihr geringes Körpergewicht gerechnet. Sie ist jedoch nur halb so hoch wie der Landesdurchschnitt. Dafür haben diese Kühe eine um ca. 90 % längere Nutzungsdauer als Kühe anderer Rassen. Hinterwälder sind die langlebigsten Kühe Deutschlands. »Wir hatten schon Kühe, die 17 Jahre alt wurden und dabei sehr vital waren«, erzählt Martin Rudiger. Da sie zudem besonders fruchtbar und leichtkalbig sind, bringen sie ca. 10 % mehr Kälber zur Welt als andere Kühe.

Als Mutterkühe werden sie auch bei der Familie Rudiger gehalten. »Im Verhältnis zum Gewicht der Mutter werden die Kälber relativ groß«, sagt

Rudiger. »Manche sind fast so groß wie die Mutter und saugen immer noch bei ihr.« Die Kühe, die er zukauft, stammen in der Regel aus Hinterwälder Milchviehbetrieben, bevorzugt aus Bio-Haltung. Der Bestand an Hinterwäldern ist jedoch gefährdet. Derzeit sind im Rinderleistungsbuch gerade noch rund 700 dieser Tiere verzeichnet. Rudiger muss oftmals bis zu sechs Wochen auf einen Kauf warten. Dem Aussterben der Hinterwälder setzt die Landesregierung Baden-Württemberg eine Förderung von 120,- Euro für jede reinrassige Mutterkuh entgegen.

bringt diese mit vorzüglichem Geschmack in Verbindung. Gourmetkreise schätzen die herausragende Qualität des Hinterwälder-Fleisches. Denn Bewegung auf der Hochweide an der frischen Luft und aromatische Kräuter wie Frauenmantel, wilder Thymian, Arnika und Bärwurz lassen es butterzart, saftig und schmackhaft heranwachsen. Dass dieses Fleisch zudem sehr feinfaserig ist, macht es besonders für Kurzgebratenes ideal. Die gehobene Gastronomie der Umgebung zählt denn auch zu Rudigers größten Abnehmern.

Adelheid und Martin Rudiger sind nicht nur überzeugte Bio-Landwirte, sondern auch herzliche Gastgeber. Auf ihrem Hof können Feriengäste die Hinterwälder Kühe kennenlernen.

Der Grund für den Rückgang dieser Rasse liegt hauptsächlich beim Fleischmarkt, der immer größere Schlachtgewichte fordert. Der Fleischanteil am Schlachtkörper eines Hinterwälder Rinds ist durch seinen feinen Knochenbau zwar hoch, im Vergleich zu größeren Rinderrassen jedoch zu gering. Erschwerend für den Verkauf wirkt, dass das Fleisch mit feinen Fettadern durchzogen ist; landläufig verlangt der Kunde jedoch mageres Fleisch. In der gehobenen Gastronomie hingegen spricht man hier von »großartiger Marmorierung« und

Die Familie vom Spisingerhof vermarktet ihr Fleisch ohne Hofladen direkt, als ganze Tiere, halbe oder viertel Schlachtkörper. Sie erzeugt Fleisch in Bio-Qualität, das jedoch nicht als solches deklariert in der Theke ausliegt. Denn hierfür müsste die Schlachtung, jeder darauffolgende Arbeitsschritt und der jeweils Ausführende bio-zertifiziert sein. Das Fleisch wird als »St. Wilhelmer Weidejungrind« angeboten. Privatkunden holen das Fleisch direkt beim Metzger, der für die Familie Rudiger schlachtet oder dieser liefert es mit dem

Großes Vertrauen herrscht zwischen Martin Rudiger und seinen Hinterwäldern.

Kühlfahrzeug an sie aus. Seit einigen Jahren verschickt die Familie Rudiger auch mit einer Kühlspedition bundesweit portioniertes Fleisch an ihre Kunden. Meist sind dies Feriengäste, die während ihres Aufenthalts den Betrieb und die Aufzucht kennengelernt haben und die herausragende Qualität des Hinterwälder Weiderindes vom Spisingerhof schätzen.

Spisingerhof
Bio-Bauernhof und Ferienwohnungen
Adelheid & Martin Rudiger
Katzensteig 3
79254 Oberried-St.Wilhelm
Telefon: 07602 | 1533
www.spisingerhof.de

Über weitere Betriebe kann der Förderverein Auskunft geben:

Förderverein für Hinterwälder e.V.
1. Vorsitzende Hildegard Schelshorn
Hofstraße 5
79872 Bernau-Hof
Telefon: 07675 | 1342
www.hinterwaelder.com

Aus der Milch der Hinterwälder werden auch Seifen hergestellt und vom Förderverein vertrieben (Foto: Lars Schnoor).

Küchengeheimnisse

»In Italien heißt die Beinscheibe »Osso buco« und ist heiß begehrt. Dort wird sie ganz ähnlich gewürzt. Die Gewürzmischung, die gegen Ende der Zubereitung teilweise untergerührt und teilweise darübergestreut wird, heißt »Gremolata«. Petersilie und Zitronenschale werden dabei noch ergänzt durch fein gehackten Knoblauch – eine Variante, die Sie gerne auch einmal mit der Beinscheibe vom Hinterwälder Rind ausprobieren dürfen.«

GASTHAUS ZUM KREUZ | KAPPEL

Geschmorte Beinscheiben vom Hinterwälder Rind

Michael Hug hat einen besonderen Bezug zu regionalen Lebensmitteln. So setzt er beispielsweise auf das »Hinterwälder Rind«, eine besondere Rasse des Hausrinds, die vor allem in den hohen Lagen des Südschwarzwalds vorkommt und ideal an die dortigen steilen Hänge angepasst ist. 1992 wurde es zur gefährdeten Nutztierrasse des Jahres erklärt. Seitdem ist die Bedeutung des Rindes für die Landschaftspflege und den Naturschutz, aber auch seine Rolle als Fleisch- und Milchlieferant stärker ins öffentliche Bewusstsein gerückt. Mehrere Initiativen und Produzenten setzen sich für seinen Erhalt sein. Das wertvolle Fleisch des Hinterwälder Rindes zeichnet sich durch seine besondere Marmorierung aus und ist sehr geschmacksintensiv und zart, besonders wenn es wie im »Gasthaus Zum Kreuz« gut abgehangen – etwa 3 Wochen nach der Schlachtung – auf den Tisch kommt. Einer der Lieferanten ist z. B. der »Spisingerhof« in Oberried am Feldberg.

1 Die Beinscheiben unter fließendem kaltem Wasser abspülen und mit Küchenpapier trockentupfen. Karotten, Sellerie, Zwiebeln und Knoblauch schälen und in grobe Würfel schneiden. Tomaten waschen, vierteln und entkernen, dabei den Stielansatz entfernen. Thymian waschen und trockentupfen.

2 Den Backofen auf 190° vorheizen. Olivenöl in einem Bräter erhitzen. Die Beinscheiben mit Salz und Pfeffer würzen und mit Mehl bestäuben. Dann von beiden Seiten goldbraun anbraten und wieder herausnehmen. Das gewürfelte Gemüse kurz anbraten, Thymian und Tomatenmark hinzufügen und das Tomatenmark leicht anrösten. Die Tomatenviertel dazugeben und kurz schwenken, mit 400 ml Rotwein ablöschen und etwas einkochen lassen.

3 Den Rinderfond angießen, die Beinscheiben wieder in den Bräter legen und erhitzen. Den Bräter samt Deckel auf die mittlere Schiene des heißen Backofens schieben, die Beinscheiben darin zugedeckt etwa 1½ Std. schmoren, dabei nach der Hälfte der Zeit wenden.

4 Die Zitrone heiß waschen und trockenreiben, die Schale abreiben. Petersilie waschen und trockentupfen, die Blätter abzupfen und fein hacken. Den Bräter aus dem Ofen nehmen, die Beinscheiben herausnehmen. Den Fond mit Salz, Pfeffer und etwas Rotwein abschmecken. Die Beinscheiben wieder in die Sauce einlegen und mit der Zitronen-Petersilien-Mischung bestreuen. Dann auf vier Tellern anrichten und servieren. Dazu passen Rosmarinkartoffeln.

Zutaten

- 8 **Beinscheiben** (ca. 3,5 cm Dicke; vom Hinterwälder Rind)
- 2 **Karotten**
- 100 g **Knollensellerie**
- 2 **Zwiebeln**
- 4 **Knoblauchzehen**
- 4 **Tomaten**
- 1 Zweig **Thymian**
- 5 EL **Olivenöl** (zum Braten)
- 3 EL **Weizenmehl**
- 2 EL **Tomatenmark**
- 400–450 ml **Rotwein** (trocken; z. B. Spätburgunder)
- 400 ml **Rinderfond**
- 1 **Bio-Zitrone** (Schale)
- 1 Stiel **Petersilie**
- 5 EL **Olivenöl** (zum Braten)

Angaben für 4 Personen
Schwierigkeitsgrad ●●●

GASTHAUS SONNE | MÜNSTERTAL

Badisches Ochsenfleisch

Ochsenfleisch war früher im Schwarzwald ein traditionelles Sonntagsessen und wurde auch als »Badische Samschdig« (»badischer Samstag«) bezeichnet. Der Name stammt vermutlich daher, dass der Braten bereits am Samstag gekocht wurde, um am Sonntag eine kräftige Suppe zu haben. Das Fleisch dafür musste unbedingt gut durchwachsen sein. Bei schwacher Hitze wurde das Stück lange in Brühe gesotten, dabei wurde es durch das eigene Fett zart und saftig. Der Ursprung des Rezeptes geht auf die Habsburgerzeit zurück, denn Baden gehörte 400 Jahre lang zu Vorderösterreich. Karlheinz Wiesler vom »Gasthaus Sonne« im Münstertal hat sich ganz dieser Tradition verschrieben und bringt den Klassiker auch heute noch sanft gegart auf den Tisch – am liebsten zusammen mit einem Viertele Grauburgunder!

1 Zunächst das Fleisch in Rinderbrühe garen (siehe Seite 204). Aus der Brühe die Flädlesuppe zubereiten und als Vorspeise zu diesem Gericht reichen.

2 Für die Bouillonkartoffeln Kartoffeln und Karotten schälen, die Kartoffeln grob kleinschneiden, die Karotten in kleine Würfel schneiden. Beides in einem Topf mit der Brühe, 1 l Wasser und 1 TL Salz zum Kochen bringen. Zugedeckt bei schwacher bis mittlerer Hitze in etwa 15 Min. weich kochen. Das Ochsenfleisch aus der Brühe nehmen und 10 Min. ruhen lassen.

3 Inzwischen für die Sauce den Meerrettich schälen und fein reiben. Öl in einem Topf erhitzen, mit Mehl bestäuben und kurz anschwitzen, bis es sich hellgelb verfärbt. Die Milch dazugießen und aufkochen lassen, dabei kräftig rühren, damit keine Klümpchen entstehen. Die Brühe hinzufügen, erneut aufkochen lassen und einige Minuten bei schwacher Hitze leise köcheln lassen. Den Meerrettich unterrühren, die Sauce noch etwas köcheln lassen. Mit Salz, Pfeffer und Zucker abschmecken.

4 Das Ochsenfleisch in Scheiben schneiden, auf vier Teller verteilen und mit der Meerrettichsauce beträufeln. Die Bouillonkartoffeln daneben anrichten. Nach Belieben noch mit Petersilie garnieren und servieren.

Zutaten für das Fleisch

siehe Rezept Flädlesuppe Seite 204

Für die Bouillonkartoffeln

- 1 kg **Kartoffeln** (festkochend)
- 200 g **Karotten**
- 500 ml **Rinderbrühe** (Brühe der »Flädlesuppe«; siehe Seite 204)
- **Salz**

Für die Sauce

- 100 g **Meerrettichwurzel**
- 1 EL **Öl**
- 1 EL **Weizenmehl**
- 125 ml **Milch**
- 100 ml **Rinderbrühe** (Brühe der »Flädlesuppe«; siehe Seite 204)
- **Salz | Pfeffer**
- **Zucker**

Angaben für 4 Personen
Schwierigkeitsgrad ●●●

Küchengeheimnisse

»Zu diesem Gericht passt hervorragend ein Rote-Bete-Salat, den Sie auch mit Meerrettich würzen können. Auch Preiselbeeren servieren wir gerne dazu. Wir setzen das Ochsenfleisch immer schon am Abend vorher an, damit es richtig schön durchzieht. Dann muss man es nur noch einmal kurz aufkochen und hat einen leckeren Sonntagsbraten.«

HOTEL-GASTHOF KREUZ-POST | STAUFEN

Rehkeule mit Trauben-Jus und Rahmwirsing

Da Rehe ein ausgeprägtes Revierverhalten zeigen und die Böcke sehr aggressiv werden können, wird – im Gegensatz zu den Hirschen – von einer Zucht abgesehen. Michael Zahn vom »Hotel-Gasthof Kreuz-Post« in Staufen wird aber von den örtlichen Jägern zuverlässig mit Rehfleisch aus der Region versorgt. Eines seiner Lieblingsstücke ist die Keule, die er in seinem Restaurant mit cremigem Wirsing und einem aufwendigen Trauben-Jus serviert. Da dessen Zubereitung etwas langwierig und kompliziert ist, hat er für zu Hause diese etwas einfachere Version des Rezepts entwickelt. Und auch die ist ein echter Genuss!

Zutaten für das Fleisch und Sauce

- 20 **Weintrauben** (weiß)
- 700 g **Rehkeule** (am Stück; ohne Knochen)
- 50 ml **Aceto balsamico**
- 200 ml **Wildfond** (kräftig; aus dem Feinkostgeschäft; ersatzweise Demi Glace)
- 1 TL **Preiselbeerkonfitüre**
- 50 g **Butter** (eiskalt; in Flöckchen)
- **Öl** (zum Braten)
- **Salz | Pfeffer**

Für das Gemüse

- 1 **Wirsing** (klein; ca. 600 g)
- 1 **Karotte** (klein)
- 250 g **Sahne**
- **Muskatnuss** (frisch gerieben)
- **Salz | Pfeffer**

1. Den Backofen auf 130° vorheizen. Die Trauben waschen und entstielen. In einem Topf Wasser zum Kochen bringen, die Trauben darin kurz blanchieren, dann in ein Sieb abgießen und kalt abschrecken. Die Haut mit einem spitzen Messer vom Stielansatz her abziehen, die Trauben für den Jus beiseitelegen.

2. Die Rehkeule mit Salz und Pfeffer einreiben. Öl in einer Pfanne erhitzen, die Rehkeule darin rundherum anbraten, bis sie leicht gebräunt ist. Das Fleisch auf den mit Backpapier ausgelegten Rost legen und auf der mittleren Schiene im heißen Backofen 15 Min. rosa ziehen lassen.

3. Inzwischen den Wirsing halbieren, den harten Strunk wegschneiden, die Blätter ablösen. Die groben Blattrippen entfernen, die feineren flachschneiden. Die Blätter in Streifen schneiden. Die Karotte schälen und in kleine Würfel schneiden. Salzwasser in einem Topf aufkochen. Den Wirsing darin etwa 5 Min. blanchieren. Dann mit einem Schaumlöffel herausheben, zunächst in einem Sieb abtropfen lassen, dann leicht ausdrücken.

4. Den Backofen ausstellen, das Fleisch darin weitere 15 Min. ziehen lassen. Für den Trauben-Jus den Essig aufkochen und auf die Hälfte einkochen lassen. Dann den Wildfond dazugeben und alles erneut auf ein Drittel einkochen lassen. Den Topf vom Herd nehmen, die Preiselbeerkonfitüre unterrühren, dann die Butter nach und nach mit dem Stabmixer untermixen. Die Trauben in der Sauce erwärmen.

5. Den Wirsing mit der Sahne und den Karottenwürfeln in einen Topf geben, zum Kochen bringen und bei mittlerer Hitze etwa 5 Min. köcheln lassen, bis der Wirsing und die Karotten knapp gar sind und ein cremiges Gemüse entstanden ist. Mit Salz, Pfeffer und Muskatnuss abschmecken.

6. Die Rehkeule in dicke Scheiben schneiden, den Wirsing mittig auf vier Teller verteilen und das Fleisch darauflegen. Den Traubenjus daneben anrichten. Dazu passen Schupfnudeln (siehe Küchengeheimnisse Seite 242).

Angaben für 4 Personen
Schwierigkeitsgrad

Küchengeheimnisse

»Der milde Rahmwirsing ist ein absoluter Klassiker der deutschen Küche. Er lässt sich aber auf vielfältige Art und Weise würzig abwandeln. Kümmelfans geben mit der Sahne und den Karotten noch 1 TL Kümmelsamen zum Wirsing und rühren 1 bis 2 TL gehackte Petersilie unter den fertigen Rahmwirsing. Eine besondere Note erhält das Gemüse, wenn Sie in der Sahne 2 Scheiben Ingwer und 1 getrocknete rote Chilischote mitgaren. Beides vor dem Servieren wieder entfernen und den Wirsing mit etwas Zitronen- oder Limettensaft abschmecken.«

Geschmortes Hirsch-Schäufele in Burgundersauce

Im Herzen des Glottertals, auf einer leichten Anhöhe mit herrlichem Panoramablick, liegt der »Scharbachhof«. Von dort bezieht die Familie Dilger vom »Wirtshaus zur Sonne« ihr Hirschfleisch. Denn der »Scharbachhof« verfügt neben Obstanbau, einer gläsernen Brennerei und fünf Ferienwohnungen auch über eine Damhirschzucht mit etwa 100 Tieren, die idyllisch auf den Streuobstwiesen des Betriebs äsen. Dass von dort nur beste Qualität stammt, versteht sich von selbst, und das schmeckt man auch bei diesem Klassiker auf Dilgers Speisekarte.

1 Am Vortag für die Beize das Gemüse putzen und waschen bzw. schälen und in grobe Würfel schneiden. Kräuter waschen und trockentupfen. Gemüse, Kräuter und Gewürze sowie 1 Prise Zucker mit der Damhirschschulter in eine Schüssel geben. Den Rotwein angießen, das Fleisch darin zugedeckt mindestens 24 Std. ziehen lassen, dabei kühl stellen und hin und wieder wenden.

2 Am nächsten Tag den Backofen auf 150° vorheizen. Die Damhirschschulter aus der Beize nehmen, trockentupfen und mit Salz und Pfeffer einreiben. Die Beize durch ein Sieb gießen, den Rotwein dabei auffangen. Butterschmalz in einem Bräter erhitzen. Das Fleisch darin rundherum anbraten, dann wieder herausnehmen.

3 Gemüse, Kräuter und Gewürze aus der Beize in den Bräter geben und im Bratfett anrösten. Tomatenmark hinzufügen und leicht karamellisieren lassen. Mit Mehl bestäuben und kurz anschwitzen. Nach und nach mit der Rotweinbeize ablöschen und jeweils kurz aufkochen lassen. Das Brot dazubröckeln, das Fleisch wieder in den Bräter geben, zugedeckt im Backofen auf der mittleren Schiene 1½ Std. schmoren.

4 Den Bräter aus dem Ofen holen, den Backofen ausschalten. Das Fleisch aus dem Bräter nehmen und 5 Min. beiseitelegen, dann im ausgeschalteten Backofen auf dem mit Backpapier ausgelegten Blech warmhalten. Inzwischen den Fond durch ein Sieb in einen kleinen Topf gießen und etwa 15 Min. bei mittlerer Hitze leicht dicklich einkochen lassen.

5 Preiselbeeren und Wacholderschnaps unter die Sauce rühren, mit Salz und Pfeffer abschmecken. Das Fleisch aus dem Ofen nehmen und in Scheiben schneiden. Auf vier Teller verteilen und mit der Sauce beträufeln. Nach Belieben noch Pilze (z.B. Pfifferlinge oder Champignons) mit 2 EL Schalottenwürfel in Butter anbraten. Mit Salz und Pfeffer würzen und auf dem Hirsch-Schäufele anrichten.

Do-schmeckts-Tipp
Dazu passen handgeschabte Spätzle (siehe Küchengeheimnisse Seite 323), abgeschmelzte Bandnudeln, Semmelknödel oder Kartoffel-Sellerie-Püree. Als Gemüsebeilagen eignen sich je nach Saison Speckbohnen, Rosenkohl oder Wirsinggemüse.

Zutaten

1	Zwiebel
1	Knoblauchzehe
1 Stange	Lauch (klein)
1	Karotte
½	Sellerieknolle
je 1 Zweig	Rosmarin und Thymian
10	Wacholderbeeren
3	Gewürznelken
10	Pfefferkörner (schwarz)
4	Lorbeerblätter
1 Prise	Zucker
1,2 kg	Damhirschschulter (ohne Knochen)
1 l	Rotwein (trocken; z.B. Spätburgunder)
50 g	Butterschmalz
1 EL	Tomatenmark
1 EL	Mehl
1 Scheibe	Schwarzbrot
2–3 EL	Preiselbeeren (aus dem Glas)
2 cl	Wacholderschnaps (ersatzweise Enzianschnaps oder Weinbrand)
	Salz	Pfeffer

Angaben für 4 Personen
Schwierigkeitsgrad ●●●

GASTHOF ENGEL | SIMONSWALD

Damhirschmedaillons mit Zwiebelkruste und warmer Pfifferlingsterrine

Der »Gasthof Engel« in Simonswald ist bekannt für seine Wildgerichte. Der seit 1636 von der Familie Schultis-Wagner geführte Hof besitzt eine eigene Jagd und hat zudem ein Damwild-Freigehege, das unmittelbar am Haus gelegen ist. Spezialität des Hauses sind daher Damwildgerichte jeglicher Art: Vom Ragout über Spareribs, Burger, gebratene Edelstücke wie Rücken oder Keule bis hin zum hausgemachten Damwildschinken reicht das Repertoire der Köche Georg Schultis-Wagner und Jörg Polke. Und das Lieblingsgericht? Da fällt es Georg Schultis-Wagner schwer, eine Wahl zu treffen, aber diese zarten Medaillons mit knuspriger Zwiebelkruste liegen in seinen kulinarischen Charts ganz weit vorne.

Zutaten für die Terrine

100 g	**Pfifferlinge**	
1	**Schalotte**	
2 EL	**Butter**	
1 EL	**Petersilie**	(gehackt)
150 ml	**Milch**	
50 g	**Sahne**	
3	**Eier**	(Gr. M)
2 EL	**Weizenmehl**	
	Mehl	(für die Pilze)
	Fett	(für die Form)
	Salz | **Pfeffer**	

Für die Medaillons

1	**Zwiebel**	
2 EL	**Speckwürfel**	(durchwachsen)
80 g	**Butter**	(weich)
3 EL	**Paniermehl**	
3 EL	**Weißbrotwürfel**	(geröstet)
1 TL	**Petersilie**	(gehackt)
12	**Damhirschmedaillons**	(à 60 g; aus dem Rücken)
	Öl	(zum Braten)
	Salz | **Pfeffer**	

Angaben für 4 Personen
Schwierigkeitsgrad 🌶🌶🌶

1 Für die Terrine den Backofen auf 100° vorheizen. Die Pilze putzen und trocken abreiben, stark verschmutzte Pilze mit Mehl bestäuben und waschen (siehe Do-schmeckts-Tipp Seite 113). Große Pfifferlinge halbieren. Die Schalotte schälen und in feine Würfel schneiden. 1 EL Butter in einer Pfanne erhitzen, die Pilze darin mit den Schalottenwürfeln bei mittlerer Hitze etwa 5 bis 7 Min. anbraten, dabei die Pfanne hin und wieder schwenken. Die Petersilie untermischen, die Pilze mit Salz und Pfeffer abschmecken.

2 Eine Terrinenform (25 x 5 x 6 cm) mit Alufolie auslegen und einfetten. Die Pilz-Schalotten-Petersilien-Mischung gleichmäßig in der Form verteilen. Milch, Sahne, Eier und Mehl verrühren und mit Salz und Pfeffer würzen. So viel von der Mischung über die Pilze gießen, bis die Terrinenform voll ist, mit Alufolie abdecken. Im heißen Backofen auf der mittleren Schiene etwa 1 Std. garen, bis die Terrine gestockt ist.

Küchengeheimnisse

»Zum Damhirsch passen Schupfnudeln. Dafür 250 g gekochte, festkochende Kartoffeln schälen und durch eine Kartoffelpresse drücken. Mit 125 g Weizenmehl, 1 Eigelb und etwas Salz und Pfeffer verkneten. Den Teig zu einer Rolle formen und in Scheiben schneiden. Diese auf der bemehlten Arbeitsfläche zu fingerdicken und -langen Nudeln rollen. Die Schupfnudeln in einem Topf mit kochendem Salzwasser etwa 5 Min. garziehen lassen. Dann in ein Sieb abgießen, abtropfen und abkühlen lassen. Die abgekühlten bissfesten Nudeln in einer Pfanne in Butter anbraten, bis sie leicht gebräunt sind.«

3 Die Terrine aus dem Ofen nehmen und etwas abkühlen lassen. Den Backofen auf 220° Oberhitze vorheizen. Für die Zwiebelkruste die Zwiebel schälen und in feine Würfel schneiden. Den Speck in einer Pfanne ohne Fett auslassen, die Zwiebelwürfel dazugeben und glasig dünsten. Speck- und Zwiebelwürfel mit Butter, Paniermehl, Weißbrotwürfeln und Petersilie verrühren, mit Salz und Pfeffer würzen.

4 Öl in einer ofenfesten Pfanne erhitzen. Die Damhirschmedaillons mit Salz und Pfeffer würzen und in der Pfanne auf beiden Seiten je etwa 1 Min. braten, sodass sie im Kern noch roh sind. Die Buttermasse auf den Medaillons verteilen und flachdrücken. Im heißen Backofen auf der mittleren Schiene etwa 5 bis 6 Min. überbacken, bis die Kruste leicht gebräunt und das Fleisch innen noch etwa rosa ist.

5 Parallel die Terrine aus der Form stürzen und die Folie entfernen. Die Terrine in Scheiben schneiden. Restliche Butter in einer Pfanne erhitzen, die Terrinenscheiben darin auf beiden Seiten goldbraun braten.

6 Medaillons und Terrinenscheiben auf vier Tellern anrichten. Schupfnudeln wären die perfekte Beilage (siehe Küchengeheimnisse). In unserem Restaurant servieren wir dazu noch eine Apfelsauce (siehe Seite 321), ein frittiertes Täschchen aus Strudelteig mit wechselnden Füllungen und blaue Kartoffeln (z. B. Blauer Schwede).

WINZERHAUS REBSTOCK | VOGTSBURG-OBERBERGEN

Geschmortes Kaninchen

Kaninchen gehören zum Wild. Das im Handel erhältliche Fleisch stammt aber in der Regel von Zuchttieren, den sogenannten Hauskaninchen. Deren mageres, helles Fleisch erinnert eher an Geflügel und wird gerne in Einzelteilen geschmort, bis das Fleisch schön zart ist. Das gelingt bei diesem edlen Gericht aus dem »Winzerhaus Rebstock« perfekt. In Kombination mit Nudeln und einer feinwürzigen Sauce, für die ausschließlich Grauburgunder und Spätburgunder aus dem eigenem Weingut verwendet werden, entsteht so eine Hauptspeise, die in dieser Form nirgends auf der Welt besser schmecken könnte.

1 Den Backofen auf 180° vorheizen. Die Paprikaschote längs halbieren, entkernen und waschen. Karotte und Zwiebel schälen, alles in kleine Würfel schneiden. Die Kräuter waschen und trockentupfen.

2 Die Kaninchenstücke mit Salz und Pfeffer würzen. Öl in einem Bräter erhitzen, das Fleisch darin rundherum bei mittlerer Hitze anbraten. Gemüse, Kräuter und das Lorbeerblatt dazugeben und kurz mitbraten. Das Tomatenmark hinzufügen und etwas anrösten. Mit beiden Weinsorten ablöschen und etwas einkochen lassen.

3 Die Hühnerbrühe angießen. Den Bräter samt Deckel auf die mittlere Schiene des heißen Backofens schieben und das Fleisch darin zugedeckt etwa 1 Std. schmoren.

4 Den Bräter aus dem Ofen nehmen, das Fleisch herausnehmen und in Alufolie wickeln. Den Fond durch ein Sieb gießen und in einem Topf noch etwas einkochen lassen. Die Sauce nach Belieben mit etwas Speisestärke binden, mit Salz und Pfeffer abschmecken. Die Kaninchenteile mit der Sauce auf vier Tellern anrichten, dazu passen Bandnudeln.

Do-schmeckts-Tipp
Familie Keller empfiehlt dazu einen Spätburgunder (Barrique) aus dem eigenen Weinkeller, z. B. Spätburgunder Rotwein »S«.

Küchengeheimnisse

»Kaninchenfleisch ist sehr mager. Bei der Zubereitung ist es daher wichtig, Vorsicht walten zu lassen. Zu starkes Anbraten entzieht dem Fleisch viel Flüssigkeit. Deshalb sollte das fettarme Fleisch vor dem Schmoren bei mittlerer Hitze angebraten werden, damit es nicht allzu sehr austrocknet.«

Zutaten

1	Paprikaschote (rot)
1	Karotte
1	Zwiebel
1 Zweig	Thymian
1 Stiel	Basilikum
100 g	Petersilie
1	Kaninchen (ca. 1,2 kg; ausgenommen und in kleine Stücke zerteilt)
1	Lorbeerblatt
3 EL	Tomatenmark
½ l	Weißwein (trocken; z. B. Grauburgunder)
½ l	Rotwein (trocken; z. B. Spätburgunder)
½ l	Hühnerbrühe
	Öl (zum Braten)
	Salz	Pfeffer

Angaben für 4 Personen
Schwierigkeitsgrad

LANDGASTHOF REBSTOCK | BOTTINGEN

Fasanenkeule im Wirsingblatt

Die Landschaft um den Nimberg bei Bottingen bietet dem Fasan gute Lebensbedingungen – die prächtig gefiederten Fasanenmännchen und die bräunlich gefärbten Hennen sind hier häufig anzutreffen und durch ihren auffälligen Ruf nicht zu überhören. Zur Jagdsaison wird das mild schmeckende Wildgeflügel auch im »Landgasthof Rebstock« angeboten und stimmig in einem Wirsingblatt serviert.

1 Für die Putenfarce das Brot entrinden. Fleisch und Brot grob klein schneiden und zweimal durch die feinste Scheibe des Fleischwolfs drehen. Dann das Fleisch-Brot-Püree durch ein glattes Sieb streichen, damit die Farce schön glatt wird, Ei und Sahne unterrühren, mit Salz und Pfeffer würzen. Spinat waschen, grobe Stiele entfernen, die Blätter fein pürieren. Ein Drittel der Farce abnehmen, mit dem Spinatpüree verrühren und kühlstellen.

2 Rosmarin waschen. Die Fasanenkeulen ebenfalls waschen, abtrocknen und mit der flachen Seite des Fleischklopfers sehr flach klopfen. Das Fleisch mit Salz und Pfeffer würzen, Rosmarin darauflegen und 1 Std. ruhen lassen.

3 Wirsingblätter waschen, grobe Blattrippen glattschneiden. Die Karotte schälen und längs in sehr dünne Scheiben schneiden. Diese in kochendem Salzwasser 30 Sek. blanchieren, dann mit einem Schaumlöffel herausheben, kalt abschrecken und abtropfen lassen. Wirsing ebenfalls 30 Sek. blanchieren, in ein Sieb abgießen, kalt abschrecken und abtropfen lassen, dann mit einem Küchentuch gründlich trockentupfen.

4 Den Backofen auf 180° vorheizen. Rosmarin von der Keule nehmen, diese mit der grünen Farce bestreichen. Die Karottenscheiben nebeneinander quer darüberlegen und mit der Hälfte der weißen Farce bestreichen. Das Fleisch vorsichtig über die Füllung einrollen.

5 Die Wirsingblätter überlappend auf die Arbeitsfläche legen, auf die Länge der Fasanenrolle zuschneiden und mit der restlichen Farce bestreichen. Die Fasanenrolle auf den Rand der Wirsingblätter legen und darin einrollen.

6 Olivenöl in einer Pfanne erhitzen, darin die Wirsingrolle mit dem Rosmarinzweig rundherum anbraten. Zuerst in Pergamentpapier wickeln und die Ränder fest zusammendrehen, dann in Alufolie einwickeln. Rolle auf dem Blech im heißen Backofen auf der mittleren Schiene 12 bis 15 Min. garen.

7 Die Rolle aus dem Ofen nehmen, Folie und Pergamentpapier entfernen. Die Rolle vorsichtig in 1 bis 2 cm dicke Scheiben schneiden und auf vier Tellern anrichten. Dazu servieren wir in unserem Gasthof Herzoginkartoffeln und eine Feigensauce (siehe Küchengeheimnisse).

Zutaten

- 1 Scheibe **Toastbrot**
- 80 g **Putenfleisch** (eiskalt)
- 1 **Ei** (Gr. M)
- 50 g **Sahne**
- 1 Handvoll **Spinat**
- 1 Zweig **Rosmarin**
- 2 **Fasanenkeulen** (à ca. 50 g; ohne Knochen; von einem 1 kg schweren, ausgenommenen Fasan)
- 2 **Wirsingblätter** (groß)
- 1 **Karotte**
- 1 EL **Olivenöl**
- **Salz** | **Pfeffer**

Angaben für 4 Personen
Schwierigkeitsgrad ●●●

Küchengeheimnisse

»Dieses Rezept haben wir uns einfallen lassen, weil vom frischen Fasan meist nur die Brust verwendet wird und die Keulen übrig bleiben. Unsere Feigensauce ist in der Vorbereitung etwas kompliziert. Für daheim empfehle ich daher eine andere Variante: Bereiten Sie eine einfache Bratensauce auf Rotweinbasis zu und schmecken Sie diese zum Schluss mit Aceto balsamico, Feigenkonfitüre und Feigensenf ab. Das schmeckt auch ganz fein.«

LANDGASTHOF REBSTOCK | BOTTINGEN

Warmer Ofenschlupfer

Ob als Paniermehl, Arme Ritter oder Semmelknödel – es gibt zahlreiche Arten, altes Brot sinnvoll zu verwenden. Eine der delikatesten Resteverwertungen ist ein süßer Auflauf mit Äpfeln, Rosinen und Mandeln. Dieser heißt in Bayern und Österreich recht martialisch »Scheiterhaufen«, im Schwäbischen und in Baden viel sanfter und gefälliger »Ofenschlupfer«. Dazu wird traditionell eine luftige Vanillesauce gereicht. Im »Landgasthof Rebstock« in Bottingen serviert Chefkoch und Eigentümer Thomas Gehring dazu noch ein würziges Zimteis – ein königlicher Genuss!

1   Den Wein aufkochen und in eine Tasse umfüllen, die Rosinen darin 1 Std. einweichen.

2   Die Mandelstifte grob hacken. 2 TL Zucker in einer Pfanne karamellisieren, gehackte Mandeln dazugeben und rühren, bis sie mit dem Karamell überzogen sind. Auf einem mit Backpapier ausgelegten Teller abkühlen lassen. Anschließend den Mandelkrokant in einen Gefrierbeutel füllen und mit einem Plattiereisen oder dem Nudelholz gründlich zerkleinern.

3   Den Apfel halbieren, das Kerngehäuse entfernen. Die Apfelhälften schälen und in kleine Würfel schneiden. Die Apfelwürfel mit 2 TL Zucker und 1 TL Butter in der Pfanne karamellisieren und beiseitestellen.

4   In einer Schüssel Eier, Milch, restlichen Zucker, Vanillemark und Zimt verrühren. Den Hefezopf in Würfel schneiden. Die Rosinen abtropfen lassen und grob hacken. Hefezopf, Apfelwürfel, Mandeln und Rosinen in die Eiermilch geben und erneut 1 Std. ziehen lassen.

5   Den Backofen auf 180° vorheizen. Vier ofenfeste Portionsförmchen (à ca. 125 ml) mit Butter einfetten und mit Zucker ausstreuen. Die Auflaufmasse auf die Förmchen verteilen. Im heißen Backofen auf der mittleren Schiene in etwa 45 Min. goldbraun backen.

6   Die Förmchen aus dem Ofen nehmen. Die Ofenschlupfer vorsichtig herauslösen und nach Belieben auf einen Spiegel Vanillesauce (siehe Seite 253) setzen. Nach Belieben noch etwas garnieren (siehe Küchengeheimnisse). Dazu serviere ich gerne Zimteis und Vanillesahne.

Zutaten

- 50 ml **Weißwein** (trocken)
- 1 TL **Rosinen**
- 1 EL **Mandelstifte**
- 70 g **Zucker** + Zucker für die Form
- 1 **Apfel** (säuerlich; z. B. Goldparmäne)
- 1 TL **Butter** + Butter für die Form
- 3 **Eier** (Gr. M)
- 200 ml **Milch**
- ½ **Vanilleschote** (Mark)
- ½ TL **Zimtpulver**
- 120 g **Hefezopf** (altbacken)

Angaben für 4 Personen
Schwierigkeitsgrad ●●●

Küchengeheimnisse

»Bei Desserts ist die Präsentation besonders wichtig. Unsere Gäste haben inzwischen eine große Erwartungshaltung, die wir mit immer neuen, kunstvollen Arrangements zu befriedigen versuchen. Besonders beliebt als Deko sind Physalis. Bei diesen öffnen wir den Lampion und schlagen ihn kunstvoll nach hinten. Die Frucht tauchen wir in flüssige Kuvertüre, wenden sie anschließend in Kokosraspeln, Nüssen oder gehackten Pistazien und lassen den Überzug fest werden. Fertig ist ein echter Hingucker, der noch dazu fantastisch schmeckt.«

LANDFRAUENCAFÉ GOLDENE KRONE | ST. MÄRGEN

Birnenbienenstich

Auf die Zutaten kommt es an! In der Backstube des »Landfrauencafés Goldene Krone« in St. Märgen sind Backmischungen, Fertigböden, gefärbtes und aromatisiertes Sahnepulver oder Flüssigei aus dem Tetrapack tabu. Stattdessen wird handwerklich sauber mit Produkten aus der Region gearbeitet: Bio-Landeier, gute Butter und bestes Mehl aus lokalem Getreide. Ein weiteres Beispiel gefällig? Die Birnen für diese fantastische Bienenstich-Variation stammen aus Sasbach am Kaiserstuhl oder aus Heuweiler am Eingang zum Glottertal. Dieser feine Kuchen ist also ein echter Lokalpatriot – und das schmeckt man auch!

1 Für den Teig 125 g Butter in kleine Würfel schneiden. Mehl, Butterwürfel, 100 g Zucker, 1 Ei und 1 Prise Salz in einer Schüssel mit den Knethaken des Handrührgeräts oder den Händen rasch zu einem glatten Teig verkneten. Den Teig zu einer Kugel formen und zugedeckt 30 Min. kühlstellen.

2 Den Backofen auf 180° vorheizen. In den Boden einer Springform (28 cm Ø) einen Bogen Backpapier einspannen, die Ränder einfetten. Den Teig auf der bemehlten Arbeitsfläche zu einem Kreis von etwa 35 cm Ø ausrollen. Die Springform damit auslegen, dabei einen 3 bis 4 cm hohen Rand formen.

3 Die Birnen vierteln, die Kerngehäuse entfernen. Die Birnenviertel schälen und quer in Scheiben schneiden. Die Zitrone heiß waschen, trockenreiben, die Schale abreiben und den Saft auspressen. Birnen mit Zitronensaft und Zitronenschale mischen und gleichmäßig auf dem Teig verteilen.

4 Für den Guss Crème fraîche, restliche 4 Eier, 100 g Zucker, Speisestärke und Zimt verrühren und über die Birnen gießen. Die Kuchenform auf die mittlere Schiene des Backofens schieben, den Kuchen darin 45 Min. backen.

5 Für die Bienenstichmasse Sahne, restliche Butter und übrigen Zucker in einem Topf aufkochen. Die Mandelblättchen unterrühren. Die Kuchenform aus dem Ofen nehmen. Die Bienenstichmasse gleichmäßig auf dem Kuchen verteilen. Die Form erneut in den Backofen schieben, den Kuchen weitere 20 Min. backen, bis die Oberfläche goldbraun ist.

6 Den Kuchen aus dem Ofen nehmen und etwas abkühlen lassen. Dann aus der Form lösen und auf einem Kuchengitter vollständig auskühlen lassen. Vorsichtig in Stücke schneiden und servieren.

Do-schmeckts-Tipp

Statt mit Birnen können Sie den Bienenstich auch mit Aprikosen zubereiten. Dafür 1 kg Aprikosen an Ober- und Unterseite kreuzweise einritzen und 1 Min. in kochendem Wasser blanchieren. Herausheben, kalt abschrecken und die Haut vorsichtig abziehen. Die Aprikosen halbieren und entsteinen, dann in Spalten schneiden und wie beschrieben weiterverarbeiten.

Zutaten

225 g	**Butter** (kalt)
300 g	**Weizenmehl**
300 g	**Zucker**
5	**Eier** (Gr. M)
7	**Birnen** (z. B. Williams Christ)
½	**Bio-Zitrone**
250 g	**Crème fraîche**
1 EL	**Speisestärke**
1 TL	**Zimtpulver**
100 g	**Sahne**
200 g	**Mandeln** (gehobelt)
	Fett (für die Form)
	Salz

Angaben für 1 Kuchen (12–16 Stücke)
Schwierigkeitsgrad

GASTHAUS HIRSCHEN | MERZHAUSEN

Birnenstrudel mit Birnensorbet

Die Birne zählt in Deutschland nicht zu den allerbeliebtesten Obstsorten, der Pro-Kopf-Verbrauch liegt gerade einmal bei 2,6 kg im Jahr. Äpfel, Bananen, Apfelsinen, Clementinen und Tafeltrauben liegen deutlich davor. Vermarktet werden vor allem Birnen der Sorten »Alexander Lucas« und »Conference«, gefolgt von der berühmten »Williams Christ«. Letztere nimmt eine Sonderstellung ein, da sie sowohl als Speisebirne vermarktet, als auch zu edlen Destillaten verarbeitet wird. Dieses Dessert aus dem »Gasthaus Hirschen« in Merzhausen trägt ganz sicher dazu bei, dass Birnen in Deutschland doch noch beliebter werden.

Zutaten für den Strudel

300 g **Weizenmehl**
4 EL **Öl**
5 **Birnen** (z. B. Williams Christ)
80–100 g **Zucker**
1 EL **Zitronensaft**
1 **Eigelb**
Zimtpulver
Mehl (für das Küchentuch)

Für das Sorbet

4 **Birnen** (z. B. Williams Christ)
100 ml **Weißwein** (trocken; z. B. Weißburgunder)
100 ml **Apfelsaft**
120 g **Zucker** (fein)

1. Mit dem Strudel anfangen, sofern Sie eine Eismaschine besitzen. Ansonsten mit dem Sorbet starten. Für den Strudelteig das Mehl in eine Schüssel sieben und mit dem Öl sowie 130 ml Wasser zu einem geschmeidigen Teig verkneten. Den Teig zugedeckt bei Zimmertemperatur 1 Std. ruhen lassen.

2. Für das Sorbet die Birnen vierteln, die Kerngehäuse entfernen. Die Birnenviertel schälen und kleinschneiden. Die Birnenstückchen in einem Topf mit Weißwein, Apfelsaft und Zucker zum Kochen bringen und bei mittlerer Hitze in etwa 4 bis 6 Min. weich kochen. Dann vom Herd nehmen und abkühlen lassen.

3. Die Sorbetmasse in eine Eismaschine füllen und darin gefrieren lassen. Alternativ die Mischung ins Tiefkühlfach stellen, bis sie anfängt zu gefrieren. Dann mit dem Handrührgerät kräftig verrühren und wieder kühlstellen. Diesen Vorgang dreimal stündlich wiederholen, bis ein Sorbet mit feinen Eiskristallen entstanden ist.

4. Für den Strudel den Backofen auf 200° vorheizen. Die Birnen vierteln, die Kerngehäuse entfernen und die Fruchtstücke in kleine Würfel schneiden, dann mit Zucker, Zitronensaft und 1 Prise Zimtpulver mischen und kurz ruhen lassen.

5. Den Strudelteig auf einem bemehlten Küchentuch zunächst mit dem Handballen flachdrücken und dann von der Mitte nach außen dünn ausrollen, dabei den Teig gelegentlich drehen bzw. wenden und ab und an bemehlen. Damit der Strudelteig schön dünn wird, den Teig mit beiden Händen hochheben, über einen Arm legen und vorsichtig über die Handrücken ziehen. Den Teig wieder auf das Tuch legen, bevor er anfängt zu reißen. Zuletzt die dicken Teigränder mit den Fingern vorsichtig dünnerziehen.

6. Die Birnenwürfel mit 5 cm Abstand zum Rand in einem etwa 10 cm breiten Streifen auf dem Teig verteilen, dabei seitlich jeweils einen 3 cm breiten Rand stehenlassen. Zuerst die seitlichen Ränder, dann den Teig von unten

Angaben für 4 Personen
Schwierigkeitsgrad

über die Füllung klappen. Den Strudel mithilfe des Küchentuchs nach oben hin aufrollen. Die Teigrolle auf ein mit Backpapier ausgelegtes Blech legen und mit dem Eigelb bestreichen. Den Birnenstrudel im heißen Backofen auf der mittleren Schiene etwa 15 Min. goldbraun backen.

7 Den Strudel aus dem Backofen nehmen und etwas abkühlen lassen, dann schräg in Scheiben schneiden. Je 2 Stücke Birnenstrudel auf einem Spiegel Vanillesauce (siehe Küchengeheimnisse) auf vier Teller setzen. Von dem fertigen Sorbet mit einem Eisportionierer Kugeln abstechen und daneben anrichten.

Küchengeheimnisse

»Kein Strudel ohne Vanillesauce – am liebsten selbstgemacht: Für 4 Personen ¼ l Milch, 250 g Sahne, 80 g Zucker und das Mark von 1 Vanilleschote in einem Topf aufkochen und vom Herd nehmen. 3 Eigelbe in einer Rührschüssel aus Metall verquirlen, die Milch-Sahne-Mischung zunächst tropfenweise, dann in einem dünnen Strahl unter Rühren dazugießen. Die Schüssel auf ein heißes Wasserbad setzen und weiter rühren, bis die Mischung eine cremige Konsistenz erhält. Noch warm oder nach Belieben auch kalt servieren.«

GASTHAUS HIRSCHEN | MÜLLHEIM-BRITZINGEN

Nougat-Pofesen mit pochierten Birnen

Was in den USA mit dem schicken Namen »French Toast« daherkommt und im Hochdeutschen allgemein als »Armer Ritter« bezeichnet wird, ist im »Gasthaus Hirschen« unter dem geheimnisvollen Namen »Pofesen« erhältlich: in Eiermasse ausgebackenes Brot. Was einst der Resteverwertung diente, um aus altem Brot noch etwas Nahrhaftes herzustellen, wird durch Chefkoch Martin Schumacher zu einer echten Köstlichkeit. Er bestreicht die »Pofesen« mit cremigem Nussnougat und serviert dazu eine zimtwürzige Williams-Christ-Birne. So entsteht alles andere als ein simples Essen, sondern in der Tat ein süßer Leckerbissen!

Do-schmeckts-Tipp
Pofesen stammen aus der österreichischen Mehlspeisenküche. Dort werden sie meist mit dem hierzulande relativ unbekannten »Powidl« gefüllt, einem stark eingekochten, ungesüßten Pflaumenmus. Das ist auf jeden Fall auch eine Versuchung wert.

Zutaten für die Birnen

- 2 **Birnen** (z.B. Williams Christ)
- 50 g **Zucker**
- ½ **Zimtstange**

Für die Pofesen

- 4 Scheiben **Toastbrot**
- 50 g **Nussnougatcreme**
- 200 g **Sahne**
- 1 **Ei** (Gr. M)
- 1 Pck. **Bourbon-Vanillezucker**
- **Puderzucker** (zum Bestäuben)

Angaben für 4 Personen
Schwierigkeitsgrad

1. Die Birnen halbieren, die Kerngehäuse entfernen. Die Birnenhälften schälen. ¼ l Wasser mit dem Zucker und der Zimtstange zum Kochen bringen. Die Birnen darin bei schwacher Hitze je nach Sorte 5 bis 10 Min. garen.

2. Für die Pofesen die Toastbrotscheiben entrinden und diagonal halbieren. Je eine Hälfte mit dem Nougat bestreichen, die andere Hälfte darüberklappen. Die Sahne mit dem Ei und dem Vanillezucker verrühren. Butterschmalz in einer Pfanne erhitzen, die Toastbrotscheiben durch die Sahne-Ei-Mischung ziehen und im Butterschmalz rundherum goldbraun ausbacken.

3. Die Birnenhälften aus dem Sud nehmen und abtropfen lassen, dann fächerartig aufschneiden. Die Pofesen mit Puderzucker bestäuben, mit den Birnenfächern auf vier Tellern anrichten und servieren. Perfekt wird der Genuss, wenn Sie dazu noch ein Vanilleparfait (siehe Seite 171) reichen.

GASTHAUS SONNE | MÜNSTERTAL

Karamellcreme mit Sahne

Das Münstertal mit seinem Kloster St. Trudpert ist eine wunderbare Wanderregion. Über die aussichtsreichen Höhen, durch schattige Wälder und über blumenreiche Wiesen führen zahlreiche Wege, die immer wieder hübsche Blicke in die Ferne oder auf das im Tal gelegene, geschichtsträchtige Kloster mit Ursprung im 9. Jahrhundert eröffnen. Nicht wenige Wanderer kehren danach im »Gasthaus Sonne« ein, um sich zu stärken und den Akku wieder aufzuladen. Und nach dem deftigen Vespern ist der krönende Abschluss ein einfacher, ehrlicher Nachtisch – wie diese klassische Karamellcreme.

1 Von der Milch 50 ml abnehmen und mit der Speisestärke verrühren. Den Zucker in einem Topf bei mittlerer Hitze hellbraun karamellisieren. Mit der restlichen Milch ablöschen und köcheln lassen, bis sich das Karamell gelöst hat. Die Milch-Stärke-Mischung unterrühren, alles kurz dicklich einkochen lassen. Die Creme lauwarm abkühlen lassen.

2 Die Sahne steif schlagen, 4 gehäufte EL abnehmen, in einen Spritzbeutel mit Sterntülle füllen und kühlstellen, den Rest unter die Creme heben. Die Karamellcreme auf 4 Dessertschalen verteilen und zugedeckt 1 Std. kühlstellen. Dann die übrige Sahne dekorativ daraufspritzen. Mit Krokant garnieren und servieren.

Zutaten

500 ml **Milch**
2 EL **Speisestärke**
120 g **Zucker**
250 g **Sahne**
1 EL **Haselnusskrokant**

Angaben für 4 Personen
Schwierigkeitsgrad

Apfeltarte

Im »Landgasthof zur Sonne« findet die Apfeltarte das ganze Jahr über immer wieder ihren Weg auf die Speisekarte. Sie überzeugt durch ihren bodenständigen Charakter, sodass die je nach Saison gewählte Apfelsorte stets im Mittelpunkt dieser süßen Überraschung steht. Ideal für diese Tarte ist zum Beispiel die Apfelsorte Topaz, eine Kreuzung aus den alten Apfelsorten Rubin und Vanda, die bei Apfelbauern wegen ihrer Robustheit und des kräftigen Geschmacks beliebt ist. Als Winterapfel ist der Topaz genau die richtige Wahl für warme Desserts zur kalten Jahreszeit und entfaltet in dieser Tarte sein volles Aroma.

Do-schmeckts-Tipp
Ein eleganter Begleiter für diese Tarte sind Vanilleeis, frisch zubereitete Vanillesauce oder leicht geschlagene Sahne. Statt Cognac eignet sich auch das aus der Region stammende Markgräfler Obstwasser, das dieser Tarte eine besondere Note verleiht.

1 Eine Tarteform (32 cm Ø) mit dem Blätterteig auslegen, dabei einen 2 bis 3 cm hohen Rand formen und den überstehenden Teig wegschneiden. Den Boden mehrfach mit einer Gabel einstechen und zugedeckt kühlstellen.

2 Den Backofen auf 180° vorheizen. Für den Guss Eier, Sahne, Cognac und 1 Pck. Vanillezucker mit dem Schneebesen oder Handrührgerät kräftig verrühren. Die Äpfel halbieren, die Kerngehäuse entfernen. Die Apfelhälften schälen und in schmale Spalten schneiden. Die Apfelspalten je nach Süße mit 3 bis 5 EL Zucker mischen.

3 Den Blätterteig dachziegelartig mit den Apfelspalten belegen. Den Guss gleichmäßig auf den Äpfeln verteilen, den restlichen Vanillezucker darüberstreuen. Die Tarte im heißen Backofen auf der mittleren Schiene etwa 1 Std. backen, bis der Guss gestockt und der Teig leicht gebräunt ist.

4 Die Form aus dem Ofen nehmen, die Tarte abkühlen lassen, bis sie lauwarm ist. Die Apfeltarte in Stücke schneiden und auf vier Tellern anrichten. Nach Belieben mit Vanilleeis servieren.

Zutaten

- 1 Packung **Blätterteig** (ca. 270 g; gerollt; aus dem Kühlregal)
- 3 **Eier** (Gr. M)
- 250 g **Sahne**
- 1 cl **Cognac**
- 2 Pck. **Bourbon-Vanillezucker**
- 4–5 **Bio-Äpfel** (süß; z. B. Topaz)
- 3–5 EL **Zucker**

Angaben für 4 Personen
Schwierigkeitsgrad

Tannenhonig-Parfait

Glottertäler Tannenhonig ist eine absolute Spezialität: Sein kräftig-würziges Aroma und seine dunkelbraune bis schwarzgrüne Farbe machen ihn so außergewöhnlich. Für den Tannenhonig sammeln die Bienen nicht den Nektar von Blüten, sondern die zuckerhaltigen und ballaststoffreichen Ausscheidungen von Pflanzenläusen auf den Weißtannen des Schwarzwaldes – den Honigtau. Die Glottertäler wissen allerlei anzufangen mit dem »dunklen Gold«: Im Restaurant des Hotels »Schlossmühle« wird er bevorzugt zu einem cremigen und unvergleichlich aromatischen Parfait verarbeitet.

1. Die Sahne steif schlagen und zugedeckt kühlstellen. Ei, Eigelbe, Zucker und Kirschwasser in einer Rührschüssel aus Metall über dem heißen Wasserbad cremig schlagen. Dann den Tannenhonig unterschlagen. Die Schüssel in ein kaltes Wasserbad setzen und die Creme weiterschlagen, bis sie kalt ist.

2. Nach und nach die geschlagene Sahne unter die erkaltete Creme heben. Die Parfaitmasse in Portionsförmchen (5 cm Ø) füllen und zugedeckt im Tiefkühlfach mindestens 5 Std. – besser über Nacht – gefrieren lassen.

3. Zum Servieren die Parfaits kurz antauen lassen und auf 4 Dessertteller stürzen. Dazu servieren wir in unserem Hotelrestaurant warme Kirschen (siehe Seite 336) und garnieren das Dessert mit Früchten (z. B. Orangenscheiben und Johannisbeeren), geschlagener Sahne, Walnüssen und Puderzucker.

Zutaten

500 g **Sahne** (kalt)
1 **Ei** (Gr. M)
3 **Eigelb**
80 g **Zucker**
4 cl **Kirschwasser**
120 g **Tannenhonig** (flüssig)

Angaben für 8 Personen
Schwierigkeitsgrad

Krokantparfait mit Rotweinzwetschgen

Im nahen Kaiserstuhl mit seinem fast mediterranen Klima gedeihen Walnussbäume bestens. Dort wachsen sie vor allem als Einzelbäume an Wegesrändern oder auf Streuobstwiesen, insgesamt sind es rund 370 000 Exemplare. Zur Walnusssaison im Herbst werden die leicht herben Nüsse dann in Hofläden und auf den Wochenmärkten angeboten. Im »Wirtshaus zur Sonne« im Glottertal wird daraus ein wunderbar herbstliches Parfait, das zusammen mit warmen Rotweinzwetschgen ein kongeniales Dessert-Duo abgibt.

1. Für das Parfait zunächst Walnusskrokant zubereiten. Dafür 60 g Zucker in einem Topf hellbraun karamellisieren. Die Walnusskerne dazugeben, unterrühren und leicht anrösten. Dann auf ein mit Backpapier ausgelegtes Blech streichen und auskühlen lassen. Den ausgehärteten Krokant mit einem Messer grob hacken.

2. Die Sahne steif schlagen und zugedeckt kühlstellen. Eier, Eigelbe und restlichen Zucker in einer Rührschüssel aus Metall über dem heißen Wasserbad cremig schlagen. Dann die Schüssel in ein kaltes Wasserbad setzen und die Creme weiterschlagen, bis sie kalt ist.

3. Nach und nach geschlagene Sahne, Amaretto und Krokant (bis auf 2 EL) unter die erkaltete Creme heben. Die Parfaitmasse in Portionsförmchen (250 ml) füllen und zugedeckt im Tiefkühlfach mindestens 5 Std. – besser über Nacht – gefrieren lassen.

4. Für die Rotweinzwetschgen die Früchte waschen, halbieren und entsteinen. In einem Topf den Zucker hellbraun karamellisieren. Mit Rotwein ablöschen, die Gewürze hinzufügen und bei mittlerer Hitze rühren, bis sich der Zucker gelöst hat. Die Speisestärke mit 1 EL Wasser verrühren, unterrühren und den Sud leicht dicklich einköcheln lassen, dabei hin und wieder umrühren. Die Zwetschgen dazugeben, alles erneut aufkochen, vom Herd nehmen und abkühlen lassen, bis sie lauwarm sind.

5. Zum Servieren die lauwarmen Rotweinzwetschgen auf vier Dessertteller verteilen, die Parfaits kurz antauen lassen und auf die Zwetschgen stürzen. Mit dem übrigen Krokant bestreuen und sofort servieren.

Do-schmeckts-Tipp

Ihrem Gewürzregal mangelt es an weihnachtlichen Gewürzen wie Zimt und Nelken? Kein Problem: Ein guter Glühwein, wie ihn die Winzergenossenschaft Glottertal produziert, verleiht den Zwetschgen ein ebenso winterliches Aroma.

Zutaten für das Parfait

- 120 g **Zucker**
- 100 g **Walnusskerne**
- 500 g **Sahne** (kalt)
- 2 **Eier** (Gr. M)
- 3 **Eigelb**
- 2 cl **Amaretto**

Für die Zwetschgen

- 250 g **Zwetschgen**
- 100 g **Zucker**
- 200 ml **Rotwein** (trocken; z. B. Spätburgunder)
- 1 Msp. **Zimtpulver**
- 1 Msp. **Gewürznelken** (gemahlen)
- 2 EL **Speisestärke**

Angaben für 4 Personen
Schwierigkeitsgrad

Weinbau in Baden

von Heiko Feser; Mitarbeit: Hannah Flessner

Wer sich in den letzten Jahrzehnten durch das badische Angebot getrunken hat, wird etwa seit der Jahrtausendwende einen enormen Qualitätsschub festgestellt haben. Die oftmals sauren Tropfen und die blassen, flachen Spätburgunder gehören der Vergangenheit an. Hervorragend ausgebildete Jungwinzer, die sich gründlich im Ausland umgesehen haben, sowie innovative und unkonventionelle Quereinsteiger haben dem Ländle neue Weinhorizonte erobert und geschmacklich festgefahrene Grenzen geknackt.

Paradiesische Zustände: In Baden arbeiten viele Winzer nach bio-dynamischen Methoden.

Dabei geholfen hat sicherlich auch die Klimaerwärmung, die spätreifende Rebsorten zulässt, die einst nicht im badischen Reifefenster lagen. Daneben kann der Anteil des Staatlichen Weinbauinstituts in Freiburg, das sich international einen hochverdientes Renommee als Forschungseinrichtung erarbeitet hat, gar nicht genug gewürdigt werden.

Das fast 16 000 Hektar große badische Weinanbaugebiet ist das wärmste in Deutschland und wird am meisten von der Sonne verwöhnt. Dabei besteht es aus unterschiedlichen Regionen mit jeweils eigener Geologie, eigenem Klima und eigenen Traditionen. So gehört Baden zu den vielfältigsten Weinbaugebieten und zählt als einziges deutsches Mitglied zur Weinbauzone B der Europäischen Union, zusammen mit Burgund, der Champagne und dem Loire-Tal. Baden verschreibt sich damit höheren Anforderungen in Bezug auf die Traubenqualität und Ausbaumöglichkeiten. 5 Prozent der Anbaufläche werden dabei ökologisch bewirtschaftet.

An den geschützten Lagen des Schwarzwaldrandes, in der klimatisch begünstigten Oberrheinischen Tiefebene mit dem meterdick mit Löss bedeckten Kaiserstuhl oder im von Thermalquellen durchzogenen Markgräflerland gedeihen seit über 1100 Jahren vor allem die Burgundersorten. Der anspruchsvolle und vielseitige blaue Spätburgunder ist dabei zweifelsohne Badens Aushängeschild. Sein vollmundig-samtiger Charakter mit Aromen von roten Waldbeeren, Erdbeere und

Baden gehört zu den vielfältigsten Weinbaugebieten.

Süßkirsche machen ihn unverwechselbar. Mit dem trockenen Grauburgunder bzw. dem etwas süßlicheren und extraktreicheren Ruländer sowie dem eleganten Weißburgunder nimmt er über die Hälfte der Anbaufläche ein. Die am meisten angebaute Weißweinsorte ist jedoch der 1882 gezüchtete Müller-Thurgau, der hierzulande auch als Rivaner bezeichnet wird (fälschlicherweise wurde angenommen, dass es eine Kreuzung aus Riesling und Silvaner sei). Sein feines Muskataroma und die jugendliche Frische prädestinieren ihn als Sommerwein.

Doch wenn es so etwas wie eine charakteristische Rebsorte für eine Anbauregion gibt, dann ist es der seit 230 Jahren im Markgräflerland angebaute Gutedel, der folgerichtig auch als Markgräfler bekannt ist. Sein unaufdringliches Aroma von gelben Früchten mit nussigen Anklängen hat ihm den Ruf als Zechwein eingebracht – wobei dies im Ländle durchaus einem Ritterschlag gleichkommt. Es finden sich auf den Speisekarten der Weinstuben und Straußenwirtschaften aber noch weitere Spezialitäten: der feinfruchtige Silvaner, der bukettreiche Muskateller oder der meist als Aperitif- oder Dessertwein getrunkene Gewürztraminer.

Die Sorten allein sind aber nicht ausschlaggebend, wenn es um die Freude am Wein geht. Auch die Anbauweise ist wichtig. Gerade in und um die Green City Freiburg erfährt der ökologische Weinbau enormen Zuspruch. Eigentlich keine neue Sache, schließlich gibt es »konventionelle« Landwirtschaft erst seit etwa 1900. Seitdem gibt es eine unglaubliche und jedes Jahr wachsende Menge an chemisch-synthetischen Spritzmitteln von immer potenteren Herbiziden, Fungiziden, Pestiziden etc. Dazu gesellen sich noch die schnelllöslichen Mineraldünger, die den Reben ähnlich einer Infusion die notwendigen Nährstoffe zuführen.

Als ich 2001 etwa 10 Kilometer nördlich von Freiburg anfing, vom konventionellen auf ökologischen Weinbau umzustellen, verfolgte ich zunächst das Ziel, die rebeneigenen Abwehrkräfte zu regenerieren sowie die Basis dafür zu schaffen, dass die Rebe wieder alleine »lernt«, Nährstoffe aus dem Boden aufzunehmen.

Aus persönlicher Erfahrung kann ich sagen: Wer einige Jahre seinen Weinberg ökologisch bewirtschaftet hat und die damit einhergehenden Veränderungen bemerkt, wird nicht aus Dogmatismus, sondern aus purem Egoismus nie mehr auf das Konventionelle zurückgreifen. Jeder Ökowinzer probiert auf seine Art und Weise etwas aus, erobert neues Terrain und hat vor allem Innovationsbereitschaft. Dazu muss er auch eine gewisse Nervenstärke besitzen, weil manche der eingesetzten Mittel wie Backpulver, Brottrunk, Gesteinsmehle, Kräutersude, Teemischungen und andere Pflanzenstärkungsmittel nicht nach einer Rezeptverordnung von Bayer oder Höchst eingesetzt werden können, sondern je nach Rebsorte, klimatischen Bedingungen, Erziehungsart, Böden usw. sehr individuell oder auch nur bedingt wirken. Der Ökowinzer muss überaus vorausschauend arbeiten, seine Aufmerksamkeit ist gefragt, die genaue Beobachtung seines Weinbergs und fundierte Kenntnisse, die weit über Beipackzettel oder die Spritzpläne der verschiedenen Ratgeber hinausgehen. Er muss im Unterschied zum konventionell arbeitenden Kollegen die Gesamtheit der Vorgänge in seinem Weinberg im Auge behalten. Konventionell arbeitende Winzer können diese Fähigkeiten selbstverständlich auch besitzen, ökologisch arbeitende Winzer müssen sie besitzen.

Konventionell bearbeitete Weinberge, wie diese hier bei Staufen, erkennt man am verdorrten Gras unter den Reben (Foto: Lars Schnoor).

Natürlich stellt der Weinbau immer eine Monokultur dar. Doch an Stelle eines bereinigten und neutralen Produktionsfeldes geht es darum, einen Lebensraum für vieles zu schaffen, die Einsaat unter den Reben sorgt nicht nur dafür, dass der Boden locker bleibt. Man muss sich nur einmal einen ökologisch bewirtschafteten Weinberg in seiner größten Pracht genau ansehen und findet die unterschiedlichsten Schmetterlinge, Bienen oder Marienkäfer. Dagegen wird im konventionellen Weinbau jedes Lebewesen im Umkreis nieder gemacht. Am ehesten lassen sich diese Weinberge am verdorrten Gras unter den Reben erkennen. Ich kann niemandem raten, von diesen Trauben zu naschen, auch wenn Schonzeiten vor der Ernte eingehalten werden.

Der zweite elementare Aspekt ist die Produktqualität. Es ist kein Geheimnis, dass die weltbesten Weingüter mittlerweile mit bio-organischen oder bio-dynamischen Methoden arbeiten. In diesem Zusammenhang ist die vom Freiburger Weinbauinstitut geleistete Züchtung pilzwiderstandsfähiger Rebsorten unbedingt erwähnenswert. In jahrzehntelanger Arbeit konnte die Resistenz amerikanischer oder asiatischer Wildarten mit den sensorischen Qualitäten unserer europäischen Sorten kombiniert werden. Jene außereuropäischen Wildreben leben seit Millionen von Jahren in Symbiose mit den Pilzen und konnten deshalb Resistenzen entwickeln.

Unsere in dieser Hinsicht ahnungslosen Kulturreben hingegen wurden mit diesen Pilzkrankheiten erst in der zweiten Hälfte des 19. Jahrhunderts konfrontiert und waren ihnen damit hoffnungslos ausgeliefert. Seitdem müssen wir zwangsläufig unsere Kulturreben mit Pflanzenschutzmitteln behandeln. Mit diesen pilzwiderstandsfähigen Rebsorten (kurz PIWIS) findet also eine gelungene Synthese von Pilzresistenz und Weinqualität statt. Sie haben den großen Vorteil, dass sie keinen oder einen nur sehr eingeschränkten Bedarf an Pflanzenschutzmitteln haben.

Damit nähern wir uns wieder jener paradiesischen Welt weinbaulicher Möglichkeiten an, die vor dem Aufkommen der Pilzkrankheiten bestand. Die Winzer können die unangenehmste Arbeit des Weinbaus, das Ausbringen von Pflanzenschutzmitteln, auf ein Minimum reduzieren, was der Umwelt, dem Wein und letztendlich dem Verbraucher zugutekommt. Dass sich aus den PIWIS Weine mit hoher Qualität zaubern lassen, die bei Verkostungen im Wettbewerb mit konventionellen Sorten überdurchschnittlich mit Preisen bedacht werden, spricht für sich.

Weinerei Dr. Feser in Gundelfingen-Wildtal
»Nackte Weine aus verbotenen Früchten«

In der kleinen Weinerei gibt es ausgefallene Sorten.

Die etwa einen Hektar große Weinerei im Norden Freiburgs zählt sicherlich zu den außergewöhnlichsten Weingütern der Region. Die Weinerei verkörpert den romantischen Gegenentwurf zu all den zielorientierten und auf Gewinnmaximierung ausgerichteten Betrieben. Als Ein-Mann-Weingut gehört sie zu den absoluten Insider-Tipps. Heiko Feser, der stolze Besitzer, ist promovierter Ethnologe und hat bereits im Amazonasbecken in Ecuador geforscht.

Zurück in seiner badischen Heimat begann er eher aus Neugier, seine eigenen Weine herzustellen. Nach einem Jahrzehnt des Herumexperimentierens mit Rebsorten und unorthodoxen Ausbaumethoden verkaufte er sie dann auch, weil er seine immer größere Ernte bei bestem Willen nicht mehr alleine trinken konnte. Fast alle Flaschen werden direkt ab Hof vermarktet, und neue Kunden gewinnt die Weinerei eigentlich nur über Mund-zu-Mund-Empfehlung. Heiko Fesers Anbaumethoden sind vermutlich seinem langjährigen Aufenthalt im Amazonastiefland geschuldet: Ganz nach indianischer Art bearbeitet er seine Flächen mit einer Vielzahl von Macheten in kräftezehrender Handarbeit. Der Winzer liebt es, an der frischen Luft und allein auf seinem Weinberg zu sein. Doch auch in seinem Weinverkauf ist er gerne und berät jeden Kunden ausführlich und mit Freude: »Der Wein ist für mich mein Lebenselixier«, sagt er und zwinkert dabei. Seine

Bio-Winzer aus Leidenschaft.

Kunden schätzen nicht nur den Wein, sondern auch die unverwechselbare Atmosphäre. Weinfässer, Kerzen und die lange Holztafel vor dem Kamin laden zum Probieren ein.

Heiko Fesers Weinerei praktiziert ausschließlich die ökologische Anbauweise und ist dabei auf pilzwiderstandsfähige Rebsorten spezialisiert. Heiko Feser bezeichnet seine Weine auch als »Nackte Weine aus verbotenen Früchten«, weil sie ohne chemisch-synthetische Spritzmittel, Kunstdünger oder Herbizide angebaut werden.

Fesers Weine sind keine Allerweltsweine. Zum einen ist dies den neuen Rebsorten geschuldet, die häufig eher dem romanisch-mediterranen Weintyp entsprechen, als auch seinen kellerwirtschaftlichen Methoden. Letzteren haben wir z. B. Weißweine zu verdanken, die ein Jahr im Bordeaux-Barrique lagerten und Wucht mit Finesse vereinen. Seine Weine tragen so ausgefallen vielversprechende Namen wie »Leichtsinn«, »Orakel«, »Hobo«, »Bohemien«, »Blanc Fatale« oder »Toutes Directions«. Er selber sagt darüber: »Ich trinke so lange einen Wein, bis mir der passende Name dazu einfällt«.

Die Flaschen sind in nur recht kleinen Mengen verfügbar, zudem wechselt das Angebot alle Jahre, je nach Vorlieben des Winzers oder nach den Qualitäten, die im Herbst in den Keller kommen. Oder wie Heiko Feser sagt: »Man muss sich schon die Mühe machen, sich jedes Jahr neu durchs Sortiment zu trinken«.

Weinerei Dr. Feser
Heuweilerweg 11
79194 Gundelfingen-Wildtal
Telefon: 0761 | 555009
www.weinerei-feser.de
geöffnet jeden Di & Do von 18.00 bis 20.00 Uhr

Heiko Feser auf seinem Weinberg, den er in Handarbeit bearbeitet.

Weingut Helde in Sasbach-Jechtingen
»Traditionsreich, ökologisch, qualitätsorientiert«

Bernadette und Norbert Helde wurden schon oft für ihre Bio-Weine ausgezeichnet.

Norbert Helde stellt große Ansprüche an sich selbst, und ist ein Meister seines Metiers, eine Autorität in der Weinbergsbewirtschaftung und im Keller und wird von manch anderem Winzerkollegen immer wieder zu Rate gezogen. Er unternimmt Weinwanderungen, lädt zum Frühstück und zu Feinschmecker-Menüs ein, organisiert und leitet Wein- und Schnapsseminare und ist sowieso auf fast jeder Veranstaltung präsent. Helde ist ein Unermüdlicher, der für seine Produkte und seinen über Generationen vererbten Bio-Betrieb lebt. Heldes Frau Bernadette ist Heilpflanzenfachfrau, in früheren Zeiten wäre sie wohl als Kräuterhexe durchgegangen. Sie rundet das Programm des Weingutes mit Kräuterwanderungen und Kursen rund um das Thema Heilpflanzen ab.

20 Hektar Reben und Streuobstwiesen geben den Grundstoff für die etwa 60 Weine, Liköre und Edelbrände, die schon allerhand Prämierungen in Gold und Silber abgeräumt haben. Wer sich von seiner alchemistischen Kunstfertigkeit überzeugen will, kann seine veganen und schwefelarmen Weine oder Weltklassebrände auch direkt am Hof oder bei über 40 Spitzengastronomien quer durch die Republik, vom Kaiserstuhl über das Ritz-Carlton in Berlin bis nach Husum, ausfindig machen. Fünfmal in Folge wurde er Landessieger für Deutschland im Bereich Brände. Darunter solche Raritäten wie Haferpflaumen-, Mispel- und Vogelbeerbrand, Rosen- oder Walnussgeist.

Jeder, der sich halbwegs mit den Arbeitsabläufen von Keller- und Brennereiwirtschaft auskennt, muss diesem logistisch-organisatorischen Aufwand höchsten Respekt zollen. Norbert Helde lässt dabei nicht den geringsten Zweifel daran aufkommen, dass er dem gewachsen ist. Als traditionsbewusster Winzer aus einer der hintersten Ecken des Kaiserstuhls fühlt er sich dem hiesigen Weinstil mit den reintönigen, sortentypischen und fruchtbetonten Ausprägungen verbunden.

Trauben kurz vor dem »Herbsten« (der Weinernte).

Weingut Norbert Helde
Emil-Gött-Straße 1
79361 Sasbach-Jechtingen
Telefon: 07662 | 6116
www.wein-helde.de

HOTEL-GASTHOF KREUZ-POST | STAUFEN

Tonkabohnen-Crème-brûlée mit Mandelkuchen

Tonkabohnen stammen aus dem Norden Südamerikas, werden aber inzwischen auch in Afrika angebaut. Die dunklen Samenkapseln des Tonkabaums bestechen durch ihr intensives Aroma, das an eine Mischung aus Vanille, Bittermandel, Rum und Waldmeister erinnert. Diese besondere Duftnote hat sie auch zu einem gefragten Aromastoff für die Parfüm- und Tabakindustrie gemacht. Wie der Waldmeister sollten Tonkabohnen jedoch nur in kleinen Mengen genossen werden, denn beide enthalten Kumarin, das in höherer Dosierung zu Kopfschmerzen, Schwindel und Erbrechen führen kann. Michael Zahn vom »Hotel-Gasthof Kreuz-Post« in Staufen weiß haargenau, wie viel er von der würzigen Bohne verwenden darf und nutzt sie gerne, um klassischer Crème brûlée eine ganz besondere Note zu verleihen.

1 Für die Crème brûlée den Backofen auf 80° vorheizen. Die Sahne in einem Topf aufkochen, etwas Tonkabohne hineinreiben, bis es nach Mandel und Zimt duftet (Tonkabohne wird etwa so dosiert wie Muskatnuss!). Vom Herd nehmen und etwas abkühlen lassen.

2 Inzwischen die Eigelbe mit dem Zucker in einer Rührschüssel aus Metall über dem heißen Wasserbad cremig schlagen. Die Sahne unter ständigem Rühren langsam zur Eiercreme gießen. Weiterrühren, bis die Creme leicht andickt. Die Creme in feuerfeste Förmchen verteilen (ca. 12–14 cm Ø). Die Förmchen in eine Auflaufform oder auf ein tiefes Blech stellen und so viel heißes Wasser angießen, dass die Förmchen zur Hälfte im Wasser stehen. Im heißen Backofen auf der mittleren Schiene 40 Min. stocken lassen.

3 Die Schälchen aus dem Ofen nehmen, die Tonkabohnencreme abkühlen lassen. Dann noch mindestens 3 Std. kühlstellen.

Zutaten für die Crème brûlée

- 500 g **Sahne**
- 50 g **Tonkabohne** (frisch gerieben)
- 5 **Eigelb** (Gr. M)
- 90 g **Zucker**
- **Zucker** (braun)

Für den Mandelkuchen

- 4 **Eier** (Gr. M)
- 50 g **Zucker**
- 150 g **Mandeln** (gemahlen)
- 2 EL **Puderzucker**
- **Fett** (für die Form)

Angaben für 4 Personen
Schwierigkeitsgrad

Küchengeheimnisse

»Ein schnelles Birnenkompott rundet dieses feine Dessert perfekt ab. Dafür 3 reife Birnen halbieren, die Kerngehäuse entfernen. Die Hälften schälen und in kleine Würfel schneiden. In einem Topf ¼ l Wasser mit 2 EL Zucker und 1 ausgekratzten Vanilleschote zum Kochen bringen. Die Birnenwürfel in dem Sud bei schwacher bis mittlerer Hitze etwa 1 Min. köcheln lassen. Den Topf vom Herd nehmen, die Birnen im Sud erkalten lassen. Die Vanilleschote entfernen, das Kompott in Schälchen anrichten und servieren.«

4 Inzwischen für den Kuchen den Backofen auf 160° vorheizen. Die Eier in einer Rührschüssel leicht schaumig rühren, dann unter Rühren den Zucker einrieseln lassen und cremig rühren. Die Mandeln unterheben. In eine kleine Springform (17–18 cm Ø) einen Bogen Backpapier einspannen, die Ränder einfetten. Den Teig in der Form verteilen und glatt streichen. Im heißen Backofen auf der mittleren Schiene 20 bis 25 Min. backen, bis der Teig leicht gebräunt ist.

5 Den Kuchen zunächst aus der Form und vom Backpapier lösen, anschließend auf einen mit Backpapier ausgelegten Kuchenrost gleiten und abkühlen lassen.

6 Die Tonkabohnencreme mit braunem Zucker bestreuen und unter dem heißen Backofengrill 3 bis 5 Min. karamellisieren. Den Kuchen in Stücke schneiden und mit Puderzucker bestäuben. Die Crème brûlée in den Schälchen auf vier Dessertteller stellen. Kuchenstücke neben den Schälchen anrichten. Alternativ die Crème brûlée in tiefen Desserttellern zubereiten und den Kuchen zum Servieren daraufsetzen.

RESTAURANT & WEINSTUBE HOLZÖFELE | IHRINGEN

Rumzwetschgen mit Zimtparfait

Im Spätsommer erobern die blauvioletten Zwetschgen allmählich die Wochenmärkte und Hofläden. Gerade in Baden spielt dieses Steinobst eine herausragende Rolle, liegt hier doch das Zentrum des deutschen Zwetschgenanbaus. Hier werden auch heute noch alte Sorten kultiviert, allen voran die berühmte Bühler Zwetschge, eine besonders frühe Variante, mit der in der Regel die Zwetschgensaison eingeläutet wird. Allerdings schrumpfen die Bestände der 1840 entdeckten Sorte, denn sie wächst langsamer und ist aufwendiger zu ernten als viele andere Niedrigstammarten. Im »Holzöfele« werden Zwetschgen in einen Rumtopf gegeben und nach ausreichender Reifezeit als Dessert mit Zimtparfait serviert.

1. Eine Woche vorher für die Rumzwetschgen in einem Topf 1 l Wasser mit dem Zucker zum Kochen bringen. Zitronen- und Orangenschale sowie die Gewürze dazugeben und noch einmal aufkochen, vom Herd nehmen und etwas abkühlen lassen.

2. Inzwischen die Zwetschgen waschen, trockenreiben, entsteinen und vierteln. In ein sauberes hohes Gefäß geben, z.B. einen Rumtopf, und mit dem Rum übergießen. Die gewürzte Zuckerlösung durch ein Sieb darübergießen. Einen Bogen Frischhaltefolie auf die Oberfläche legen, das Gefäß verschließen und bis zur Verwendung zugedeckt kühlstellen.

3. Am Vortag für das Parfait die Gelatine 5 Min. in kaltem Wasser einweichen. Die Milch mit Zimtpulver in einem Topf erwärmen, die Gelatine ausdrücken und darin auflösen, die Mischung auf Zimmertemperatur abkühlen lassen. Die Sahne steif schlagen und zugedeckt kühlstellen.

4. Eier, Eigelbe und den Zucker in einer Rührschüssel aus Metall über dem heißen Wasserbad cremig schlagen. Die abgekühlte Milch-Gelatine-Mischung dazulaufen lassen und unterschlagen. Dann die Schüssel in ein kaltes Wasserbad setzen und die Creme weiterschlagen, bis sie kalt ist.

5. Die geschlagene Sahne unter die erkaltete Creme heben. Eine Terrinen- bzw. Parfaitform (25 x 10 x 7 cm) mit Frischhaltefolie auslegen (oder nach Belieben runde Portionsförmchen verwenden). Die Parfaitmasse in die Form füllen, die überstehende Folie darüberschlagen. Über Nacht im Tiefkühlfach gefrieren lassen.

6. Das Parfait aus der Form stürzen, die Folie entfernen. Das Parfait in Scheiben schneiden und mit den Zwetschgen auf vier Tellern anrichten (übrige Zwetschgen anderweitig verwenden). Nach Belieben mit Himbeeren, Minze und Puderzucker garnieren und servieren.

Do-schmeckts-Tipp
Probieren Sie das Rezept doch auch einmal mit Mirabellen. Auch diese kleine gelbe Zwetschge liebt die Verbindung mit kräftigem Rum. Da Mirabellen kleiner sind, reicht es, sie zu halbieren statt zu vierteln.

Zutaten für die Zwetschgen
- 1 kg **Zucker**
- 2 **Bio-Zitronen** (Schale)
- 2 **Bio-Orangen** (Schale)
- 1 **Zimtstange**
- 2 **Anissterne**
- 5 **Gewürznelken**
- 1 kg **Zwetschgen**
- ½ l **Rum** (80 % vol.)

Für das Parfait
- 2 Blatt **Gelatine** (weiß)
- 75 ml **Milch**
- 500 g **Sahne** (kalt)
- 2 **Eier** (Gr. M)
- 3 **Eigelbe**
- 100 g **Zucker**
- **Zimtpulver**

Angaben für 4 Personen
Schwierigkeitsgrad ●●

GASTHOF SONNE | AMOLTERN

Maronenküchlein mit Maroneneis

Edelkastanienbäume – die Lieferanten der begehrten Maronen – lieben mediterrane Wärme. Daher wären sie eigentlich für den Anbau in der Kaiserstuhlregion prädestiniert. Da kalkreiche Böden aber gar nicht ihr Ding sind, fehlen sie hier. Im nahen Ortenaukreis, wo der Schwarzwald hügelig ausläuft, finden sie jedoch perfekte Bedingungen vor. Von dort kommt inzwischen die Hälfte aller Edelkastanien Baden-Württembergs. Und auch in der lokalen Küche werden die vitamin- und mineralstoffreichen »Nährstoffbömble« immer beliebter, sei es in Suppen, Kuchen oder Desserts. Arno Sacherer vom »Gasthof Sonne« in Amoltern verschafft ihnen in diesem Dessert gleich einen doppelten Auftritt – als luftig-leichter Kuchen und als zartschmelzendes Eis.

1 Für das Eis die Maronen grob würfeln, mit Milch und Vanillemark zum Kochen bringen und offen bei schwacher bis mittlerer Hitze etwa 10 Min. garkochen. Dann die Mischung mit dem Stabmixer fein pürieren, die Sahne dazugießen und erneut aufkochen.

2 Eigelbe in einer Rührschüssel aus Metall schaumig schlagen, dabei den Honig dazugeben. Die abgekühlte Maronensahne in einem dünnen Strahl dazulaufen lassen und ebenfalls unterschlagen. Die Schüssel auf ein kaltes Wasserbad setzen und die Creme weiterschlagen, bis sie kalt ist.

3 Die Eismasse in eine Eismaschine füllen und darin gefrieren lassen. Alternativ die Mischung ins Tiefkühlfach stellen, bis sie anfängt zu gefrieren. Dann mit dem Rührgerät kräftig verrühren und wieder kühlstellen. Diesen Vorgang dreimal stündlich wiederholen, bis ein cremiges Eis mit feinen Eiskristallen entstanden ist.

4 Für die Maronenküchlein den Backofen auf 180° vorheizen. Die Eier trennen, die Eiweiße mit einer Prise Salz zu steifem Schnee schlagen und zugedeckt kühlstellen. Die Butter in einem Topf schmelzen und vom Herd nehmen. Eigelbe in einer Schüssel mit Puderzucker, Haselnüssen und Maronenpüree glattrühren, die flüssige Butter unterrühren. Die Eiweiße unter den Teig heben.

Zutaten für das Eis

- 200 g **Maronen** (geschält)
- ¼ l **Milch**
- ½ **Vanilleschote** (Mark)
- 125 g **Sahne**
- 2 **Eigelbe**
- 1 EL **Honig** (z. B. Kleehonig)

Für die Küchlein

- 2 **Eier** (Gr. M)
- 50 g **Butter**
- 75 g **Puderzucker**
- 75 g **Haselnüsse** (gemahlen)
- 100 g **Maronenpüree** (aus dem Glas)
- **Fett und Mehl** (für die Förmchen)
- **Salz**

Angaben für 4 Personen
Schwierigkeitsgrad ●●●

Küchengeheimnisse

»In Frankreich haben Maronen eine lange kulinarische Tradition. Daher sind Maronenprodukte dort viel weiter verbreitet als hierzulande. Ich serviere zu diesem Dessert gerne auch mal himmlisch-süße »Marrons glacés« – in Sirup kandierte Maronen – für die ich auch gerne den Weg ins nahe Elsass auf mich nehme.«

5   Vier konische Konfitürengläser (à 200 ml) einfetten und mit Mehl ausstreuen, überschüssiges Mehl abklopfen. Den Teig bis zur Hälfte einfüllen. Die Gläser auf die mittlere Schiene des Backofens schieben, die Küchlein darin etwa 30 Min. goldbraun backen.

6   Die Gläser aus dem Ofen nehmen, die Küchlein etwas kalt werden lassen. Dann noch warm aus den Gläsern lösen und auf einem Kuchengitter abkühlen lassen.

7   Die Maronenküchlein vierteln. Vom fertigen Eis mit einem Eisportionierer Kugeln abstechen und mit den Kuchenvierteln auf 4 Desserttellern anrichten. Nach Belieben mit Früchten garnieren und servieren.

Winter

»Numme nit hudle!« – »Nur nicht hudeln« oder, frei übersetzt, »Nur nichts überstürzen«, so lautet das Motto in den kurzen Wintertagen im Markgräflerland. Während im Hochschwarzwald die Skifahrer den Feldberg, Kandel oder Belchen bevölkern, geht es unten an der Rheinebene recht beschaulich zu. Man sitzt gemütlich in einem Gasthof oder in einer Weinstube oder bummelt über einen der zahlreichen Weihnachtsmärkte. Der größte von ihnen ist natürlich der Freiburger Weihnachtsmarkt in der historischen Altstadt rund um das Münster. Plätzchenduft, Glühweinwogen und andere köstliche Aromen strömen durch die Gassen.

Winterliche Impressionen im Markgräflerland (Fotos: Britta Klint).

Nach all den Schleckereien ist ein Ausflug in die herrliche Schneelandschaft eine willkommene Abwechslung. Im Glottertal lädt der »Engelweg« vom ersten Advent bis zum Dreikönigstag auf einen drei Kilometer langen Rundweg ein, der vor allem bei Kerzenschein stimmungsvoll ist. Winterliche Dekorationen, Krippen und liebevoll eingerichtete »Engelstationen« säumen den Weg, der sogar für die Kleinsten gut geeignet ist. Geradezu himmlisch ist auch das kulinarische Angebot: Deftige Eintöpfe wärmen in der kalten Jahreszeit, an den Festtagen verwöhnen feine Wildgerichte und Raffiniertes aus der Bratenküche den Gaumen. Duftende Süßspeisen aus eingelagerten Winteräpfeln sorgen für den heimischen Hüttenzauber, während es draußen stürmt und schneit. So lässt sich der Winter am besten genießen.

Die kalte und dunkle Jahreszeit ist auch der ideale Zeitpunkt, in heißen Quellen zu baden und in Saunen zu schwitzen, ganz in römischer Tradition. Denn die Römer haben nicht nur den Weinbau ins heutige Dreiländereck gebracht, sondern auch ihre Thermenkultur. In den Bädern von Bad Krozingen oder der Cassiopeia-Therme in Badenweiler, die unmittelbar neben den Ruinen einer Römertherme errichtet wurde, lässt es sich wunderbar entspannen.

Zwischen Heilige Drei Könige und dem Beginn der Fastenzeit regieren dann die Narren, Hexen und Teufel im Markgräflerland. Mit Peitschen, Rätschen, Trommeln, Glocken und wildem Geschrei jagen sie nicht nur den kleinsten Zuschauern Furcht ein. Die zahlreichen Narrenzünfte haben alle ihre eigenen und meist traditionellen Masken und »Häs« – so werden die Gewänder genannt. Eine der ältesten Hochburgen der »Fasnet« ist Neuenburg. Hier wird seit über 550 Jahren die Welt alljährlich für ein paar Wochen auf den Kopf gestellt. Der wichtigste Tag der fünften Jahreszeit ist der »Schmutzige Dunschtig«, der Donnerstag

Auf Winterwanderung am Feldberg (Foto: Britta Klint).

vor Aschermittwoch, der die heiße Phase der Narrenherrschaft einleitet.

Bei der »Burefasnet«, der Bauernfastnacht, endet die tolle Zeit sogar erst am Funkensonntag, dem Sonntag nach Aschermittwoch. Eine Hochburg der Burefasnet ist Sulzburg mit einem Umzug, an dem mehr als 100 Zünfte teilnehmen, Guggenmusiker den Festzug begleiten und insgesamt rund 3000 Narren im Häs auf der Straße mit Hexenbesen oder »Saublodere« (Schweinblase) ihr Unwesen treiben. Der »Burefasnetsundig« klingt mit nächtlichen Scheibenfeuern aus. Von den Höhen des Schwarzwaldes und den Vorbergen werden glühende Holzscheiben ins Tal geworfen. Mit diesem Brauch oder auch den Funkenfeuern sollen die Wintergeister vertrieben werden. In Bernau sausen die Scheibenfeuer eine ganze Woche lang zu Tal, dann erst beginnt ein Fackelzug zurück ins Dorf. Traditionell wird mit den Fackeln ein großes Feuer entfacht, bei dem die Narren die Fasnet würdevoll zu Grabe tragen und gleichzeitig alle Sünden der fünften Jahreszeit verbrennen.

Kein Fastnachtsspektakel ist das Hornschlittenrennen in St. Märgen, das am Dreikönigstag ausgetragen wird. Allerdings nur bei ausreichender Schneelage. Dann sausen die historischen Schlitten im Schweinsgalopp (»s'pressiert wie d'Sau«) zu Tal. Die Hornschlitten haben eine lange Tradition. Einst dienten sie als Transportmittel, mit dem die Bergbauern ihre schweren Holz- und Heuladungen von den Almen zum Hof brachten.

Der Jahreskreis im Markgräflerland schließt sich erst, wenn der Schnee taut, die ersten Frühblüher sich entfalten und bereits früh im Jahr die ersten Mandelbäume am Kaiserstuhl erblühen. Um den Winter vorher zu genießen, braucht es Zeit. Und wie ein kluges Sprichwort sagt: »Weniger ist mehr« – und für noch mehr kommen Sie einfach wieder!

Gasthof Sonne

Amoltern

Die Abgeschiedenheit täuscht, Amoltern ist sehr wohl unter Genussreisenden und Naturliebhabern bekannt. Mitten in dem kleinen Winzerdörfchen ist das grünbewachsene Fachwerkhaus der «Sonne» nicht zu verfehlen. Wunderbar schlicht und heimelig ist es hier im einzigen Gasthof des Ortes, eine friedliche Atmosphäre macht sich breit und so mancher Gast fühlt sich sofort geborgen.

Traditionelles Wintermenü

Gerstenrahmsuppe (Seite 290)
Kaiserstühler Baeckeoffe (Seite 308)
Mohnparfait auf Apfelscheiben (Seite 332)

In diesem gemütlichen Gasthof, in dem es sich übrigens auch gut übernachten lässt, steht Arno Sacherer am Herd und genau genommen ist er Koch, Kellner und Hotelier in Personalunion. Er serviert eine frische Landküche mit nostalgischer Note aus regionalen Produkten. Eingemachtes Kalbfleisch, «so wie es die Großmutter noch kannte», wird mit einem Schuss Weißwein abgelöscht, der Zwiebelkuchen aus Dinkelvollkornteig schmeckt saftig frisch, und die Linzer Torte nach Omas Rezept steht nicht nur zur Weihnachtszeit auf der Karte. Sie wird bei Arno Sacherer mit hausgemachter Zwetschgenmarmelade verfeinert und hat viele Fans unter den Stammgästen.

Seine Spezialitäten sind ein feiner Weineintopf mit knackigem Weißkohl, der als «Baeckeoffe» auch in diesem Kochbuch zu finden ist und hausgemachte Nudeln, die Arno Sacherer mit Kartoffeln, Spinat und knusprigen Röstzwiebeln serviert. Der sympathische Koch hat nach Lehr- und Wanderjahren durch Baden und die Schweiz die Meisterschule in Baden-Baden erfolgreich abgeschlossen und hier seinen eigenen Stil gefunden. Den Gasthof übernahm er von seinen Eltern, er ist seit 100 Jahren in Familienbesitz.

Dass alles frisch zubereitet wird, ist Ehrensache. Egal ob Nudeln, Brot, Kuchen oder Wurst, sogar das Getreide mahlt Arno Sacherer selbst. Im anheimelnden Ambiente der alten Gaststube sitzt man an dunklen Tischen, die Wände sind bedeckt mit Fotos seiner Gerichte, darunter eines, das den Küchenmeister mit einem riesigen Apfelstrudel von 1,50 Meter Länge zeigt.

Gleich gegenüber befindet sich das Weingut der Familie Sacherer. Der Weinanbau ist bis heute ein Standbein der Familie, und auch die Weine und

Die grünbewachsene »Sonne« ist in Amoltern nicht zu verfehlen.

hausgemachten Brände finden ihren Weg auf die Karte. Bruder Willi (der Philosoph) und Arno Sacherer (der Künstler am Herd) bieten gelegentlich Weinabende an, die von einem mehrgängigen Menü oder einer Winzervesper begleitet werden. Aus dem seltenen Bohnapfelbrand des Weingutes zaubert Arno Sacherer ein leichtes Sorbet.

Seit die Schwester aus dem Betrieb ausgestiegen ist, wird es schwieriger werden, den Anforderungen der Gäste an schnellen Service gerecht zu werden. Und trotzdem: Arno Sacherer ist Idealist und wird weitermachen. Als Einzelkämpfer in einer kleinen Idylle zwischen Rebhängen und Streuobstwiesen an einem der ältesten Naturschutzgebiete des Kaiserstuhls, wo der «Amolterer Kräuterpfad» ins Grüne führt. Aber Zimtparfait mit Rhabarber oder hausgemachtes Kirschwasserparfait sind nur einige Köstlichkeiten, für die sich der Weg nach Amoltern allemal lohnt.

Arno Sacherer serviert eine frische Küche aus feinsten regionalen Produkten.

Jägerhaus
St. Peter

In St. Peter, wunderbar ruhig gelegen, befindet sich das »Jägerhaus«, geführt von Familie Schwormstädt. Das Gasthaus steht auf 750 Metern und trumpft mit einem vollkommen freien Ausblick über das ganze Tal, den man natürlich auch von den Zimmern aus genießen kann.

Edles Wildmenü
Karotten-Ingwer-Suppe (Seite 291)
Rehnüssle mit Wacholderrahmsauce und Pfifferlingen (Seite 322)
Kirschwasserbömble mit warmen Sauerkirschen (Seite 336)

Doch das Gasthaus bietet nicht nur Entspannung und eine fantastische Aussicht, sondern ist zugleich auch ein idealer Ausgangspunkt für Unternehmungen aller Art. Der Titisee ist nur eine halbe Stunde mit dem Auto entfernt, und Freiburg ist ebenfalls günstig gelegen. Und wer keine Lust auf Ausflüge hat, kann sich in der hauseigenen Saunalandschaft erholen. »Die Gäste bekommen mehr, als sie erwarten«, erzählt uns Markus Schwormstädt und zeigt dabei auf den wundervollen Bio-Badesee direkt hinter dem neuen Saunabereich.

Seit 1977 wird das Gebäude als Gasthaus genutzt. Markus Schwormstädt übernahm es zusammen mit seiner Frau Eva-Maria nach dem Tod des Vaters. Bereits sein Urgroßvater Stefan Schwer führte auf dem Gelände einen landwirtschaftlichen Betrieb. 1977 begannen Markus Schwormstädts Eltern damit, die ersten Gästezimmer einzurichten und ein reichhaltiges Frühstück anzubieten.

Als gelernter Konditor liebt es Markus Schwormstädt, immer neue Desserts und Kuchen für seine Gäste zu kreieren, darunter auch eine Beerentorte mit Mousse au chocolat. Seine Küche beschreibt er selbst als bodenständig und regional, eben »einfach gutes Essen«. Damit gemeint ist etwa Ragout vom heimischen Reh mit hausgemachten Spätzle, St. Peterner Kalbsbratwürste oder mild geräucherte Schwarzwaldforellen mit Sahnemeerrettich. Die Spezialität des Hauses ist allerdings der Zwiebelrostbraten. Die Zutaten für die Gerichte kauft die Familie unter anderem in Freiburg direkt vom Markt. Das Wild bekommen sie vom Jäger, während das Brot von der Bäckerei im Ort stammt. »Alles, was regional möglich ist, wird auch regional gekauft«, so das Motto der Schwormstädts.

»Alles, was regional möglich ist, wird auch regional gekauft«. Dahinter steht Familie Schwormstädt.

Besonders über seine vielen Stammgäste freut sich Markus Schwormstädt: »Die Gäste wissen, dass sie hier ordentliches Essen bekommen.«

Der Gastraum ist mit den kleinen, liebevoll dekorierten Sitzecken und dem grünen Kachelofen ein ausgesprochen gemütlicher Platz. Kein Wunder, denn dieser ist vom Wirt höchstpersönlich ausstaffiert worden. »Er hatte schon immer ein Faible für geschmackvolle Einrichtung«, verrät seine Frau Eva-Maria.

Gerade Familien können sich in dieser Idylle vollkommen entspannen. Ein Spielplatz ist direkt vor der Haustür und lädt zum Klettern und Toben ein, denn bei dem Gasthaus der Schwormstädts endet die Straße und somit auch jeglicher Lärm und Straßenverkehr. Im Haus selbst gibt es noch eine eigene Kegelbahn, die nicht nur von Vereinen gerne genutzt wird und die ein separates Spielzimmer für Kinder besitzt. Wer also mal eine Auszeit für sich und seine Liebsten möchte, ist im »Jägerhaus« in St. Peter richtig aufgehoben.

Das Jägerhaus in St. Peter

Schwarzwaldgasthof zum goldenen Engel
Glottertal

Ob hausgemachte Maultaschen mit Zwiebelschmelze, Rinderrücken auf Rotweinschalottensauce oder Rhabarberragout mit Sauerrahm überbacken: Bei der Familie von Isabelle Linder und Michael Mannel im Gasthof »Zum goldenen Engel« im Glottertal wird man mit einer herrlich kreativen und vielfältigen Küche verwöhnt.

Raffiniertes Wintermenü
Schweinsbäckleschreiben mit Meerrettich und Linsensalat (Seite 297)
Hirschrücken mit Wacholderkruste und Wirsingpäckchen (Seite 326)
Apfeltörtchen mit Weinschaum (Seite 330)

Das Gasthaus, das schon seit mehreren Generationen von der Familie Linder geführt wird, besteht urkundlich seit 1507 und ist damit das älteste Gasthaus im Glottertal. Michael Mannel hat in diesen Familienbetrieb eingeheiratet und ist seitdem der Küchenchef. Bereits als Kind wollte er lieber kochen, als andere häusliche Pflichten zu übernehmen, und so bereitete er schon damals den Sonntagsbraten für die Familie zu. Nach seiner Lehre in Heilbronn zog es ihn nach Freiburg und ins Elsass, bis er im »Engel« seine Liebe fand.

Michael Mannels Philosophie ist dabei so einfach wie genial: »Ich koche nur das, was ich auch selber gerne esse.« Und das ist eine saisonale und bodenständige Küche, geprägt von einem gehobenen, französischen Touch. Dabei achtet der Küchenchef darauf, dass fast alle Lebensmittel aus dem Glottertal bezogen werden. Das Fleisch vom Metzger, die Forellen aus der Glotter und Obst und Gemüse direkt vom Markt. Gekocht wird nach dem Jahreszeitenkalender, und so viel wie möglich wird selbst gemacht. Das gilt für den Rosenlikör ebenso wie für die verschiedenen Pasteten und Terrinen, die der Koch aus seiner Zeit in Frankreich mit ins Glottertal gebracht hat.

Genießen kann man die Köstlichkeiten dann in der »Engelsstube«, eine von drei verschiedenen Räumlichkeiten des Gasthofes mit insgesamt 60 Plätzen. Im Sommer wird auch gerne draußen auf der großen Terrasse des »Goldenen Engels« gegessen. Und der Name Engel ist Programm: liebevoll dekoriert befindet sich in jeder Ecke und in jedem Raum eine kleine Engelsfigur. Hier gibt es noch die Kaffeetafel mit kleinen handgemachten Törtchen. Doch nicht nur Kaffeetafeln, auch rauschende Feste und Hochzeiten werden im stilvollen Ambiente des Gasthauses veranstaltet. Und wenn es spät geworden ist, kann man in einem der 14 frisch renovierten und liebevoll eingerichteten Gästezimmer übernachten.

Der Schwarzwaldgasthof besteht seit 1507 und ist das älteste Gasthaus im Glottertal.

Der Innenraum ist in »Engel-Art« liebevoll dekoriert.

Isabelle Linder und Michael Mannel geben regionalen Lebensmitteln immer den Vorrang.

Gasthaus Blume

Opfingen

Mittendrin im beschaulichen Freiburger Stadtteil Opfingen, ein paar Schritte abseits der Hauptstraße, steht ein Kleinod badischer Gastlichkeit. Hier gehen Gastronomie und biologische Landwirtschaft Hand in Hand, denn die Familie Halweg bringt jedes Jahr Kartoffeln und Spargel aus eigenem Bioland-Anbau erntefrisch auf den Tisch.

Pikantes Wintermenü
Forellenmousse auf Rote-Bete-Tatar (Seite 300)
Eingemachtes Kalbfleisch mit geröstetem Wintergemüse (Seite 310)
Apfelküchle im Bierteig (Seite 335)

Sascha Halweg führt die »Blume« seit 2012. Nach Jahren der Wanderschaft durch Skandinavien, Saudi-Arabien und England packte ihn das Heimweh und er suchte eine Möglichkeit, in der Heimat Fuß zu fassen. Die Gelegenheit war günstig, als ein neuer Pächter für die »Blume« gesucht wurde. Jetzt ist er angekommen. Statt Kartoffelbrei aus der Tüte und Schnitzel, die über den Tellerrand hängen, erwartet den Gast hier eine feine Regionalküche, die auch den Blick über die badischen Grenzen nicht scheut.

Sascha Halweg ist bekannt für seine variantenreichen Vorspeisen, die wie spanische Tapas als kleine Häppchen auf den Tisch kommen. Ob Bergkäse mit Chili-Öl und Backpflaume, Fleischküchle mit Apfel-Zwiebel-Relish oder Forellenmousse mit Rote-Bete-Tatar – aus regionalen Zutaten kreiert er Gaumenschmeichler für die Gäste. »Wir machen hier keine große Hexenküche, sondern lassen einfach Dinge weg, die man nicht im Essen finden sollte«, erläutert Sascha Halweg seine Philosophie und er ergänzt: »Wir kaufen nie nach dem Preis ein. Für uns zählen Qualität und Regionalität.«

Auf der Speisekarte findet sich neben den Klassikern der badischen Küche auch eine große Auswahl an vegetarischen und veganen Gerichten. Alles wird hier hand- und hausgemacht »ohne Päckle und Pulver«. Sogar das Brot – täglich mit Mehl aus der Jenne-Mühle in Tiengen und immer im Steinofen. Selbstgemacht gilt auch für Flammkuchen, Pesto und Leberparfait. Das ist nicht nur ein hoher zeitlicher Aufwand, es ist auch schwer, gutes Personal zu finden. »Als Koch hat man sich einen harten Job ausgesucht, man ist einerseits Künstler und arbeitet kreativ, aber man ist auch Idealist.« Kochen ist für Sascha Halweg vor allem Leidenschaft. »Wenn die Leidenschaft fehlt, dann

Susanne und Sascha Halweg mit ihren Kindern. Diesen Familienbetrieb muss man einfach gern haben.

schmeckt das Essen nicht mehr«, fasst er zusammen. »Oftmals braucht ein eigentlich langweiliges Gericht nur noch ein Quäntchen Gewürz, um interessant zu schmecken« – und dafür braucht ein Koch Intuition.

Unterstützt wird der sympathische Gastronom von seiner Frau Susanne, die als guter Geist des Hauses immer dort anpackt, wo es gerade fehlt. Die einstige badische Weinprinzessin ist froh, dass sich auch ihre drei Kinder langsam für den Betrieb ihrer Eltern interessieren. Sie helfen genauso wie der Rest der Familie bei der jährlichen Spargel- und Kartoffelernte auf dem eigenen Bioland-Hof. Großvater Will Frey war einer der ersten Landwirte in der Region, der auf Bio-Produktion umstellte. Das galt damals als revolutionär. Auch heute wird der Spargel nur mit dem Kompost aus dem eigenen Pferdpensionsstall gedüngt, keine Pflanzenschutzmittel und keine Kunstdünger erreichen die zarten Stangen.

In der Gaststube sitzt man an unbehandelten Holztischen zwischen Dielenboden und Holzdecken. Im schnörkellosen »Blumensaal« ist Platz für Veranstaltungen. Ergänzt wird das Ganze durch die stilvolle »Blumenbar« im Gewölbekeller, wo in den Wintermonaten Bar-Quiz-Abende stattfinden. Das außergewöhnliche Restaurant macht einfach Freude, auch wenn man bei Sonnenschein den hübschen Biergarten vorzieht. So einen Familienbetrieb muss man einfach gern haben.

Im Sommer lockt der hübsche Biergarten.

Gasthof Engel
Simonswald

Im Naturpark Südlicher Schwarzwald liegt der kleine Flecken Simonswald. Noch im 18. Jahrhundert führte die Handelsstraße über den Kilpenpass durch den Ort, den heute ambitionierte Wanderer und Mountainbiker für sich entdeckt haben. An der 17 Kilometer langen Pass-Straße fand man einst 25 Gasthöfe, knapp die Hälfte hat überlebt. An dieser wichtigen Verbindung steht seit 1512 der Hof der Familie Schultis, der einst den Fuhrleuten als wichtige Versorgungsstation diente, bevor sie sich an den beschwerlichen Aufstieg machten. Die frühere Bauernwirtschaft heißt heute »Gasthof Engel«, Georg Schultis-Wagner führt ihn seit dem Jahr 2005 – in der elften Generation!

Festliches Wildmenü
Fruchtige Rotkohl-Cremesuppe (Seite 286)
Dreierlei vom Reh mit Haselnuss-Gnocchi und Apfelsauce (Seite 321)
Geeister Christstollen mit Gewürzorangen (Seite 346)

Mit dem Haus ist nicht nur eine lange Geschichte verbunden, sondern auch so manche Not. Zweimal ist das Gebäude schon abgebrannt. Das letzte Mal 1982, aber davon ließ sich Familie Schultis nicht unterkriegen und eröffnete bereits ein Jahr später die Wirtschaft neu.

Heute erwartet den Gast hier eine gutbürgerliche Küche »mit einem Hang zur Spielerei«, wie Georg Schultis-Wagner mit einem Augenzwinkern erzählt. Er ist Landwirt und Gastwirt in Personalunion und sieht seinen Job als Berufung. 12- bis 14-Stunden-Tage sind bei ihm keine Seltenheit. Um sich in der abgeschiedenen Gegend zu behaupten, lässt er sich allerlei Raffiniertes einfallen und präsentiert eine gelungene Mischung aus klassischer Küche und moderner Neuinterpretation: mit Orangenfilets verfeinerte Rotkohlcremesuppe oder gebratenes Zanderfilet mit knuspriger Blutwurstkruste und Bratapfelpüree.

Bekannt ist der Gasthof Engel vor allem für die vielen Wildgerichte, die variantenreich auf die Speisekarte kommen. Mit seinem Wildgehege liefert Georg Schultis-Wagner den Großteil seiner Zutaten selbst und garantiert beste Qualität. Das macht zwar viel Arbeit, aber das Geschmackserlebnis ist fantastisch. Im angeschlossenen Hofladen kann man selbstgeräucherte Wildsalami, Wildleber-Paté oder Rehschinken erwerben. Bei der Kochkunst wird Georg Schultis Wagner unterstützt von Jörg Polke, der immer wieder originelle Ideen liefert und die Klassiker der badischen Küche fantasievoll weiterentwickelt, immer nach

Jörg Polke und Georg Schultis-Wagner entwickeln Klassiker der badischen Küche auf kreative Art weiter.

dem Leitsatz: regionale Produkte zu einem guten Preis-Leistungs-Verhältnis. Die Zutaten dafür liefern Höfe und Metzger aus der Region. Der Apfelsaft und auch verschiedene Brände stammen aus eigener Herstellung, und dass die Weinkarte nie leergetrunken ist, dafür sorgt das biologische Weingut der Familie Moosmann aus Waldkirch-Buchholz.

All das hat sich längst herumgesprochen: Der Großteil der Gäste kommt immer wieder, sie schätzen die originelle Küche und das gemütliche Ambiente. 26 Zimmer gehören zum Haus, außerdem ein Solarium. In Mutter Christels Stammgastbuch werden die Vorlieben der Übernachtungsgäste vermerkt, damit auch jeder das Zimmer erhält, das er sich wünscht und sich fühlt, »als würde er heimkommen«. Oft lockt Georg Schultis-Wagner mit Kochkursen oder einem badischen Abend nach Simonswald, die Gäste bleiben dann gern über Nacht. Am Morgen wartet das üppige Frühstücksbuffet mit duftenden Brötchen und selbstgekochter Marmelade, eben fast wie zuhause.

Im Hofladen gibt es hausgemachte Wildsalami und Rehschinken (Foto: Hannah Flessner).

GASTHOF ENGEL | SIMONSWALD

Fruchtige Rotkohl-Cremesuppe

Bei der Erntemenge belegt der Rotkohl hinter Weiß- und Blumenkohl in Deutschland Platz 3 unter den Kohlsorten. Das größte zusammenhängende Anbaugebiet Europas liegt an der Nordseeküste in Dithmarschen – dort sind die Bedingungen durch das nährstoffreiche Schwemmland und die salzhaltige Luft besonders günstig. Während im Kreis Dithmarschen auf über 2800 Hektar Fläche über 80 Millionen Kohlköpfe geerntet werden, verfügt ganz Baden-Württemberg nur über eine Anbaufläche von etwa 1300 Hektar, davon sogar nur 180 Hektar Rotkohl. Was aber lange nichts über die Beliebtheit des vitaminreichen Kohls im Südwesten aussagt.

1 Den Rotkohl putzen, waschen und in Streifen schneiden. Die Zwiebel schälen und in feine Würfel schneiden. Butter in einem Topf erhitzen, Zwiebelwürfel und Rotkohlstreifen darin etwa 5 Min. andünsten.

2 Mit dem Rotwein und 3 EL Essig ablöschen. Brühe, Sahne, Preiselbeeren und Gewürze hinzufügen. Zum Kochen bringen und zugedeckt bei schwacher bis mittlerer Hitze etwa 15 Min. köcheln lassen, bis der Rotkohl gar ist.

3 Die Gewürze entfernen, die Zitrusschale unterrühren. Die Suppe mit dem Stabmixer fein pürieren und durch ein Sieb passieren. Nach Belieben noch mit etwas Speisestärke binden. Die Suppe mit Salz, Pfeffer, Essig und Zucker abschmecken und auf vier tiefe Teller verteilen.

Zutaten

- 400 g **Rotkohl**
- 1 **Zwiebel**
- 2 EL **Butter**
- ¼ l **Rotwein** (z. B. Spätburgunder)
- 3–4 EL **Aceto balsamico**
- 1 l **Rinderbrühe**
- 200 g **Sahne**
- 2 EL **Preiselbeeren** (aus dem Glas)
- 1 **Lorbeerblatt**
- 1 TL **Wacholderbeeren**
- ½ **Zimtstange**
- je 1 **Bio-Orange und -Zitrone** (abgeriebene Schale)
- **Salz | Pfeffer**
- **Zucker**

Angaben für 4 Personen
Schwierigkeitsgrad

GASTHAUS ZUM KREUZ | KAPPEL

Schwarzwälder Speckpfannkuchen

Der hübsche Ort Kappel, auch als Perle des Hochschwarzwaldes bekannt, ist die Heimat des »Gasthauses zum Kreuz«. Als beliebter Touristenort ist es der perfekte Startpunkt für ausgedehnte Wanderungen, abenteuerliche Mountainbike-Touren oder die Erkundung der atemberaubenden Wutachschlucht. Wer am Abend erschöpft und hungrig nach Kappel zurückkehrt, sollte unbedingt Einkehr in das »Kreuz« halten und sich mit den herzhaften Schwarzwälder Speckpfannkuchen stärken, die hier einen festen Platz auf der Speisekarte haben.

1 Für den Pfannkuchenteig zunächst Milch und Mehl in einer Schüssel glatt rühren. Dann die Eier dazugeben, mit Salz, Pfeffer und Muskatnuss würzen, kräftig verrühren und 20 Min. quellen lassen. Die Speckscheiben halbieren.

2 Aus dem Teig 4 Pfannkuchen backen. Dafür Öl in einer Pfanne erhitzen. 6 halbierte Scheiben Bauchspeck darin strahlenförmig in der Pfanne anordnen und auslassen. Ein Viertel des Teigs mit einer Kelle darauf verteilen. Den Pfannkuchen bei nicht zu starker Hitze backen, bis die Unterseite leicht gebräunt ist. Wenden und fertig backen.

3 Den fertigen Pfannkuchen auf einen Teller gleiten lassen, mit Küchenpapier entfetten und mit Petersilie bestreuen. Die übrigen Pfannkuchen genauso zubereiten. Dazu passt ein grüner Salat.

Do-schmeckts-Tipp

Lust auf ein wenig Abwechslung auf dem Teller? Dann probieren Sie die Speckpfannkuchen doch einmal mit Frühlingszwiebeln und Ziegenkäse. 4 Frühlingszwiebeln putzen, waschen und schräg in breite Ringe schneiden. Wie im Rezept beschrieben den Speck anbraten. Für jeden Pfannkuchen ein Viertel der Frühlingszwiebeln dazugeben, den Teig hinzufügen und wie beschrieben backen. Pro Pfannkuchen 50 g Ziegenweichkäse, z.B. »De Gitzi« vom Ringlihof in Horben, in Scheiben schneiden, nach dem Wenden auf den Pfannkuchen legen und etwas schmelzen lassen. Pfannkuchen auf Teller gleiten lassen und servieren.

Zutaten

300 ml	**Milch**
170 g	**Weizenmehl**
3	**Eier** (Gr. M)
12 Scheiben	**Bauchspeck** (ca. 240 g)
2 EL	**Petersilie** (gehackt)
	Öl (zum Ausbacken)
	Muskatnuss (frisch gerieben)
	Salz | **Pfeffer**

Angaben für 4 Pfannkuchen
Schwierigkeitsgrad

Linsen-Kartoffel-Salat

Linsen haben in den letzten Jahren ein großes Comeback gefeiert und finden nicht mehr nur in der klassischen Linsensuppe Verwendung, sondern werden inzwischen auf vielfältigste Art und Weise zubereitet. Auch die Auswahl an Sorten mit unterschiedlichen Eigenschaften und Geschmacksrichtungen hat zugenommen. Die schwarzen, optisch an Kaviar erinnernden Belugalinsen etwa sind ein echter Neuzugang und haben sich mit ihrem nussigen Aroma, das an Maronen erinnert, schnell einen Spitzenplatz in der Beliebtheitsskala erkämpft. Die schnell gegarten roten Linsen werden am liebsten zu orientalischen Suppen verarbeitet, machen aber auch in Salaten eine gute Figur. Dieser schmackhafte Salat kombiniert beide Sorten und fügt dem Ganzen noch Kartoffeln hinzu. Das schmeckt nicht nur, sondern liefert dem Körper ganz nebenbei auch noch alle wichtigen essenziellen Aminosäuren – eine echte Win-win-Situation.

1. Kartoffeln waschen, in einem Topf knapp mit Salzwasser bedeckt aufkochen und bei schwacher bis mittlerer Hitze in 25 bis 30 Min. garkochen. Parallel beide Sorten Linsen getrennt voneinander und mit Wasser bedeckt bei schwacher bis mittlerer Hitze nach Packungsanweisung bissfest garen, erst in den letzten 5 Min. salzen. Jeweils in ein Sieb abgießen, abtropfen und abkühlen lassen. Die Kartoffeln ebenfalls abgießen und abkühlen lassen.

2. Für das Dressing die Schalotten schälen und fein würfeln. Den Knoblauch schälen und durchpressen. Beides in einer Schüssel mit Essig, beiden Ölsorten, saurer Sahne, Senf und Kräutern verrühren. Mit Salz, Pfeffer und Zucker würzen.

3. Die Kartoffeln schälen und in Würfel schneiden. Mit den Linsen zum Dressing geben, alles gründlich durchmischen und 10 Min. ziehen lassen. Noch einmal mit Salz, Pfeffer und Zucker abschmecken. Den Salat mithilfe eines Dessertrings mittig auf vier Tellern anrichten. Nach Belieben mit Blattsalat, Kirschtomaten, Kartoffelstroh (frittierte Kartoffelstreifen) und Walnusskernen garnieren.

Zutaten

- 400 g **Kartoffeln** (festkochend)
- 80 g **Belugalinsen**
- 80 g **rote Linsen**
- 2 **Schalotten**
- 1 **Knoblauchzehe**
- 5 EL **Aceto balsamico bianco**
- 2 EL **Sonnenblumenöl**
- 1½ EL **Walnussöl**
- 2 EL **saure Sahne**
- 2 TL **Senf** (körnig)
- 1 TL **Schnittlauch** (in Röllchen)
- 1 TL **Petersilie** (gehackt)
- **Pfeffer** | **Salz**
- **Zucker**

Angaben für 4 Personen
Schwierigkeitsgrad

GASTHOF SONNE | AMOLTERN

Gerstenrahmsuppe

Gerstengraupen (im Badischen »Rollgerste« genannt) haben eine lange kulinarische Tradition und finden sich sowohl in Osteuropa als auch in Frankreich, den Alpen und verschiedenen deutschen Regionen auf dem Speiseplan. Bei der Herstellung werden Gerstenkörner in sogenannten Graupenmühlen von ihrer Hülse befreit, geschält und abschließend poliert. Verarbeitet werden die leicht verdaulichen Graupen wie Rundkornreis zu cremigem Risotto, oder sie dienen als Einlage für deftige Suppen – wie diese aus dem Gasthof »Sonne« in Amoltern.

Do-schmeckts-Tipp
Besonders aromatisch wird die Suppe, wenn Sie Gemüse, Gerste und Mehl zunächst mit 100 ml trockenem Riesling ablöschen und diesen etwas verkochen lassen, bevor Sie die Brühe hinzufügen. Auch ein mitgekochtes Lorbeerblatt verleiht der Suppe eine Extraportion Würze.

Zutaten

- 1 **Zwiebel** (klein)
- 125 g **Suppengemüse** (Karotten, Lauch, Sellerie)
- 50 g **Schinken** (am Stück; geräuchert oder luftgetrocknet)
- 2 EL **Butter**
- 50 g **Gerstengraupen** (Rollgerste)
- 1 EL **Weizenmehl**
- 1,2 l **Fleisch- oder Gemüsebrühe**
- 2 EL **weiße Bohnen** (getrocknet; eingeweicht)
- 1 **Eigelb**
- 75 g **Sahne**
- 1–2 EL **Schnittlauch** (in Röllchen)
- **Muskatnuss** (frisch gerieben)
- **Salz | Pfeffer**

Angaben für 4 Personen
Schwierigkeitsgrad

1 Das Gemüse putzen und waschen bzw. schälen. Gemüse und Schinken in sehr kleine Würfel schneiden. Butter in einem Topf erhitzen, Gemüse- und Schinkenwürfel darin andünsten. Gerste und Mehl dazugeben und unterrühren. Mit der Brühe auffüllen, die Bohnen abgießen und dazugeben, alles zum Kochen bringen und zugedeckt bei schwacher bis mittlerer Hitze etwa 1 Std. garköcheln lassen.

2 Eigelb und Sahne verrühren. Die Suppe vom Herd nehmen und kurz warten, bis sie nicht mehr köchelt. Die Eiersahne (Legierung) unterziehen, und die Suppe damit leicht binden. Nun nicht mehr kochen lassen, da das Ei sonst gerinnt. Die Suppe mit Salz, Pfeffer und Muskatnuss abschmecken und auf 4 tiefe Teller verteilen. Mit Schnittlauchröllchen und nach Belieben je 1 Scheibe Schwarzwälder Schinken garnieren und servieren.

JÄGERHAUS | ST. PETER

Karotten-Ingwer-Suppe

Mitten im Naturpark Südschwarzwald an der Südflanke des Kandel liegt – umgeben von saftigen Wiesen und kleinen Weihern – am Ortsrand von St. Peter das Hotel »Jägerhaus«. Dass man hier kulinarisch so gar nicht hinterm Berg lebt, beweist Markus Schwormstädt immer wieder aufs Neue mit ebenso klassischen wie modernen Gerichten. Die Karotten-Ingwer-Suppe ist hier eine der beliebtesten Suppen und hat mit ihrem frischen, leicht scharfen Aroma in kürzester Zeit die Herzen der Gäste erobert.

Do-schmeckts-Tipp

Diese Suppe können Sie auch – ganz herbstlich – statt mit Karotten mit der gleichen Menge Hokkaidokürbis zubereiten. Da die Schale beim Kochen weich wird, brauchen Sie den Kürbis nicht zu schälen. Entfernen Sie aber verhärtete Stellen und waschen Sie die Schale gründlich!

Wenn Sie vor dem Zubereiten des Gerichts ein Stück frischen Ingwer kurz in heißem Öl anbraten und anschließend wieder herausnehmen, bleibt das Aroma des Ingwers im Gericht erhalten, ohne zu stark zu sein.

1 Die Karotten und die Zwiebel schälen und klein schneiden. Butter in einem Topf erhitzen, die Zwiebelstücke darin andünsten. Karotten hinzufügen, kurz mitdünsten, dann mit der Brühe auffüllen, zum Kochen bringen und zugedeckt bei schwacher Hitze etwa 20 Min. köcheln lassen.

2 Die Hälfte der Sahne steif schlagen. Die Suppe mit dem Stabmixer fein pürieren. Den Ingwer schälen und fein reiben. 2 TL geriebenen Ingwer in die Suppe geben, die flüssige Sahne unterrühren, die Suppe mit Salz, Pfeffer, Zucker und nach Belieben noch etwas Ingwer abschmecken. Die Karotten-Ingwer-Suppe auf 4 tiefe Teller verteilen, je 1 Klecks geschlagene Sahne daraufsetzen. Nach Belieben mit Petersilie oder Schnittlauch garnieren.

Zutaten

750 g	**Karotten**
½	**Zwiebel**
1 EL	**Butter**
1 l	**Brühe** (Gemüse- oder Rinderkraftbrühe)
150 g	**Sahne**
1 Stück	**Ingwer** (walnussgroß)
	Zucker
	Salz	Pfeffer

Angaben für 4 Personen
Schwierigkeitsgrad

Küchengeheimnisse

»Als vegetarische Variante bereiten wir die Suppe mit Gemüsebrühe zu. Dann servieren wir Quarkklößchen als Einlage. Dafür 70 g weiche Butter und 7 Eigelbe (Gr. M) mit einem Schneebesen schaumig rühren. 270 g Magerquark, 100 g geriebenes Weißbrot (ohne Rinde) und 2 EL gehackte Kräuter, z. B. Petersilie und Kerbel, untermischen. Mit Salz und Muskatnuss würzen. Die Klößchenmasse zugedeckt etwa 15 Min. kühlstellen, etwas Weichweizengrieß dazugeben, falls die Masse zu weich ist. Dann wie im Rezept beschrieben weiterverarbeiten.«

Badische Grünkernsuppe mit Markklößchen

Als »Grünkern« bezeichnet man das unreif geerntete und anschließend gedarrte Korn des Dinkels. Ursprünglich aus der Not geboren, stellte man schnell fest, wie wohlschmeckend und bekömmlich das grünlich-bräunliche Korn war. Als seine Heimat gilt das »Bauland« im Norden Baden-Württembergs. Dort finden sich noch heute viele Grünkerndarren, in denen die Körner über Buchenholzrauch getrocknet werden. Doch auch im Süden wird der »badische Reis« sehr geschätzt und – wie hier im Restaurant des Hotels »Schlossmühle« im Glottertal – gerne zu einer herzhaften Suppe verarbeitet.

1 Für die Markklößchen das Ochsenmark in einer Schüssel mit Wasser bedecken und etwa 2 Std. einweichen lassen. Das Wasser abgießen, das Ochsenmark ohne Fett in einer Pfanne bei mittlerer Temperatur auslassen, dann durch ein Sieb in eine Schüssel passieren und abkühlen lassen.

2 Petersilie waschen und trockentupfen, die Blätter abzupfen und fein hacken. Das erkaltete Mark mit einem Schneebesen schaumig rühren, Ei und Petersilie unterrühren. Mit Salz und Muskatnuss würzen. Das Toastbrot entrinden, im Blitzhacker fein zermahlen und unter die Markmasse rühren. Diese Klößchenmasse zugedeckt etwa 20 Min. kühlstellen.

3 Für die Grünkernsuppe die Brühe aufkochen. Das Grünkernmehl in einem zweiten Topf mit wenig kaltem Wasser glattrühren. Die kochende Brühe dazugießen und alles offen bei schwacher Hitze noch etwa 10 Min. köcheln lassen.

4 Die Klößchenmasse auf der leicht bemehlten Arbeitsfläche zu einer dünnen Rolle formen, in etwa 2 cm lange Stücke schneiden und mit den Händen zu kleinen runden Klößchen rollen. Die Markklößchen in leicht siedendem Salzwasser 8 bis 10 Min. garziehen lassen.

5 Die Sahne in die Brühe rühren, die Suppe mit Salz und Pfeffer abschmecken und bis zum Servieren zugedeckt warmhalten. Die Klößchen mit einem Schaumlöffel aus dem Sud heben, abtropfen lassen und auf 4 tiefe Teller verteilen. Die Suppe angießen, nach Belieben mit Schnittlauchröllchen garnieren und servieren.

Zutaten für die Markklößchen

50 g Ochsenmark
1 Stiel Petersilie
1 Ei (Gr. M)
80 g Toastbrot
Muskatnuss (frisch gerieben)
Mehl (für die Arbeitsfläche)
Salz

Für die Suppe

1 l Fleischbrühe
80 g Grünkernmehl
100 g Sahne
Salz | Pfeffer

Angaben für 4 Personen
Schwierigkeitsgrad

LANDFRAUENCAFÉ GOLDENE KRONE | ST. MÄRGEN

»Barmherzige Suppe«

Die »Goldene Krone« in St. Märgen wurde 1757 als Klosterherberge erbaut, damals gab es hier für erschöpfte Pilger eine barmherzige Suppe. 250 Jahre später haben die Landfrauen vom Café »Goldene Krone« mit ihren dampfenden Suppentöpfen an diese Tradition angeknüpft. Wanderer, Radfahrer und Langläufer kehren wieder begeistert ein, und auch die Kirchgänger am Sonntag laben sich gerne an einer wärmenden Nudelsuppe. Denn Suppe hält Leib und Seele zusammen: würzig und heiß, auf Wunsch auch in großen Terrinen, serviert mit selbstgebackenem Brot als Beilage. Das Essen aus einem Topf – ein geselliges Erlebnis!

1 Lauch putzen, in Stücke schneiden, waschen und abtropfen lassen. Sellerie und 2 Karotten schälen und grob kleinschneiden. Petersilie und Liebstöckel waschen und trockenschütteln. Die Zwiebel schälen und achteln. Die Zwiebelspalten in einer Pfanne ohne Fett kurz anbräunen.

2 In einem großen Topf 5 l Wasser mit Sellerie, Lauch, kleingeschnittenen Karotten, Zwiebel und Petersilie zum Kochen bringen. Dann gekörnte Brühe und Liebstöckel dazugeben, mit ca. 2 EL Salz, Pfeffer und Muskatnuss würzen. Das Rindfleisch in den Topf geben, alles zugedeckt bei schwacher Hitze etwa 1 Std. köcheln lassen, dabei gelegentlich den entstandenen Schaum abschöpfen.

3 Die übrige Karotte schälen und in schmale Streifen schneiden. Den Schnittlauch waschen, trockentupfen und in Röllchen schneiden. Die Suppennudeln in reichlich kochendem Salzwasser nach Packungsanweisung bissfest garen. Dann in ein Sieb abgießen, kalt abschrecken und abtropfen lassen.

4 Das Rindfleisch aus der Brühe nehmen, die Brühe durch ein Sieb gießen und erneut mit Salz, Pfeffer und Muskatnuss abschmecken, die Karottenstreifen darin bei schwacher Hitze 1 Min. garen. Das Fleisch in kleine Würfel schneiden und in die Suppe geben. Nudeln auf 8 tiefe Teller oder Suppenschalen verteilen. Die Brühe darübergießen, mit Schnittlauch bestreuen und servieren.

Zutaten

- ½ Stange **Lauch**
- ½ **Sellerieknolle**
- 3 **Karotten**
- ½ Bund **Petersilie**
- 1 Stiel **Liebstöckel**
- 1 **Zwiebel** (klein)
- 2 EL **Bio-Gemüsebrühe** (gekörnt)
- 1 kg **Rindfleisch** (Bug oder Schulter; ohne Knochen)
- ½ Bund **Schnittlauch**
- 400 g **Suppennudeln**
- **Muskatnuss** (frisch gerieben)
- **Salz** | **Pfeffer**

Angaben für 8 Personen
Schwierigkeitsgrad

Küchengeheimnisse

»Eine Extraportion Geschmack bekommt die Brühe, wenn Sie 100 g Rinderfett mitsieden lassen. Da unsere Kunden es gerne deftig mögen, machen wir es so auch in unserem Café. In unserem kleinen Café-Laden sind übrigens auch die passenden Schwarzwälder Nudeln zur Suppe erhältlich.«

Schweinsbäcklescheiben mit Meerrettich und Linsensalat

Die Schweinebäckchen sind zwei Teilstücke vom Schweinskopf. Durch ihren hohen Anteil an Bindegewebe und Fett und ihr längerfaseriges Fleisch eignen sie sich nicht zum Kurzbraten, lassen sich dafür aber hervorragend schmoren und sind so fester Bestandteil der internationalen Gourmetküche. Traditionell wurden sie an Schlachttagen gekocht und zusammen mit Kesselfleisch und Würsten serviert. Heute werden sie gerne mild gepökelt oder geräuchert angeboten und dienen als Einlage für deftige Suppen und Eintöpfe. Im Gasthof »Zum goldenen Engel« im Glottertal kommen die »Bäckle« dagegen hauchzart aufgeschnitten als eine Art »badisches Carpaccio« daher und lassen so die Gourmetherzen höher schlagen.

1 Für den Fond das Suppengemüse und die Zwiebel putzen und waschen bzw. schälen. Jeweils eine Hälfte des Gemüses für den Salat beiseitelegen. Den Rest in Scheiben bzw. grobe Würfel schneiden und mit den Gewürzen und 2 l kaltem Wasser in einem Topf zum Kochen bringen. Den Fond mit etwas Salz würzen. Die Schweinebäckchen hineingeben und zugedeckt bei schwacher Hitze etwa 1½ Std. garköcheln lassen.

2 Für den Linsensalat den Knoblauch schälen und mit dem zurückbehaltenen Gemüse in feine Würfel schneiden. Die Bäckchen aus dem Fond nehmen und beiseitelegen, den Fond durch ein Sieb gießen. 1 EL Olivenöl in einem Topf erhitzen, Gemüsewürfel und Linsen darin andünsten. 200 ml von dem Fond dazugießen, aufkochen und zugedeckt bei schwacher Hitze etwa 12 Min. garköcheln lassen.

3 Chicoréeblätter ablösen, mit dem Rucola waschen und trockenschleudern. Grobe Stiele beim Rucola entfernen. Radieschen putzen, waschen und in Stifte schneiden. Linsen und Gemüse in einer Schüssel mit 2 EL Essig, 1 EL Olivenöl und Currypulver verrühren. Mit Salz und Pfeffer abschmecken.

4 Für die Senfcreme den Meerrettich schälen und fein reiben. 40 ml Fond, Eigelb, Senf und 1 Prise Cayennepfeffer verrühren. Nach und nach das restliche Olivenöl unterschlagen. Mit Salz, Pfeffer und Meerrettich abschmecken. Die Schweinebäckchen in sehr dünne Scheiben schneiden, auf 4 Tellern auslegen, mit der Senfcreme beträufeln und mit dem geriebenen Meerrettich bestreuen. Den Linsensalat mittig darauf anrichten. Zitronensaft und Zucker verrühren, mit Salz würzen. Chicorée, Rucola und Radieschen darin kurz marinieren und neben dem Salat anrichten.

Do-schmeckts-Tipp
Auch die grünen Linsen der Sorte »Du Puy« oder die schwarzen Belugalinsen eignen sich bestens für diesen Salat. Beachten Sie aber die unterschiedlichen Garzeiten.

Zutaten

- 1 Bund **Suppengemüse**
- 1 **Zwiebel**
- 2 **Lorbeerblätter**
- 2 **Wacholderbeeren**
- 10 **Pfefferkörner** (schwarz)
- 4 **Pimentkörner**
- 2 **Gewürznelken**
- 12 **Schweinebäckchen** (ca. 800 g; gepökelt; beim Metzger vorbestellen)
- 1 **Knoblauchzehe**
- 100 ml **Olivenöl**
- 100 g **Berglinsen**
- 1 **Chicoréestaude**
- 1 Handvoll **Rucola**
- 6 **Radieschen**
- 2 EL **Weißweinessig**
- ½ TL **Currypulver**
- 5 cm **Meerrettichwurzel**
- 1 EL **Petersilie** (gehackt)
- 1 **Eigelb**
- 1 TL **Dijon-Senf**
- 2 EL **Zitronensaft**
- 2 TL **Zucker**
- **Cayennepfeffer**
- **Salz | Pfeffer**

Angaben für 4 Personen
Schwierigkeitsgrad

SCHWARZWALDGASTHOF ZUM GOLDENEN ENGEL | GLOTTERTAL

Schwarzwurzeltörtchen mit Rehfilet und Pinienkern-Vinaigrette

Schwarzwurzeln stammen ursprünglich aus Spanien, stehen aber auch hierzulande schon lange auf dem Speiseplan. Die außen schwarzen, innen weißen Stangen werden seit dem 17. Jahrhundert als Spargelersatz für den Winter angebaut. Da sie sehr langsam wachsen, werden sie besonders gerne in Regionen mit langer Kulturperiode auf lockeren und zugleich tiefgründigen Böden gezogen und sind damit prädestiniert für den Breisgau und die Kaiserstuhlregion. Kamen Schwarzwurzeln früher einfach als Beilage auf den Tisch, erlösen immer mehr Köche der Region den »Winterspargel« von seiner Nebenrolle und erfinden fantasievolle Kreationen – wie diese edlen Törtchen aus dem Gasthof »Zum goldenen Engel« im Glottertal.

Do-schmeckts-Tipp
Schwarzwurzeln sondern beim Schälen einen klebrigen Saft ab, der die Hände schwarz verfärbt, deshalb dabei am besten Einweghandschuhe tragen.

Zutaten für die Törtchen

4 Stücke	**Rehfilet** (à ca. 100 g)
1	**Wacholderbeere** (zerdrückt)
1–2	**Zitronen** (Saft)
800 g	**Schwarzwurzeln**
3 EL	**Weißweinessig**
2	**Lorbeerblätter**
2	**Gewürznelken**
6 Blatt	**Gelatine** (weiß)
75 g	**Sahne** (geschlagen)
4 Scheiben	**Kastenweißbrot**
200 g	**Wildfond**
	Öl (zum Braten)
	Salz | **Pfeffer**

Für die Vinaigrette

40 g	**Pinienkerne**
1½ EL	**Aceto balsamico bianco**
1½ EL	**Gemüse-** oder **Fleischbrühe**
2 EL	**Traubenkernöl**
	Salz | **Pfeffer**
	Zucker

1 Öl in einer Pfanne erhitzen. Die Rehfilets darin rundherum etwa 4 Min. anbraten. Mit Salz, Pfeffer und der Wacholderbeere würzen und weitere 3 bis 4 Min. bei schwacher Hitze rosa ziehen lassen. Die Filets aus der Pfanne nehmen und abkühlen lassen, dann etwa 1 Std. zugedeckt kühlstellen.

2 In einer Schüssel 1 l Wasser mit dem Saft einer Zitrone mischen. Die Schwarzwurzeln schälen, in etwa 5 cm lange Stücke schneiden und in das Zitronenwasser einlegen. In einem Topf 1½ l Wasser mit Essig, 2 TL Salz und den Gewürzen zum Kochen bringen. Die Schwarzwurzeln in dem Sud zugedeckt bei mittlerer Hitze etwa 10 Min. garköcheln lassen.

3 2 Blatt Gelatine 5 Min. in kaltem Wasser einweichen. Die Schwarzwurzeln in ein Sieb abgießen, 150 g Schwarzwurzeln abwiegen und mit dem Stabmixer fein pürieren, die restlichen Schwarzwurzeln kalt abschrecken und abtropfen lassen. Die Gelatine ausdrücken und unter das noch heiße Püree mixen. Das Püree auf einem kalten Wasserbad rühren, bis es erkaltet ist. Mit Salz, Pfeffer und Zitronensaft würzen, die Sahne unterheben.

4 Von dem Weißbrot 4 dünne Scheiben abschneiden und mit 4 Dessertringen (5 cm Ø) ausstechen. Die Ränder und übriges Brot anderweitig verarbeiten, z. B. trocknen und zu Paniermehl zermahlen. Die Brotkreise in den Ringen auf einen Teller setzen, dann zu drei Vierteln mit der Schwarzwurzelmousse füllen und diese glattstreichen. Zugedeckt etwa 1 Std. kühlstellen, bis die Mousse geliert ist.

5 Die restliche Gelatine 5 Min. in kaltem Wasser einweichen. Den Fond in einem Topf erwärmen, die Gelatine ausdrücken und darin auflösen, vom Herd nehmen und wieder abkühlen lassen.

Angaben für 4 Personen
Schwierigkeitsgrad

6   Die Rehfilets in dünne Scheiben schneiden und rosettenartig auf den Törtchen anrichten. Die Fond-Gelatine-Mischung mit einem Pinsel auftragen und die Törtchen glasieren. Erneut kühlstellen, bis die Glasur geliert ist.

7   Für die Vinaigrette die Pinienkerne in einer Pfanne ohne Fett hellbraun anrösten. Essig und Brühe verrühren, das Öl nach und nach unterschlagen. Die Vinaigrette mit Salz, Pfeffer und Zucker abschmecken. Die Pinienkerne grob hacken und dazugeben, die übrigen Schwarzwurzeln darin 10 Min. marinieren. Die Schwarzwurzeln mit einem Löffel aus der Vinaigrette heben und nebeneinander auf die vier Teller legen. Die Törtchen vorsichtig aus den Ringen lösen, jeweils halbieren und auf den Schwarzwurzeln anrichten. Die Vinaigrette dekorativ danebenträufeln. Nach Belieben mit Petersilie garnieren und servieren.

Küchengeheimnisse

»Im Restaurant bereiten wir das Törtchen in einer Art Baumkuchen zu. Das ist für zu Hause etwas zu kompliziert, daher haben wir das Rezept mit Weißbrot leicht abgewandelt. Wer das Törtchen trotzdem noch auf delikate Weise ummanteln möchte, kleidet die Dessertringe von innen rundherum mit dünnen Scheiben Wildschweinschinken aus, bevor das Schwarzwurzelpüree eingefüllt wird.«

GASTHAUS BLUME | OPFINGEN

Forellenmousse auf Rote-Bete-Tatar

Schon Hemingway schätzte das Forellenfischen mit der Angel. Der Schriftsteller, Nobelpreisträger und passionierte Angler kam gerne ins badische Elztal, um diesem Hobby zu frönen. Angeblich angelte er öfter auch schwarz, während seine Frau Wache halten musste. Ob und wo er die gefangenen Forellen räucherte, ist nicht bekannt. Sascha Halweg vom »Gasthaus Blume« in Opfingen kommt garantiert auf ganz legalem Wege zu Forellen bester Qualität: Er bezieht seine geräucherten Fische vom »Forellenhof Fath« in Umkirch und zaubert damit schmackhafte Gerichte wie diese Mousse.

Do-schmeckts-Tipp
Auch Wasabi, der japanische Verwandte des Meerrettichs, ist hierzulande mittlerweile in aller Munde. Wie der Meerrettich hat er ein zitronig frisches Aroma – seine Schärfe übertrifft die seines deutschen Vetters aber noch. Wer das spezielle Aroma schätzt, kann in der Mousse den Meerrettich durch ½ bis 1 TL Wasabipaste ersetzen.

Zutaten für das Tatar

- 500 g **Rote Beten**
- ½ **Zwiebel**
- 50 ml **Aceto balsamico bianco**
- 200 ml **Apfelsaft** (naturtrüb)
- 1 TL **Dijon-Senf**
- 50 ml **Rapsöl**
- **Salz | Pfeffer**

Für die Mousse

- 250 g **Forellenfilets** (geräuchert; z.B. vom »Forellenhof« in Umkirch)
- 150 g **Mascarpone**
- ½ TL **Zitronensaft**
- ½ TL **Meerrettich** (gerieben)
- ½ TL **Kapern** (eingelegt)
- 1 TL **Preiselbeeren** (aus dem Glas)
- **Salz | Pfeffer**

Angaben für 4 Personen
Schwierigkeitsgrad

1. Die Roten Beten waschen, in einem Topf mit Salzwasser bedeckt zum Kochen bringen und zugedeckt bei schwacher bis mittlerer Hitze in etwa 40 Min. garköcheln lassen.

2. Inzwischen für die Mousse die Forellenfilets zerpflücken und mit Mascarpone, Zitronensaft, Meerrettich, Kapern und Preiselbeeren in einem hohen Becher mit dem Stabmixer fein pürieren. Mit Salz und Pfeffer abschmecken und bis zur Verwendung zugedeckt kühlstellen.

3. Für das Tatar eine Marinade zubereiten. Dazu die Zwiebel schälen und in feine Würfel schneiden. Zwiebelwürfel mit Essig, Apfelsaft und Senf verrühren. Das Rapsöl nach und nach unterschlagen. Mit Salz und Pfeffer würzen. Die Roten Beten abgießen, kalt abschrecken und abtropfen lassen. Die Knollen schälen, zunächst in kleine Würfel schneiden, dann fein hacken. Die gehackten Roten Beten mit der Marinade mischen und abkühlen lassen.

4. Rote-Bete-Tatar mit Salz und Pfeffer abschmecken, auf vier Teller verteilen und die Mousse darauf anrichten.

HOTEL-GASTHOF KREUZ-POST | STAUFEN

Rote-Bete-Terrine mit Ziegenfrischkäse und Walnüssen

Moderne, gehobene Regionalküche auf den Tisch zu bringen, ist das erklärte Ziel von Michael Zahn vom »Hotel-Gasthof Kreuz-Post« in Staufen. Dafür verwendet er zu einem großen Teil Produkte aus der näheren Umgebung, die er dann auf edle Art und Weise zubereitet. Ein Beispiel gefällig? Einfache, bodenständige Rote-Bete-Knollen vermählt der »Koch mit Leib und Seele« auf dem Teller kunstvoll mit lokalem Ziegenfrischkäse und Walnüssen – das entzückt nicht nur den Gaumen, sondern ist auch noch ein echter Augenschmaus. Kein Wunder also, dass die »Kreuz-Post« kulinarisch seit Jahren das erste Haus am Platz ist.

1 Am Vortag die Roten Beten waschen und in einem Topf knapp mit Wasser bedeckt zum Kochen bringen. Je nach Größe mit schräg aufgelegtem Deckel bei schwacher bis mittlerer Hitze in 25 bis 40 Min. garköcheln lassen. Anschließend abgießen, kalt abschrecken und abkühlen lassen.

2 Rote Beten schälen und in Scheiben schneiden. Die Gelatine 5 Min. in kaltem Wasser einweichen. Rote-Bete-Saft erhitzen, mit Salz und etwas Zimt würzen. Die Gelatine ausdrücken und darin auflösen. Die Saft-Gelatine-Mischung in eine Terrinenform (15 x 10 x 4 cm) gießen. Die Rote-Bete-Scheiben hineinlegen. Zugedeckt über Nacht kühlstellen und stocken lassen.

3 Am nächsten Tag die Terrine vorsichtig aus der Form stürzen und in Quader schneiden, diese mittig auf vier Teller setzen. Den Ziegenfrischkäse glatt rühren, mit zwei Esslöffeln Nocken abstechen und mit den Walnüssen neben der Terrine anrichten. Im Restaurant garnieren wir das Ganze noch mit Krümeln aus Mürbeteig und Walnüssen.

Do-schmeckts-Tipp
Wer Gelatine nicht mag, verwendet das rein pflanzliche Agar-Agar. Dafür ½ TL Agar-Agar in einem Topf mit dem Rote-Bete-Saft erhitzen, 1 Min. köcheln und anschließend lauwarm abkühlen lassen. Danach wie in Schritt 2 beschrieben fortfahren.

Zutaten

500 g	Rote Beten
2 Blatt	Gelatine (weiß)
50 ml	Rote-Bete-Saft
200 g	Ziegenfrischkäse (z. B. von »Monte Ziego« in Teningen)
8	Walnusskerne
	Zimtpulver
	Salz

Angaben für 4 Personen
Schwierigkeitsgrad

Hirschlebermousse mit Sunnewirbelesalat und Quittenmark

Hirschleber kommt leider nur selten auf den Tisch, und das völlig zu Unrecht, denn sie ist eine echte Delikatesse. Die Dilgers vom »Wirtshaus zur Sonne« schätzen sich daher glücklich, dass sie mit dem »Scharbachhof« der Familie Herbstritt einen hervorragenden Damwild-Produzenten in unmittelbarer Nähe haben. Arndt Dilger zaubert aus der Leber eine edle Vorspeise, die auch in jedem französischen Gourmettempel einen Ehrenplatz auf der Karte finden würde.

Do-schmeckts-Tipp
Sunnewirbelesalat verträgt bestens herzhafte Ergänzungen oder auf Neudeutsch »Toppings«, wie warme, gebratene Speckstreifen und Kracherle (Croûtons). Das herbsüße Quittenmark passt auch gut zu Ziegenfrischkäse oder kräftigem Hartkäse (z. B. Bergkäse vom »Birklehof« im Glottertal oder Bio-Käse aus dem »Käsekessele« in Lenzkirch).

Zutaten für die Mousse

- 60 g **Schalotten**
- 2 **Äpfel** (kleine rote Martini- bzw. Nikolausäpfel)
- 200 g **Hirschleber** (vom Metzger küchenfertig vorbereitet)
- 60 g **Kochspeck**
- je 1 Zweig **Rosmarin und Thymian**
- 120 g **Butter**
- 4 cl **Portwein**
- 80 ml **Wildfond**
- 1 cl **Enzianschnaps** (ersatzweise Gin)
- 2 Blatt **Gelatine** (weiß)
- 100 g **Sahne** (kalt)
- **Salz | Pfeffer**

Für das Quittenmark

- 1 **Quitte**
- 30–40 g **Zucker**
- 1 cm **Vanilleschote**
- **Zimtpulver**
- **Zitronensaft**

1 Am Vortag die Schalotten schälen, Äpfel halbieren, die Kerngehäuse entfernen, die Apfelhälften ebenfalls schälen. Die Hirschleber waschen und trockentupfen, Leber, Speck, Äpfel und Schalotten in Würfel schneiden. Die Kräuter waschen und trockentupfen, die Nadeln bzw. Blättchen abzupfen.

2 Butter in einer großen Pfanne erhitzen, alle vorbereiteten Zutaten darin anbraten. Mit Salz und Pfeffer würzen, dann mit Portwein und Wildfond ablöschen, aufkochen und etwa 5 bis 7 Min. köcheln lassen. Die Pfanne vom Herd nehmen und alles kurz abkühlen lassen.

3 Die Gelatine in kaltem Wasser 5 Min. einweichen. Die Leber-Apfel-Mischung in den Standmixer geben und kräftig pürieren, anschließend durch ein Sieb streichen. Die Gelatine ausdrücken, dazugeben und unterrühren, den Schnaps ebenfalls unterrühren. Die Lebermasse mit Salz und Pfeffer abschmecken und abkühlen lassen, bis sie lauwarm ist.

4 Die Sahne steif schlagen und mit einem Kochlöffel vorsichtig unter die Lebermasse heben. Eine Terrinenform (30 x 4 x 4 cm) mit Frischhaltefolie auslegen, die Lebermousse einfüllen und glattstreichen, über Nacht zugedeckt kühlstellen und gelieren lassen.

5 Am nächsten Tag für das Quittenmark die Quitte vierteln und das Kerngehäuse entfernen. Die Quittenviertel schälen und in Würfel schneiden. Die Quittenwürfel in einem Topf mit 100 ml Wasser, 30 g Zucker, dem Stück Vanilleschote und einer kleinen Prise Zimt zum Kochen bringen und zugedeckt bei schwacher bis mittlerer Hitze etwa 40 Min. garköcheln, dabei gegebenenfalls noch etwas Wasser hinzufügen.

6 Den Topf vom Herd nehmen, die Vanilleschote herausfischen. Quittenwürfel mit dem Stabmixer fein pürieren, mit Zucker und Zitronensaft abschmecken und abkühlen lassen.

7 Für den Salat zunächst das Dressing zubereiten. Dafür die Schalotte und den Knoblauch schälen und fein würfeln. Essig, Öl, 2 EL Wasser, Schalotten- und Knoblauchwürfel sowie Zucker mit dem Stabmixer glatt mixen. Das Dressing mit Salz und Pfeffer abschmecken. Den Feldsalat waschen.

8 Die fertige Mousse vorsichtig aus der Terrinenform stürzen, dabei die Folie entfernen. Die Mousse in Scheiben schneiden und mit dem Quittenmark auf vier Tellern anrichten. Den Salat mit dem Dressing mischen und daneben anrichten, sofort servieren. Dazu passt knusprig gebackenes Weißbrot.

Für den Sunnewirbelesalat (Feldsalat)

½	Schalotte
¼	Knoblauchzehe
2 EL	Aceto balsamico
4 EL	Sonnenblumenöl
1 TL	Zucker
125 g	Feldsalat
	Salz | Pfeffer

Angaben für 4 Personen
Schwierigkeitsgrad ♣♣♣

BIO-RESTAURANT AM FELSENKELLER | STAUFEN

Bio-Schweinesteaks mit Senfsauce

Das Schwäbisch-Hällische Landschwein ist eine alte Hausschweinrasse, die vor allem in den 1950er-Jahren eine Blütezeit erlebte. Als die Nachfrage nach magerem Fleisch wuchs, stand die als zu fett geltende Rasse kurz vor dem Aussterben und wurde deswegen 1987 zur gefährdeten Nutztierrasse des Jahres erklärt. Seitdem hat sich der Bestand dank engagierter Landwirte glücklicherweise erholt: Dieses ganz besondere Schwein wird nun wieder vermehrt in ausgewählten Zuchtbetrieben im Hohenloher Land nach festgelegten Kriterien gehalten und auch den weiter entfernten Nachbarn im Baden-Württemberger Süden verkauft.

Do-schmeckts-Tipp
Das Schwäbisch-Hällische Qualitätsschweinefleisch ist dunkelrot und gut marmoriert und gilt bei Köchen als Delikatesse. Das Fleisch schrumpft nicht in der Pfanne und besitzt den Status einer europaweit geschützten Herkunftsbezeichnung.

1 Den Backofen auf 140° vorheizen. Die Rückensteaks mit Salz und Pfeffer würzen. Butterschmalz in einer Pfanne erhitzen, die Steaks darin von beiden Seiten scharf anbraten.

2 Die Steaks auf den mit Backpapier ausgelegten Rost legen und im heißen Backofen auf der mittleren Schiene etwa in 8 bis 10 Min. fertig garen. Inzwischen den Bratensatz mit Sahne und Kalbsjus ablöschen und etwas einkochen lassen.

3 Das Fleisch aus dem Ofen nehmen und in Alufolie wickeln, vier Teller im Backofen erwärmen. Den Senf unter die eingekochte Sahne rühren, die Sauce mit Salz und Pfeffer abschmecken und warmhalten. Die Steaks auf den vorgewärmten Tellern anrichten. Die Sauce dazu servieren. Dazu passen Rösti (siehe Seite 67) oder Knöpfle (siehe Seite 55).

Zutaten

- 4 **Schweinerückensteaks** (à 200 g; vom Schwäbisch-Hällischen Bio-Landschwein)
- 400 g **Sahne**
- 400 ml **Kalbsjus**
- 4 TL **Senf** (körnig; z. B. von der Remstaler Senfmanufaktur)
- 1 EL **Butterschmalz** (zum Braten)
- **Salz | Pfeffer**

Angaben für 4 Personen
Schwierigkeitsgrad ● ● ●

RESTAURANT & WEINSTUBE HOLZÖFELE | IHRINGEN

Saure Leber

Obwohl Innereien vielerorts noch ein Schattendasein fristen, ist ihre Verwendung in der Küche nicht nur nachhaltig, sondern überaus schmackhaft. Zum einen werden so alle Teile des Tieres verzehrt und nicht nur seine Filetstücke. Zum anderen besitzen Innereien, allen voran Leber, neben ihren hohen kulinarischen Qualitäten auch einen besonders hohen Gehalt an essenziellen Vitaminen und Nährstoffen. Diese »saure Leber« hat im gesamten süddeutschen Raum Tradition und erhält im »Holzöfele« durch Schwarzwälder Schinken eine regionaltypische Komponente.

Do-schmeckts-Tipp
Die klassische Beilage zur »Sauren Leber« sind Brägel: Dafür kalte, gekochte Kartoffeln raspeln. In einer Pfanne Schmalz erhitzen und die Kartoffelraspeln in Form eines Fladens darin beidseitig knusprig braten (nicht zu verwechseln mit den Schweizer Röstis).

1 Die Zwiebel schälen und mit dem Speck in kleine Würfel schneiden. Öl in einer Pfanne erhitzen. Die Leberstreifen darin rundherum scharf anbraten, mit Salz würzen und auf Küchenpapier abtropfen lassen.

2 Öl in einem Topf erhitzen, die Zwiebel darin mit dem Speck glasig dünsten. Mit Wein und 80 ml Essig ablöschen und kurz einkochen lassen. Bratensauce dazugeben und glattrühren. Leber in die Sauce geben und noch einmal aufkochen lassen, mit Essig, Salz und Pfeffer abschmecken. Dazu schmecken Brägele (Bratkartoffeln) oder Brägel (siehe Do-schmeckts-Tipp).

Küchengeheimnisse

»›Saure Leber‹ ist gut geeignet, wenn man noch Bratensauce übrig hat. Leider haben zahlreiche Fleischskandale dieses Gericht in Misskredit gebracht. Dabei ist sie ein sehr gesundes Essen, denn sie deckt den Vitamin-A-Bedarf eines ganzen Monats. Sie sollten nur schlachtfrische Leber bei Metzgern kaufen, die ihre Schlachtschweine aus regionalen Aufzuchten selbst auswählen.«

Zutaten

1 **Zwiebel** (klein)
80 g **Schwarzwälder Speck**
900 g **Schweineleber** (vom Metzger in Streifen geschnitten)
100 ml **Rotwein** (trocken; z. B. Spätburgunder)
80–100 ml **Branntweinessig**
1 l **Bratensauce** (vom Vortag)
Öl (zum Braten)
Salz | Pfeffer

Angaben für 4 Personen
Schwierigkeitsgrad

Schweinefilet in Backpflaumensauce

Wer hätte es gedacht – seit dem 3. Juni 1977 verbindet die Gemeinde Auggen eine Partnerschaft mit dem berühmten französischen Winzerort Châteauneuf-du-Pape, malerisch im südlichen Rhônetal gelegen. Bei regelmäßigen Besuchen tauschen nicht nur die Winzer ihr Know-how aus. Interessant beispielsweise ist, dass der bei uns beliebte Schweinebraten auch in der französischen Regionalküche einen festen Platz hat. Hierzulande galt er lange Zeit als traditionelles Weihnachtsessen. Um an die Dreifaltigkeit und die Apostel zu erinnern, wurde er mit drei mal drei Gewürzen und 12 Apfelstücken veredelt. Im »Landgasthof zur Sonne« in Auggen präsentiert Peter Oberle eine winterliche Variante mit Backpflaumen, die sich ebenfalls wunderbar für die Weihnachtsfeiertage eignet, denn das Gericht lässt sich gut vorbereiten und schont so die Köchin oder den Koch zu Hause.

1. Für dieses Gericht nur die Filetmittelstücke verwenden, Filetkopf und Spitze jeweils abschneiden und anderweitig verwenden, z. B. für Geschnetzeltes. Die Filets jeweils auf die Sehne legen, mit dem Messer waagerecht entlang der Sehne schneiden, darauf achten, dass möglichst wenig Fleisch mit abgeschnitten wird. Fett und eventuelle Sehnenreste entfernen.

2. Den Backofen auf 65° vorheizen. Den Rosmarin waschen und trockentupfen. Öl in einer Pfanne erhitzen, die Filetmittelstücke mit Salz und Pfeffer würzen und in der Pfanne bei starker Hitze rundherum anbraten. Anschließend auf den mit Backpapier ausgelegten Rost legen, mit den Rosmarinzweigen bedecken und im warmen Backofen auf der mittleren Schiene in 3 Std. rosa ziehen lassen.

3. Die Schalotten schälen und in Würfel schneiden. Die Tomaten waschen und kleinschneiden, dabei die Stielansätze entfernen. Die Pfanne erneut erhitzen, Tomaten und Schalotten darin anbraten. Mit Rotwein und Rotweinessig ablöschen, aufkochen und offen bei mittlerer Hitze etwa 5 Min. einkochen lassen. Die Rinderbrühe dazugeben, erneut aufkochen und bei schwacher bis mittlerer Hitze weitere 15 Min. einkochen lassen, bis die Sauce leicht eingedickt ist.

4. Aceto balsamico und Trockenpflaumen in die Sauce geben, die Sauce mit Salz und Pfeffer abschmecken und zugedeckt beiseitestellen. Sobald die Schweinefiletstücke fertig sind, die Sauce erneut erhitzen. Die Schweinefiletstücke in dicke Scheiben schneiden und mit der Backpflaumensauce auf vier Tellern anrichten. Dazu servieren wir in unserer Wirtsstube je nach Lust und Laune Spätzle (siehe Küchengeheimnisse Seite 323), Bandnudeln, Kartoffeln oder Reis.

Do-schmeckts-Tipp

Wenn Sie Gäste haben und nicht im Küchenstress versinken wollen, lässt sich dieses Rezept mit den Filets und der Sauce auch bequem vorbereiten. Durch das Garen bei niedriger Temperatur wird der ideale Garpunkt nicht überschritten und das Filet kann problemlos etwas länger im Ofen gelassen werden – auch für die heimische Küche ein wertvoller Tipp!

Zutaten

2	**Schweinefilets** (à ca. 500 g)
2 Zweige	**Rosmarin**
5	**Schalotten**
3	**Tomaten**
300 ml	**Rotwein** (trocken, z. B. Regent)
50 ml	**Rotweinessig**
½ l	**Rinderbrühe**
1 EL	**Aceto balsamico**
300 g	**Trockenpflaumen**
	Öl (zum Braten)
	Salz | **Pfeffer**

Angaben für 4 Personen
Schwierigkeitsgrad

GASTHOF SONNE | AMOLTERN

Kaiserstühler Baeckeoffe

Die Kaiserstuhlregion war kulturell schon immer nahe am benachbarten Elsass. Daher haben viele Gerichte wie etwa der Flammkuchen von dort den Sprung über den Rhein geschafft. Ein weiterer kulinarischer Überläufer ist der »Baeckeoffe«, ein herzhafter Fleischeintopf, der klassischerweise in der Restwärme des Bäckerofens gegart wurde. Im »Gasthof Sonne« in Amoltern hat Koch Arno Sacherer seine ganz eigene Version des Eintopfs geschaffen. In seinem Backofen gart er sanft unter einer braunen Brotkruste: So bleiben alle Aromen erhalten, und die knusprige Beilage ist auch gleich zur Hand.

Do-schmeckts-Tipp

Die Adler-Mühle in Bahlingen liefert hervorragendes Mehl, das man auch im Mühlenladen oder dem Online-Shop erwerben kann. Ein weiterer Tipp für gutes Mehl ist die Mühlenbäckerei Mellert aus Freiamt, die Getreide aus Freiamt und dem Elztal vermahlen. Im angeschlossenen Café können Sie die fertigen Backwaren gleich probieren.

Zutaten

- 1 kg **Schweinenacken** (ohne Knochen; nach Belieben auch gemischt mit Lammschulter, Lammhaxe, Rinderbug oder Rinderwade)
- 1 **Zwiebel**
- 2 **Knoblauchzehen**
- 10 **Pfefferkörner** (schwarz)
- 10 **Koriandersamen**
- ½ **Schweinefuß**
- 3 **Lorbeerblätter**
- ½ l **Weißwein** (trocken; z.B. Riesling oder Silvaner)
- ¼ Würfel **Hefe**
- 250 g **Weizenvollkornmehl**
- 1–2 EL **Öl**
- 800 g **Kartoffeln** (festkochend)
- 400 g **Karotten**
- ½ Stange **Lauch**
- **Salz | Pfeffer**

Angaben für 4 Personen
Schwierigkeitsgrad ●●●

1. Am Vortag das Fleisch in Würfel schneiden. Die Zwiebel und den Knoblauch schälen, die Zwiebel in Scheiben, den Knoblauch in feine Würfel schneiden. Pfefferkörner und Koriandersamen im Mörser grob zerstoßen. Den Schweinefuß waschen. Das Fleisch, den Schweinefuß, die Zwiebelringe und den Knoblauch in einem Topf mit den Gewürzen und dem Weißwein mischen und zugedeckt im Kühlschrank 1 Tag marinieren.

2. Am nächsten Tag für den Brotteig die Hefe zerbröckeln, mit 2 EL Mehl in 160 ml lauwarmem Wasser auflösen und 5 Min. gehen lassen. Restliches Mehl mit 1 TL Salz in einer Rührschüssel mischen. Den Vorteig und das Öl dazugeben. Mit den Händen oder den Knethaken des Rührgeräts zu einem glatten Teig verkneten und zugedeckt an einem warmen Ort 45 Min. gehen lassen. Den Teig erneut durchkneten und noch einmal 45 Min. gehen lassen, bis er sein Volumen verdoppelt hat.

3. Inzwischen das Fleisch mit Wasser im Topf erhitzen, mit Salz würzen und bei schwacher bis mittlerer Hitze 30 Min. köcheln lassen. Die Kartoffeln schälen und in etwa 1 cm dicke Scheiben schneiden. Karotten schälen und in dünne Scheiben schneiden. Lauch putzen, in Ringe schneiden, waschen und abtropfen lassen.

Küchengeheimnisse

»Um die Ofenhitze, wie in früheren Zeiten, optimal auszunutzen, können Sie mit dem Eintopf auch noch ein Brot im Ofen backen. Dafür einfach die dreifache Teigmenge zubereiten. Zwei Drittel des fertigen Teigs in eine Kastenform geben und neben den Eintopf in den Ofen stellen. Brot und Eintopf dann 60 bis 70 Min. backen. Den Eintopf herausnehmen, Umluft dazuschalten, das Brot mit etwas Wasser besprühen und noch einmal 10 Min. knusprig backen.«

4   Den Backofen auf 200° vorheizen. Zunächst den Schweinefuß, dann abwechselnd Fleisch, Kartoffeln, Karotten und Lauch in eine Tonterrine oder einen Römertopf schichten, dabei mit Salz und Pfeffer würzen. Den Weinsud angießen, gegebenenfalls noch etwas Fleischbrühe dazu, bis alles knapp mit Sud bzw. Brühe bedeckt ist.

5   Aus dem Brotteig einen Fladen von der Größe der Terrine bzw. des Römertopfes formen. Den Teigfladen so auf den Eintopf legen, dass dieser vollständig bedeckt ist. Im heißen Backofen auf der mittleren Schiene etwa 60 Min. backen, bis der Teig gut gebräunt ist.

6   Die Terrine bzw. den Römertopf aus dem Ofen nehmen. Den Brotdeckel vierteln und abheben. Den Eintopf auf 4 tiefe Teller verteilen. Jeweils 1 Brotstück dazulegen, den Eintopf servieren. Dazu passt ein grüner Salat.

GASTHAUS BLUME | OPFINGEN

Eingemachtes Kalbfleisch mit geröstetem Wintergemüse

Musste früher ein Kalb notgeschlachtet werden, waren die edlen Teile den Privilegierten zugedacht. Die unedlen Teile mussten mangels Kühlmöglichkeit schnell verwertet bzw. gleichzeitig haltbar gemacht werden. Dafür wurde das Kalbfleisch in der Regel in einem Essigsud gegart. Das fertige Gericht wurde dann in einen Tontopf mit Deckel gefüllt und auf die kühle Kellertreppe gestellt. Nach der Feldarbeit entnahm die Bauersfrau die benötigte Menge und hatte so ein schnelles Essen parat. Auf ganz ähnliche Weise bereitet Sascha Halweg vom »Gasthaus Blume« in Opfingen sein eingemachtes Kalbfleisch zu, jedoch setzt er in seiner Version auf die feine Säure von Zitronen und Wein, um das Gericht schmackhaft und haltbar zu machen.

Do-schmeckts-Tipp
Wer es traditioneller und herzhafter mag, serviert zum Fleisch statt Wintergemüse und Bandnudeln klassische Beilagen wie Klöße, Salzkartoffeln, Spätzle (siehe Küchengeheimnisse Seite 323) oder Schupfnudeln (siehe Küchengeheimnisse Seite 242).

Zutaten für das Fleisch

- 1 Zwiebel
- 3 Karotten
- 1 Sellerieknolle
- 2 Stangen Lauch
- 1,2 kg Kalbfleisch (ohne Knochen; vom Hals)
- ¼ Bio-Zitrone (gewaschen)
- 2 EL Wacholderbeeren (zerdrückt)
- 2 Lorbeerblätter
- 3 Pimentkörner
- 3 Gewürznelken
- 1 TL Pfefferkörner (schwarz)
- ¼ TL Ingwer (gehackt)
- 3 Zweige Thymian
- 250 g Sahne
- 1 Eigelb
- 40 g Butter
- 40 g Weizenmehl
- ¼ l Weißwein (trocken, z. B. Grauburgunder)
- Zitronensaft
- Salz | Pfeffer

1. Für das eingemachte Kalbfleisch das Gemüse putzen und waschen bzw. schälen und in grobe Würfel schneiden. Das Fleisch in etwa 2 cm große Würfel schneiden. In einem Topf 1½ l Salzwasser erhitzen. Das Fleisch darin bei schwacher Hitze 5 Min. ziehen lassen, mit einem Schaumlöffel wieder herausheben. Gemüsewürfel, Zitrone, Gewürze und Thymian in den Topf geben, zum Kochen bringen und zugedeckt bei schwacher Hitze 15 Min. köcheln lassen. Das Fleisch wieder dazugeben, alles zugedeckt bei schwacher Hitze weitere 1½ Std. köcheln lassen, bis das Fleisch weich und zart ist.

2. Inzwischen für das Gemüse den Backofen auf 200° vorheizen. Die Zwiebeln und den Knoblauch schälen, die Zwiebel in Scheiben, den Knoblauch in feine Würfel schneiden. Die übrigen Gemüsesorten waschen und putzen bzw. schälen und in ca. 2 cm große Würfel schneiden. Thymian und Rosmarin waschen und trockentupfen.

3. In einem Becher 200 ml Wasser mit Tomatenmark, Olivenöl, Essig und Zucker verrühren. Mit Salz, Pfeffer, Curry und Muskatnuss würzen. Die Tomatensauce mit den vorbereiteten Zutaten in einer Auflaufform (ca. 20 x 30 cm) mischen. Im heißen Backofen auf der mittleren Schiene etwa 35 Min. garen, dabei darauf achten, dass das Gemüse nicht zu braun wird.

4. Das Fleisch mit einem Schaumlöffel aus dem Fond heben, diesen durch ein Sieb gießen. 2 EL von der Sahne mit dem Eigelb verquirlen. In einem Topf die Butter erhitzen, das Mehl darin hell anschwitzen. Mit dem Wein ablöschen, nach und nach insgesamt ½ l Fond angießen (übrigen Fond anderweitig verwenden!) und jeweils etwas einkochen lassen. Die restliche

Sahne unterrühren, noch einmal erhitzen und mit Zitronensaft, Salz und Pfeffer würzen. Die Sahne-Eigelb-Mischung einrühren und die Sauce damit leicht binden. Das Fleisch hineingeben und langsam in der Sauce erhitzen, dabei nicht mehr kochen. Gegebenenfalls noch mit Salz und Pfeffer abschmecken.

5 Vom Fleisch Portionen abnehmen und auf vier Tellern anrichten (Den Rest in Weckgläser füllen, einkochen und gut verschließen). Das abgenommene Fleisch mit dem Gemüse auf Tellern anrichten. Dazu servieren wir in unserem Restaurant gerne noch breite Bandnudeln, die kurz in Estragonbutter geschwenkt wurden.

Für das Gemüse

- 2 **Zwiebeln**
- 1 **Knoblauchzehe**
- 1 kg **Wintergemüse** (gemischt, z. B. Pastinaken, Staudensellerie, Steckrüben, Karotten, Kürbis, Kohlrabi)
- 2 Zweige **Thymian**
- 1 Zweig **Rosmarin**
- 2 EL **Tomatenmark**
- 5 EL **Olivenöl**
- 2 EL **Aceto balsamico**
- 1 EL **Zucker**
- 1 TL **Currypulver**
- **Muskatnuss** (frisch gerieben)
- **Salz | Pfeffer**

Angaben für 4 Personen
Schwierigkeitsgrad

LANDGASTHOF ZUR SONNE | AUGGEN

Geschmorte Kalbshaxe mit glacierten Karotten

Der »Landgasthof zur Sonne« ist im bekannten Weinort Auggen im Herzen des Markgräflerlandes zu Hause. In den Auggener Weinbergen gedeihen seit jeher ausgewählte Rebsorten, allen voran die für das Markgräflerland typische weiße Rebsorte Gutedel. Doch auch rote Rebsorten wie der Regent werden hier kultiviert. Die farbintensive Traube wird als charaktervoll und südländisch anmutend beschrieben. Es überrascht daher nicht, dass Chefkoch Peter Oberle bei der Zubereitung einen kräftigen Schuss Regent verwendet, um die Kalbshaxe zu einem besonderen Geschmackserlebnis werden zu lassen.

Zutaten für Fleisch und Sauce

- 1 Zwiebel
- 1 Karotte
- 400 g Knollensellerie
- 1 Stange Lauch
- 2–3 Knoblauchzehen
- 5 Zweige Thymian
- 6–8 Stiele Estragon
- 5 Stiele Salbei
- 1 Kalbshaxe (mit Knochen; ca. 1½ kg)
- 3 EL Schweineschmalz
- 1 EL Tomatenmark
- ¼ l Rotwein (trocken, z. B. Regent)
- ¾ l Kalbsfond (oder Rinderbrühe)
- 4–5 Lorbeerblätter
- 3 EL Wacholderbeeren
- 20 g Butter (eiskalt)
- Salz | Pfeffer

Für die Karotten

- 700 g Karotten
- 30 g Butter
- 1 EL Zucker
- 100 ml Mineralwasser
- ¼ l Gemüsefond
- 1 EL Petersilie (gehackt)

Angaben für 4–5 Personen
Schwierigkeitsgrad ●●●

1. Zwiebel, Karotte und Sellerie schälen, alles in grobe Würfel schneiden. Den Lauch putzen und in Ringe schneiden. Knoblauch schälen und halbieren. Die Kräuter waschen. Die Haxe mit Salz und Pfeffer würzen.

2. Den Backofen auf 150° vorheizen. Schmalz in einem Bräter erhitzen. Die Haxe darin rundherum anbraten, dann wieder herausnehmen. Zwiebel, Karotten und Sellerie im heißen Fett anbraten. Tomatenmark dazugeben und etwas anrösten, mehrfach mit einem Schuss Rotwein ablöschen. Lauch hinzufügen, restlichen Rotwein dazugießen und etwas einkochen lassen. Die Haxe wieder in den Bräter legen, den Kalbsfond angießen, Kräuter, Lorbeerblätter, Wacholderbeeren und Knoblauch hinzufügen. Den Bräter samt Deckel auf die mittlere Schiene des heißen Backofens schieben, die Haxe darin zugedeckt 1½ Std. garen, dabei einmal wenden.

3. Die Backofentemperatur auf 200° erhöhen. Den Deckel vom Bräter abnehmen, die Haxe noch einmal wenden und weitere 30 Min. braten.

4. Das Fleisch aus dem Bräter nehmen und in Alufolie wickeln. Den Fond durch ein Sieb in einen Topf gießen, dabei das Gemüse leicht ausdrücken. Den Fond dicklich einkochen lassen.

5. Für die glacierten Karotten die Karotten schälen und in etwa 5 mm dicke Scheiben schneiden. Butter in einem weiten Topf erhitzen und Karotten darin kurz anbraten. Zucker einstreuen und leicht karamellisieren lassen. Mit Mineralwasser ablöschen und einkochen lassen, bis die Flüssigkeit fast vollständig verkocht ist. Gemüsefond dazugeben und aufkochen lassen. Die Karotten bei schwacher bis mittlerer Hitze in etwa 10 Min. weich garen.

6. Den Saucentopf vom Herd nehmen, die Sauce mit Salz und Pfeffer abschmecken. Zuletzt die Butter unterziehen und die Sauce damit leicht binden. Die Karotten mit einem Schaumlöffel aus dem Sud heben und in einer Schüssel mit der Petersilie mischen. Das Fleisch portionieren, mit der Sauce und den Karotten auf vier Tellern anrichten und servieren.

Küchengeheimnisse

»In unserer Wirtsstube servieren wir dazu gerne noch ein Kartoffelgratin. Dafür den Backofen auf 190° vorheizen. 1 kg festkochende Kartoffel schälen und in dünne Scheiben schneiden. 50 g Emmentaler fein reiben. 1 Knoblauchzehe schälen und halbieren. Eine Auflaufform (20 x 30 cm) zunächst mit dem Knoblauch ausreiben, dann mit 30 g Butter einfetten. 400 g Sahne mit Salz und Pfeffer würzen. Die Kartoffelscheiben mit dem Emmentaler mischen und schichtweise in die Auflaufform legen, dabei jeweils mit Sahne übergießen. Die Auflaufform auf die mittlere Schiene des heißen Backofens schieben. Das Gratin etwa 60 Min. überbacken. 50 g Parmesan fein reiben und über das Gratin streuen. Weitere 5 Min. im Backofen überbacken. 2 Frühlingszwiebeln putzen, waschen und in Ringe schneiden. Das fertige Gratin portionieren und mit den Frühlingszwiebeln bestreuen.«

Küchengeheimnisse

»Für das Maronen-Rotkraut am Vortag 1 Zimtstange, 2 Lorbeerblätter und 1 TL Gewürznelken in einen Gewürzbeutel füllen. Von einem Kopf Rotkohl (1 kg) die äußeren Hüllblätter entfernen. Den Kopf vierteln, den harten Strunk entfernen. Das Kraut in Streifen schneiden mit 40 g Zucker, 2 TL Salz, 200 ml Apfelsaft und 3 EL Rotweinessig verkneten. Den Gewürzbeutel dazugeben, zugedeckt über Nacht ziehen lassen. Am nächsten Tag 1 Zwiebel (ca. 100 g) schälen und in kleine Würfel schneiden. 80 g Gänseschmalz in einem Topf erhitzen, die Zwiebel darin glasig dünsten. Den Rotkohl samt Gewürzbeutel und 1 EL Johannisbeergelee dazugeben, zugedeckt bei schwacher bis mittlerer Hitze 1 Std. köcheln lassen, nach etwa 30 Min. 2 EL Rundkornreis (für die Bindung) dazugeben. 1 Apfel (z. B. Elstar) halbieren, das Kerngehäuse entfernen, die Hälften schälen und in feine Würfel schneiden. Die Apfelwürfel 10 Min. vor Garzeitende zum Rotkraut geben, alles fertig garen. Den Gewürzbeutel entfernen, das Rotkraut mit Salz, Pfeffer und Zimtpulver abschmecken. 100 g geschälte Maronen mit 30 g Zucker in einer Pfanne schwenken, bis der Zucker karamellisiert ist und die Maronen damit überzogen sind. Maronen unter den Rotkohl mischen, das Maronen-Rotkraut zum Sauerbraten servieren.«

LANDGASTHOF REBSTOCK | BOTTINGEN

Badischer Sauerbraten

Der Sauerbraten ist wohl eines der bekanntesten Gerichte der deutschen Küche und kommt wegen seiner landesweiten Verbreitung in zahlreichen regionaltypischen Varianten vor. Neben dem rheinischen oder dem westfälischen Sauerbraten ist zweifelsohne auch der badische Sauerbraten nicht von der Landkarte der guten deutschen Küche wegzudenken. Allen Sauerbraten ist gemein, dass sie über mehrere Tage in einem Sud aus Essig, Kräutern und Gewürzen eingelegt werden, was das Fleisch – in der Regel Rindfleisch – mürbe und haltbar macht. Zur badischen Spezialität wird der Sauerbraten im »Landgasthof Rebstock« dadurch, dass die Marinade mit einem Spätburgunder aus dem Kaiserstuhl und einer reichhaltigen Gewürz- und Kräutermischung angesetzt wird.

1 Für die Marinade Rotwein und Essig mischen, die Gewürze dazugeben. Das Röstgemüse waschen und putzen bzw. schälen und in grobe Stücke schneiden. Gemüse und Fleisch in die Marinade einlegen, zugedeckt im Kühlschrank 8 Tage marinieren, dabei jeden zweiten Tag wenden.

2 Nach 8 Tagen das Fleisch aus der Marinade nehmen und trockentupfen, mit Salz und Pfeffer würzen. Das Fett in einem Bräter erhitzen, den Braten darin rundherum anbraten und wieder herausnehmen. Das Röstgemüse ebenfalls aus der Marinade nehmen, kurz abtropfen lassen und im Bräter anbraten, das Tomatenmark hinzufügen und kurz anrösten. Dreimal mit der Marinade ablöschen und jeweils wieder stark einkochen lassen.

3 Fleisch und restliche Marinade dazugeben. Mit so viel Wasser auffüllen, dass das Fleisch vollständig bedeckt ist. Zum Kochen bringen und bei schwacher bis mittlerer Hitze 2 bis 2½ Std. schmoren, bis das Fleisch weich ist. Die Kräuter waschen und trockentupfen, gegen Ende der Garzeit 20 Min. mitschmoren.

4 Den Backofen auf 70° vorheizen. Das Fleisch herausnehmen und im Ofen warmhalten. Das Röstgemüse und die Kräuter aus dem Sud entfernen, diesen dicklich einkochen lassen, nach Belieben noch mit etwas Speisestärke binden. Den Rohrzucker unterrühren, mit Salz und Pfeffer abschmecken, die Sauce durch ein Sieb passieren. Das Fleisch in Scheiben schneiden und auf vier bis fünf Tellern anrichten. Dazu servieren wir in unserem Gasthof Kartoffelknödel und Maronen-Rotkraut (siehe Küchengeheimnisse).

Zutaten

- 2 l **Rotwein** (trocken, z. B. Kaiserstühler Spätburgunder)
- 100 ml **Rotweinessig**
- 2 **Zimtstangen**
- 1 EL **Senfkörner**
- 1 TL **Wacholderbeeren** (zerdrückt)
- 5 **Lorbeerblätter**
- 1 TL **Gewürznelken**
- 600 g **Röstgemüse** (Karotten, Knollensellerie, Zwiebeln und Lauch)
- 1½ kg **Rindfleisch** (Bug)
- 2 EL **Pflanzenfett**
- 50 g **Tomatenmark**
- 1 Zweig **Rosmarin**
- 2 Zweige **Thymian**
- 1 EL **Rohrzucker**
- **Salz | Pfeffer**

Angaben für 4–5 Personen
Schwierigkeitsgrad

Wild – ganz natürlich »bio«

von Heinz Siebold

Die Wälder im Südschwarzwald bieten Rehen und Wildschweinen einen natürlichen Lebensraum. Da sich die Tiere in freier Wildbahn bewegen und sie sich ausschließlich von dem ernähren, was die Natur bietet, ist Wild ein ausgesprochen gesundes Lebensmittel. Wildfleisch ist in der Weihnachtszeit am begehrtesten, schmeckt aber auch als »Maibock« und auf dem sommerlichen Grill.

Erfüllen wichtige Funktionen im Ökosystem Wald: Wildschweine und Rehe bzw. Damwild (Fotos: Thomas Brey).

Still ist es, kein Verkehrslärm dringt herauf. Dass vierzehn Kilometer weiter südlich immerhin eine Stadt mit 220 000 Einwohnern liegt, hört man auf dem Bergrücken zwischen dem Föhren- und dem Glottertal nicht. Freiburg ist tatsächlich nur eine gute Autoviertelstunde entfernt. »Hier oben komme ich nach der Arbeit zur Ruhe«, sagt Hermann Linder und öffnet die Fensterläden der Jagdhütte, die sein Großvater erbaut hat. Linder schneidet das Bauernbrot auf, legt es neben Speck, Salami, Blut- und Leberwurst. Alles aus eigener Produktion, denn der 52-jährige Metzgermeister ist Inhaber einer Großmetzgerei in Denzlingen und im Glottertal mit 80 Angestellten, darunter neun Metzgermeister. Linders Fleisch und Wurst wird in sechs Filialen, an Rewe und die Gastronomie geliefert. Sieben Millionen Euro Umsatz kommen im Jahr zusammen. Seit 1936 gibt es die Metzgerei Linder, seit 1983 ist Hermann ihr Chef, und so wie es aussieht, wird sein Sohn den Betrieb einmal übernehmen.

Hermann Linder ist nicht nur Metzger, sondern auch Jäger. Passionierter Jäger, hineingewachsen schon als Kind in das grüne Metier. Mit 20 Jahren war er Deutscher Meister im Jagdschießen. »Das ist mein zweiter Meistertitel«, lächelt Linder. Seine Metzgerausbildung hatte er als Bundessieger abgeschlossen und durfte deshalb 1982 schon den Meister machen. »Ein Metzger als Jäger, das ist ideal«, sagt Jagdkollege Martin Eble, der sich mittlerweile an den Tisch vor der Jagdhütte gesetzt hat. »Da hat man immer genug zu vespern«,

Hermann Linder (rechts) mit seinem Jagdkollegen Martin Eble. Die beiden wissen: Jagen ist ein teurer Spaß, denn die Jägerprüfung kostet zwischen 1500,– und 4000,– Euro, dazu kommen Ausgaben für die Ausrüstung und das Jagdrevier. Der zeitliche Aufwand ist ebenfalls nicht zu unterschätzen: Rund 40 Stunden Ansitzen braucht es, um ein einziges Tier zu erlegen (Foto: Heinz Siebold).

grinst der Zimmermann und greift sich den Speck. Bis zu fünfzehn Jagdkollegen helfen Linder in seinem riesigen Revier zwischen den Tälern hinter Freiburg bei der Hege. Das bedeutet mehr als Schießen, aber auch das, denn die Jäger sorgen dafür, dass die Bestände von Rehen und Wildschweinen und die Wildschäden nicht überhand nehmen. »Wir tun das, was die Waldeigentümer von uns fordern«, sagt Linder.

Und was die Bauern fordern, auf deren Mais- oder Kartoffelfelder sich die Schwarzkittel buchstäblich wie die Wildsäue aufführen auf der Suche nach Maissaat, Wurzeln, Würmern, Engerlingen und Pilzen. Für die Feld- und Ackerschäden haften die Jagdpächter, also müssen die Jäger sich auf die Lauer legen. Doch Wildschweine sind klug, sie beherrschen das Versteckspiel perfekt. Rund 40 Stunden veranschlagt man als Aufwand für das Ansitzen, um ein einziges Tier zu erlegen. »Wir können oft nur bei Mond raus«, erklärt Jagdpächter Linder. Denn in der Sommerzeit sind auch Wanderer, Mountainbiker und Liebespärchen abends in der Natur zugange, sodass das Schießen zu gefährlich wäre. Und wenn sich Wildschweine an Wohngebiete heranwagen, ist auch dort ein Abschuss nicht möglich.

Trotz alledem: Bis zu 50 000 Wildschweine erlegen die mehr als 30 000 baden-württembergischen Jäger im Jagdjahr, dreimal so viel Reh- und Rotwild dazu. Für die Landwirte ist das immer noch nicht genug, die Wildschäden sind enorm.

Für die Wildschweinschwemme gibt es ein ganzes Bündel von Ursachen: Die Schwarzkittel profitieren vom Klimawandel, und sie vermehren sich quasi wie die Karnickel. Dabei hat das Tier sowieso schon einen Vorsprung vor den anderen Wildarten, weil seine Lebenserwartung höher ist,

Hermann Linder verarbeitet das Wildfleisch in seiner eigenen Metzgerei (Foto: Hermann Linder).

weil natürliche Feinde fehlen und die meisten Frischlinge eines Wurfes neuerdings überleben. »Grundvoraussetzung für die Explosion der Sauenbestände sind steigende Wintertemperaturen«, fasst der Jäger und Zoologe Hans-Dieter Pfannenstiel aus Brandenburg die Expertendiskussion zusammen. »Vom Fraßangebot her leben Sauen bei uns nahezu ganzjährig im Schlaraffenland.«

Ähnlich gut versorgt ist das Rotwild, auch Rehe und Hirsche sind im Wald für Schäden verantwortlich. Sie knabbern gerne junge Bäume an, besonders wenn der Schnee im Winter ihnen keine andere Wahl lässt. Für die Aufforstung ist das fatal, andererseits fressen die Rehe auch manche Weichhölzer, die der Forst nicht verwerten kann. Insofern ist Rotwild nicht nur auf dem Teller nütz-

lich. Auch die allesfressenden Wildschweine haben als Müllentsorger im Wald durchaus wichtige Funktionen. Und im Sinne der Artenvielfalt wäre eine zu geringe Wildpopulation schädlicher als ein lästiger, aber verkraftbarer Verbiss. Trotzdem ist die Regulierung der Bestände durch die Jäger unverzichtbar.

»Wir haben hier oben nicht so viele Wildschweine«, sagt Hermann Linder. Die meisten Wildtiere werden im Herbst in sogenannten Drückjagden erlegt, wo das Wild den Jägern vor die Flinte getrieben wird. Im Herbst deswegen, weil man dann Wild auf die Speisekarten der Restaurants setzen kann. »Vor Weihnachten schreit alles nach Wild, im Sommer läuft wenig bis gar nichts«, weiß der Metzger aus Erfahrung. »Wir haben allerdings neulich mal einen Grill-Event mit Wild veranstaltet. Das kam sehr gut an.« Auch einen »Maibock« haben einige Restaurants mal im Frühjahr auf die Karte gesetzt. Ob daraus ein neuer Trend wird, wird man sehen. Wild ist eben speziell, und die für die Zubereitung muss die Hausfrau oder der Hobbykoch ein paar Zusatzkenntnisse erwerben. Das kann man bei Hermann Linder in der Metzgerei machen, dort gibt es Kurse, wo man unter Anleitung eines Küchenmeisters ein Vier-Gänge-Wildmenü erstellt.

Hermann Linder ist weit und breit einer der ganz wenigen Metzger, die das Wildfleisch frisch aus dem Wald in den Kühlraum holen, meistens eigenhändig. Das können 300 Rehe, 100 Hirsche und 200 Wildschweine pro Saison werden. Die Hirsche kommen allerdings woanders her, vom nahe gelegenen Schluchsee. »Das Wildbret wird noch im Wald aufgebrochen, also aufgeschnitten und von den Innereinen befreit«, erklärt er den Fachausdruck. Danach hängt es im Kühlraum mehrere Tage bei vier Grad und wird dann verarbeitet und vakuumverpackt.

»Es gibt nichts besseres als Wild«, seufzt Jäger Eble und streicht sich noch ein Leberwurstbrot. »Alles bio. Die fressen nur, was in der Natur wächst.« Und mager ist es, praktisch ohne Fett, weil die Waldtiere buchstäblich immer auf dem Sprung und daher drahtig und muskulös sind. »So ein Rehrücken muss schön rosa sein«, sinniert Eble und kaut. Es gibt zwei Methoden, wie man den typischen Wildgeschmack auf ein Normalmaß bringt: einlegen in Rotwein oder in Buttermilch. Und braten am besten mit Niedrigtemperatur, damit das Fleisch nicht austrocknet. Rehfleisch läuft in der Metzgerei sehr gut. »Es ist ja auch das Beste vom Wild«, findet Linder. Bei

Jagdliches Brauchtum wird bis heute gepflegt: Mit dem »Totsignal« erweist der Jäger dem erlegten Wild die letzte Ehre und dankt für den jagdlichen Erfolg (Foto: Heinz Siebold).

ihm ist Rehkeule für 27,– Euro, der Rehrücken für 35,– Euro zu haben, Wildschweinbraten für 16,– Euro pro Kilo. Preislich ist das deutlich teurer als Fleisch vom zahmen Hausschwein, aber im Geschmack natürlich interessanter.

Wildfleisch gibt es allerdings nicht nur aus der freien Wildbahn. Es gibt etliche Gehege, in denen vor allem Damwild und Sikawild gehalten wird. Auch das Fleisch dieser Tiere kommt in den privaten oder gastronomischen Verbrauch. Es schmeckt jedoch anders, denn der typische Wildgeschmack ist zum großen Teil von der Nahrungsaufnahme geprägt. Tiere in freier Wildbahn fressen, was ihnen schmeckt. Tiere im Gehege werden gefüttert. Speziell Damwild ist genügsam und kann praktisch wie Vieh gefüttert werden. Das bedeutet keinesfalls, dass solches Fleisch schlecht schmeckt, es gibt mittlerweile sogenannte »Wildmanufakturen«, die Wildfleisch in Bio-Qualität vermarkten. Verbraucher sollten aber – falls sie garantiert Wildbret aus der freien Natur haben wollen – auf das Markenzeichen »Wild aus der Region« achten. Das kommt zu 90 Prozent aus der freien Jagd und vorwiegend aus heimischen Wäldern. Nur für den Fall, dass Wildbret – je nach Jahres- oder Schonzeit – nicht verfügbar ist, dürfen Gastronomen auch Wildfleisch aus Gehegen oder von auswärts auf die Speisekarte setzen. Das Markensignet wird von den jeweiligen Kreisjagdvereinigungen zugesprochen.

»Geh' mer los?«, drängt Hermann Linder zum Aufbruch und räumt die Vesperreste weg. Der Winchesterstutzen, Kaliber 6,5 Millimeter, liegt bereit. Das bedeutet, es geht auf Rehbock, für Wildschwein wäre eine andere Büchse angesagt. Die lässt man jetzt in Ruhe, die Sauen haben Junge. Wird es was werden heute Abend? Die Männer schauen nach oben, es fängt an zu nieseln. Allzu lange werden sie bei dem Wetter nicht auf dem Hochsitz bleiben, trotz Regenzeug wird es ungemütlich. Und Linder muss bald heim, denn am nächsten Morgen geht's früh raus. Um fünf Uhr morgens steht er schon wieder in seiner Metzgerei und sichtet die Aufträge für den Tag, gibt Anweisungen und packt, wo Not am Mann ist, selber an. Aus dem Wald wird er nach der kurzen Nacht nichts mitgebracht haben. Es sind lediglich zwei Ricken vorbeigezogen, unbehelligt, man weiß nicht, ob sie tragen. Die Böcke haben sich nicht blicken lassen. »So ist Jägerei«, sagt der Metzger. »Mal gibt's was, mal nicht.«

Metzgerei Hermann Linder
Hauptsitz
Talstraße 86
79286 Glottertal
Telefon: 07684 | 251
www.metzgerei-linder.de
Filialen gibt es in Freiburg und Denzlingen

Dreierlei vom Reh mit Haselnuss-Gnocchi und Apfelsauce

Jahrhundertelang war die Jagd ein Privileg des Adels. Das trug dazu bei, dass Wildbret nur zu besonderen Anlässen in der bäuerlichen oder bürgerlichen Küche Verwendung fand. Ein sorgfältig zubereiteter Rehbraten mit feinen Zutaten und Beilagen gilt daher auch heute noch als das Festessen schlechthin, lässt sich jedoch ganz einfach zubereiten, wie Georg Schultis-Wagner und Jörg Polke aus dem »Gasthof Engel« in Simonswald unter Beweis stellen.

1. Für die Gnocchi die Kartoffeln waschen, in einem Topf knapp mit Salzwasser bedeckt aufkochen und bei schwacher bis mittlerer Hitze in 25 bis 30 Min. garkochen.

2. Die Nüsse in einer Pfanne ohne Fett hellbraun anrösten. Die Kartoffeln abgießen und kurz ausdampfen lassen. Noch heiß schälen und durch eine Kartoffelpresse drücken. Dann Nüsse, Mehl und Eigelb dazugeben, mit Salz, Pfeffer und Muskatnuss würzen, und alles rasch zu einem Teig verkneten.

3. Den Kartoffelteig vierteln und auf der bemehlten Arbeitsfläche zu langen Rollen formen. Diese in 1 cm breite Stücke schneiden. Mit einer Gabel nach Belieben die charakteristischen Rillen in die Gnocchi drücken und durch leichtes Drücken mit Daumen und Zeigefinger formen.

4. In einem großen Topf reichlich Salzwasser aufkochen, die Gnocchi darin offen bei mittlerer Hitze in etwa 3 Min. garziehen lassen. Mit einem Schaumlöffel aus dem Wasser heben, kalt abschrecken und abtropfen lassen.

5. Für das Fleisch den Apfel halbieren, das Kerngehäuse entfernen. Die Apfelhälften schälen und in schmale Spalten schneiden. Die Fleischstücke mit Salz und Pfeffer würzen. Butterschmalz in einer großen Pfanne erhitzen. Zuerst die Rehmedaillons 1 Min. anbraten, dann die Scheiben aus der Rehkeule hinzufügen und 2 Min. weiterbraten. Zuletzt die Filets dazugeben, alles in etwa 2 bis 3 Min. fertig braten. Vom Herd nehmen und in der Pfanne noch etwas nachziehen lassen.

6. Inzwischen Butter in einer weiteren Pfanne erhitzen. Die Gnocchi darin anbraten, bis sie leicht gebräunt sind. Die Fleischstücke aus der anderen Pfanne nehmen, Apfelspalten, braune Sauce, Sahne und Apfelbrand hineingeben und einmal aufkochen lassen. Die Sauce mit Salz und Pfeffer abschmecken. Die Fleischstücke mit der Sauce und den Gnocchi auf Tellern anrichten. Dazu passen winterliche Gemüsesorten wie Karotten, Pastinaken, Sellerie und Schwarzwurzeln, die leicht in Butter gedünstet werden.

Zutaten für die Gnocchi

- 200 g **Kartoffeln** (mehligkochend)
- 50 g **Haselnüsse** (gemahlen)
- 125 g **Mehl**
- 1 **Eigelb**
- **Muskatnuss** (frisch gerieben)
- **Mehl** (für die Arbeitsfläche)
- **Butter** (zum Braten)
- **Salz** | **Pfeffer**

Für Fleisch und Sauce

- 1 **Apfel** (säuerlich, z.B. Boskoop)
- 4 **Rehmedaillons** (à ca. 80 g)
- 4 **Scheiben** aus der **Rehkeule** (à ca. 80 g)
- 4 **Rehfilets** (à ca. 60 g)
- 200 ml **braune Sauce**
- 50 ml **Sahne**
- 2 cl **Apfelbrand** (z.B. von Albert Weis in Simonswald)
- **Butterschmalz** (zum Braten)
- **Salz** | **Pfeffer**

Angaben für 4 Personen
Schwierigkeitsgrad 🌶🌶🌶

JÄGERHAUS | ST. PETER

Rehnüssle mit Wacholderrahmsauce und Pfifferlingen

Dass Wildsaucen einen Schuss Alkohol vertragen, ist nichts Neues. Dass dafür ein edler Gin aus dem Schwarzwald verwendet wird, schon. Markus Schwormstädt vom Hotel »Jägerhaus« schwört auf »Monkey 47«, den Newcomer aus Loßburg. Denn die Brennerei »Black Forest Distillers« verwendet neben dem klassischen Wacholder und allerlei anderen Aromen als geschmackvolle Geheimwaffe auch die Schwarzwälder Preiselbeere, um dem Gin seine unvergleichliche Note zu verleihen. Ihn aber nur in der Sauce zu genießen, wäre fast zu schade. Markus Schwormstädt serviert den Gin daher auch gerne zum Essen.

Zutaten für das Fleisch

- 4 **Rehmedaillons** (à 200 g; aus der Keule)
- **Öl** (zum Braten)
- **Salz | Pfeffer**

Für die Sauce

- ½ **Zwiebel**
- 5 **Wacholderbeeren**
- 1 EL **Butter**
- 1 EL **Senf** (mittelscharf)
- 1 TL **Wildgewürz**
- 250 ml **Wildfond**
- 1–2 EL **Speisestärke**
- 2 cl **Gin** (z. B. »Monkey 47« aus Loßburg)
- 50 g **Sahne**
- **Zucker**
- **Salz | Pfeffer**

Für die Pilze

- 300 g **Pfifferlinge**
- 1–2 EL **Butter**
- **Salz | Pfeffer**

Angaben für 4 Personen
Schwierigkeitsgrad

1. Den Backofen auf 120° vorheizen. Die Rehmedaillons mit Küchenpapier trockentupfen, ganz leicht flach klopfen, mit Salz und Pfeffer würzen. Öl in einer ofenfesten Pfanne erhitzen, die Medaillons darin rundherum anbraten, bis sie leicht gebräunt sind. Dann im heißen Backofen auf der mittleren Schiene in etwa 8 bis 10 Min. rosa garen.

2. Für die Wacholderrahmsauce die Zwiebel schälen und in feine Würfel schneiden. Die Wacholderbeeren zerdrücken. Butter in einem Topf erhitzen, die Zwiebelwürfel darin anschwitzen. Wacholderbeeren, Senf und Wildgewürz hinzufügen und kurz in der Pfanne schwenken. 50 ml Wildfond mit der Speisestärke verrühren, den Rest in die Pfanne geben, zum Kochen bringen und 3 Min. offen köcheln lassen. Dann die Stärkemischung dazugeben, den Fond kurz dicklich einkochen lassen.

3. Den Saucenfond durch ein Sieb gießen, Gin und Sahne unterrühren und mit Salz, Pfeffer und etwas Zucker abschmecken und warmhalten.

4. Die Pilze putzen und trocken abreiben, stark verschmutzte Pilze mit Mehl bestäuben und waschen (siehe Do-schmeckts-Tipp Seite 113). Große Pfifferlinge halbieren. Butter in einer Pfanne erhitzen, die Pilze darin bei mittlerer Hitze etwa 5 bis 7 Min. anbraten, dabei die Pfanne hin und wieder schwenken. Die Pilze mit Salz und Pfeffer abschmecken.

5. Das Fleisch aus dem Ofen nehmen. Die Sauce auf vier Teller verteilen. Die Rehmedaillons und die Pilze darauf anrichten und servieren. Dazu passen Spätzle (siehe Küchengeheimnisse) und eine mit Preiselbeeren gefüllte Rotweinbirne.

Küchengeheimnisse

»Für selbstgemachte Spätzle 6 Eier (Gr. M) in eine Schüssel aufschlagen, 1½ TL Salz und 100 ml Milch dazugeben, alles glatt rühren. 400 g Weizenmehl (Typ 405) hinzufügen, den Teig kräftig schlagen, bis er glatt ist und Blasen wirft, dafür gegebenenfalls noch etwas Wasser hinzufügen. Den Teig nach und nach mit der Spätzle-Hex oder der Spätzlepresse in reichlich leicht siedendes Salzwasser geben und jeweils etwa 4 Min. garen, bis die Spätzle an der Oberfläche schwimmen, dann noch einmal kurz aufkochen. Die fertigen Spätzle mit einem Schaumlöffel abschöpfen und abtropfen lassen, sofort servieren.«

Küchengeheimnisse

»Auch andere mediterran anmutende Kräuter wie Oregano, ein enger Verwandter des Majorans, Thymian oder Rosmarin eignen sich – fein gehackt – sehr gut für eine würzige Kruste. Auch bei der Senfsorte können Sie nach persönlicher Vorliebe variieren und das Fleisch wahlweise mit scharfem Dijonsenf, körnigem Senf oder mildem Honigsenf bestreichen.«

Gefülltes Wildschweinfilet mit Majorankruste

In vielen Gerichten, die im »Landhotel Reckenberg« serviert werden, macht Gerhard Hug ein ganz bestimmtes Küchenkraut – sorgfältig abgestimmt auf die anderen Zutaten – zum Hauptdarsteller. Auch dem würzig duftenden Majoran wird in der Küche gern zu einem prominenten Auftritt verholfen. Als klassisches Fleischgewürz oder für deftige Gerichte eignet sich Majoran besonders gut, weil sein hoher Anteil an ätherischen Ölen diese Speisen schmackhaft und bekömmlich macht. Ein perfektes Zusammenspiel also, wenn Majoran und Wildschweinfilet in diesem Gericht vereint werden.

1 Die Filetstücke von den weißen Häutchen befreien und der Länge nach mit dem Stiel eines Kochlöffels durchstoßen. Die entstandenen Hohlräume mit den Trockenpflaumen stopfen, dafür wieder den Stiel des Kochlöffels verwenden. Die Filetstücke zunächst stramm mit Klarsichtfolie, dann mit Alufolie umwickeln, dabei die Enden zusammendrehen. Die Filets etwa 2 bis 3 Std. kühlstellen.

2 Für die Kruste das Brot im Mixer fein zermahlen. 1 Zwiebel schälen und in feine Würfel schneiden. Die Butter in einer Pfanne erhitzen, Zwiebeln und Majoran darin andünsten. Das Brot hinzufügen. Alles gründlich mischen und in einen tiefen Teller umfüllen, die Eigelbe unterrühren.

3 Den Backofen auf 200° vorheizen. Die restlichen Zwiebeln schälen und in Streifen schneiden. Die Filetstücke von der Folie befreien, rundherum mit Salz und Pfeffer würzen. Olivenöl in einem Bräter erhitzen. Die Filetstücke darin mit den Zwiebeln rundherum scharf anbraten. Den Bräter auf die mittlere Schiene des heißen Backofens schieben. Das Fleisch darin offen etwa 15 Min. garen.

4 Den Bräter aus dem Backofen nehmen, den Backofen auf 250° (Oberhitze) erhitzen. Das Fleisch aus dem Bräter nehmen und in Alufolie wickeln. Brühe und Rotwein in den Bräter geben und bei starker Hitze auf die Hälfte einkochen lassen.

5 Das Fleisch mit Senf bestreichen und mit der Buttermasse belegen. Die Filetstücke auf dem mit Alufolie ausgelegten Rost etwa 6 bis 8 Min. goldbraun überbacken, dabei eventuell den Backofengrill dazuschalten.

6 Den Fond durch ein Sieb passieren, die Sauce mit Salz und Pfeffer abschmecken. Die Filetstücke aus dem Ofen nehmen und noch einmal kurz ruhen lassen. Dann halbieren und mit etwas Sauce auf vier Tellern anrichten. Dazu servieren wir gerne gegrilltes Gemüse, z.B. Paprikaschoten und Baby-Auberginen sowie Kartoffeln.

Zutaten

- 2 Stücke **Wildschweinfilet** (à ca. 300 g)
- 200 g **Trockenpflaumen**
- 2 Scheiben **Toastbrot**
- 3 **Zwiebeln** (klein)
- 100 g **Butter**
- 2 EL **Majoran** (gehackt)
- 2 **Eigelbe**
- ½ l **Fleischbrühe**
- ¼ l **Rotwein** (trocken; z.B. Spätburgunder)
- 2–3 TL **Senf** (mittelscharf)
- **Olivenöl** (zum Braten)
- **Salz | Pfeffer**

Angaben für 4 Personen
Schwierigkeitsgrad

SCHWARZWALDGASTHOF ZUM GOLDENEN ENGEL | GLOTTERTAL

Hirschrücken mit Wacholderkruste und Wirsingpäckchen

Damhirsche waren vor der letzten Eiszeit in Europa verbreitet, wurden aber durch die vordringenden Gletscher und die eisige Kälte nach Vorderasien verdrängt. Von dort führten sie bereits die Römer wieder zu Jagdzwecken in den Mittelmeerraum ein. In das Gebiet des heutigen Deutschlands gelangten sie jedoch erst viel später: Im Jahr 1577 wurden dem kurhessischen Landgrafen Ludwig IV. vom dänischen König 30 Damhirsche geschenkt. Heute kommt das Damwild in vielen Regionen Europas in freier Wildbahn vor, wird aber auch gerne im Freigehege gezüchtet, beispielsweise auf dem »Scharbachhof« im Glottertal. Dieser sorgt dafür, dass im nahen »Goldenen Engel« von Oktober bis Februar immer frisches Wild auf der Karte steht.

Zutaten für Fleisch und Sauce

- 800 g **Hirschrücken** (mit Karreeknochen; küchenfertig)
- 1 Bund **Suppengemüse**
- 1 **Metzgerzwiebel**
- 1 kg **Wildknochen** (beim Metzger vorbestellen und in Stücke hacken bzw. schneiden lassen)
- 1 EL **Tomatenmark**
- 400 ml **Rotwein** (trocken; z. B. Spätburgunder)
- 2 **Lorbeerblätter**
- 25 **Wacholderbeeren**
- 1 TL **Pfefferkörner** (schwarz)
- 1 TL **Senfsamen** (gelb)
- 1 TL **Pimentkörner**
- 4 **Gewürznelken**
- 40 g **Butter** (weich)
- 30 g **Paniermehl**
- je 1 TL **Rosmarin** und **Thymian** (gehackt)
- **Butterschmalz** (zum Braten)
- **Muskatnuss** (frisch gerieben)
- **Salz** | **Pfeffer**

1. Den Backofen auf 70° vorheizen. Butterschmalz in einem Bräter erhitzen, den Hirschrücken darin rundherum anbraten. Dann auf ein mit Backpapier ausgelegtes Blech legen und mit Alufolie abdecken. Den Hirschrücken auf die mittlere Schiene des Backofens schieben und in etwa 3 Std. garen.

2. Inzwischen für die Sauce das Suppengemüse und die Zwiebel waschen und grob würfeln. Die Knochen im Bräter rundherum anbraten, bis sie gut gebräunt sind. Das Gemüse dazugeben und mitrösten. Tomatenmark hinzufügen und kurz karamellisieren lassen. Dann mit 300 ml Rotwein ablöschen und etwas verkochen lassen. Mit so viel Wasser auffüllen, dass die Knochen knapp bedeckt sind. 10 Wacholderbeeren für die Kruste beiseitelegen, die restlichen Gewürze hinzufügen, und alles mit schräg aufgelegtem Deckel bei schwacher Hitze 3 Std. köcheln lassen.

3. Für die Wirsingpäckchen vom Wirsing 4 große Blätter ablösen und beiseitelegen. Den Kopf halbieren. Eine Hälfte anderweitig verwenden, die andere Hälfte in Streifen schneiden. Die Wirsingstreifen mit Sahne und Brühe in einem Topf zum Kochen bringen und zugedeckt bei schwacher Hitze etwa 12 Min. garköcheln lassen. Inzwischen Salzwasser in einem weiteren Topf zum Kochen bringen und die Wirsingblätter darin etwa 4 Min. blanchieren, dann mit einem Schaumlöffel herausnehmen. Die Blätter kalt abschrecken und abtropfen lassen, mit einem Küchentuch trockentupfen. Fond beiseitestellen. Wirsingstreifen mit Salz, Pfeffer und Muskatnuss abschmecken.

4. Ein Wirsingblatt so in einen Dessertring (5 cm Ø) drücken, dass die Blattränder gleichmäßig über den Rand hängen. Mit den Wirsingstreifen füllen, die Blattränder darüberklappen und das Päckchen mit der Hand etwas in den Ring drücken, damit eine stabile Stellfläche entsteht. Das Päckchen aus dem Ring lösen, die übrigen Päckchen genauso zubereiten.

5 Für die Wacholderkruste Butter mit dem Mixer cremig rühren. Übrigen Wacholder im Mörser fein zerstoßen und mit dem Paniermehl unterrühren, die Buttermischung mit Salz, Pfeffer und Muskatnuss würzen. Fleisch aus dem Ofen nehmen, den Backofen auf 250° (Oberhitze) vorheizen.

6 Die Sauce durch ein Sieb gießen und kurz ruhen lassen. Das Fett an der Oberfläche mit einem Esslöffel oder einer Suppenkelle abschöpfen. Die Sauce mit übrigem Rotwein, Rosmarin und Thymian in einem Topf zum Kochen bringen und offen einkochen lassen, bis sie leicht andickt. Die Wirsingpäckchen in einen Topf setzen, etwas Wirsingfond angießen, die Päckchen darin zugedeckt bei schwacher Hitze erhitzen.

7 Butter in einem Topf bei schwacher Hitze goldbraun werden lassen, dann das Paniermehl dazugeben und leicht anrösten. Ei schälen, würfeln und mit der Bröselbutter mischen. Mit Salz und Muskatnuss abschmecken.

8 Die Wacholder-Butter-Mischung auf dem Fleisch verteilen. Das Blech wieder auf die mittlere Schiene des Backofens schieben, die Kruste etwa 3 Min. goldbraun backen. Das Fleisch aus dem Ofen nehmen. Die Wirsingpäckchen aus dem Sud nehmen und abtropfen lassen. Auf vier Teller setzen und mit der Ei-Brösel-Butter-Mischung beträufeln. Das Fleisch zwischen den Knochen in Scheiben schneiden und auf einem Saucenspiegel daneben anrichten. Dazu servieren wir im Restaurant gerne ein Kartoffel-Kürbis-Püree (siehe Do-schmeckts-Tipp).

Do-schmeckts-Tipp

Für ein Kartoffel-Kürbis-Püree 150 g Hokkaidokürbisfruchtfleisch waschen und in Würfel schneiden. 250 g Kartoffeln schälen und kleinschneiden. Beides in leicht gesalzenem Wasser mit 1 Lorbeerblatt und 1 Gewürznelke zum Kochen bringen und zugedeckt bei schwacher Hitze etwa 15 Min. garköcheln lassen. Flüssigkeit abgießen, Gewürze entfernen und die Kartoffel-Kürbis-Mischung durch eine Kartoffelpresse drücken. 1 EL Butter und 2 EL Sahne unterrühren und mit Salz und Pfeffer abschmecken.

Für die Wirsingpäckchen

1 Kopf	**Wirsing** (ca. 500 g)
200 g	**Sahne**
50 ml	**Gemüse-** oder **Fleischbrühe**
80 g	**Butter**
4 EL	**Paniermehl**
1	**Ei** (hart gekocht)
	Muskatnuss (frisch gerieben)
	Salz | **Pfeffer**

Angaben für 4 Personen
Schwierigkeitsgrad ❦❦❦

Gänsekeulen mit Semmelknödeln und Gewürzrotkraut

Da die Adventszeit früher auch als Fastenzeit begangen wurde, veranstaltete man am Martinstag noch einmal ein Festessen. Die Legende besagt, dass Gänse den Heiligen verrieten, als er sich in einem Stall versteckte, um voller Bescheidenheit der Wahl zum Bischof von Tours zu entgehen. So isst man die Martinsgans als Erinnerung an dieses Geschehen. Auch bei Christine und Robert Franke hat sie einen festen Platz im Terminkalender, denn alljährlich im November laden sie zu den »Martini-Wochen« in ihr »Holzöfele« ein. Dort erwarten die Gäste neben der klassischen Gans auch hausgemachte Semmelknödel und würziges Rotkraut.

Do-schmeckts-Tipp
Der preisgekrönte Portwein Amonius vom Weingut »Kalkbödele« in Mertingen passt mit seiner fruchtigen Note besonders gut zum Gänsebraten.

Zutaten für Fleisch und Sauce

- 1 Karotte
- 200 g Knollensellerie
- 1 Zwiebel
- 500 g Gänseknochen
- 2 EL Tomatenmark
- 2 Lorbeerblätter
- 4 Wacholderbeeren
- 2 Gewürznelken
- ½ TL Pfefferkörner (schwarz)
- 4 Gänsekeulen (à ca. 160 g)
- Öl (zum Anbraten)
- Salz | Pfeffer
- Zucker

Für das Kraut

- 1 Kopf Rotkohl (ca. 1 kg)
- 1 Apfel (süßlich; z.B. Cox Orange)
- 1 Zwiebel
- 100 g Butter
- 3 Lorbeerblätter
- 3 Gewürznelken
- 8 Wacholderbeeren
- ½ Zimtstange
- 100 ml Apfelsaft
- 100 ml Rotwein (lieblich; z.B. Merlot)
- 100 g Zucker
- 1 EL Speisestärke
- Muskatnuss (frisch gerieben)
- Salz | Pfeffer

1. Gemüse schälen und würfeln. 2 EL Öl in einem Bräter erhitzen, das Gemüse darin mit den Gänseknochen anbraten und kräftig anrösten. Tomatenmark und Gewürze hinzufügen und kurz mitrösten. 1 l Wasser angießen, aufkochen und offen bei schwacher Hitze etwa 1 Std. einkochen lassen.

2. Für das Kraut vom Kohl die äußeren Blätter entfernen, den Kopf halbieren, den harten Strunk entfernen. Die Blätter in schmale Streifen schneiden. Den Apfel schälen, entkernen und in Würfel schneiden. Die Zwiebel schälen und in feine Würfel schneiden.

3. Für das Fleisch Öl in einer Pfanne erhitzen. Gänsekeulen darin rundherum braun braten. Salzen und in den Bräter legen, offen 1½ Std. mitschmoren.

4. Für das Kraut Butter in einem großen Topf erhitzen, Apfel- und Zwiebelwürfel darin andünsten. Rotkohl und Gewürze dazugeben und kurz mitdünsten. Mit Apfelsaft und Rotwein ablöschen, den Zucker hinzufügen. Alles zum Kochen bringen und zugedeckt bei schwacher Hitze 1 Std. köcheln lassen.

5. Den Backofen auf 70° vorheizen. Für die Knödel das Brot in kleine Würfel schneiden und in eine Schüssel geben. Die Milch in einem Topf aufkochen und über die Brotwürfel gießen, 10 Min. ziehen lassen.

6. Die Keulen aus dem Bräter nehmen und im Backofen warmhalten. Den Fond durch ein Sieb gießen und kurz stehen lassen. Dann das Fett von der Oberfläche mit einem Löffel abschöpfen. Den Fond in einem Topf auf ca. 200 ml einkochen lassen.

7. Für die Knödel Eier zum eingeweichten Brot geben, mit Salz, Pfeffer und Muskatnuss würzen. Die Knödelmasse gründlich vermengen und daraus mit angefeuchteten Händen 8 bis 10 Kugeln formen. In einem Topf reichlich Salzwasser zum Kochen bringen. Die Temperatur reduzieren, die Knödel darin knapp unter dem Siedepunkt 20 Min. ziehen lassen.

8 Die Bratensauce nach Belieben mit etwas Speisestärke binden und mit Salz, Pfeffer und Zucker abschmecken. Für das Kraut Speisestärke mit etwas Wasser verrühren, unterrühren und noch etwas köcheln lassen, bis die Flüssigkeit leicht andickt und das Rotkraut einen schönen Glanz erhält. Mit Salz, Pfeffer, Muskatnuss und noch etwas Zucker abschmecken.

9 Knödel mit einem Schaumlöffel aus dem Sud heben und abtropfen lassen. Rotkraut mittig auf vier Tellern anrichten. Etwas Sauce angießen und die Gänsekeulen schräg auf das Rotkraut legen. Knödel daneben anrichten. Wir servieren dazu gerne noch Nocken aus Kartoffelpüree

Für die Knödel

500 g **Weißbrot** (altbacken)
½ l **Milch**
5 **Eier** (Gr. M)
Muskatnuss (frisch gerieben)
Salz | Pfeffer

Angaben für 4 Personen
Schwierigkeitsgrad

SCHWARZWALDGASTHOF ZUM GOLDENEN ENGEL | GLOTTERTAL

Apfeltörtchen mit Weinschaum

Die »Goldparmäne« ist eine der ältesten Apfelsorten und entstand wahrscheinlich schon im frühen 16. Jahrhundert in der Normandie. Mit ihrem würzig-nussigen, ganz eigenen Geschmack galt sie über viele Jahrhunderte als eine der besten Apfelsorten und wurde daher in Frankreich auch »Reine des Reinettes« (Königin der Renetten) genannt. Leider ist sie sehr krankheits- und schädlingsanfällig und daher aus dem professionellen Obstanbau nahezu verschwunden. Das Weingut »Disch« im Glottertal, nur 200 m entfernt vom Gasthof »Zum goldenen Engel«, baut diese edle Rarität noch heute an. Dort werden die Früchte zu einem aromatischen Apfelbrand verarbeitet oder wandern in die Küche des benachbarten Gasthofs, um dort als feines Törtchen einen goldglänzenden Auftritt hinzulegen.

Do-schmeckts-Tipp
Haben Sie nicht die Möglichkeit, Äpfel der Sorte »Goldparmäne« aus dem eigenen Garten oder der Nachbarschaft zu beziehen? Dann sind »Alkmene« und »Ahra« ein guter Ersatz. Auch »Rubinola« und »Pinova« sind würzige Sorten, die hervorragend für das Apfeltörtchen geeignet sind.

Zutaten für die Törtchen
- 4 Eier (Gr. M)
- 125 g Weizenmehl
- 1 Msp. Backpulver
- 120 g Butter (weich)
- 225 g Zucker
- 40 g Mandelblättchen
- 3 Äpfel (z. B. Goldparmäne)
- 100 ml Weißwein (trocken; z. B. Riesling)
- 2 EL Gelierzucker

Für den Weißweinschaum
- 1 Vanilleschote
- 3 Eigelb (Gr. M)
- 1 EL Zucker
- je 1 Bio-Orange und -Zitrone (Schale)
- 150 ml Weißwein (trocken; z. B. Riesling)

1 Für die Törtchen den Backofen auf 200° vorheizen. Die Eier trennen. Für den Teig Mehl und Backpulver mischen. 100 g Butter und 100 g Zucker in einer Rührschüssel mit dem Handrührgerät cremig rühren. Zunächst die Eigelbe unterrühren, dann die Mehl-Backpulver-Mischung unterheben. 4 Dessertringe (7 cm Ø) auf ein mit Backpapier ausgelegtes Blech setzen, den Teig gleichmäßig darin verteilen.

2 Die Eiweiße mit dem Handrührgerät halbsteif schlagen. Dann nach und nach den restlichen Zucker einrieseln lassen und alles zu einem sehr steifen Baiser schlagen. Das Baiser auf dem Teig verteilen und mit den Mandelblättchen bestreuen. Auf der mittleren Schiene des Backofens die Törtchen etwa 15 Min. goldbraun backen.

3 Für den Weißweinschaum die Vanilleschote mit einem spitzen Messer aufschlitzen und das Mark herauskratzen. Die Eigelbe in einer Rührschüssel aus Metall mit Zucker, Vanillemark und Zitrusschale über dem heißen Wasserbad cremig schlagen. Den Wein nach und nach dazugießen und weiterschlagen, bis die Mischung eine cremige Konsistenz erhält (das passiert bei einer Temperatur von etwa 85°). Wenn sich an einem mit der Flüssigkeit benetzten Kochlöffel beim Daraufblasen Wellen bilden, die an Rosenblüten erinnern, ist der Schaum perfekt (der Fachmann nennt das »zur Rose abziehen«). Vom Wasserbad nehmen und beiseitestellen.

4 Für die Törtchen die Apfelspalten zubereiten. Dafür die Äpfel waschen, mit einem Küchentuch trockenreiben und vierteln. Die Kerngehäuse entfernen und die Apfelviertel in Spalten schneiden. Wein, Gelierzucker und restliche Butter in einem Topf zum Kochen bringen und etwas einkochen lassen. Die Apfelspalten dazugeben und offen bei mittlerer Hitze 2 Min. köcheln lassen, dann beiseitestellen.

Angaben für 4 Personen
Schwierigkeitsgrad

5 Das Blech aus dem Ofen nehmen, die Törtchen vorsichtig aus den Dessertringen lösen und auf einem Kuchengitter abkühlen lassen. Die noch lauwarmen Törtchen waagerecht halbieren, die Unterseiten auf 4 Dessertteller verteilen und mit den Apfelspalten belegen. Rundherum den Weißweinschaum träufeln. Die oberen Törtchenhälften mit Puderzucker bestreuen und schräg an die unteren Hälften lehnen. Nach Belieben noch mit Himbeermark und Minzeblättern garnieren und servieren.

GASTHOF SONNE | AMOLTERN

Mohnparfait auf Apfelscheiben

Mohn ist im Mittelmeerraum seit etwa 8000 Jahren bekannt, schon die Sumerer, die alten Ägypter und die Griechen schätzten ihn. Während er heute beispielsweise in Indien auch für herzhafte Gerichte Verwendung findet, sind die klitzekleinen Samen hierzulande – mit Ausnahme von Brot und Brötchen – vorwiegend in Desserts und süßem Gebäck bekannt. So auch im »Gasthof Sonne« in Amoltern. Dort veredelt der blaugraue Mohn mit seinem nussigen Aroma ein wunderbar cremiges Parfait, das auf in Butter gebratenen Apfelringen serviert wird.

Do-schmeckts-Tipp
Ebenso gut schmeckt das Parfait, wenn es auf einem weinwürzigen Birnenkompott serviert wird. Dafür 2 Birnen halbieren, die Kerngehäuse entfernen, die Hälften schälen und in mundgerechte Stücke schneiden. 100 ml Weißwein (trocken; z.B. Riesling), 50 g Zucker und 1 EL Zitronensaft mit 1 Prise Zimt in einem Topf aufkochen. Birnenstücke hinzufügen und bei mittlerer Hitze 3 bis 5 Min. weichköcheln. Vom Herd nehmen und abkühlen lassen. Auf vier Teller verteilen und die Parfaits, wie beschrieben, darauf anrichten.

1 Für das Parfait die Sahne steif schlagen und zugedeckt kühlstellen. 3 Eier trennen. Die Eiweiße zu steifem Schnee schlagen, den Puderzucker unterschlagen. Das übrige Ei, die Eigelbe und den Zucker in einer Schüssel aus Metall über dem heißen Wasserbad cremigrühren. Die Schüssel in ein kaltes Wasserbad setzen und die Creme weiterschlagen, bis sie kalt ist.

2 Nach und nach die geschlagene Sahne, den Eischnee, Zimt und Mohn unter die erkaltete Creme heben. Die Parfaitmasse in Portionsförmchen (à ¼ l) füllen und zugedeckt im Tiefkühlfach mindestens 5 Std. – besser über Nacht – gefrieren lassen.

3 Die Äpfel schälen, die Kerngehäuse mit einem Apfelausstecher entfernen oder vorsichtig mit einem Messer herausschneiden. Die Äpfel in jeweils 6 dicke Ringe schneiden. Butter in einer Pfanne erhitzen. Die Apfelscheiben darin portionsweise von beiden Seiten je etwa 3 Min. goldbraun braten und in einem Dreieck mittig auf 4 Dessertteller verteilen. Die Parfaits kurz antauen lassen, auf die Apfelringe stürzen und servieren.

Zutaten für das Parfait
- 500 g **Sahne** (kalt)
- 4 **Eier** (Gr. M)
- 2 EL **Puderzucker**
- 100 g **Zucker**
- 1–2 **Zimtpulver**
- 1–2 TL **Mohn** (gemahlen)

Außerdem
- 4 **Äpfel** (säuerlich; z. B. Boskoop oder Renette)
- **Butter** (zum Braten)

Angaben für 8 Personen
Schwierigkeitsgrad

WINZERHAUS REBSTOCK | VOGTSBURG-OBERBERGEN

Lebkuchentiramisu

Kaum jemand weiß, dass im benachbarten Elsass der erste Weihnachtsbaum stand. Bereits Ende des 15. Jahrhunderts war es jenseits des Rheins üblich, sich einen Baum nach Hause zu holen. Die Nähe des Kaiserstuhls zum französischen Elsass wird alljährlich auf den Weihnachtsmärkten der Region deutlich, wenn dort der »Liqueur de Pain d'Épices« zum Kauf angeboten wird. Dieser elsässische Lebkuchenlikör überzeugt durch seine weihnachtliche Zimt- und Nelkennote und ist in der kalten Jahreszeit ebenso herzerwärmend wie Glühwein und Co. Im »Winzerhaus Rebstock« verwandelt diese herrliche Likörspezialität den italienischen Dessertklassiker in eine überraschende Neuinterpretation. Kein Wunder also, dass das Lebkuchentiramisu immer wieder Begeisterung bei den Gästen auslöst!

1   Die Eier trennen, alle Eigelbe in einer Rührschüssel mit dem Puderzucker cremig rühren, zunächst Mascarpone, dann Lebkuchengewürz unterheben. Das Eiweiß zu steifem Schnee schlagen und nach und nach unterheben.

2   In vier Dessertgläser jeweils 1 einen Lebkuchen legen, mit Kaffee tränken und mit Lebkuchenlikör beträufeln. Die Mascarponecreme darauf verteilen. Nach Belieben bis zu 24 Std. durchziehen lassen oder sofort servieren.

3   Kurz vor dem Servieren das Tiramisu mit Kakaopulver bestäuben und nach Belieben mit je 1 einem Minzeblättchen garnieren.

Do-schmeckts-Tipp
Statt Lebkuchen können Sie für das Rezept auch 8 zerbröckelte Spekulatius verwenden, diese aber unbedingt noch etwas durchziehen lassen, damit sie weich werden. Auch eine fruchtige Ergänzung, wie feines Birnenkompott mit Zimt, kann mit in die Gläser eingeschichtet werden.

Zutaten

2	**Eier** (Gr. M)
3	**Eigelb**
125 g	**Puderzucker**
500 g	**Mascarpone**
1 TL	**Lebkuchengewürz**
4	**Lebkuchen** (ohne Schokolade)
1 Tasse	**Kaffee** (ca. 125 ml; abgekühlt)
4 cl	**Lebkuchenlikör** (z.B. vom Weihnachtsmarkt oder aus Frankreich unter dem Namen »Liqueur de Pain d'Épices«)
2 TL	**Kakaopulver**

Angaben für 4 Personen
Schwierigkeitsgrad

MONDWEIDE CAFÉ & BISTRO | BADENWEILER-SEHRINGEN

Bratäpfel mit Marzipan und Brombeeren

»Kinder kommt und ratet, was im Ofen bratet!« Der Duft verrät die Lösung allzu leicht: leckere Bratäpfel! Diese traditionelle Süßspeise kommt zur Winterszeit auch im Café »Mondweide« auf den Tisch. Da Süßigkeiten früher rar waren und es in der kalten Jahreszeit an frischem Obst mangelte, versorgte man sich mit eingekellerten Äpfeln. Wenn sie schon einige Druckstellen hatten, wurden sie zu Apfelmus, Kompott oder eben Bratäpfeln verarbeitet. Bei der klassischen und einfachsten Variante wird der entkernte Apfel mit Zimt und Zucker bestreut und im Ofen gebacken. Britta Klint und Karl Müller-Bussdorf servieren den Bratapfel mit einer süßen Füllung aus Marzipan, Brombeeren, Mandeln und Honig – wer kann dieser Variante schon widerstehen?

1 Den Backofen auf 180° vorheizen. Die Äpfel waschen und jeweils einen Deckel abschneiden. Das Innere der Äpfel mit einem Apfelausstecher großzügig aushöhlen. Marzipan in kleine Würfel schneiden. Die Äpfel bis über den Rand mit Marzipan, Brombeeren, Korinthen und Mandeln füllen, jeweils ½ TL Honig darüberträufeln und mit Zimt bestreuen.

2 Eine Auflaufform (ca. 20 x 20 cm oder größer) mit Butter einfetten, die Äpfel ohne Deckel hineinsetzen. Apfelsaft angießen, restlichen Honig und übrige Brombeeren um die Äpfel verteilen. Die Auflaufform auf die mittlere Schiene des heißen Backofens schieben, die Äpfel darin 20 Min. backen, mit Alufolie zudecken und weitere 10 Min. fertig backen.

3 Die Äpfel mit dem Fond auf vier Tellern anrichten, das Vanilleeis danebensetzen. Alles nach Belieben großzügig mit Kirschwasser beträufeln oder besprühen (siehe Küchengeheimnisse Seite 160).

Zutaten

- 4 **Äpfel** (säuerlich; z. B. Boskoop)
- 50 g **Marzipanrohmasse**
- ca. 30 **Brombeeren** (tiefgekühlt)
- 2 EL **Korinthen**
- 4 EL **Mandeln** (gestiftelt)
- 4 TL **Honig** (flüssig)
- ¼ l **Apfelsaft** (naturtrüb)
- 4 Kugeln **Vanilleeis**
- 2–4 cl **Kirschwasser** (nach Belieben)
- **Zimtpulver**
- **Butter** (für die Form)

Angaben für 4 Personen
Schwierigkeitsgrad ●●●

GASTHAUS BLUME | OPFINGEN

Apfelküchle im Bierteig

Nicht umsonst ist der Apfel bei Groß und Klein beliebt. Mit einem Wassergehalt von 85 Prozent ist er ein idealer Durstlöscher und enthält dabei nur etwa 50 Kalorien pro 100 g. Durch den hohen Anteil an Mineralstoffen, insbesondere Kalium, Magnesium, Calcium, Eisen und Phosphor, ist der Apfel auch ein ausgezeichneter Vitalitätsspender. Direkt unter der Schale steckt noch eine Vielzahl an Vitaminen, besonders Vitamin C, B1, B2 und E, die das Apfelessen zu einem besonders gesunden Genuss machen. Seine Vielfältigkeit, ob roh, als Mus, als Saft, auf Torten oder Kuchen oder wie hier – knusprig ausgebacken in Bierteig – macht ihn zu einem absoluten Tausendsassa für die Küche.

Do-schmeckts-Tipp
Mit einem Holzstäbchen kann man testen, ob das Öl heiß genug ist: Steigen beim Hineinhalten sofort Bläschen auf, hat es die richtige Temperatur.

1. Für den Teig die Eier trennen. Eigelbe mit Bier, Zucker, Vanillemark und 1 Prise Salz verrühren. 200 g Mehl darübersieben und unterrühren. Das Eiweiß zu steifem Schnee schlagen und unterheben. Die Äpfel schälen, mit einem Apfelausstecher die Kerngehäuse entfernen. Die Äpfel in fingerdicke Scheiben schneiden. Restliches Mehl auf einen Teller häufen.

2. Einen Topf 5 cm hoch mit Öl füllen und erhitzen (siehe Do-schmeckts-Tipp). Die Apfelscheiben erst in Mehl wenden, dabei überschüssiges Mehl durch Klopfen entfernen, dann durch den Teig ziehen. Die mit Teig überzogenen Apfelscheiben vorsichtig in das Öl gleiten lassen und portionsweise goldbraun ausbacken, dabei einmal wenden. Die fertigen Küchlein mit einem Schaumlöffel herausheben und auf Küchenpapier abtropfen lassen.

3. Die Apfelküchle mit Puderzucker bestäuben oder nach Belieben in Zimtzucker wenden. Noch heiß servieren. Dazu passt Vanillesauce oder -eis.

Zutaten

- 2 **Eier** (Gr. M)
- ¼ l **Weizenbier**
- 1 EL **Zucker**
- ½ **Vanilleschote** (Mark)
- 250 g **Weizenmehl**
- 4 **Äpfel** (säuerlich z. B. Braeburn, Jonagold, Boskoop)
- **Erdnussöl** (zum Frittieren)
- **Salz**

Angaben für 4 Personen
Schwierigkeitsgrad

JÄGERHAUS | ST. PETER

Kirschwasserbömble mit warmen Sauerkirschen

Diese geeiste Version der Schwarzwälder Kirschtorte ist ein Star auf der Karte des Gasthofs im Hotel »Jägerhaus« in St. Peter. Kein Wunder, denn zur klassischen Kombination von Sahne, Kirschen, Schokolade und dem Schuss Kirschwasser kommt hier noch der Faktor »Eis« dazu – und macht dieses Dessert endgültig unwiderstehlich.

1 Für die Kirschwasserbömble die Sahne steif schlagen und zugedeckt kühlstellen. Ei, Eigelb, Zucker, Vanillemark und 1 Prise Salz in einer Rührschüssel aus Metall über dem heißen Wasserbad cremig schlagen. Dann die Schüssel in ein kaltes Wasserbad setzen und die Creme weiterschlagen, bis sie kalt ist.

2 Nach und nach geschlagene Sahne, Kirschwasser und Schokoraspel unter die erkaltete Creme heben. Die Parfaitmasse in 4 Portionsförmchen (à 6 bis 7 cm Ø) füllen und zugedeckt im Tiefkühlfach mindestens 6 Std. – besser über Nacht – gefrieren lassen.

3 Wenn das Parfait gefroren ist, die Kirschen in ein Sieb abgießen, dabei die Flüssigkeit auffangen. Zwei Drittel der Flüssigkeit in einem Topf erhitzen, den Rest mit Zucker, Speisestärke und Zimt verrühren. Sobald die Flüssigkeit kocht, den Rest dazugeben und den Sud leicht dicklich einkochen lassen. Die Kirschen einrühren, alles erneut aufkochen, vom Herd nehmen und etwas abkühlen lassen.

4 Die Parfaitförmchen kurz in heißes Wasser tauchen, dann die Kirschwasserbömble vorsichtig auf vier Dessertteller stürzen. Die noch warmen Kirschen daneben anrichten. Nach Belieben mit etwas geschlagener Sahne und Schokoraspel garnieren und servieren.

Zutaten für das Parfait

150 g **Sahne** (kalt)
1 **Ei** (Gr. M)
1 **Eigelb**
60 g **Zucker**
½ **Vanilleschote** (Mark)
5 cl **Kirschwasser**
2 EL **Schokoraspel**
Salz

Für die Kirschen

1 Glas **Schattenmorellen** (680 g)
30 g **Zucker**
30 g **Speisestärke**
1 Msp. **Zimtpulver**

Angaben für 4 Personen
Schwierigkeitsgrad ●●●

Küchengeheimnisse

»Für eine kindertaugliche Version der Bömble einfach das Kirschwasser weglassen und statt Schokoraspel 2 bis 3 EL Schokobiskuit- oder Schokocookie-Brösel mit der Sahne unter die Parfaitmasse heben. Im Sommer können Sie das Parfait auch auf einem Fruchtspiegel aus Himbeeren oder Erdbeeren anrichten. Das sieht nicht nur toll aus, sondern schmeckt auch ganz fantastisch.«

Von Wildpflaumen, Zwiebeläpfeln und Käuzen

von Manuel Oelke

Im Breisgau, am Fuße des markanten Batzenbergs, liegt das Obstgut Siegel. Der Partnerbetrieb der Regionalwert AG baut seit 2009 Äpfel, Birnen und eine Vielzahl Beeren an, aber auch Zwetschgen und Pfirsiche (mehr zur Regionalwert AG lesen Sie auf Seite 117).

Zwei »Erntehelferinnen« im Obstparadies: Susanne Geng und Sandra Bein von der Obstparadies Manufaktur (Foto: Obstparadies Manufaktur). Wildpflaumen waren in Südbaden einst weit verbreitet. (Foto: Regionalwert AG)

Die geernteten Früchte kommen als Tafelobst auf den Markt, wobei der Besitzer Joel Siegel primär die Händler der Umgebung sowie Abo-Kisten versorgt. Sein zentrales Anliegen ist die Bewahrung und Verbesserung der Bodenfruchtbarkeit – eine Generationenaufgabe – was sich unter anderem in einem ausgeklügelten Kompostkreislauf zeigt. Um zukünftig ganz auf zugekauften Dünger verzichten zu können, wird zudem mit Hühnern als »Düngerlieferanten« experimentiert.

Hierbei kooperiert er mit anderen Betrieben im Rahmen des Projektes »Hahn und Huhn« – bei dem auch männliche Küken aufgezogen werden, was in der industriellen Hühnerhaltung bislang selten ist. Teil des ganzheitlichen Konzepts ist auch die Haltung von eigenen Bienen zur Verbesserung der Bestäubung. In seinem Demeter-Betrieb verfolgt Joel Siegel außerdem das Ziel, ganzjährig Mitarbeiter beschäftigen zu können. Sein Sortiment kommt ihm dabei entgegen: Während das Kernobst vom Herbst bis ins Frühjahr für Arbeit sorgt, ist der Sommer die Zeit der Beeren. Dann reifen neben Erdbeeren aromatische Himbeeren, Brombeeren, Johannisbeeren und Stachelbeeren in verschiedensten Sorten.

Die Vielfalt ist ihm wichtig, erlaubt sie doch aufgrund der unterschiedlichen Reifezeiten nicht nur die Ernte über einen längeren Zeitraum hinweg, sondern auch Variationen im Geschmackserlebnis. Neben gängigen Marktsorten liegt der Schwerpunkt auf dem Anbau köstlicher neuer Sorten,, die robuster oder resistenter sind. Produziert wird das

Rote Winteräpfel warten auf ihre Verwendung (Foto: Thomas Brey).

Obst überwiegend in modernen Niederstammanlagen, teils aber auch noch an Hochstämmen, wie man sie von Streuobstwiesen kennt.

Mit seinem Betrieb ist Joel Siegel Teil der langen und bewegten Geschichte des Obstbaus der Region. Breisgau, Kaiserstuhl und Markgräflerland, aber auch die Hänge des Schwarzwaldes sind in vielen Bereichen von Obstwiesen geprägt, die der Landschaft neben dem Wein einen besonderen Reiz verleihen. Dabei stechen besonders die hochstämmigen Walnuss- und Kirschbäume hervor, die durch ihre Größe und Schönheit eine ganz eigene Wirkung entfalten. Die Basis für den Obstbau legten schon die Römer, welche die Verbreitung vieler Obstarten förderten. Jahrhunderte später spielten die Klöster für die Sortenzüchtung und den Aufbau des gärtnerischen Wissens eine außerordentliche Rolle. Über eine lange Zeit diente der Anbau vor allem der Selbstversorgung.

Deutlichen Aufschwung erlebte die Obstproduktion durch die Erschließung von neuen Märkten im 19. Jahrhundert, etwa durch den Bau der Kaiserstuhlbahn. In der Folge entwickelten sich die Früchte mehr und mehr zu einem bedeutenden Wirtschaftsfaktor. So war der Kaiserstuhl vor 100 Jahren der größte Kirschenexporteur Deutschlands – wobei er dank der optimalen Klimaverhältnisse noch vor allen anderen die ersten Früchte liefern konnte.

Mit dem Aufschwung kam die Weiterentwicklung der Sorten: Mit verschieden schnell reifenden Kirschen konnte beispielsweise über einen langen Zeitraum verkauft werden. Die Zahl der unterschiedlichen Sorten und Varietäten erreichte Anfang des 20. Jahrhunderts einen Höhepunkt. Schon vorher hatten sich eine Vielzahl von regionalen Obstsorten herausgebildet, die gut an ihre Standorte angepasst waren und sich oft durch Robustheit gegenüber Krankheiten und klimatischen Einflüssen auszeichneten. Ein schönes Beispiel ist etwa der Purpurrote Zwiebelapfel, der hier als Kohlenbacher bekannt ist, im benachbarten Elsass auch als Rhinauer Sauerapfel. Die kleinen, tiefroten Äpfel reifen spät, haben eine angenehme Säure und sind lange lagerfähig. Traditionell wurden sie als Christbaumschmuck verwendet, weshalb die Sorte auch als Christkindler bezeichnet wird.

Unter den Zwetschgen war im Badischen vor allem die Bühler Frühzwetschge stark verbrei-

Seit der Mitte des 20. Jahrhunderts ist der Streuobstanbau in Abnahme begriffen, da die Rentabilität eine immer größere Rolle spielte. In Reih und Glied in Niederstammanlagen konnte Obst kostengünstiger erzeugt werden, außerdem wurde es zunehmend aus dem Ausland importiert. Im professionellen Obstbau spielen hochstämmige Bäume daher kaum mehr eine Rolle, heute dominieren Niederstammanlagen mit wenigen Sorten in der Ebene. Auch führten der Ausbau von Straßen und das Wachstum von Siedlungen zu einem Verlust an Obstbaumalleen und Obstwiesen.

Joel Siegel auf seinem Hofgut (Foto: Regionalwert AG).

Johannes Geng beim Äpfel waschen (Foto: Obstparadies Manufaktur).

tet: Die Sorte wurde Mitte des 19. Jahrhundert gezüchtet, mit der Zeit entstanden verschiedene Typen, welche sich in Form und Reifezeit unterschieden. Aufgrund guter Fruchteigenschaften, hoher Erträge und der robusten und gesunden Bäume entwickelte sie sich sehr schnell zum Verkaufsschlager und wurde lange in großem Umfang angebaut. Im professionellen Obstbau hat die Bühler Frühzwetschge inzwischen jedoch aufgrund der aufwendigen Ernte an den hochwachsenden Bäumen starke Konkurrenz von neuen niedrigen Sorten bekommen, von Kleinbetrieben und Hobby-Obstbauern aber wird sie weiterhin geschätzt und gehegt.

Der Rückgang des Streuobstanbaus wirkt sich stark auf die Sortenvielfalt aus: Früher allgegenwärtig, fristen regionale und lokale Sorten heute ein Nischendasein, viele sind selten geworden, andere bereits verschwunden. Dadurch ist auch ein wichtiges Kulturgut bedroht. Darüber hinaus nimmt die vorhandene genetische Variabilität ab. Sie ist Grundlage für Züchtungsaktivitäten und für den Erhalt bestimmter Sorteneigenschaften. Diese könnten etwa beim Auftreten neuer Krankheiten, bei Klimaveränderungen oder neuen Verbrauchergewohnheiten eine große Bedeutung erlangen. Nebenbei geht mit den alten Bäumen ein wichtiger Teil des Landschaftsbilds verloren, der neben ästhetischen auch ökologische Funktionen erfüllt, zum Beispiel für bedrohte Vogelarten wie den Steinkauz.

Mittlerweile gibt es aber eine Reihe an Erhaltungsaktivitäten, unter anderem von Naturschutzgruppen oder des «Kaiserstühler Samengartens» in Eichstetten. Doch auch einzelne Betriebe kümmern sich um die Bewahrung der traditionellen Kulturlandschaft. Ein Beispiel ist das »Obstparadieses Staufen« – malerisch gelegen mit Blick auf die Burgruine, die ausgedehnte Rheinebene und die Vogesen. Wer diese Obstwiesen der Familie Geng in der Vorbergzone des Schwarzwaldes besucht, merkt schnell, wie viel Herzblut in der Anlage steckt: Seit 2011 wurden 1400 Bäume gepflanzt und über 800 alte Streuobstbäume gepflegt und genutzt.

Mehr als 550 Obst- und Beerensorten wachsen hier, überwiegend an großkronigen Hoch- und Halbstämmen. Der Schwerpunkt liegt dabei auf dem Anbau alter und regionaler Sorten, die mit den hiesigen Boden- und Klimaverhältnissen gut zurechtkommen. Die Früchte werden entweder als Tafelobst im Hofladen und auf regionalen Märkten angeboten oder zu ausgefallenen Produkten weiterveredelt. So umfasst das Sortiment neben einer Vielzahl von sortenreinen Säften und Cuvées auch über 50 Liköre aus Früchten und Blüten, alkoholfreie Aperitife, Trockenobst (etwa von köstlichen Wildpflaumen), 15 Sorten Sirup und etliche feine Fruchtaufstriche. Besonders wichtig sind dem Chef Johannes Geng dabei die Produkte aus ungespritzten Früchten. Dass dieses Konzept aufgeht und gleichzeitig ein wertvoller Beitrag zur Erhaltung der traditionellen Kulturlandschaft geleistet wird, lässt sich trefflich auf einer Führung durch das Obstparadies Staufen feststellen.

Heute dominieren im Obstanbau Niedrigstammanlagen, die Streuobstwiesen werden weniger (Foto: Lars Schnoor).

Adressen

Johannes Geng
Obstparadies Manufaktur
Im Gaisgraben 17
79219 Staufen
Telefon: 07633 | 9807340
www.obstparadies-staufen.de

Obstgut Siegel
Bundesstraße 51
79238 Ehrenkirchen-Norsingen
Telefon: 0176 | 83228308
www.obstgutsiegel.de

HOTEL-GASTHOF KREUZ-POST | STAUFEN

Lebkuchenparfait mit Zwetgschenröster

Feine Lebkuchen werden in der Advents- und Weihnachtszeit in vielen badischen Bäckereien angeboten. Sie haben ihren Ursprung in den Klöstern, wo Honig- und Gewürzbrote seit dem 11. und 12. Jahrhundert als Heilmittel sowie zur Stärkung bei Krankheiten und in der Fastenzeit gebacken wurden. Für die mittelalterlichen Menschen waren Lebkuchen kein Lebensmittel, sondern eine Kostbarkeit mit christlicher Symbolik. Zur Dessertkreation aus dem heute noch beliebten Weihnachtsgebäck empfiehlt Michael Zahn vom Gasthof »Kreuz-Post« in Staufen ein »Zibärtle« mit leichter Mandel-Marzipan-Note oder ein feinwürziges lokales Zwetschgenwasser aus dem Hause Schladerer.

Zutaten für das Parfait

- 400 g **Sahne** (kalt)
- 100 g **Lebkuchen** (ohne Schokolade)
- 100 g **Spekulatius**
- 3 **Eier** (Gr. M)
- 6 **Eigelbe**
- 150 g **Zucker**
- 8 cl **Rum** (braun; 40% vol.)
- 2 EL **Kakaopulver**

Für den Zwetschgenröster

- 500 g **Zwetschgen**
- 200 g **Zucker**
- ½ l **Rotwein** (trocken; z. B. Spätburgunder)
- 1 **Zimtstange**

Angaben für 4 Personen
Schwierigkeitsgrad

1. Am Vortag die Sahne steif schlagen und zugedeckt kühlstellen. Lebkuchen und Spekulatius zerbröckeln und im Blitzhacker fein zermahlen. Eier, Eigelbe und Zucker in einer Rührschüssel aus Metall über dem heißen Wasserbad cremig schlagen. Dann die Schüssel in ein kaltes Wasserbad setzen und die Creme weiterschlagen, bis sie kalt ist.

2. Nach und nach Rum, Lebkuchen-Spekulatius-Brösel und die geschlagene Sahne unter die erkaltete Creme heben. 2 Streifen Backpapier längs halbieren. Jeweils einen Streifen Papier fest um jedes von vier Portionsförmchen (à ¼ l) wickeln, sodass das Papier etwa 5 cm über den Rand der Förmchen steht. Jeweils mit Klebeband oder Büroklammern befestigen. Die Parfaitmasse über den Rand hinaus in die Portionsförmchen füllen. Zugedeckt im Tiefkühlfach über Nacht gefrieren lassen.

3. Am nächsten Tag für den Zwetschgenröster die Zwetschgen waschen, mit einem Küchentuch trockenreiben, halbieren und entsteinen. Die halbierten Zwetschgen in einem Topf mit Zucker, Rotwein und Zimt zum Kochen bringen und offen bei schwacher bis mittlerer Hitze etwa 1½ Std. leicht dicklich einkochen. Den Zwetschgenröster vom Herd nehmen und abkühlen lassen, bis er lauwarm ist.

4. Den Zwetschgenröster auf vier Portionsförmchen verteilen und nach Belieben mit gerösteten Mandelblättchen und gehackten Pistazien bestreuen. Das Backpapier von den Parfait-Portionsförmchen lösen, die Parfaits mit Kakao bestäuben, mit dem Röster auf vier Desserttellern anrichten und servieren.

Küchengeheimnisse

»Ebenso gut schmeckt das Parfait, wenn es auf einem weinwürzigen Birnenkompott serviert wird. Dafür 2 Birnen halbieren, die Kerngehäuse entfernen, die Hälften schälen und in mundgerechte Stücke schneiden. 100 ml Weißwein (trocken; z. B. Riesling), 50 g Zucker und 1 EL Zitronensaft mit 1 Prise Zimt in einem Topf aufkochen. Birnenstücke hinzufügen und bei mittlerer Hitze 3 bis 5 Min. weichköcheln. Vom Herd nehmen und abkühlen lassen. Auf vier Teller verteilen und die Parfaits, wie beschrieben, darauf anrichten.«

Küchengeheimnisse

»Heutzutage wird in Österreich typischerweise Johannisbeerkonfitüre für den Kuchen verwendet. Ich bevorzuge jedoch die Variante mit Himbeeren. Es eignen sich aber auch Aufstriche aus Preiselbeeren, Aprikosen und anderen Früchten. Wem das Gitter zu kompliziert ist, der kann die Linzer Torte natürlich auch anders schmücken. Gerade zur Weihnachtszeit sind zum Beispiel kleine Teigsterne sehr beliebt. Sie können aber auch einfach Kreise oder jede andere Form ausstechen und den Kuchen damit belegen.«

BIO-RESTAURANT AM FELSENKELLER | STAUFEN

Linzer Torte

Schon Tage bevor die Linzer Torte auf der Kuchenkarte des »Bio-Restaurants Am Felsenkeller« erscheint, weht ein typisch österreichischer Duft durch Küche und Wirtsstube, und das nicht von ungefähr, gehörte doch der Breisgau rund 400 Jahre lang zu Vorderösterreich. Die Gäste lieben es, wenn dieses Gebäck quasi als kulinarischer Zeuge der Vergangenheit angeboten wird. In der traditionellen Zubereitung mit Mandeln, Zimt und Gewürznelken erinnert die Linzer Torte fast schon an ein großes Weihnachtsplätzchen. Auch die herrliche Konfitüre – hier aus Himbeeren – lässt unter dem typischen Gitter aus Teigstreifen jedem das Wasser im Mund zusammenlaufen. Linzer Torten sollten nie frisch verzehrt werden, Sie sollten daher eine Reifezeit von 2 bis 3 Tagen einplanen, besser wäre eine ganze Woche.

1 Zwei Tage zuvor die Butter in kleine Würfel schneiden. In einer verschließbaren Schüssel Mehl, Mandeln bzw. Nüsse, Zucker, Vanille, Zimt, Kakao und Nelken mischen und in die Mitte eine Mulde drücken. Ei und Kirschwasser in die Mulde geben, die Butterwürfel auf dem Rand verteilen. Alles zunächst mit den Knethaken des Handrührgeräts, dann mit den Händen rasch zu einem glatten Teig verkneten. Den Deckel auf die Schüssel setzen, diese in den Kühlschrank stellen und den Teig zwei Tage durchziehen lassen.

2 Zwei Tage später den Backofen auf 180° vorheizen. In den Boden einer Springform (28 cm Ø) einen Bogen Backpapier einspannen, die Ränder einfetten. Zwei Drittel des Teigs auf der bemehlten Arbeitsfläche auf einen Kreis von etwa 34 cm Ø ausrollen. Die Springform damit auslegen, dabei einen 2 bis 3 cm hohen Rand formen. Die Konfitüre gleichmäßig auf dem Teig verteilen.

3 Das restliche Teigdrittel auf der bemehlten Arbeitsfläche auf einen Kreis von etwa 28 cm Ø ausrollen. Den Teig in Streifen schneiden, diese jeweils gitterförmig von Rand zu Rand auf die Konfitüre legen. Eigelb und Milch verquirlen, die Teigoberfläche mit der Mischung einpinseln. Die Form auf die mittlere Schiene des heißen Backofens stellen, den Kuchen etwa 1 Std. backen, bis er leicht gebräunt ist.

4 Den Kuchen aus dem Ofen nehmen und etwas abkühlen lassen. Dann aus der Form lösen und auf einem Kuchengitter vollständig auskühlen lassen. In einer Kuchenschachtel 2–3 Tage (besser 1 Woche) durchziehen lassen.

Zutaten

- 250 g **Butter** (kalt)
- 220 g **Weizenmehl**
- 200 g **Mandeln** oder **Walnüsse** (gemahlen)
- 200 g **Zucker**
- 1 Pck. **Bourbon-Vanillezucker**
- 1 TL **Zimtpulver**
- 1 TL **Kakaopulver**
- 1 Msp. **Gewürznelken** (gemahlen)
- 1 **Ei** (Gr. M)
- 2 cl **Kirschwasser**
- 250 g **Himbeerkonfitüre**
- 1 **Eigelb**
- 1 TL **Milch**
- **Fett** (für die Form)
- **Mehl** (für die Arbeitsfläche)

Angaben für 1 Kuchen (12–16 Stücke)
Schwierigkeitsgrad

GASTHOF ENGEL | SIMONSWALD

Geeister Christstollen mit Gewürzorangen

Der Weihnachtsstollen ist wohl das älteste bekannte, deutsche Weihnachtsgebäck. Schon 1329 wurde ein erster Stollen in Naumburg für den amtierenden Bischof Heinrich als vorweihnachtliche Gabe gebacken. Damals waren die nur aus Wasser, Haferschrot und Rübenöl gekneteten Stollen recht magere Fastenbrote, denn im Advent wurde zur Vorbereitung auf das Weihnachtsfest streng gefastet. 1491 gestattete jedoch Papst Innozenz VIII. in seinem berühmten »Butterbrief« an Kurfürst Ernst von Sachsen, den Stollenteig mit Butter anzureichern. So kann man mit Fug und Recht sagen, dass ein Papst an der Entstehung des Christstollens mitgewirkt hat. Georg Schultis-Wagner kreierte nun seine ganz eigene Version des Weihnachtsklassikers. Mit Zimt, Nelken und Sternanis gewürzte Orangenscheiben und ein herrlich schmelziges Glühweineis erweisen sich als perfekte Begleiter und lassen auch bei großen Kindern die Augen leuchten.

Zutaten für die Gewürzorangen

- 4 Orangen
- ½ TL Speisestärke
- 150 ml Orangensaft
- 2 cl Orangenlikör (z.B. Grand Marnier)
- 50 g Zucker
- ½ Vanilleschote (Mark)
- 2 Gewürznelken
- ¼ Zimtstange
- 1 Sternanis

Für den geeisten Christstollen

- 500 g Sahne (kalt)
- 2 EL Mandelblättchen
- 1 EL Orangeat
- 1 EL Zitronat
- 2 Eier (Gr. M)
- 2 Eigelb
- 125 g Zucker
- 2 EL Rosinen
- 2 cl Rum (braun; 40 % vol.)
- Öl (für die Form)

1 Am Vortag für die Gewürzorangen die Orangen schälen, sodass auch die weiße Innenhaut entfernt wird. Die Orangen in Scheiben schneiden, dabei die Kerne entfernen. Die Orangenscheiben in eine Auflaufform legen.

2 Die Speisestärke mit etwas Orangensaft anrühren. Restlichen Orangensaft und -likör mit dem Zucker und den Gewürzen aufkochen. Die Orangensaft-Stärke-Mischung unterrühren und kurz köcheln lassen, bis die Mischung ganz leicht andickt. Den Sud über die Orangenscheiben gießen, alles zugedeckt über Nacht kühlstellen.

3 Für den Christstollen die Sahne steif schlagen und zugedeckt kühlstellen. Mandelblättchen in einer Pfanne ohne Fett hellbraun anrösten. Orangeat und Zitronat fein hacken. Eier, Eigelbe und Zucker in einer Rührschüssel aus Metall über dem heißen Wasserbad cremig schlagen. Die Schüssel in ein kaltes Wasserbad setzen und die Creme weiterschlagen, bis sie kalt ist.

4 Nach und nach Mandelblättchen, Orangeat, Zitronat, Rosinen und Rum unter die erkaltete Creme heben. Zuletzt die geschlagene Sahne unterheben. Eine Terrinenform (25 x 5 x 6 cm) mit Öl einpinseln und mit Frischhaltefolie auslegen, die Parfaitmasse hineinfüllen und zugedeckt über Nacht gefrieren lassen. Nach Belieben auch in runden Portionsförmchen gefrieren lassen.

5 Am nächsten Tag das Parfait aus der Form stürzen. Die Folie entfernen, das Parfait in Scheiben schneiden. Oder das Parfait aus den runden Förmchen stürzen und wie einen Kuchen anschneiden. Parfait und Gewürzorangen auf vier Tellern anrichten. Nach Belieben noch etwas garnieren, wir servieren in unserem Gasthaus Zimteis dazu.

Angaben für 4 Personen
Schwierigkeitsgrad ●●●

Küchengeheimnisse

»Orangeat und Zitronat sind etwas aus der Mode gekommen. Wer beides nicht so gerne mag, ersetzt es einfach durch die gleiche Menge in kleine Würfel geschnittene, getrocknete Aprikosen, kandierte Ananas, getrocknete Kirschen bzw. Cranberrys, Datteln oder kandierten Ingwer. Das schafft zusätzlich immer wieder neue Geschmackserlebnisse. Wer dabei nicht auf Orangen- und Zitronenaroma verzichten möchte, reibt ganz einfach etwas Bio-Orangen- und -Zitronenschale in die Eismasse.«

Jahreszeitliche Touren aus unseren Schwarzwald-Wanderführern

von Bettina Forst

Frühlingserwachen am Kaiserstuhl – kleine Wanderung rund um Bickensohl

Im Herzen des Kaiserstuhls entzückt diese Familienrunde mit vielfältigen Natureindrücken und zünftiger Einkehr. Während auf den Gipfeln des Schwarzwalds noch Schnee liegt, grünt und blüht es bereits auf dem Kaiserstuhl.

Sommerlicher Familienausflug auf dem Staufener Panoramaweg

Am Rand der malerischen Innenstadt von Staufen, unmittelbar am Fuße des Schlossberges, beginnt die 2-stündige Tour für Klein und Groß, die zunächst durch die Weinberge zur Burgruine Staufen führt (gelbe Raute).

Wanderimpressionen aus Bickensohl und Staufen (Foto links: Bettina Forst; Foto rechts: Lars Schnoor).

Eingebettet in die hiesigen Rebhänge liegt das malerische Bickensohl. Von diesem Winzerörtchen beginnt die Runde durch die sonnigen Weinfluren und Buchenmischwälder. Auf den Spuren der Lösshohlwege (Kennzeichnung »Lösshw« und gelbe Raute) verlassen wir Bickensohl in nördliche Richtung und wandern bergan durch die landschaftsbestimmenden Rebterrassen. An deren zahlreichen Steinmäuerchen nehmen Smaragdeidechsen gerne erste Sonnenbäder.

Über die Eichgasse, einer der längsten und tiefsten Lösshohlwege des Kaiserstuhls, dringen wir weiter in diesen Naturraum vor, der gerade für seltene Pflanzen von besonderer Bedeutung ist. Mit Blick auf den markanten Totenkopf, der höchsten Erhebung des ursprünglichen Vulkans, spazieren wir im lichten Laubwald auf einer Anhöhe östlich von Bickensohl. Über weitere Lösshohlwege und durch Reben geht es vorbei am Vogelschutzgebiet Bitzenberg. Nach rund 2:15 Std. sind wir zurück in Bickensohl.

Die lokalen Winzer haben die verschiedenen Rebsorten unterwegs ausgewiesen und freuen sich über eine Weinprobe in ihrem Weingut. Nach einem kurzen Anstieg werden wir von der Burgruine mit einem stimmungsvollen Blick auf die Dächer des Städtchens und über die Rheinebene hinweg auf den Kaiserstuhl sowie die Vogesen belohnt. Am Ortsrand von Staufen, an der Schlossbergklinik vorbei, geht es auf einem breiten Forstweg in den Mischwald hinein.

Erfrischend ist die Kühle des Waldes in den Sommermonaten, wenn es in der Rheinebene sehr heiß ist. Die Wegmarkierung gelbe Raute führt uns zu der Grillstelle Schützenplatz mit schönem Weitblick über Staufen, die Burgruine und die Weinberge. Durch den schattigen Forst gelangen wir zur Johanneskapelle, einer ehemaligen Einsiedelei. Ein schmaler Serpentinenpfad führt uns zurück nach Staufen und dann meist geradeaus bis zum hübschen Altstadtkern, wo die Wanderung einen würdigen Abschluss findet.

Markgräfler Wiiwegli, wandern durch das irdische Paradiesgärtlein

Das Wiiwegli führt 80 Kilometer durch Weinberge, Streuobstwiesen, Laubwälder sowie schnuckelige Winzerdörfchen. Im Herbst lässt ein badischer Indian Summer die sanften Hügel in Orange- und Rottönen leuchten, dann bevölkern die Winzer bei der Lese die Rebhänge und die letzten Äpfel werden geerntet.

Winterlicher Panoramaweg von St. Märgen nach St. Peter

Auf dem Höhenrücken zwischen Kandel und Thurner schlängelt sich der gut angelegte Panoramaweg zwischen St. Märgen und St. Peter, zwei prächtigen Schwarzwaldgemeinden. Durch Wiesen und am Waldsaum kann der Blick vom Höhenweg in die Ferne bis hin zum Feldberg schweifen.

Herbst- und Winterstimmung im südlichen Schwarzwald (Foto links: Simon Malik; Foto rechts: Ralph-Raymond Braun).

Wir wandern auf einem reizvollen Wegabschnitt des Wiiweglis von Bad Bellingen nach Müllheim. Vom Bahnhof in Bad Bellingen geht es in Richtung Schliengen aus dem Ort hinaus. Am Wanderparkplatz Pfaffenacker treffen wir auf das Wiiwegli, das wir nun bis Müllheim nicht mehr verlassen. Wir queren schon bald die ersten Rebberge und orientieren uns dabei stets am Wandersymbol für das Wiiwegli, der roten Raute mit gelber Traube.

Die erste Einkehr bietet sich in der hübschen Winzergemeinde Schliengen. Weiter geht es auf meist sonnigen Wegen durch die Rebhänge des »Schliengener Sonnenstücks« in die historische Weinbaugemeinde Auggen. Gerade hier können einige edle Tropfen verkostet werden. Über den Luginsland, der hält, was er verspricht, bieten sich prächtige Ausblicke über das Rheintal auf die Vogesen. Zu unseren Füßen liegt Müllheim, die »Hauptstadt« im Markgräflerland. Am Bahnhof endet nach knapp vier Stunden unsere Reise durch diese charmante und köstliche Landschaft.

Die Tour ist in der Regel auch im Winter mit festem Schuhwerk durchführbar.

Vor der barocken Marienwallfahrtskirche in St. Märgen schultern wir den Rucksack. Mit der Wandermarkierung gelbe Raute verlassen wir den Ort in nördliche Richtung. Am Waldrand sind wir am Panoramaweg angekommen, dem wir nun bis nach St. Peter folgen. Dabei passieren wir die Ibachquelle, einen urigen Rastplatz und nach rund einer Stunde im Wandermodus die Kapfenkapelle, den höchsten Punkt der Tour.

An der Vogesenkapelle vorbei, dann geht es allmählich bergab über die offenen Wiesenflächen nach St. Peter, an dessen prächtiger Barockkirche nach 2:30 Stunden unsere Wanderung ausklingt.

Alemannisch von do un dert

Was dem Ortenauer sin Schleckli, isch dem Wiesetäler s' Guetseli. Un isch eineweg immer Marmelade. Im Ried metzget me e Guller, im Schwarzwald isst me ihn als Güggeli, ein Hähnchen schmeckt allene allewil.

Wer de Kittel oder Dschobe anzieht, trägt vernünftigerweise eine Jacke. Sonst droht bi Regewetter ein Schnupfen, e Schnüppe oder de Pfnüsel. Mit ere Schnudernase, die tröpflet wie e kaputtes Fuedderfass. Das war das Horn, in dem die Mäher früher ihre Wetzsteine gesteckt haben.

Heinz Siebold

Wo hocke mer hii?

Hit Obe gämmer in d'Linde! Ich bschtell uff jede Fall zerschd ä Markklösslisupp un dann d'Forelle! Min Schätzli wird wahrschiens widder – wie immer – s'Lindepfännli nämme. Wo hocke mer hii?

S'kleine Tischli am Kachelofe wär natierlich de Hammer, im Herrgottswinkel wär's au noch super, odder viellicht kriäge mer jo au des schnuggli Tischli glich am Iingang links?

Mir gfallt jo au des Tischli direkt näbem Stammtisch, aber… des gfallt leider minnere Frau nit, will ich – angeblich – dann z'viel mit de Stammtischbriäder babbel, un de SC het grad verlore, do gäbs bestimmt einiges zu diskutiere! Odder viellicht hocke mer jo au an dem Tisch vis-a-vis vun de Thek, dann hämmer de Seniorchef immer so guad im Blick, aber… midem Albert soll ich jo au nit so viel schwätze, meint min Goldstick!

Egal! Schaue mer emol! Jetzt zerschd anrufe un reserviere – sicher isch sicher!

»Hallo! Hier isch de Helmut Dold! Hänner hit Obe noch Platz fir zwei Persone?... Was?... Total voll?... Schad! Echt schad! Ha, dann kumme mer halt nächschd Woch widder! Machs guad, Elke! Un ä Gruß an de Reinhard un de Albert! Adje!«

Un was mache mer jetzt? Ha…? Jetzt gämmer in d'Blume!

Ich bschtell uff jede Fall s'Cordon bleu mit Gmiäs un Salat! Un viel Soß! Min Schätzli wird wahrschiens – wie immer – s'Wildtöpfli nämme.

Aber! Wo hocke mer hii?

De Hämme (alias Helmut Dold)

Brägel sind nicht Brägele

Zum Kulturgut in Südbaden zählt zweifellos der Brägel. Der Journalist Heinz Siebold ergründete die Feinheiten der Schwarzwälder Kartoffelküche.

Dass Tradition die Moderne nicht ausschließt, beweisen Schwarzwälder Gastronomen alljährlich während der »Brägelwochen« und locken mit feinen Rezepten rund um die traditionelle Kartoffelspeise. Links: Brägel (Foto Hannah Flessner), rechts: Brägele.

Herdöpfel, Erdepfel oder Grumbiere? Das ist eine wichtige Frage, wenn Badener aus den unterschiedlichen Gegenden zusammenkommen. Gemeint ist immer die Kartoffel, aber das sagt kein Alemanne. Die harten Äpfel, die Erdäpfel oder die Grundbirnen kommen auch in anderen deutschen Dialekten vor. Viel wichtiger ist aber, was man aus ihnen macht. Da geht die Verwirrung erst richtig los.

Am einfachsten ist es noch bei den »Gschwellte«, das sind Dampf- oder Pellkartoffeln. Bei den Bratkartoffeln wird es heikel. Da geht es um den wichtigen Unterschied zwischen »Brägel« und »Brägele«. Letztere ist nicht die Verkleinerungsform, sondern eine andere Darreichungsform der Kartoffel. Der Brägel ist geradezu ein Kulturgut der Ur-Alemannen und mehr als eine Speise. »Schmeck'sch de Brägel« heißt übersetzt: »Ahnst du, was da vor sich geht?« Der »Brägel« kann auch »Unordnung"« oder »Schlamassel« bedeuten, wenn man beispielsweise feststellt: »Do hämmer de Brägel!« Wer gehen soll, hört schon mal: »Nümm di Brägel un hau ab!«

Brägel als Speise geht so: Gekochte Kartoffeln werden (kalt) geraspelt und in der Pfanne in Form eines Fladens im Schmalz beidseitig knusprig gebraten. Variationen: mit oder ohne Speck und oder Zwiebeln. Oder mit oder ohne Spiegelei. Und gegessen wurde Brägel früher auf dem Bauernhof zum »z'Morge-neh«, zum Frühstück mit Malzkaffee. Brägel ist nicht zu verwechseln mit »Rösti«. Die haben die Schweizer erfunden: Roh geriebenes, in viel Fett gebackenes Kartoffelmus. Schmeckt zugegeben auch nicht schlecht.

Heutzutage lassen sich die badischen Wirte allerhand raffinierte Brägel-Menüs einfallen, gebratene Perlhuhnbrust auf Brägel mit Speckjus zum Beispiel oder Lachs auf Brägel angerichtet und mit Café de Paris überbacken. Kann man, muss man nicht haben. Wichtiger ist, dass eine Innerei wie Leberle – auch so ein badisches »Muss« – immer mit Brägel auf den Tisch kommt. Zur Not geht's auch mit dem, was der Städter arglos als »Brägele« goutiert. Das sind geschnittene und gut gebratene Kartoffelscheiben, roh oder gekocht, gern auch mit Zwiebeln. Vulgo: Bratkartoffeln, nichts Besonderes also. Wer allerdings nach dem Essen »Brägele schwätzt«, hat ein paar Gläser zu viel getrunken und muss aufpassen, dass es ihn nicht die Treppe runterbrägelt.

Heinz Siebold

Rezeptindex

Beeren
- Beerengrütze mit Vanilleparfait ... 171
- Blätterteig mit marinierten Beeren ... 183
- Buttermilchmousse mit Erdbeer-Rhabarber-Grütze ... 75
- Eierlikör-Parfait mit Erdbeeren ... 79
- Erdbeeren mit Sauerrahmgelee ... 76
- Erdbeer-Rhabarber-Gratin ... 81
- Himbeerstreusel mit Vanilleparfait ... 175
- Joghurtmousse mit marinierten Erdbeeren ... 72
- Johannisbeer-Ragout mit Holunderblüteneis ... 163
- Karamellisierte Erdbeeren mit Mascarpone-Creme ... 80
- Marinierte Kaiserstühler Himbeeren ... 172
- Mohn-Mousse mit marinierten Erdbeeren ... 184
- Schwarzer Kokosmilchreis an Beeren-Potpourri ... 168

Dressings
- Bunte Vinaigrette ... 128
- Feigen-Vinaigrette ... 216
- Honig-Wein-Dressing ... 206
- Joghurt-Dressing ... 121
- Pinienkern-Vinaigrette ... 298
- Radieschen-Vinaigrette ... 37
- Saure-Sahne-Dressing ... 288

Eis + Parfait
- Badischer Kirschplotzer mit Mandeleis ... 179
- Beerengrütze mit Vanilleparfait ... 171
- Birnenstrudel mit Birnensorbet ... 252
- Eierlikör-Parfait mit Erdbeeren ... 79
- Geeister Christstollen mit Gewürzorangen ... 346
- Himbeerstreusel mit Vanilleparfait ... 175
- Joghurtmousse mit Sauerampfereis ... 72
- Johannisbeer-Ragout mit Holunderblüteneis ... 163
- Karamellisierter Blätterteig mit Sauerrahmeis ... 183
- Kirschwasserbömble mit warmen Sauerkirschen ... 336
- Krokantparfait mit Rotweinzwetschgen ... 259
- Lebkuchenparfait mit Zwetgschenröster ... 342
- Maronenküchlein mit Maroneneis ... 270
- Mohnparfait auf Apfelscheiben ... 332
- Rosenblüten-Parfait auf Aprikosen-Ragout ... 164
- Rumzwetschgen mit Zimtparfait ... 269
- Tannenhonig-Parfait ... 257
- Weinbergpfirsich-Sorbet ... 180

Fisch
- Forelle mit Lindenblütenbutter ... 149
- Forellenmousse auf Rote-Bete-Tatar ... 300
- Gratinierte Hechtklößchen mit grünem Spargel ... 38
- Saibling mit Limetten-Sellerie-Püree ... 70
- Saiblingsfilet mit Pfifferlingsrisotto ... 146

Geflügel
- Blattsalate mit geräucherter Entenbrust ... 206
- Fasanenkeule im Wirsingblatt ... 246
- Frikassee vom badischen Huhn ... 54
- Gänsekeulen mit Semmelknödeln ... 328
- Gebratene Poulardenbrust ... 53
- Gefüllte Hähnchenkeule mit Basilikumnudeln ... 154
- Geschmorte Bio-Hühnerbrust ... 57
- Perlhuhnbrust mit Rosmarin ... 158
- Perlhuhn-Pastete mit Pfifferlingen und Salat ... 157

Gemüse
- Dinkelnudeln mit Gemüse und Röstzwiebeln ... 44
- Geeiste Gurkensuppe mit Dill ... 109
- Gefüllte Tomaten mit Blattspinat und Mozzarella ... 141
- Gefüllte Zucchini mit Tomatensauce ... 145
- Gemüserisotto ... 137
- Geröstetes Wintergemüse ... 310
- Geschmorte Lammschulter mit Grillgemüse ... 68
- Hirschrücken mit Wirsingpäckchen ... 326
- Holzöfeles Kartoffelpizza mit Gemüse ... 134
- Kürbiskuchen mit Zucchinigemüse ... 217
- Kürbis-Quiche mit Apfel und Borretsch ... 218
- Perlhuhnbrust auf sommerlichem Gemüse ... 158
- Rehkeule mit Rahmwirsing ... 238
- Saibling mit Limetten-Sellerie-Püree ... 70
- Saiblingsfilet mit Zuckerschoten ... 146
- Veganes Grünkern-Kräuter-Risotto mit Ratatouille ... 138
- Zucchini-Paprika-Quiche mit Bergkäse ... 133
- Zucchinisalat mit Löwenzahn-Pesto ... 119
- Zucchini-Tomaten-Gemüse ... 59
- Zweierlei-Paprikaschaum-Suppe ... 111

Getränke
- Eierlikör ... 172
- Holunderblütensirup ... 89
- Löwenzahnsirup ... 93
- Rosenwein ... 165

Getreide + Hülsenfrüchte
- Badische Grünkernsuppe mit Markklößchen ... 293
- Dinkelbrot ... 118
- Erbsensuppe mit Blutwurst ... 112
- Gerstenrahmsuppe ... 290
- Grünkernküchle mit Basilikumsauce ... 142
- Holunder-Sahne-Torte mit Buchweizenbiskuit ... 91
- Linsen-Kartoffel-Salat ... 288
- Linsenquiche mit Feta und Minze ... 40
- Schweinsbäckleschreiben mit Linsensalat ... 297
- Veganes Grünkern-Kräuter-Risotto ... 138

Holunder
Gebackene Holunderblüten an Vanillesauce 88
Holunder-Birnen-Ragout 31
Holunderblütencreme 92
Holunderblütensirup 89
Holunder-Sahne-Torte mit Buchweizenbiskuit 91
Johannisbeer-Ragout mit Holunderblüteneis 163

Kartoffeln
Badischer Kartoffelsalat 122
Brägel 305
Brägele 128
Dreierlei vom Reh mit Haselnuss-Gnocchi 321
Forelle mit Giersch-Gnocchi 149
Holzöfeles Kartoffelpizza mit Gemüse 134
Kartoffel-Endivien-Püree 226
Kartoffelgratin 313
Kartoffel-Meerrettich-Suppe 200
Lammkoteletts mit Rösti und Knoblauchsauce 67
Lammrücken mit Kartoffelgratin 58
Linsen-Kartoffel-Salat 288
Saibling mit Limetten-Sellerie-Püree 70

Kohl, Kraut + Rüben
Dinkelnudeln mit Gemüse und Röstzwiebeln 44
Fasanenkeule im Wirsingblatt 246
Forellenmousse auf Rote-Bete-Tatar 300
Fruchtige Rotkohl-Cremesuppe 286
Gänsekeulen mit Semmelknödeln
 und Gewürzrotkraut 328
Geschmorte Kalbshaxe mit glacierten Karotten 312
Karotten-Ingwer-Suppe 291
Maronen-Rotkraut 314
Rehkeule mit Rahmwirsing 238
Rinderbraten mit Apfelrotkohl 228
Rote-Bete-Löwenzahn-Salat 29
Rote-Bete-Suppe mit Meerrettich 203
Rote-Bete-Terrine mit Ziegenfrischkäse 301
Schwarzwurzeltörtchen mit Rehfilet 298
Topinambur-Chips 210

Kräuter
Bärlauchpaste 69
Bärlauchsuppe mit gebratenem Forellenfilet 25
Basilikumschmelz 139
Brennnesselspätzle 49
Forelle mit Lindenblütenbutter
 und Giersch-Gnocchi 149
Gefüllte Hähnchenkeule mit Basilikumnudeln 154
Gefülltes Wildschweinfilet mit Majorankruste 325
Grünkernküchle mit Basilikumsauce 142
Joghurtmousse mit Sauerampfereis 72
Kürbis-Quiche mit Apfel und Borretsch 218
Linsenquiche mit Feta und Minze 40
Löwenzahn-Mousse 93
Löwenzahnsirup 93
Mohn-Mousse mit Minzpesto 184
Perlhuhnbrust mit Rosmarin 158
Rinderbäckchen mit Bergkräuter-Pesto-Kruste 48
Rote-Bete-Löwenzahn-Salat 29
Saibling mit Bärlauchnudeln 70
Veganes Grünkern-Kräuter-Risotto 138
Wildkräuterrahmsuppe 26
Wildkräutersalat 29
Wildkräuter-Tiramisu 33
Zucchinisalat mit Löwenzahn-Pesto 119

Kuchen + Gebäck
Apfelküchle im Bierteig 335
Apfeltarte 256
Apfeltörtchen mit Weinschaum 330
Badischer Kirschplotzer mit Mandeleis 179
Birnenbienenstich 251
Dinkelbrot 118
Flammkuchen 222
Gebackene Holunderblüten 88
Himbeerstreusel mit Vanilleparfait 175
Holunder-Sahne-Torte mit Buchweizenbiskuit 91
Karamellisierter Blätterteig mit Sauerrahmeis 183
Kürbiskuchen 217
Kürbis-Quiche mit Apfel und Borretsch 218
Linsenquiche mit Feta und Minze 40
Linzer Torte 345
Maronenküchlein mit Maroneneis 270
Nougat-Pofesen mit pochierten Birnen 254
Rhabarberkuchen mit Baiser 84
Schwarzwälder Kirschenmichel 160
Schwarzwälder Kirschtorte 176
Tonkabohnen-Crème-brûlée mit Mandelkuchen 266
Warmer Ofenschlupfer 248
Zucchini-Paprika-Quiche mit Bergkäse 133
Zwiebelkuchen 221

Lamm + Ziege
Geschmorte Lammschulter mit Bärlauchsauce 68
Lammkoteletts mit Knoblauchsauce 67
Lammrücken mit Tomatenkruste 58
Rosa gebratener Lammrücken mit Spargel 60

Milch, Käse + Eier
Bibbeleskäs 127
Buttermilchmousse mit Erdbeer-Rhabarber-Grütze ... 75
Erdbeeren mit Sauerrahmgelee
    und Grießflammeri 76
Erdbeer-Rhabarber-Gratin 81
Gebackener Bergkäse 31
Joghurtmousse mit Sauerampfereis 72
Karamellcreme mit Sahne 255
Karamellisierte Erdbeeren mit Mascarpone-Creme ... 80
Karamellisierter Blätterteig mit Sauerrahmeis 183
Lebkuchentiramisu 333
Mohn-Mousse mit marinierten Erdbeeren 184
Panna cotta mit Kirschgrütze 167
Quarkklößchen 292
Rhabarberkuchen mit Baiser 84
Rhabarber-Torteletts mit Honigbaiser 83
Salat mit gebratenem Knoblauchfrischkäse 121
Schwarzer Kokosmilchreis an Beeren-Potpourri 168
Schwarzwälder Speckpfannkuchen 287
Tonkabohnen-Crème-brûlée mit Mandelkuchen 266
Topfenschaum 183
Überbackene Pilzsuppe 113
Zucchini-Paprika-Quiche mit Bergkäse 133

Mousses + Cremes
Buttermilchmousse mit Erdbeer-Rhabarber-Grütze ... 75
Erdbeeren mit Sauerrahmgelee
    und Grießflammeri 76
Forellenmousse auf Rote-Bete-Tatar 300
Glottertäler Weingelee 181
Holunderblütencreme 92
Joghurtmousse mit Sauerampfereis 72
Karamellcreme mit Sahne 255
Karamellisierte Erdbeeren mit Mascarpone-Creme ... 80
Kompott und Creme vom Rhabarber 87
Lebkuchentiramisu 333
Löwenzahn-Mousse 93
Mohn-Mousse mit marinierten Erdbeeren 184
Panna cotta mit Kirschgrütze 167
Topfenschaum 183

Nudeln + Mehlspeisen
Bandnudeln mit Spargelragout und Parmesan 43
Brennnesselspätzle 49
Dinkelnudeln mit Gemüse und Röstzwiebeln 44
Flädlesuppe 204
Gefüllte Hähnchenkeule mit Basilikumnudeln 154
Geschmorte Bio-Hühnerbrust
    mit Dinkel-Gemüse-Nudeln 57
Kalbfleischmaultaschen 47
Karamellisierte Apfelpfannkuchen 169
Knöpfle 55
Pilzmaultaschen 130
Riebele-Suppe 201
Rosa gebratener Lammrücken mit Spargel, Kratzete
    und Sauce hollandaise 60
Saibling mit Bärlauchnudeln 70
Schupfnudeln 242
Schwarzwälder Speckpfannkuchen 287
Spätzle 323

Nüsse
Dreierlei vom Reh mit Haselnuss-Gnocchi 321
Herbstlicher Rucolasalat mit Walnüssen 209
Krokantparfait mit Rotweinzwetschgen 259
Rote-Bete-Terrine mit Walnüssen 301
Tonkabohnen-Crème-brûlée mit Mandelkuchen 266
Walnusspesto 131

Obst
Apfelküchle im Bierteig 335
Apfeltarte 256
Apfeltörtchen mit Weinschaum 330
Badischer Kirschplotzer mit Mandeleis 179
Birnenkompott 266
Birnenstrudel mit Birnensorbet 252
Bratäpfel mit Marzipan und Brombeeren 334
Geeister Christstollen mit Gewürzorangen 346
Holunder-Birnen-Ragout 31
Karamellisierte Apfelpfannkuchen 169
Kirschwasserbömble mit warmen Sauerkirschen ... 336
Krokantparfait mit Rotweinzwetschgen 259
Kürbis-Quiche mit Apfel und Borretsch 218
Lebkuchenparfait mit Zwetgschenröster 342
Mohnparfait auf Apfelscheiben 332
Nougat-Pofesen mit pochierten Birnen 254
Panna cotta mit Kirschgrütze 167
Rosenblüten-Parfait auf Aprikosen-Ragout 164
Rumzwetschgen mit Zimtparfait 269
Schwarzwälder Kirschenmichel 160
Schwarzwälder Kirschtorte 176
Weinbergpfirsich-Sorbet 180

Pilze
Damhirschmedaillons mit Pfifferlingsterrine 242
Herbstliche Blattsalate mit Pfifferlingen 206
Perlhuhn-Pastete mit Pfifferlingen 157
Pilzmaultaschen 130
Rehnüssle mit Pfifferlingen 322
Saiblingsfilet mit Pfifferlingsrisotto 146
Überbackene Pilzsuppe 113
Waldpilzterrine mit Kräutercreme 210

Rhabarber
- Buttermilchmousse mit Erdbeer-Rhabarber-Grütze ... 75
- Erdbeer-Rhabarber-Gratin ... 81
- Kompott und Creme vom Rhabarber ... 87
- Rhabarberkuchen mit Baiser ... 84
- Rhabarber-Tortelets mit Honigbaiser ... 83

Rind + Kalb
- Badische Grünkernsuppe mit Markklößchen ... 293
- Badischer Sauerbraten ... 315
- Badischer Wurstsalat ... 126
- Badisches Ochsenfleisch ... 236
- Barmherzige Suppe ... 294
- Eingemachtes Kalbfleisch ... 310
- Fleischküchle mit Apfel-Zwiebel-Relish ... 214
- Gebratenes Kalbsbries ... 34
- Geschmorte Beinscheiben ... 235
- Geschmorte Kalbsbäckchen
  mit Kartoffel-Endivien-Pürree ... 226
- Geschmorte Kalbshaxe mit glacierten Karotten ... 312
- Geschmortes Rinderbäckchen mit Kräuterkruste ... 48
- Kalbfleischmaultaschen ... 47
- Ochsenmaulsalat ... 123
- Rinderbraten in Spätburgundersauce ... 228
- Tafelspitzsülze ... 128

Salate
- Badischer Kartoffelsalat ... 122
- Badischer Wurstsalat ... 126
- Carpaccio vom Badischen Schäufele ... 125
- Endiviensalat nach Großmutters Art ... 30
- Feldsalat ... 216
- Herbstliche Blattsalate mit Pfifferlingen ... 206
- Herbstlicher Rucolasalat ... 209
- Hirschlebermousse mit Sunnewirbelesalat ... 302
- Lauwarmer Spargelsalat ... 34
- Linsen-Kartoffel-Salat ... 288
- Ochsenmaulsalat ... 123
- Rote-Bete-Löwenzahn-Salat ... 29
- Salat mit gebratenem Knoblauchfrischkäse ... 121
- Schweinsbäckelscheiben mit Linsensalat ... 297
- Sunnewirbelesalat ... 224
- Wildkräutersalat ... 29
- Zucchinisalat mit Löwenzahn-Pesto ... 119

Saucen
- Apfeltörtchen mit Weinschaum ... 330
- Basilikumschmelz ... 139
- Beurre blanc ... 71
- Bio-Schweinesteaks mit Senfsauce ... 304
- Dreierlei vom Reh mit Apfelsauce ... 321
- Fleischküchle mit Apfel-Zwiebel-Relish ... 214
- Gebackene Holunderblüten an Vanillesauce ... 88
- Geschmorte Lammschulter mit Bärlauchsauce ... 68
- Geschmortes Hirsch-Schäufele
  in Burgundersauce ... 241
- Grünkernküchle mit Basilikumsauce ... 142
- Lammkoteletts mit Knoblauchsauce ... 67
- Lammrücken mit Balsamico-Jus ... 58
- Lammrücken mit Spargel und Sauce hollandaise ... 60
- Rehkeule mit Trauben-Jus ... 238
- Rehnüssle mit Wacholderrahmsauce ... 322
- Rieslingsekt-Sabayon ... 164
- Rinderbraten in Spätburgundersauce ... 228
- Saiblingsfilet mit Buttersauce ... 146
- Schweinefilet in Backpflaumensauce ... 307
- Vanillesauce ... 253
- Waldpilzterrine mit Kräutercreme ... 210

Schwein
- Bio-Schweinesteaks mit Senfsauce ... 304
- Carpaccio vom badischen Schäufele ... 125
- Fleischküchle mit Apfel-Zwiebel-Relish ... 214
- Kaiserstühler Baeckeoffe ... 308
- Saure Leber ... 305
- Schäufele im Brotteig ... 225
- Schwarzwälder Speckpfannkuchen ... 287
- Schweinefilet in Backpflaumensauce ... 307
- Schweinsbäckelscheiben mit Meerrettich ... 297

Spargel
- Bandnudeln mit Spargelragout und Parmesan ... 43
- Gratinierte Hechtklößchen mit grünem Spargel ... 38
- Grüne Spargelmousse mit Radieschen-Vinaigrette ... 37
- Lauwarmer Spargelsalat
  mit gebratenem Kalbsbries ... 34
- Poulardenbrust mit Spargel im Pfannkuchen ... 53
- Rosa gebratener Lammrücken mit Spargel ... 60

Suppen
- Badische Grünkernsuppe mit Markklößchen ... 293
- Badische Schneckensuppe ... 27
- Bärlauchsuppe mit gebratenem Forellenfilet ... 25
- Barmherzige Suppe ... 294
- Erbsensuppe mit Blutwurst ... 112
- Flädlesuppe ... 204
- Fruchtige Rotkohl-Cremesuppe ... 286
- Geeiste Gurkensuppe mit Dill ... 109
- Gerstenrahmsuppe ... 290
- Karotten-Ingwer-Suppe ... 291
- Kartoffel-Meerrettich-Suppe ... 200
- Markgräfler Gutedelschaumsüppchen ... 108
- Riebele-Suppe ... 201

Rote-Bete-Suppe mit Meerrettich 203
Überbackene Pilzsuppe 113
Wildkräuterrahmsuppe 26
Zweierlei-Paprikaschaum-Suppe 111

Vegetarisch
Badischer Kartoffelsalat 122
Bandnudeln mit Spargelragout und Parmesan 43
Brennnesselspätzle 49
Dinkelnudeln mit Gemüse und Röstzwiebeln 44
Endiviensalat nach Großmutters Art 30
Feldsalat 216
Fruchtige Rotkohl-Cremesuppe 286
Gebackener Bergkäse
    mit Holunder-Birnen-Ragout 31
Geeiste Gurkensuppe mit Dill 109
Gefüllte Tomaten mit Blattspinat und Mozzarella ... 141
Gefüllte Zucchini mit Tomatensauce 145
Gemüserisotto 137
Gerstenrahmsuppe 290
Gratinierter Ziegenfrischkäse
    auf Rote-Bete-Löwenzahn-Salat 29
Gratinierter Ziegenkäse
    mit glacierten Weintrauben 213
Grüne Spargelmousse mit Radieschen-Vinaigrette 37
Grünkernküchle mit Basilikumsauce 142
Herbstlicher Rucolasalat
    mit Walnüssen und Äpfeln 209
Holzöfeles Kartoffelpizza mit Gemüse 134
Karotten-Ingwer-Suppe 291
Kartoffelgratin 313
Kartoffel-Meerrettich-Suppe 200
Kürbiskuchen mit Zucchinigemüse 217
Kürbis-Quiche mit Apfel und Borretsch 218
Linsen-Kartoffel-Salat 288
Linsenquiche mit Feta und Minze 40
Markgräfler Gutedelschaumsüppchen 108
Pilzmaultaschen 130
Rote-Bete-Suppe mit Meerrettich 203
Rote-Bete-Terrine
    mit Ziegenfrischkäse und Walnüssen 301
Sommersalat mit Knoblauchfrischkäse 121
Überbackene Pilzsuppe 113
Veganes Grünkern-Kräuter-Risotto
    mit Ratatouille 138
Waldpilzterrine mit Kräutercreme 210
Walnusspesto 131
Wildkräuterrahmsuppe 26
Wildkräuter-Tiramisu 33
Zucchini-Paprika-Quiche mit Bergkäse 133

Zucchinisalat mit Löwenzahn-Pesto
    und Ziegenfrischkäse 119
Zucchini-Tomaten-Gemüse 59
Zweierlei-Paprikaschaum-Suppe 111

Wein
Apfeltörtchen mit Weinschaum 330
Geschmortes Hirsch-Schäufele
    in Burgundersauce 241
Geschmortes Kaninchen in Burgundersauce 245
Glottertäler Weingelee 181
Krokantparfait mit Rotweinzwetschgen 259
Markgräfler Gutedelschaumsüppchen 108
Rinderbraten in Spätburgundersauce 228
Rosenblüten-Parfait auf Rieslingsekt-Sabayon 164
Weinbergpfirsich-Sorbet 180

Wild
Damhirschmedaillons mit Zwiebelkruste 242
Dreierlei vom Reh mit Haselnuss-Gnocchi 321
Gefülltes Wildschweinfilet mit Majorankruste 325
Geschmortes Hirsch-Schäufele in Burgundersauce . 241
Geschmortes Kaninchen 245
Hirschlebermousse mit Sunnewirbelesalat 302
Hirschrücken mit Wacholderkruste 326
Rehkeule mit Trauben-Jus und Rahmwirsing 238
Rehnüssle mit Wacholderrahmsauce 322
Schwarzwurzeltörtchen mit Rehfilet 298

Ziegenkäse
Gratinierter Ziegenfrischkäse 29
Gratinierter Ziegenkäse
    mit glacierten Weintrauben 213
Rote-Bete-Terrine mit Ziegenfrischkäse 301
Zucchinisalat mit Ziegenfrischkäse 119

Zwiebeln
Damhirschmedaillons mit Zwiebelkruste 242
Dinkelnudeln mit Gemüse und Röstzwiebeln 44
Flammkuchen mit Speck,
    Bergkäse und Zwiebeln 222
Fleischküchle mit Apfel-Zwiebel-Relish 214
Zwiebelkuchen 221

Adressen der Gasthöfe

Bio-Restaurant Am Felsenkeller
Christa & Konrad Ortlieb
Albert-Hugard-Str. 47
79219 Staufen
Telefon 07633 | 6285
www.am-felsenkeller.de

Gasthaus Blume
Susanne & Sascha Halweg
Unterdorf 2
79112 Freiburg-Opfingen
Telefon 07664 | 6123889
www.blume-freiburg.de

Gasthof Engel
Georg Schultis-Wagner
Obertalstrasse 44
79263 Simonswald
Telefon 07684 | 271
www.hotel-engel.de

Gasthaus Hirschen
Marc O. Isaak
Dorfstraße 4
79249 Merzhausen
Telefon 0761 | 402204
www.hirschenmerzhausen.info

Gasthaus Hirschen
Familie Schumacher
Markgräflerstraße 22
79379 Müllheim-Britzingen
Telefon 07631 | 5457
www.hirschen-britzingen.eu

Gasthof Sonne
Arno Sacherer
Bergstraße 2
79346 Endingen-Amoltern
Telefon 07642 | 7242
Gasthof_Sonne_Amoltern@web.de

Gasthaus-Pension Sonne
Elvira & Karlheinz Wiesler
Krumlinden 44
79244 Münstertal
Telefon 07636 319
www.sonne-muenstertal.de

Gasthaus zum Kreuz
Michael Hug
Großtalstraße 28
79117 Freiburg-Kappel
Telefon 0761 | 620550
www.gasthaus-kreuz-kappel.de

Jägerhaus
Familie Schwormstädt
Mühlegraben 18
79271 St. Peter
Telefon 07660 | 94000
www.hotel-jaegerhaus.de

Hotel-Restaurant Kreuz-Post
Michael Zahn
Hauptstraße 65
79219 Staufen
Telefon 07633 | 95320
www.kreuz-post-staufen.de

Landfrauencafé Goldene Krone
Walburga Rombach &
Bettina Gronewald
Wagensteigstrasse 10
79274 St. Märgen
Telefon 07669 | 9393388
www.cafe-goldene-krone.de.

Landgasthof Rebstock
Thomas & Tanja Gehring
Wirtstraße 2
79331 Teningen-Bottingen
Telefon 07663 | 93500
www.rebstock-bottingen.de

Landgasthof zur Sonne
Peter & Julijana Oberle
Hauptstrasse 21
79424 Auggen
Telefon 07631 | 2448
www.sonne-auggen.de

Landhotel Reckenberg
Gerhard Hug
Reckenbergstrasse 2
79252 Stegen-Eschbach
Telefon 07661 | 9793300
www.landhotel-reckenberg.de

Mondweide Café & Bistro
Karl Müller-Bussdorf & Britta Klint
Bürgelnweg 3
79410 Badenweiler-Sehringen
Telefon 07632 | 824445
www.mondweide-cafe.de

Restaurant & Weinstube Holzöfele
Familie Franke
Bachenstraße 46
79241 Ihringen
Telefon 07668 | 207
www.holzoefele.de

Schwarzwaldgasthof Schlossmühle
Barbara Mack-Gutmann
& Hilmar Gutmann
Talstraße 22
79286 Glottertal
Telefon 07684 | 1488
www.schlossmuehle-glottertal.de

Schwarzwaldgasthaus zum goldenen Engel
Isabelle Linder & Michael Mannel
Friedhofweg 2
79286 Glottertal
Telefon 07684 | 250
www.goldener-engel-glottertal.de

Winzerhaus Rebstock
Fritz & Bettina Keller
Badbergstrasse 22
79235 Vogtsburg-Oberbergen
Telefon 07662 | 933011
www.franz-keller.de

Wirtshaus zur Sonne
Familie Dilger
Talstraße 103
79286 Glottertal
Telefon 07684 | 242
www.sonne-glottertal.de

Dank an die Mitwirkenden

Emil Bezold
Nachdem der in Freiburg lebende Fotograf bereits zwei Kochbücher in seiner fränkischen Heimat begleitet hatte, gab er beim jährlichen Wiedersehen den Anstoß für unser badisches Kochbuchprojekt. Er fotografierte für uns die südbadische Gastlichkeit.

Heiko Feser
Nach jahrelangem Aufenthalt im Amazonas hat sich der ehemalige Völkerkundler nach seiner Rückkehr in die Zivilisation ganz dem ökologischen Weinbau verschrieben. Dieses Buch bereicherte er mit seinem Fachwissen zum Bio-Weinbau.

Bettina Forst
Die Autorin zahlreicher Wanderführer ist schwer verliebt in den fast heimatlichen Schwarzwald mit seinen Naturschönheiten. Das merkt der Leser spätestens dann, wenn er ihre jahreszeitlichen Empfehlungen mit den passenden Wanderungen liest.

Nina Hoffmann
Die Grundschullehrerin lebt mit ihrer kleinen Familie in Freiburg. Für dieses Buch besuchte sie zwei regionale Bauernhöfe im Münstertal und am Kaiserstuhl, die aus ihrer Milch ganz besonderen Käse herstellen.

Heidi Knoblich
Die im Südschwarzwald geborene Autorin und Radiojournalistin befasst sich in Romanen und Beiträgen mit der Region und ihren Menschen und hat für uns die Artikel über das Hinterwälder Rind und die Forellenzucht verfasst.

Helmut Dold
Zwei Leidenschaften pflegt der Musiker und Entertainer: Trompete und gutes Essen. Als »de Hämme« spürten wir ihn auf und waren bald dankbar für seine hilfreichen Tipps während unserer Recherche und seine Beiträge zur badischen Küche.

Hannah Flessner
Die Medienwissenschaftlerin war stets zur richtigen Zeit am richtigen Ort und entdeckte während der Recherche ihre Liebe zu Südbaden. Wir danken ihr für viele Fotos und Reportagen.

Christian Hiß
Als Gründer der Regionalwert AG stand er unserem Kochbuchprojekt nicht nur beratend zur Seite, sondern unterstützte uns auch mit Fotomaterial zum Obstanbau in Südbaden.

Martin Kintrup
Als Autor zahlreicher Kochbücher kennt er sich bestens mit Küchengeheimnissen aus. Für uns entwickelte er aus den Kochideen der Gastwirte leicht nachkochbare Rezepte, mit denen auch jeder Kochanfänger ein Menü zaubern kann.

Konrad Kunze
Der Professor für Germanistische Linguistik forschte an der Uni Freiburg über die Verbreitung und Herkunft von Namen. Unser Staunen über die Ansammlung von »Sonnen« und »Hirschen« in Südbaden wurde zum »Aha« dank seiner Ausführungen zu Gasthofnamen im Südwesten.

Manuel Oelke
Der studierte Förster promoviert an der Freiburger Universität über Kulturlandschaften. Als Obstliebhaber steuerte er sein Wissen zum traditionellen Obstbau am Oberrhein bei.

Heinz Siebold
Der Journalist und Buchautor hat den Schwarzwald im Blut. Und den alemannischen Dialekt auf der Zunge. Für dieses Buch ging er dem Bio-Spargel an die Wurzel und mit einem Jäger auf die Pirsch. Er lebt in Lahr in der Ortenau und nah am Schwarzwald.

Außerdem geht ein großer Dank an
die Lektorin Angela Nitsche, die so manchem Satz zum Glanz verhalf und stets beratend zur Stelle war, an Joachim Bode, Benedikt Neuwirth und Claudia Hutter für ihre Flexibilität und schöne Kartengestaltung, an Thomas Brey, dessen Fotos die Obst- und Wildreportagen perfekt ergänzen, sowie an Horst Dauenhauer aus Simonswald für seine Schnappschüsse vom Almabtrieb. Ebenso an Susanne Suhr und Karl Serwotka von promedia designbüro, die dieses Projekt trotz einiger Überraschungen kreativ und professionell begleiteten. Außerdem ein dickes Dankeschön an Lars Schnoor sowie Christel und Joachim Brauer für die bedingungslose Unterstützung.

Zum Schluss...

natierlich ebbis Siäßes!

Viellicht Epfelkiächli mit Vanilliis, ä Schwarzwaldbecherli, heißi Himbeere mit Schokladsoß...

Odder doch liäber ä Williams-Christ-Iisbömbli uff Vannillschaum, ä Kirschplotzer mit Sauerkirschsorbet, ä Heidelbeer-Tiramisu mit Moccaiis, ä geeister Nougat-Spitz mit Espuma...

Mir lauft bim Schriiebe grad s'Wasser im Muul zsämme!

Ich draim vunere glacierte Milchschokoladecreme mit Karamelliis, Aprikosecrumble mit Joghurt, Limmette un Stevia...

Un ganz am End sälbergmachti Praline odder viellicht doch liäber ä Verrisserli?

Beides geht natierlich au! Also! Beides!!

Ä Dessert in de badische Kuchi isch eifach himmlisch, traumhaft, herrlich, köstlich, wunderbar... viehmäßig halt!

So wie's ganze Ländli un sinni Lit!

Ich wünsch Eich ä guader Appetit un verabschied mich mid eme sagenhafte alde Spruch vum scheene Kaiserstuhl:

> »Wer ä Schinke het un isst ne nit,
> wer ä Maidli het un küsst sie nit,
> wer ä Kriägli het un schenkt nit ii,
> des muass ä scheener Simbel sii!«

Herzlichi Griäß
De Hämme (alias Helmut Dold)

Zur Heimatregion »Franken« des Michael Müller Verlags sind bereits folgende Reisekochbücher erschienen.

In jedem Buch

... über 160 Rezepte von 18 Köchen aus renommierten Gasthöfen der Fränkischen Schweiz

... Profi-Tipps der Chefköche, damit das Nachkochen in jedem Fall gelingt

... Hintergrundreportagen zu regionalen Besonderheiten

Weitere Informationen unter **www.gscheitgut.de**

Reise- und Wanderführer aus dem Michael Müller Verlag

So viel Handgepäck muss sein

Übrigens: Unsere Wanderführer gibt es auch als App für Android, iOS™ und Windows Phone™

Über 220 Reise-, City- und Wanderführer zu Europa- und Fernreisezielen

www.michael-mueller-verlag.de